스위치크래프트, 전환의 기술

SWITCHCRAFT
by Elaine Fox

스위치크래프트, 전환의 기술

1판 1쇄 인쇄 2022. 8. 29.
1판 1쇄 발행 2022. 9. 5.

지은이 일레인 폭스
옮긴이 함현주

발행인 고세규
편집 임여진 디자인 이경희 마케팅 박인지 홍보 이한솔
발행처 김영사
등록 1979년 5월 17일(제406-2003-036호)
주소 경기도 파주시 문발로 197(문발동) 우편번호 10881
전화 마케팅부 031)955-3100, 편집부 031)955-3200 | 팩스 031)955-3111

값은 뒤표지에 있습니다. ISBN 978-89-349-4407-2 03190

홈페이지 www.gimmyoung.com   블로그 blog.naver.com/gybook
인스타그램 instagram.com/gimmyoung   이메일 bestbook@gimmyoung.com

좋은 독자가 좋은 책을 만듭니다.
김영사는 독자 여러분의 의견에 항상 귀 기울이고 있습니다.

스위치크래프트, 전환의 기술

일레인 폭스 | 함현주 옮김

SWITCHCRAFT

김영사

차례

서론: 적응하는 사람이 살아남는다　　　　　　　　7

1부　왜 스위치크래프트인가?

1장 변화하는 세상에서 살아남는 방법　　　　　26

2장 불확실성과 걱정에 대처하기　　　　　　　52

3장 유연한 생물이 살아남는다　　　　　　　　80

4장 기민성과 회복력의 상관관계　　　　　　　92

2부　첫 번째 핵심 요소: 정신적 기민성

5장 기민한 사고방식의 이점　　　　　　　　110

6장 인지 유연성 키우기　　　　　　　　　　134

7장 기민성의 4가지 요소　　　　　　　　　160

3부　두 번째 핵심 요소: 자기 인식

8장 몸과 마음 파악하기　　　　　　　　　　204

9장 나의 신념과 가치관은 무엇인가?　　　　238

4부 세 번째 핵심 요소: 감정 인식

10장 나의 감정 이해하기 270

11장 요동치는 감정을 조절하는 방법 300

5부 네 번째 핵심 요소: 상황 인식

12장 직감은 과학이다 340

13장 정황이 직감을 자극한다 360

결론: 스위치크래프트하라 388

부록 1 9개의 점 연결하기 해답 402

부록 2 개인적 서사의 구성 요소 평가 403

주 408

감사의 글 444

색인 448

문제는 과거에 집착하는 것이고, 해답은 변화를 받아들이는 것이다.

-글로리아 스타이넘

변화에 필요한 유연성과 느슨함 안에는 자유와 행복이 존재한다.

-고타마 싯다르타

적응하는 사람이 살아남는다

나는 침대에 누워 주체할 수 없을 정도로 흐느껴 울었다.

내가 우는 일은 거의 없었다. 하지만 이번엔 엄청난 실수를 저질렀다는 생각에 눈물을 참을 수가 없었다. 나는 17세였고 몇 주 전 대학에 지원하지 않기로 결심했다. 대신 회계 일을 배워 전 세계를 여행할 수 있을 만큼 돈을 벌 생각이었다. 하지만 몇 주 동안 지역 회계사무소에서 현장 실습을 한 뒤 내 결정이 잘못되었다는 걸 깨달았다. 미래를 완전히 망쳐버린 기분이었다.

회사 사람들은 모두 더할 나위 없이 친절했다. 하지만 사무실에 앉아 있는 건 너무나 지루했고 업무는 견디기 힘들 정도로 단조로웠다. 날마다 5시 퇴근 시간이 될 때까지 창밖을 바라보면서 남은 시간을 세곤 했다. 회계 일을 하며 살 수는 없겠다는 걸 깨달았지만, 더블린 저소득층 노동자 가정(물론 가족들은 언제나 나에게 큰 힘이 되었다) 출신인 나에게는 선택권이 별로 없어 보였다. 대학 진학이 유일한 탈출구인 듯했지만 이미 너무 늦어버렸다. 대학 원서 마감은 다음 날 정오였다. 국가의 대학 입시 업무를 총괄하는 중앙입학지원청은 더블린의 반대편

끝, 골웨이에 있었다. 지원서를 우편으로 보낼 수 있는 기한은 이미 한참 지났다.

나는 다시 베개에 얼굴을 묻었다. 그런데 잠시 후, 나를 고통에서 벗어나게 해줄 부드러운 노크 소리가 들렸다. 나는 중요한 기회를 놓쳐버린 이 상황을 부모님께 설명했다. 부모님은 내가 그토록 속상해하는 모습을 처음 보았을 것이다.

"음, 아직 기회가 없는 건 아냐." 엄마가 말했다.

엄마는 밤 기차를 타고 골웨이로 가서 하룻밤 묵고, 다음 날 아침에 직접 원서를 제출하자고 했다. 나는 어안이 벙벙했다. 이런 긍정적 사고는 전혀 우리 엄마답지 않은 것이었다. 엄마는 보통 해결책을 찾기보다는 문제를 끌어안고 전전긍긍하는 타입이었다. 하지만 괴로워하는 딸의 모습이 엄마가 결단을 내리게 만든 듯했다. 어느새 나는 아빠가 운전하는 차를 타고 더블린을 가로질러 휴스턴역에 도착했다. 그리고 골웨이행 기차 안에서 입학 원서를 작성했다. 엄마와 나는 그날 밤 작은 여관에 묵었다. 저녁에는 바다가 보이는 북적대는 식당에서 피시앤칩스를 먹었다. 다음 날 아침 지원청을 찾아가 지원서가 담긴 봉투를 제출할 때 느꼈던 기쁨이 아직도 생생히 기억난다.

필요한 성적을 얻기 위해 학업에 몰두하면서 6개월을 보낸 뒤, 더블린대학교University College Dublin에서 일반 과학부 입학 허가를 알리는 편지 한 통을 받았다. 그리고 그것이 내가 지금껏 몸담은 이 학계에서의 놀라운 여정을 시작한 출발점이었다.

고등학교를 졸업한 후부터 지금까지 40년 정도의 시간을 되돌아보면서 그동안 겪었던 수많은 우여곡절을 떠올리면 정말 놀랍다. 좋은 일도 많고 힘든 일도 많았다. 전환점이 올 때마다 여러 가지 일이 생겼고, 거기에 대처하고 적응하기 위해 안팎으로 개인적 변화를 거듭해야 했다. 예를 들어, 수줍음 많던 10대 시절 나는 주목받지 않는 아이였고 여러 사람 앞에서 말하는 걸 두려워했다. 그래서 사람들 앞에서 말하는 것에 대한 두려움을 극복하기 위해 열심히 노력했다. 그 결과 대학교수, 과학 커뮤니케이터, 그리고 수많은 엘리트 스포츠 선수와 사업가들이 최고의 위치에 오르도록 돕는 인생 코치가 되었다.

나는 적응력 및 회복력을 탐구하는 심리학에 평생 열정을 다하고 있는데, 이 분야에 대한 흥미는 앞서 말한 것과 같은 젊은 시절 경험 덕분에 형성되었음이 분명하다. 물론 내가 그때 입학 지원서 마감 기한을 놓쳤더라도 또 다른 방법이 있었으리라. 아니면 완전히 다른 길을 가게 되었을 수도 있다. 삶에는 언제나 새로운 가능성이 열려 있고, 우리는 살아가면서 장애물과 좌절 사이에서 길을 발견하곤 한다.

불확실한 세상을 항해하는 최적의 방법

삶은 선택의 연속이다. 그리고 그 선택들이 '맞다' 혹은 '틀리다'라고 판단할 수 있는 경우는 거의 없다. 당신이 어떤 상황에 있든, 그 상황에는 분명 고르기 어려운 여러 선택지가 있을 것이다. 이런 자연적 불확실성이 바로 인생의 실상이다. 심지어 과거의 일을 돌이켜보아도 당신이 옳은 결정을 했다고 정말로 확신할 수는 없을 것이다. 예를 들어, 당신은 현재의 배우자와 결혼한 것에 감사함을 느낄 수 있다. 사랑스러운 아이들과 함께 행복한 삶을 살고 있기 때문이다. 하지만 만약 당신이 다른 상대를 만나 결혼했더라도 그만큼 사랑스러운 아이들과 함께 훨씬 더 행복한 삶을 살고 있을지 모른다. 물론 정말로 그럴지는 결코 알 수 없는 일이다. 덕분에 우리는 고민에서 자유로울 수 있다.

진로 문제든, 아니면 개인적 결정이든 수많은 길이 존재하며 명백히 '맞는' 선택이란 거의 없다. 심지어 결과가 드러난 후에도 마찬가지다. 이는 정답이 명확하게 존재하며, 그것을 찾는 능력이 곧 성공을 의미하는 학교 시험과는 전혀 다른 문제다. 날마다 새로운 문제가 생긴다. '틀린' 답이 있을지도 모르지만 여러 개의 '맞는' 해결책도 존재할 수 있다.

확실한 건 모든 게 불확실하다는 사실뿐이다. 이 사실을 받아들이고 적응해야만 한다. 온 세상이 불확실하게 느껴질 수 있다. 그것은 사실이다. 확신 없이 사는 법을 배우지 않으면 세상에 압도당할 가능성이 크다. 나는 심리학과 신경과학 분야에서 시행한 연구를 통해 세상의 본질적 불확실성에 익숙해지는 것이 성공의 필수 조건이라는 사실을 배웠다. 지속적인 변화와 불확실성을 받아들이고 거기에 적응하는 능력을 갖춘 사람들이 번영을 누린다.

다행히 적응 능력은 향상시킬 수 있다. 그러려면 연습을 해야 하고 편안한 상태에서 자꾸 벗어나야 한다. 나는 대중 앞에서 말하기 두려워하는 마음을 극복했고, 점차 심리학자이자 교수가 되는 데 필요한 일들에 적응했다.

이런 기민한 사고방식(생각, 감정, 행동을 유연하게 바꾸는 능력)을 나는 **전환 기술**switchcraft이라고 부른다. 전환 기술의 이점을 이용하면 변화를 일으키는 힘을 얻을 수 있다. 우리는 변화의 수동적 희생양이 아니라 자기 행복을 책임지는 능동적 관리자로서 인생에 대한 접근법을 적극적으로 관리해야 한다.

전환 기술은 복잡하고 예측 불가능한 세상을 항해하는 데 필요한 현실적 수단을 말한다. 나는 사람들이 기민한 사고방식을 발달시켜 자기의 삶을 바꾸고 회복력을 높이는 모습을 여러 차례 직접 확인했다. 그리고 다소 안정적인 시대뿐만 아니라 불확실성의 시대에서도 번영하는 데 필요한 정신적 능력이 무엇인지 밝혀내기 위해 수십 년에 걸쳐 연구를 수행했고, 그 결과로 얻은 깨달음을 이 책 한 권에 모아놓았다. 이 책을 통해 당신에게 정말 중요한 것을 더욱 기민하게 알아내고, 당신의 감정을 더 깊이 이해해서 궁극적으로 만족감, 호기심, 삶에 대한 열정을 유지할 방법을 배울 수 있을 것이다.

유연한 사고방식을 유지하면 변화 속에서도 번영할 수 있다. 전환 기술을 얻기 위해 떠나는 여정의 첫 번째 단계는 변화와 불확실성이 인생에서 떼려야 뗄 수 없는 부분이라는 사실을 받아들이는 것이다. 살다 보면 수많은 변화가 찾아올 것이다. 그 변화로 때로는 상황이 더 나아지기도 하고 때로는 더 나빠지기도 한다. 현재와 미래의 행복을 결정하는 것은 바로 그런 변화를 겪는 방식이다. 당신이 변화를 주저하거나 새로운 시도를 경계하는 성격이라고 해도 변화에 대처하기 위한 노력은 반드시 해야 한다. 내 말을 믿어도 좋다. 당신의 인생이 바뀔 것이다.

기민성은 DNA 안에 존재하며 우리의 회복력을 돕는다. 좋은 소식은 자연도 우리가 기민해지는 데 필요한 모든 도구를 제공한다는 사실이다. 우리는 우리의 시대가 특히 불안정하다고 생각할지 모르지만, 역사를 살펴보면 인류는 거의 모든 시기에 엄청난 격동과 불확실성을 겪었다. 사람들은 언제나 전쟁, 기근, 홍수, 지진, 정치적 변동, 그리고 팬데믹에 대처해야 했다. 우리가 생각보다 훨씬 더 본질적으로 기민하고 회복력이 좋은 것도 바로 이런 이유에서다.

우리가 역경과 변화에 적응하는 방식에서 드러나는 기민성과 유연성이 바로 회복력의 비결이다. 우리 조상들은 지구상의 다른 생명체와 더불어 끊임없이 변화하는 세상에 대처해왔다. 나이가 들수록 우리는 보통 이런 유연성을 잃고 기존 방식을 고집하지만, 우리 안에 내재된 기민성은 위기 시에, 혹은 우리가 새로운 방식을 받아들이려고 노력할 때 다시 발현된다.[1]

우리 뇌는 '예측 장치'로서 작동하도록 진화했다.[2] 어떤 문장 안에서 'a'가 모두 빠진다면 얼마나 답답할지 생각해보라. 왜 그럴까? 당신의 뇌는 a라는 '단어'가 그 자리에 있어야 한다고 예측하기 때문이다. 그것의 부재는 예상을 빗나가는 사건으로 뇌는 이것을 '예측 에러'로 받아들인다. 우리가 주위에서 일어나는 일에 대응한다고 생각하고 싶겠지만 실제로는 당신의 뇌가 전에 일어났던 일에서 얻은 풍부한 경험을 토대로 다음 장면을 예측한 것이다. 최신 과학을 통해서 우리는 다음 행동에 대한 예측이 매 순간 우리를 지배한다는 사실을 알 수 있다. 즉, 우리의 뇌는 우리에게 순간순간 일어날 법한 일에 관해 미묘한 알림을 보낸다. 그리고 이런 알림을 통해 우리는 주변 상황과 신체 내부에서 나오는 신호를 이해할 수 있다. 이런 지속적인 과정은 (물론 우리가 그런 과정을 이용하는 법을 알고 있다면) 변화에 적응하고 대응할 수 있는 정교한 생물학적 능력을 부여한다. 뇌가 예측을 통해 지금 무슨 자원이 필요한지 우리 몸에 알려주면 우리 몸은 비축해둔 자원을 적절하게 분배해 우리가 필요한 행동에 대비할 수 있게끔 한다.

우리의 감정은 정신적 기민성의 중심에 있다. 이런 예측들은 보통 우리의 의식 밖에서 일어나긴 하지만 우리는 마음챙김 교육자들이 말하는 느낌, 즉 **감정 톤**feeling tone(베다나vedanā라고도 한다)을 이용해 그 예측에 접근할 수 있다. 감성과학에서 발견한 놀라운 사실은 감정마다 명확한 느낌이 있지는 않다는 것이다. 대신 우리가 느끼는 것은 일반적인 유쾌함 혹은 불쾌함(감정 톤)이며, 이 느낌은 우리의 의식이 알아채기도 전에 주변에서 일어나는 일에 대한 정보를 우리에게 알려준다.[3]

감정 톤은 감정적 삶과 연결된 미묘한 창과 같아서 어떤 행동이 중립적으로 느껴지는지, 아니면 유쾌하거나 불쾌하게 느껴지는지에 대해 끊임없이 해독된 정보를 제공한다. 우리가 할 수 있는 모든 행동과 생각에 위기감을 제공하는 것도 이 감정 톤이다. 시끌벅적한 현대사회에서 우리는 보통 신체 내부에서 들리는 신호를 듣는 데 실패하고 그런 감정 안에 담긴 지혜를 놓친다. 감정 인식과 직감이 정말 중요한 이유도 바로 이것이다. 우리는 감정 인식과 직감을 통해 일상의 복잡한 문제 처리를 돕는 기민한 시스템에 접근할 수 있기 때문이다.

하지만 역설적으로 우리의 기민한 생물학적 활동이 우리 행동 방식을 더 경직시킬 수도 있다. 실제로 이런 기민한 예측 시스템은 변화를 주저하게 만드는 존재이기도 하다. 예측 시스템은 빠른 적응을 돕지만, 많은 에너지를 사용한다. 그리고 우리가 예측하는 일 중 다수가 실제로는 발생하지 않으므로 이것은 매우 소모적인 과정일 수 있다. 피곤해진 뇌는 많은 생각과 걱정에 사로잡힐 수 있다. 아이러니하게도 이런 불쾌한 감정 톤이 우리의 부정적인 면을 부채질하고, 우리 내부에서 들리는 비판의 목소리는 온갖 방법을 동원해 우리에게 실패했다고, 충분히 잘 해내지 못했다고 속삭인다. 결국 우리 뇌가 에너지를 보존하려고 가능한 한 해오던 습관을 고수하려 함에 따라 우리는 기존 방식만 고집하게 만드는 부정성의 홍수에 빠진다.

사람들이 대부분 본질적으로 변화를 싫어하는 것도 이런 이유에서다. 장담하건대 당신은 대체로 당신이 가진 안정된 사고방식, 행동 방식을 바꾸길 주저할 것이다. 하지만 변화를 모르는 체하고 고집스럽게 기존 방식만 고수한다면 당신의 에너지와 활력은 점차 그리고 반드시 감소할 것이다.

기민성을 유지하고 회복력을 키우려면 노력을 해야 한다.

경직된 사고방식은 불안과 우울감을 유발한다.[4] 수십 년간 심리학과 신경과학을 연구하면서, 그리고 셀 수 없이 많은 전문 사업가, 엘리트 운동선수들을 코칭하면서, 나는 특별하지만 단순한 사실을 깨달았다. 기민한 사고방식이 당신의 성공과 행복 가능성을 극적으로 향상시킨다는 것이다. 하지만 그 반대도 역시 사실이다. 경직된 사고방식은 불안감과 스트레스, 그리고 당신 삶을 그르치는 '고착'을 유발한다.

이런 통찰의 핵심은 내 경력 초반에, 우리 뇌가 100만분의 1초 만에 내리는 판단을 집요하게 측정하던 비좁은 실험실에서 시작되었다. 나는 부정적 정보가 어떤 식으로 우리의 주의를 끄는지 알아내는 데 빠져 있었다.[5] 벽에 붙은 거미, 바닥을 기어가는 벌레, 라디오에서 흘러나오는 충격적인 뉴스… 모두 우리의 주의를 끄는 것들이다. 다가올 위험을 경계하는 것은 과거의 유물이며, 우리는 조상들의 삶이 얼마나 위태로웠을지 그저 상상해볼 따름이다. 사람은 누구나 위협을 인지하면 거기에 초점을 맞추는 경향이 있지만, 불안감이 높은 사람들은 그런 위협에 훨씬 더 심각하게 집중한다.

수년간 과학자들은 우리가 위협과 맞닥뜨렸을 때 뇌에서, 특히 불안해하는 뇌에서 일어나는 일을 알아내기 위해 고심해왔다. 내가 이 분야에 처음 발을 들였을 때, 학계의 중론은 지속적으로 위험이 발생하는지 감시하는 위협 감지 시스템이 우리 뇌 깊숙이 내재해 있다는 것이었다. 우리가 불안감을 느끼면 이 시스템이 과도한 경계 태세에 돌입하고, 사람에 따라서는 안전할 때조차도 높은 경계 태세를 유지한다는 것이다. 학자들은 이것이 불안감의 본질이며, 이 시스템에 따라 우리는 혹시 모를 위험에 대비해 주변을 끊임없이 살핀다고 생각했다. 그리고 이런 가정에 들어맞는 증거도 매우 많았다.

하지만 나는 이 '높은 경계 태세' 이론이 전부라고 확신하지 않았다. 나는 불안감을 느끼는 사람들의 문제는 사실상 위협을 살피는 것이 아니라 일단 위협을 감지했을 때 그것으로부터 **주의를 돌리기 어렵다는 것**에 있다는 걸 알게 되었다. 위협으로부터 주의를 돌리기 어렵다는 건 위협을 발견하는 능력과는 별개의 문제다.[6]

내가 '고착성' 주의 시스템이라고 부르는 이것은 경직된 사고방식으로 이어질 수 있다. 당신이 일단 거미를 발견하고 나면 그 거미의 움직임에서 눈을 떼지 못하는 것과 같다. 가장 깊은 내면의 생각과 감정, 행동에서도 같은 현상이 일어난다. 괴로운 생각을 하기 시작하면 거기에서 벗어나기 어려울 때가 많다. 이런 정신적 고착성이 우리 뇌 속에 자리하면서 반복적 걱정과 반추를 멈출 수 없게 만들고 우리의 행복을 파괴하며 기회 포착 능력을 약화한다.

자조self-help가 항상 도움을 주는 건 아니다. 발전된 현대사회를 살아가는 우리에게는 집, 음식, 삶의 질을 높여주는 수많은 도구가 있다. 게다가 전 세계의 심리학 실험실에서 수십 년간 이뤄진 연구를 통해 우리가 번영하고 잠재 능력을 최대한 발휘할 수 있게 해주는 효과적인 방법이 많이 도출되었다. 하지만 우리는 삶을 즐기지 못하고 그저 힘겹게 일상을 살아나가고 있다. 내가 성공한 사업가들과 워크숍을 해보면 대부분은 스스로 원하는 것만큼 행복하지도, 만족감을 느끼지도 않는다고 한다. 무엇이 잘못된 것일까?

끝없는 자조적 접근에 그 답이 있다. 우리는 마음을 챙기고 순간에 집중하는 것이 중요하다는 말을 듣곤 한다. 때로는 아무것도 신경 쓰지 말고 하던 일을 '투지' 있게 밀고 나가라는 충고도 듣는다. '성장 마인드셋'을 갖추는 게 비결이라고 말하는 사람들도 있다. 과학적 근거가 이런 제안을 뒷받침한다.[7] 이런 기술로 삶을 향상시킨 사람도 수백만 명 존재한다. 하지만 과학의 복잡성을 지나치게 단순화하는 경우가 많다.

삶에 있어서 '만능' 해결책은 존재하지 않는다. 마음을 챙기라거나 투지 있게 밀고 나가라는 말, 경직된 사고방식을 버리라거나 긍정성을 키우라는 말은 골프로 치면 퍼팅에만 집중하라거나 장타만 연습하라는 말과 비슷하다고 볼 수 있다. 당신의 상황과 당신이 사용하는 도구 사이의 적절한 연결을 고려하지 않은 처방이다. 투지가 필요할 때 방침을 바꾸는 건 의미가 없다. 변화가 필요할 때 인내심이 소용없는 것과 마찬가지다.

나는 우리의 행복과 성공을 결정하는 더 중요한 요소는 서로 다른 접근법들 사이에서 언제, 어떻게 전환할지 아는 것이라고 주장하곤 한다. 인생의 역경에 대처하려면 다양한 접근법을 활용해야 한다는 증거는 많이 있다.[8] 하지만 여러 가지 접근법만으로는 충분치 않다. 적절한 순간에 적절한 방법을 선택할 수 있는 기민성을 가져야 한다. 이것이 전환 기술의 핵심이다.

전환 기술의 힘

세상은 불확실하고 복잡하다. 따라서 그런 세상에서 벌어지는 일에 대처하려면 다양한 기술이 필요하다. 골프의 비유로 돌아가서, 18홀에 걸쳐 일어나는 다양한 과제를 수행하려면 여러 대의 골프채가 필요한 것과 마찬가지다. 나는 골프를 치지 않지만, 항상 골프가 인생을 보여주는 완벽한 메타포라고 생각해왔다. 골프 경기에는 곳곳에 역경이 숨어 있다. 공이 벙커에 빠질 수도 있고, 물에 빠질 수도 있으며, 심지어 뱀이 우글거리는 숲에 떨어지기도 한다. 공이 어디에 떨어지든 당신은 홀아웃하기 위해 갖가지 방법을 사용해 그 상황을 해결해야 한다.

그리고 지금까지 여러 디자이너가 필드에서 일어날 상황에 맞춰 매우 독창적으로 골프채를 디자인했듯, 인생에서도 상황에 맞는 적절한 접근법을 찾는 것이 핵심이다. 적절한 순간에 적절한 접근법을 선택할 수 있도록 다양한 대처 방법을 익히고 기민성을 키우는 것이 번영의 본질이다. 기민한 사고방식을 갖추면 변화에 잘 대처할 수 있다. 어려운 문제를 해결하고 중요한 결정을 하는 데 필요한 방법도 더 잘 선택할 수 있다.

나는 인지심리학자cognitive psychologist이자 정서신경과학자affective

neuroscientist다. 내가 옥스퍼드대학교에 설립한 옥스퍼드정서신경과학연구소Oxford Centre for Emotion and Affective Neuroscience, OCEAN를 책임지고 있으며, 그곳에서 무엇이 우리를 번영하게 하는지 연구한다. 우리는 사람들의 유전적 기질, 뇌 기능, 그리고 그것들이 알려주는 중요한 정보를 고려해 회복력과 번영에 대한 지식을 넓히기 위해 노력한다. 나는 역시 심리학자인 남편 케빈 더튼Kevin Dutton 과 공동으로 옥스퍼드 엘리트 퍼포먼스Oxford Elite Performance라는 회사도 설립했다. 이 회사는 최첨단 심리학과 신경과학을 이용해 최고의 운동선수, 사업가, 군인이 그들의 잠재력을 모두 발휘할 수 있도록 돕는 곳이다.

지금까지 많은 이들이 스포츠와 사업에서 좋은 성과를 내도록 코칭하면서, 나는 기민성 향상이 가져오는 이점들을 여러 차례 목격했다. 이는 내가 연구실에서 추구하는 것과도 잘 들어맞는다. 나는 이런 필수적인 심리학적 재능을 설명하기 위해 전환 기술이라는 용어를 만들었다. 전환 기술의 효과를 보여주는 증거는 계속 늘고 있다.

전환 기술의 4가지 핵심 요소

전환 기술에는 4가지 핵심 요소가 있다. 각각의 요소는 그 자체로도 중요하지만 합쳐졌을 때 강력한 효과를 발휘해 살면서 어떤 역경이 닥쳐와도 헤쳐나갈 수 있게 도울 것이다.

- **정신적 기민성**: 기민하고 융통성 있게 **생각하고, 행동하고, 느낌**으로써 삶이 험난하든 순탄하든 모든 어려움을 잘 헤쳐나가고 변화하는 환경에 적응하는 능력이다. 과학계에서는 기민성이 4가지 구성 요소로 이루어져 있다고 보는데, 나는 그것을 **기민성의 ABCD**라고 부른다. 적응하기Adaptability, 삶의 균형 유지하기Balancing, 관점을 바꾸거나Changing 관점에 도전하기, 정신적 역량 키우기Developing다.
- **자기 인식**: 당신의 내면을 들여다봄으로써 자기 이해 수준을 높이고 당신의 핵심 가치관과 역량을 인식하는 능력이다. 이것은 당신이 자신의 바람, 꿈, 능력에 대해 더 잘 알 수 있게 해준다.
- **감정 인식**: 자기 인식에 포함되지만 우리 삶에 매우 중요하기 때문에 독립적인 하나의 요소로 구분한다. 좋든 나쁘든 당신의 모든 감정을 받아들이고 키우는 법을 배우는 것이 중요하다. 감정이 당신을 좌지우지하게 두지 말고 감정 조절을 통해 당신의 가치관과 목표에 맞게 이용하는 능력도 중요하다.
- **상황 인식**: 다른 2가지 요소, 즉 자기 인식과 감정 인식을 통해 정보를 얻으면서 당신의 주변 환경을 이해해 (밖으로 시선을 돌려) 정황을 직관적으로 인식하고 '직감'을 기르는 능력이다. 이런 내적, 외적 인식의 결합체는 주어진 환경에서 당신에게 필요한 행동을 알려준다.

전환 기술은 인생을 항해하는 당신을 올바른 방향으로 이끄는 나침반과 같다. 그리고 살아가는 동안 학습하고 향상시킬 수 있다. 어려운 상사에게 대응하는 문제든, 복잡한 팀을 관리하는 것이든, 과잉 행동을 보이는 아이들의 문제를 해결하는 것이든, 친구와의 다툼을 해결하는 것이든, 아니면 에너지를 북돋우는 것이든, 당신 내부의 나침반은 당신이 그 순간에 적절한 전략을 선택하도록 돕는다. 만약 이 나침반의 작동에 조금이라도 문제가 생긴다면 당신은 인생 경로를 크게 벗어날 수 있다.

전환 기술은 필수적인 4가지 심리학적 재능을 모아 강력한 정신 무기로 만든 것이다. 전환 기술은 현재의 접근법을 지속할지, 아니면 새로운 접근법으로 전환할지 결정하는 데 도움을 주므로 결국 당신은 적절한 결정을 더 많이 할 수 있으며 궁극적으로 당신의 계획을 가능한 한 완벽하게 수행할 수 있다.

나는 당신이 이 책에 담긴 심리학 및 신경과학 분야의 광범위한 지식을 활용해 불가피한 인생 역경에 대항할 수 있기를 희망한다. 최첨단 과학 연구를 토대로 쓴 이 책은 당신이 성공적이고 만족스러우며 회복력 있는 삶을 사는 데 필요한 정신적 재능을 키울 수 있도록 실용적인 틀을 제시한다. 이 책을 통해 당신은 계속해서 과거에 집착하게 만드는 생각과 행동이 무엇인지 알아내는 방법을 배울 것이다. 개방적인 사고방식의 중요성을 배울 것이며, 당신을 더욱 기민하게 해주는 적응과 변화의 방법도 배울 것이다. 아울러 불확실성을 마음 깊이 받아들이는 법도 배울 것이다. 정신적 자유를 얻고 더 만족스러운 미래를 발견하는 방법은 두려움과 불안감을 부채질하는 사고방식과 행동 패턴이라는, 당신을 억제하는 족쇄를 풀어버리는 것뿐이다.

이 책을 활용하는 방법

나는 일기 쓰는 습관을 들이라고 제안하고 싶다. 이 책 중간중간에 여러 훈련 방법과 테스트를 소개했다. 모두 당신이 더 유연해지고, 자신에 대해 알고, 감정을 조절하고, 직감력을 키우는 데 도움을 주어서 어떤 경우에도 대처할 수 있게 정신적으로 대비하는 법을 가르치는 것들이다. 이런 연습 내용과 생각한 것을 일기에 적으면 크게 도움이 된다고 말하는 사람들이 많았다. 개인적으로 나는 옛날식 A4 크기 공책을 선호하지만, 당신에게 잘 맞기만 한다면 전자 다이어리를 사용해도 좋다. 어떤 형태든 일기를 쓰면 진행 상황에 대한 정보를 계속해서 얻을 수 있다. 그리고 생각과 연습 내용을 적는 단순한 행동만으로도 변화가 일어날 수 있다.

이 책은 다섯 부분으로 이뤄져 있다. 우선, 일상에서 발견하는 변화의 실체를 통해 전환 기술이 왜 중요한지 살펴보고 변화에 수반되는 불확실성과 걱정을 관리할 방법을 찾는 것이 얼마나 중요한지 알아보는 전환 기술의 기본부터 시작한다. 여기서 우리는 유연성이 자연의 본질적 특성이라는 사실을 입증하는 흥미로운 연구를 살펴보고, 마지막으로 회복력을 키우는 데 기민성이 꼭 필요한 이유가 무엇인지 알아볼 것이다.

다음으로, 전환 기술의 4가지 핵심 요소를 하나씩 자세히 파헤쳐본다. 첫 번째 핵심 요소(정신적 기민성)에서는 기민해졌을 때의 이점을 살펴보고, '인지 유연성'이라는 심리학 연구 분야를 통해 뇌 기민성의 주요 사항에 대해 알아볼 것이다. 그리고 기민성의 4가지 요소(ABCD)에 대해서도 살펴볼 것이다. 두 번째 핵심 요소(자기 인식)에서는 몸이 말해주는 것에 주의를 기울이는 것이 정말 중요한 이유를 생각해보고 당신이 정말 누구인지, 그리고 당신에게 정말 중요한 것은 무언인지 알아내는 방법을 살펴볼 것이다. 세 번째 핵심 요소(감정 인식)에서는 우리 감정의 본질에 대해 알아보고 감정을 효과적으로 이해 및 조절하는 법에 대해서도 생각해볼 것이다. 그리고 네 번째 핵심 요소(상황 인식)에서는 우리 직감의 본질을 다각도로 조사해본 다음, 다양한 인생 경험이 어떻게 우리의 직감을 키우고 외부 세계에 대한 이해도를 높이는지 알아볼 것이다.

마지막에는 이 책에 나온 전환 기술의 주요 원칙을 함께 모아 정리했다. 이런 전환 기술이, 특히 끊임없이 변화하는 불확실한 시대에 당신이 번영하는 법 그리고 당신의 행복을 얻는 법을 배우는 데 도움이 되기를 바란다.

그럼 즐거운 여정이 되길!

Switch
craft

왜 스위치크래프트인가?

1

변화하는 세상에서 살아남는 방법

늘 그렇듯 칠흑같이 캄캄하다. 굉음에 귀청이 떨어질 듯하다. 밤공기를 가르는 요란한 프로펠러 소리가 간간이 지나가는 미사일 소리마저 삼켜버린다. 헬리콥터가 심하게 흔들리는 탓에 좁은 뒷공간으로 몰려버린 부대원은 지금 자신들이 얼마나 높이 떠 있는지, 얼마나 더 가야 하는지 알 수가 없다. "2분." 신호가 떨어진다. 그러자 부대원 모두가 각자 자신의 장비를 확인하고 또 확인하느라 여념이 없다. 배낭 착용, 확인. 헤드 랜턴 착용 및 소등, 확인. 재킷 잠금, 확인. 헬멧 고정, 확인. 곡선을 그리며 땅으로 내려오는 헬리콥터의 문이 열린다. "출발, 출발, 출발…" 명령이 떨어질 때마다 지상 4피트 높이에 위치한 헬리콥터에서 부대원들이 한 명 한 명 재빠르게 뛰어내린다.

몇 초 후, 부대원들의 위치가 노출되지 않도록 헬리콥터는 즉시 그 자리를 떠나고, 부대원들은 부상병을 찾기 위해 어둠을 뚫고 달려간다. 뜨거운 열기가 훅 덮치면서 악취가 밀려온다. 이 타는 냄새는 한번 맡으면 결코 잊을 수 없을 정도로 끔찍하다.

피트 마호니Pete Mahoney 대령은 영국군 비상의료대응부대Medical Emergency Response Team, MERT를 지휘한다. 소수의 인원으로 가장 힘든 환경에서 임무를 수행하는 비상의료대응부대는 캄캄한 헬리콥터 안에서 많은 시간을 보낸다. 라이트를 끄고 있어야 적의 총격을 피할 수 있기 때문이다. 부상병 구조를 위해 가능한 한 신속하게 전장에 침투한 후에도 부대원들이 가는 길에는 집중포화가 쏟아지기 일쑤다. 이런 부대는 보통 외상 외과 군의관, 마취과 군의관, 간호병, 의무병, 그리고 이들을 보호하는 임무를 맡은 2명 이상의 일반병 등 5~6명으로 구성된다.

평상시에는 의학 컨설턴트인 피트 대령이 총괄 책임자로서 이 부대의 지휘권을 갖는다. 하지만 임무 수행 중에는 상황에 따라 부대원 중 한 사람이 지휘권을 넘겨받는다. 처음 지상에 내려왔을 땐 일반병이 선두에서 부대를 인솔한다. 그러다가 부상병을 발견하면 군의관 중 하나가 지휘권을 넘겨받아 부상병의 상태를 체계적으로 진단한다. 하지만 전장의 상황이 심각하게 위험하다고 판단되면 언제든 일반병이 다시 지휘권을 가지고 후퇴를 명령할 수 있다. 부상병 처치가 무엇보다 시급하다고 판단될 경우에는 마취과 군의관이 지휘권을 넘겨받아 진정제를 투여하고 헬리콥터로 데려갈 것인지, 아니면 그 자리에서 바로 치료할 것인지를 결정한다. 이 모든 절차는 실제 전장에서, 그것도 대부분 포화에 휩싸인 상태에서 이루어진다. 단 몇 초 사이에 지휘권자가 바뀔 정도로 상황은 급박하게 전개된다.

상태가 심각하지 않은 부상병들은 보통 즉석에서 순서대로 치료를 진행하며, 대개 간호병 중 한 명이 그곳을 지휘한다. 상대적으로 안전한 헬리콥터까지 부상병들을 옮기기로 했다면, 언제 어떻게 그들을 이송할 것인지는 일반병이 결정한다. 마침내 결정이 내려지면 지휘권은 즉시 헬리콥터 조종사에게 넘어간다. 이제 조종사는 전장으로 되돌아가 일반병이 지정한 위치에 착륙하는 것이 안전한지 판단한다. 부대원들이 부상 장병들을 데리고 헬리콥터에 탑승하면, 캄캄하고 흔들림이 심한 헬리콥터 안에서 즉시 수술을 할 것인지 야전병원에 도착할 때까지 기다릴 것인지 판단해야 하는데, 이것은 피트 대령이 다른 상급 군의관과 상의해 결정한다.

이런 환경에서 임무를 수행할 때 얼마나 기민한 판단력이 필요할지는 가늠하기도 어려울 정도다. 이 부대의 총괄 책임자 피트 대령은 훨씬 계급이 낮은 부대원의 명령을 따라야 하는 경우도 많은데, 사실 이것은 군대에서 매우 보기 드문 일이다. 하지만 이런 시스템 덕분에 이 부대는 그 능력을 최대로 발휘해 임무를 수행할 수 있다. 즉, 부대의 임무 수행에 있어 모든 부대원의 기민한 판단력을 활용하는, 매우 효과적인 시스템을 갖춘 것이다.[1]

비상의료대응부대원들의 임무 수행 환경이 매우 예외적이긴 하지만 그 안에는 일상에서 지속적으로 나타나는 변화와 적응의 패턴이 담겨 있다. 살다 보면 어느 날 갑자기 기차가 연착할 때도 있고 인터넷이 먹통이 되기도 한다. 아이가 갑자기 열이 나기도 한다. 직장을 잃어서 새로운 일자리를 찾기도 하고, 배우자나 연인으로부터 이제 사랑이 식었다는 말을 듣기도 한다. 부모님이 세상을 떠나는 일도 있다. 이런 갑작스러운 변화가 언제든 일어날 수 있다는 사실을 빨리 인정하고 받아들일수록 인생의 번영으로 향하는 길도 더 빠르게 찾을 수 있다.

우리 주위에서 끊임없이 일어나는 정치적·사회적 변화는 그 속도가 점점 빨라져서 따라잡기 힘들 정도다. 온 세상 사람들이 미국 트럼프 행정부가 보여주는 예측 불허의 행보를 불안한 눈초리로 주시했다. 브렉시트가 야기한 유럽의 상황도 사람들에게 엄청난 불안감을 불러일으켰다. 코로나바이러스가 전 세계를 휩쓸자 우리는 또다시 두려움과 불안감에 사로잡혔다. 한편, 겨우 2007년에 출시했다는 사실이 무척 놀라울 정도로 아이폰은 이미 우버, 틴더, 에어비앤비, 틱톡, 인스타그램 등 수많은 회사뿐만 아니라 아이폰 없이는 존립할 수 없는 여러 산업을 탄생시켰다. 새로 발생한 코로나바이러스는 줌과 더불어 팬데믹 전에는 틈새시장 품목에 불과했던 화상회의 장비 분야를 엄청나게 키워놓았다.

변화는 '일상'이다

일하는 데 있어 변화는 그저 일상일 뿐인데도 불구하고 업계에서는 변화를 불편한 치료법쯤으로 여기는 경우가 많다. 마치 수술처럼 말이다. 이런 모습은 수많은 개인과 기업에서 끊임없이 발견된다. 변화를 시도하는 기업들을 살펴보면 대개 그러한 변화를 일시적인 것, 즉 처음과 중간 그리고 끝이 존재하는 과정이라고 생각한다. 그 결과 변화는 참고 견뎌내야 하는 것이며, 변화를 관리할 전문가가 필요하다고 간주한다. 실제로 '변화 관리'라는 것 자체가 지금 한창 번성하는 산업이다.

하지만 변화는 한 번으로 끝나는 수술 같은 것이 아니다. 오히려 끊임없이 반복되는 절차이자 일을 하는 데 있어 지극히 정상적인 부분으로 보아야 한다. 변화에 잘 대처하고 싶다면 사고방식부터 바로잡아야 한다. 즉, 변화와 일상을 따로 구분해서 생각하는 잘못을 저질러서는 안 되며, **변화도 그저 '일상'이라는 사실**을 받아들이는 것이 무엇보다 중요하다.[2]

일에 있어 사람들은 대부분 변화를 위협으로 인식한다. 이런 모습은 기업이 조직 개편을 시행할 때 특히 더 많이 나타난다. 심지어 그 변화가 필요하다는 생각만 해도 마음이 불편해진다. 물론 위협적인 변화도 존재할 것이다. 하지만 새롭고 대대적인 변화에 직면했을 땐 일단 마음을 가다듬고 냉정하게 상황을 판단할 필요가 있다.

당신의 변화는 무슨 색인가?

신호등 시스템을 이용한 번영 척도thrive gauge는 다가오는 변화의 본질과 함께 그것의 긍정적인 면과 부정적인 면을 알아내는 데 유용하다. 방법은 이렇다. 파란불이 켜져 있을 땐 편안하게 그 시간을 최대한 활용한다. 노란불이 들어오면 상황을 예의 주시하기 시작한다. 그리고 빨간불이 들어오면 즉시 그 상황에 몰두한다. 빨간불이 들어온 상황은 당신의 꿈을 망쳐놓을 수도 있기 때문이다. 파란불일 때 하는 활동에 대부분 시간과 에너지를 쏟아붓는 한편, 노란불과 빨간불이 당신을 가로막을 때 어떻게 대처할지 생각해두는 것이 중요하다. 평상시에 이런 생각을 해두면 도움이 된다.

1. **한 걸음 물러서서 지금 당신이 어디에 있는지 확인하라. 다가온 변화의 본질에 대해 생각하라.** 이 변화로 인해 생기는 득과 실을 따져 각각 목록을 적어보자. 그런 다음 당신이 직업을 통해 이루려는 목표를 단기적, 중기적, 장기적 관점으로 나누어 적어보라.

2. **신호등 시스템을 이용해 이 변화가 당신의 개인적 목표에 어떤 영향을 줄지 판단하라.** 당신의 목표를 방해할지 모를 변화 요소에는 빨간불, 위험 신호가 될 만한 요소에는 노란불, 그리고 당신의 목표에 도움을 줄 요소에는 파란불을 매겨보라. 예를 들어, 당신 회사의 사무실이 개별

업무 공간에서 칸막이가 없는 개방형으로 바뀐다고 한다면 걱정이 될 수도 있다. 항상 남들 눈에 띄는 상태로 일한다거나, 주변 소음 때문에 업무에 방해가 될 것 같다거나, 비밀 보장이 필요한 고객과의 대화를 다른 사람이 들을 수도 있다는 생각 때문이다. 이런 걱정들에는 빨간불혹은 노란불을 매길 수 있다. 하지만 동료들과의 건설적인 대화나 협업 기회에 대해서는 파란불을 매길 수 있을 것이다.

나는 부동산 개발 회사 간부인 데이비드의 고문 역할을 맡고 있었다. 당시 데이비드의 회사 임원진은 대규모 팀 2개를 하나로 합치겠다고 발표했다. 데이비드는 상업용 부동산팀의 팀장이었는데, 상업용 부동산팀과 주거용 부동산팀을 합친다는 것이었다. 이 소식에 데이비드는 기대감도 생겼지만 걱정이 더 큰 게 사실이었다. 현재 팀에서 누려온 즐거움, 친밀감, 탄탄한 팀워크를 잃을 것이라는 두려움이 데이비드에게는 빨간불이었다. 팀을 합치면 그동안 쌓아왔던 팀 분위기를 유지하기도 힘들 것 같았다. 노란불은 업무 시간을 나누어 물리적으로 서로 떨어져 있는 두 사무실을 오가며 일해야 한다는 점, 그러다 보면 가족과 보내는 시간을 빼앗길 수도 있다는 점이었다. 하지만 의미 있는 파란불은 확장된 팀에서 데이비드가 팀장직을 맡는다는 점이었다. 승진 야망이 큰 데이비드에게는 틀림없이 매우 중요한 한 걸음이 될 터였다.

1부 왜 스위치크래프트인가?

이처럼 데이비드는 신호등 방식을 이용해 이 변화에 대비했다. 그는 주거용 부동산팀 직원과 상업용 부동산팀 직원들이 함께 어우러진 사교 모임을 몇 개 만들었다. 덕분에 따로 일하던 두 팀의 직원들이 서로 알 기회가 생겼고 저절로 데이비드가 좋아했던 즐거운 팀 분위기, 탄탄한 팀워크를 유지할 수 있었다. 두 사무실을 오가며 업무를 봐야 했지만 최선을 다해 노력한 결과 집에 가지 못하는 날은 매주 하룻밤 정도였다. 그뿐만 아니라 단기 리더십 교육 과정에 등록해 승진을 향한 그의 포부도 순조롭게 파란불을 향해 나아갈 수 있었다.

변화와 이행[3]

자기 계발서 작가이자 인생 상담가 윌리엄 브리지스William Bridges는 변화와 이행의 중요한 차이점을 구분했다. **변화**change는 우리 인생 전체에서 발생하는 외부적인 사건들이다. 하지만 **이행**transition은 다르다. 이행은 미묘한 내부적 방향 전환이자 당신의 인생에서 일어나는 변화에 잘 대처하기 위해 필요한 자기규정self-definition이다. 브리지스가 말한 대로 "이행이 없다면 변화는 그저 주변 가구의 위치만 바꾸는 것과 같다". 많은 사람이 출산이나 이직 등 인생의 큰 변화에 대비해서 구체적인 준비를 하지만 내부적 이행을 어떻게 준비할 것인지는 거의 생각하지 않는다. 우리가 어려움에 빠지는 건 바로 이행을 준비하지 못했기 때문이다.

나는 유명한 운동선수 해리의 상담을 맡은 적이 있는데, 그는 매우 성공적인 선수 생활을 하다가 30세에 은퇴한 사람이었다. 부상에 시달리던 해리는 더 이상 강도 높은 훈련을 감당하기 어렵다는 것을 깨달았다. 그는 은퇴하는 게 옳은 결정이라는 걸 알고 있었다. 분명 전성기는 지났고 그 역시 이제 뭔가 다른 일을 시작해야 할 때였다. 그렇지만 '은퇴한 스포츠 스타'라는 새로운 정체성을 받아들이기 힘들었다.

은퇴하기 1년 전에 그는 이 변화에 대비하기 위해 할 수 있는 것은 무엇이든 했다. 연설가들이 속한 에이전시와 계약해 사람들에게 동기부여가 될 만한 강연을 했다. 텔레비전과 라디오 회사에 해설자 자리도 요청했다. 코치가 될 기회를 얻기 위해 지도자 과정에도 등록했다. 처음에는 이런 일이 다 잘되어 갔고, 특히 해설자로 인기를 얻기 시작했다. 하지만 막상 선수 생활을 그만두자 그는 점점 불행해졌다. 처음에는 생활 패턴이 무너졌기 때문이라고 생각했다. 매일 3회 수행하던 훈련 일정이 모두 없어진 것이다. 그래서 매일 아침 일찍, 같은 시간에 일어나 5마일씩 달리기를 했다. 그런 다음 면도를 하고 아침 식사를 했다. 이런 간단한 리추얼은 생활에 큰 도움을 줬다. 하지만 낮 동안의 지루함은 여전히 문제였다.

해리는 술을 많이 마시기 시작했다. 어느 순간부터는 매일 밤 술을 마시러 나갔다. 결국 아내와의 관계에도 문제가 생겼다. 해리는 점점 신뢰할 수 없는 사람이 되어갔고, 주요 에이전

시들은 더 이상 그에게 연락하지 않았다.

해리의 말에 따르면 거울을 볼 때 힘들었다고 한다. "거울 속 저 사람은 누구지?" 그는 스스로에게 물었다. 거울 속에 있는 사람은 더 이상 '챔피언'도 '스포츠 스타'도 아니었다. 그럼 도대체 누구인가? 해리와 나는 이게 문제의 핵심이라는 것을 깨달았다. 그는 이제 자신이 누구인지 명확히 설명할 수 없었다. 외부적 **변화**에 대비해 일찌감치 많은 준비를 했지만 유명한 운동선수에서 은퇴한 스포츠 스타로 **이행**하는 데 대해서는 대비하지 못한 것이다. 본질적으로 해리는 2가지 정체성 사이에 갇혀 있었다.

끝이 있어야 시작도 있다

이행 과정은 우선 과거를 모두 내려놓고, 중간에 낀 상태에서 느끼는 당혹감과 혼란을 온전히 겪은 뒤, 마침내 새로운 상황으로 들어가 다시 시작하는 것이다. 이행에 성공하려면 이 3단계를 모두 통과해야 한다. 나는 해리에게 이행의 첫 단계, 즉 그의 선수 경력을 끝내는 일부터 시작하라고 했다. 해리는 10세 때부터 해온 선수 생활을 포기한다는 게 어떤 의미인지 정말 진지하게 고민하느라 수개월을 보냈다. 사실 그것은 정말 슬픈 과정이었다. 다행히 이제 해리는 스포츠 해설가로서, 그리고 운동을 막 시작한 어린 선수들의 멘토로서 훨씬 행복감을 느끼

고 있다. 우리는 해리가 이 어려운 이행 과정을 헤쳐나오는 과
정에서 도움을 준 4가지 원칙을 찾아냈다.

1. **이행 과정을 존중하라.** 때가 무르익어야 성장한다. 억지
   로 성장을 강요해서는 안 된다.
2. **내부적 정체성 전환이 반드시 필요하다.** 내부적 변화가
   있어야 새로운 환경에 적응할 수 있다.
3. 당신의 정체성을, 그리고 변화의 과정에서 자신에게 생
   길 수 있는 일을 **있는 그대로 받아들여라.**
4. 이행 기간에 당신이 할 수 있는 일과 할 수 없는 일을 판
   단하고 자신에 대한 **기대치를 낮춰라.**

'비옥한 공백'을 확보하라

일에서도, 사생활에서도 변화는 일어난다. 이미 살펴봤듯이 변
화는 우리의 정체성에 물음표를 던진다. 그리고 그 변화에 잘
대처하려면 내부적 이행이 필요하다. 우리가 변화를 예상했든
아니든 마찬가지다. 결혼 생활 수년 만에 아내와 헤어지고 다
시 혼자가 된 남자는 아마도 매우 괴로울 것이다. 이런 개인적
변화는 우리 삶에 심각한 영향을 미칠 수 있다. 그렇다면 우리
는 어떻게 해야 이런 변화를 잘 헤쳐나갈 수 있을까?

수많은 연구 결과에 따르면 변화는 당연히 두려운 존재이

고 이미 걱정과 불안을 느끼고 있는 상태라면 더욱 그럴 수 있지만, 우리는 그것에 대처할 방법을 배울 수 있다. 과거의 계획을 버리고 점차 새로운 목표와 기회를 받아들인 다음 그 안으로 뛰어들기 위해 당신에게 필요한 것은 시간, 그리고 자신에 대해 공감할 수 있는 마음이다. 독일의 정신분석가 프리츠 펄스Fritz Perls는 끝과 또 다른 시작 사이에 나타나는 이런 힘겨운 시간을 표현하기 위해 **비옥한 공백**fertile void이라는 말을 만들었다.[4]

나는 실험을 해보았다. 숫자를 '짝수와 홀수로 분류하기'에서 '3보다 큰 수와 작은 수로 분류하기'로 활동을 전환하는 실험이었다. 이처럼 단순하게 생각의 틀을 바꾸는 짧은 실험에서도 사람들은 중단과 지연 현상(**전환 비용**switch cost)을 보여주었다. 한 가지 생각의 틀(홀수/짝수)에서 벗어나 다른 생각의 틀(3보다 큰 수 혹은 작은 수)로 옮겨가는 데도 공백이 필요한 것이다. 그러니 당신의 정체성이 전환될 때, 이를테면 '행복한 결혼' 상태에서 '독신' 혹은 '이혼' 상태로 전환될 때 얼마나 많은 시간과 노력이 필요할지 생각해보라. 자신에게 비옥한 공백의 시간을 주는 것은 반드시 필요한 일이다. 그리고 펄스가 사용한 비옥한 공백이란 말이 암시하듯, 이것은 그냥 버리는 시간이 아니다. 과거에서 분리되어 점차 새로운 상황으로 이동하는 데 있어 생산적이고, 또 필수적인 시간이다.

인생의 주요 이행 과정에는 시간과 노력이 든다. 직업을 잃었다거나 중요한 사람과의 관계가 깨졌다거나 가까운 친구가 사망했다거나 하는 일은 당신의 인생행로를 가로막고 삶에 대해, 그리고 삶의 목표에 대해 다시 생각하게끔 만든다. 변화는 불편한 질문을 당신 앞에 들이밀고 당신이 당연하게 여겨왔던 수많은 것들에 의구심을 갖게 한다. 그러면 우리는 일에 빠져들거나 술이나 약에 취해 스스로를 무감각하게 만들어, 변화에서 오는 고통을 피해보려고 한다. 하지만 자신에게 고통과 괴로움을 느낄 시간을 충분히 허락하고 새로운 상황에 익숙해질 시간을 주는 것이 중요하다. 그리고 이것은 새로운 사람과 관계를 맺거나 새집으로 이사하는 일, 또는 직업을 바꾸는 것처럼 긍정적인 변화를 겪을 때도 마찬가지다.

예를 들어, 퇴사 후 바로 이직하기보다는 단 일주일만이라도 공백을 가져보는 것이 좋다. 심지어 하루를 보내면서도 잠시 시간을 내서 산책이나 명상을 해보는 것이 좋다. 물론 친구를 만나 수다를 떨 수도 있다. 자연스럽게 시간 간격을 둘 수 있는 일이라면 무엇이든 괜찮다.

인생에서 겪는 모든 사건에는 당신의 뇌가 적응할 시간이 필요하다. 변화에 잘 대처하려면 여러 가지 미세한 조정 작업이 필요하다. 처음 변화를 인지한 시점부터 출발해 점점 그걸 받아들이고 새로운 현실에 적응해나가는 것이다. 직업과 사는 지역이 모두 바뀌는 변화를 겪은 한 커플이 나와 상담하면서 거쳤던 몇 가지 단계를 살펴보면 다음과 같다.

1. **하루 중 혼자 보내는 시간을 정해둔다.** 조용히 앉아 내면 깊숙한 곳의 감정을 느끼는 데 온전히 이 시간을 사용한다.

2. 지금과 달라지는 것을 모두 적어보는 시간을 갖는다. 나는 그들에게, 익숙한 곳을 떠남으로써 생길 변화와 그런 변화가 인생의 다른 영역에 미칠 영향을 가능한 한 모두 생각해보라고 했다. 최대한 구체적으로 적는 것이 중요하다. 그들이 쓴 내용 중에는 이런 것들이 있었다.

"몇 달 동안은 수입이 이전만큼 많지 않을 테니 생활비를 신경 써서 조절해야 할 것이다."

"그곳 사람들이 우리를 전혀 알지 못하므로 매주 새로운 사람들과 만나기 위해 노력해야 할 것이다."

"시간을 내서 주변 지역을 탐색해보고 우리가 살 곳을 정해야 할 것이다."

이렇게 작성한 의문과 걱정거리를 보면서 그것이 얼마나 중요한 문제인지에 따라 우선순위를 매긴다. 그리고 그것에 대한 답을 찾는다면 불안감은 한결 줄어들 것이다. 살기 좋은 집을 찾는 일은 매우 중요하므로 아마 온라인으로 매주 한 시간 이상 다양한 지역의 집을 알아보고 가격을 따져봐야 할 것이다. 이런 과정을 통해 앞으로의 상황을 예상할 수 있기 때문에 불안한 감정을 기대감으로 바꿀 수 있다. 그리고 좀 더 까다롭지만 이런 질문도 꼭 해봐야 한다.

"현재 내가 하는 사회적 역할이 내 정체성에서 중요한 부분인가?"

"내가 떠나면 사람들이 나를 이상하게 생각할까?"

3. **잃는 것들에 대해 슬퍼할 시간을 갖는다.** 슬픔을 예상하고 받아들여라. 그리고 그런 감정을 의욕 저하나 실패와 혼동해서는 안 된다. 나와 상담했던 커플은 그들이 지금 사는 지역과 그곳 사람들을 그리워하게 되리라는 걸 알고 있었다. 그리고 그 생각에 매우 슬퍼했다. 하지만 괜찮다. 슬픔, 두려움, 우울감, 혼란스러움 같은 것은 자연스러운 감정이다. 그 커플은 한동안 그들의 결정이 옳은 것이었는지 계속해서 의심하는 시간을 보냈다. 자신에게 이런 불편함을 느낄 시간을 허락하는 것이 중요하다. 그런 감정을 빨리 떨쳐내야 한다고 생각하지 말자.

4. **끝나는 것과 그렇지 않은 것을 확인한다.** 모든 것이 슬프고 속상한 건 아니다. 변화 목록 전체를 주제별로 분류해 본다. 당신의 새로운 모습을 발견할 수 있는 흥미로운 기회가 그 안에 있는지 찾아보자. 주제 중에는 아마 두려움과 의구심에 대한 게 많을 것이다. 마음이 편해지는 습관이나 일상, 익숙해진 정체성을 잃는 문제 같은 것 말이다. 시간 및 장소와 결부돼 있어 영원히 잃게 되는 것도 있을 수 있다. 하지만 모든 게 완전히 끝나는 건 아니다. 새로운 상황에 맞춰 바꾸거나 조절할 수 있는 것들을 찾아보자.

담배를 끊으며 깨달은 것

나는 26세에 담배를 끊어야겠다고 생각했다. 나는 오랫동안 금연의 필요성을 우습게 여겼다. 담배를 끊을 생각도, 심지어 그것이 타당하다는 생각도 하지 않았다. 그런데 테니스 시합을 많이 하다 보니 언젠가부터 경기가 길어지면 기력이 떨어지면서 점수를 쉽게 잃기 시작했다. 흡연이 내 지구력을 약화시켰고, 나는 두려워졌다.

나는 나 자신을 잘 살펴보았다. 현재 내가 **상황 분석**situational analysis이라고 부르는 것이다. 나는 어째서 명백히 자신에게 해로운 일을 하는 걸까? 흡연을 계속할 어떤 타당한 이유도 없었다. 사실 그 전에도 이미 여러 차례 완전한 금연을 시도해봤지만 실패했다. 그래서 우선 점심 식사 이후에만 담배를 피우기로 했다. 이것도 처음엔 힘들었지만 점차 점심시간에도 담배 생각을 그리 많이 피우지 않는 수준에 이르렀다. 물론 위태위태했다. 스트레스가 생기거나 예상치 못한 사건이 발생하면 다시 아침부터 담배를 피우리라는 것을 너무나 잘 알고 있었다. 하지만 점차 '담배 금지령'을 오후 3시까지, 그리고 다시 오후 6시, 오후 8시까지 연장했고 마침내 완전히 끊었다.

몇 차례 실수를 하긴 했다. 주로 파티 같은 것에 참석하면 내 마음은 기발한 수법으로 금연이 어리석다고 나를 설득하곤 했다. '다른 사람들은 모두 담배를 즐기고 있는데, 왜 나만 안 돼?' '사실 담배가 나한테 그렇게 심각한 문제를 일으킨 것도 아닌데 말이야.' '지금 담배 한 개비 피운다고 뭐가 달라져?' 이런 생각이 계속 머릿속에 맴돌며 내 결심을 흔들었다. 중독자의 마음만큼 창의적이고 설득력 있는 것도 없다.

그래도 나는 실수는 실수일 뿐이라는 것을 받아들이기 시작했다. 그 이상도 그 이하도 아니었다. 즉시 다시 시작해서 이번에는 실수하는 일이 없도록 노력하는 것이 중요했다. 약 18개월 뒤, 나는 완전히 담배를 끊었고 그 이후로 지금껏 담배에 손 댄 적이 없다. 마침내 내가 스스로 비흡연자라고 칭하기 시작한 의미 있는 지점에 도달했다. 내 정체성이 바뀌었다. 그리고 해리의 경우에서 보았듯이 살아가면서 변화를 유지하려면 이런 식의 이행 과정은 반드시 필요하다.

우리에게 닥친 변화에 잘 대처하는 것도 중요하지만 우리 스스로 필요한 변화를 찾아내는 것 역시 중요하다. 필요한 변화를 찾아내는 것은 닥쳐온 변화에 대처하는 것만큼, 어쩌면 그 이상 어려운 일이다.

변화의 5단계

광범위한 금연 연구[5] 결과에 따르면 변화에는 5단계가 있다고 한다. 그리고 이것은 건강을 위해 운동하기, 살 빼기, 이직 등 당신이 인생을 살면서 일으키고 싶은 모든 변화에 적용할 수 있다. 나 역시 여러 차례 도전을 하면서 이런 단계에 대해 알게 되었다.

처음 두 단계는 아직 변화할 준비가 되어 있지 않은 상태다. 그리고 이때 많은 사람이 저지르는 실수는 그들이 **바꾸고 싶은 것이 무엇이며, 왜 그걸 원하는지** 알아보려 하지 않는다는 것이다. 그다음은 변화의 이점은 알지만 부정적인 면에 대한 두려움도 가지고 있는 단계다. 이 단계에서는 득과 실을 가늠하느라 미루고 결심하기를 반복하며 시간을 보낸다. 그런 다음 비로소 계획을 실행할 준비를 마치고 처음으로 행동에 옮긴다. 줌바 수업에 등록하거나 탄수화물을 끊거나 다른 사람들에게 이직 계획을 이야기한다. 마지막은 유지 단계다. 어떻게 하면 새로 시작한 활동과 목표를 꾸준히 이행하고 따를 수 있을까? 집 안에는 담배를 놓지 않기, 규칙적으로 운동하는 사람들 무리에 들어가기, 다이어리에 운동 시간을 규칙적으로 짜 넣기 등을 들 수 있다.

이제 변화를 이루는 데 필요한 결정적 5단계를 하나하나 정리해보도록 하자.

1단계: 숙고 전

상황 분석을 수행하라. 당신에게 잘 맞는 것, 그리고 살면서 유지하고 싶은 것들의 목록을 적어본다. 특정한 친구들이 될 수도 있고 습관이나 취미가 될 수도 있다. 그다음에는 그다지 유용하지 않은 것들, 바꾸고 싶은 것들의 목록을 적어본다.

이번에도 특정한 친구, 또는 흡연이나 과도한 음주 같은 습관이 될 수도 있다. 수면 습관을 개선하고 싶을 수도 있다. 이 단계에서는 큰 결심을 하거나 구체적인 계획을 세우지 말아야 한다. 단지 인생에서 당신이 정말 좋아하는 것들의 목록과 그렇지 않은 것들의 목록을 적기만 하면 된다.

2단계: 숙고

바꾸거나, 그만두거나, 새로 시작하고 싶은 모든 것에 대해 깊이 생각해보고 그 일을 했을 때 얻는 것과 잃는 것을 각각 적어본다. 그런 다음 결정을 내린다. 담배를 끊고 싶다, 주중에 술을 마시지 않겠다, 일주일에 세 번 운동을 하겠다. 그리고 결심한 것을 구체화한다. '살을 빼고 싶다'보다는 좀 더 구체적으로 '3개월에 3킬로그램을 빼고 싶다'라고 하는 편이 좋다. 그런 다음 다른 사람에게 이 결심을 이야기하라. 계획을 타인에게 알리면 끝까지 지킬 가능성이 커진다는 것은 이미 입증된 사실이다.

3단계: 준비

당신의 새로운 루틴을 생각하며 계획을 세워야 한다. 예를 들어, 체중을 줄이고 싶다면 당신이 과식을 하거나 운동을 가장 게을리하는 시간대와 상황을 모두 적어본다. 이를 유발하는 계기가 되는 것들도 정리해보라(예: 모닝 커피, 전화 통화, 추운 날씨 등). 일단 유발 요인을 파악하고 나면 그에 대응하는 전략을 세울 수 있다. 당신의 환경이나 행동에서 바꾸어야 할 것이 있는가? 많은 시간을 들이는 것이 아니어도 괜찮다.

때로는 운동할 시간을 따로 비워놓아도 도움이 된다. 날씨나 기분에 상관없이 무조건 헬스클럽에 가거나 조깅할 시간을 정해놓고 반드시 그 시간이 되면 정해진 곳에 가서 운동을 하겠다고 자신과 약속하라. 한 번 더 강조하지만 다른 사람에게 당신의 계획을 이야기하라. 그리고 당신에게 도움을 줄 수 있는 사람들의 명단을 만들어라. 이 단계에서는 당신이 원하는 변화를 어떻게 실행할지 계획을 세우는 게 핵심이다.

4단계: 실행

당신의 계획을 실행에 옮겨야 할 때다. 실행이 뒤따르지 않는다면 이 세상의 모든 계획은 결국 쓸모없는 것이 되고 만다. 일단 계획을 세웠다면(예를 들어, 오후 5시에는 운동을 하러 간다) 변명거리를 찾으려 하지 마라. 아무런 생각도 하지 말고 실행에 옮겨라. 아침에 일찍 일어나고 싶다면 알람을 설정해놓고, 알람이 울리자마자 침대에서 빠져나오라. '5분 후 다시 알림' 버튼도 누르지 말고 바로 일어나라. 시간이 지날수록 당신은 계획에 대해 많은 생각을 할 필요가 없다는 걸 깨달을 것이다. 거의 자동으로 실행하게 될 테니까(너무 많은 생각 때문에 좋은 계획이 실패하는 일은 놀라울 정도로 많다).

마지막으로, 성공적으로 계획을 실행하면 자신에게 잊지 말고 보상을 해주어야 한다. 매주 보상이 될 만한 일정을 만든다. 단, 보상을 통해 당신이 계획 실행 이전의 모습으로 되돌아가지 않도록 주의한다.

5단계: 유지와 퇴행

당신은 간혹 과거의 모습으로 돌아갈 것이다. 그렇다고 해도 너무 자책할 필요는 없다. 오히려 자신을 따뜻하게 감싸주는 게 좋다. 지금 당신이 하려는 건 어려운 일이다. 퇴행을 값진 교훈으로, 즉 장애물이 아닌 디딤돌로 바꿔라. 일기를 쓰면서 당신이 성공적으로 이행한 것과 그렇지 못한 것을 간단히 기록하라. 실패로 이어진 상황, 그때의 기분, 그리고 실패의 도화선이 된 일을 곱씹어보라.

내 경우에는 보통 피곤하거나 업무 스트레스가 심할 때, 아니면 피곤한 상태로 친구들을 만나러 나갔을 때 주로 금연에 실패했다. 피로는 명백한 위험 신호였다. 그래서 나는 피로감이 느껴질 때면 충분히 잠을 자고, 되도록 사람들과 어울리는 일을 피했다. 스스로에게 질문해보라. 어떻게 했더라면 실패하지 않았을까? 미처 고려하지 못한 것은 무엇일까? 다시 이런 실수를 반복하지 않으려면 어떤 변화가 필요할까?

'정신적 관절염'을 조심하라

일반적으로 끈기는 좋은 것이지만 항상 그렇지는 않다. 당신이 계속해서 변화에 실패하고 다시 시작해야 한다면 다른 방법을 찾아봐야 할 것이다. 효과 없는 계획을 끈질기게 고집한다면 이른바 **정신적 관절염**이라는 것을 조심해야 한다. 정신적 관절염이란 어떤 상황에 가장 적절한 방식으로 생각 및 행동하지 못하는 경직된 상태를 의미한다.

나는 완전한 금연을 시도했다가 매번 실패하곤 했다. 금연은 아주 큰 문제여서 하루아침에 해결될 일이 아니었다. 하지만 정해진 때에는 흡연을 할 수 있도록 계획을 바꿈으로써 금연 프로젝트를 좀 더 쉬운 몇 단계로 나누자 실행하기가 훨씬 수월했다. 담배 한 갑을 피우다가 하루 만에 완전히 끊는 것보다는 2개비를 피우다가 0개비로 줄이는 편이 훨씬 쉽다. 대개 삶을 향상시키는, 혹은 유지해주는 건 실천하기 어렵지 않으면서 점차 습관으로 발전할 수 있는 작은 단계들이다.[6] 때로는 이행 단계에 오래 머무르기도 한다. 처음엔 나도 스스로를 '금연을 시도하는 사람'이라고만 생각했다. 하지만 '비흡연자'라는 근본적 정체성 변화를 목표로 삼아야 한다는 것을 깨달았다.

변화의 비결은 다양성이다. 인생 문제에 단 하나의 해결책만 있는 경우는 매우 드물다는 사실을 자신에게 끊임없이 상기시켜야만 한다. 쉽게 실행할 수 있는 변화의 비법이 존재하리라는 생각은 굉장히 매력적이지만 결국 잘못된 결과를 초래할 수 있다. 인생은 생각보다 훨씬 더 복잡하다. 그래서 우리가 살면서 부딪치는 문제들에는 다양한 해결책이 필요할 뿐만 아니라 다양한 접근법을 시도하는 기민함이 필요하다.

주요 종교들은 언제나 이 사실을 인지하고 있었다. 우리가 견고하고 엄격한 규율을 가지고 있다고 생각하는 조직들이 실제로는 삶에 놀라울 만큼 유연한 접근법을 취하고 있다. 어째서 요가 수련법은 그토록 다양할까? 힌두교 전통에서만 보더라도 카르마 요가, 박티 요가, 즈냐나 요가, 사라나가티 요가 등이 있다. 각각의 수련법마다 서로 조금씩 다른 영적 목표 성취에 도움이 된다고 여겨진다. 연민과 사랑을 상징하는 힌두교 신 크리슈나Krishna의 일화들을 보면 깨달음의 경지에 도달하는 데 단 한 가지 길만 존재하는 게 아니며, 우리는 모두 각자의 길을 찾아야 한다는 점을 분명히 하고 있다. 어느 정도의 유연성을 허락한다는 뜻이다.

부처 역시 스스로 '윤리적 유연성'이라고 부르는 것을 용납한다. 윤리적 유연성이란 말에는 고대의 율법서들이 훌륭한 삶을 위한 안내서로서 '현명한 조언'을 제공하긴 하지만 그것을 엄격한 계율이나 법칙으로 여겨서는 안 된다는 의미가 담겨 있다. 오히려 인간은 절대 벗어날 수 없는 확고부동한 가치를 무조건 따르기보다는 어떻게 행동하는 게 옳은지 스스로 판단을 내려야 한다는 것이다. 양극단에 해당하는 소수의 행동만 금지하는 이슬람 교리에도 비슷한 관념이 깔려 있다. 대부분의 인간 행동은 금지된 양극단 사이에서 발생하므로 사람들이 그 안에서 각자의 판단과 양심에 따라 살아가는 방법과 스타일을 선택해 개인적이지만 타당한 이슬람교 교리를 실천하도록 독려한다.

기독교 역시 개인의 유연성 발휘를 장려한다. 현대 기독교의 창시자 사도 바울은 유연성이 중요하다고 인정하면서 이렇게 말했다. "내가 여러 사람에게 여러 모습이 된 것은 아무쪼록 몇 사람이라도 구원하고자 함이니."(고린도전서 9:22)

이소룡도 이런 원칙을 옹호했다. 이소룡은 사람들이 가장 적절한 방식으로 주어진 상황을 처리하거나 유연한 태도로 거기에 적응하려 하기보다는 세상을 자기한테 억지로 맞추려는 실수를 범한다고 생각했다. "물처럼 되어야 합니다." 이소룡이 우리에게 남긴 말이다.[7] 융통성 없는 생각과 행동을 고집할 게 아니라 가능한 한 물의 성질을 닮아서, 빠져나갈 수 있는 좁은 틈을 찾아야 한다는 것이다. 그의 말에 따르면, 인간으로서 있는 그대로 자신을 표현하려면 특정 스타일을 고집해서는 안 된다. 왜냐하면 우리에게 필요한 것은 지속적인 성장인데 "스타일이란 것은 단단하게 굳은 결정체이기" 때문이다. 다시 이소룡이 좋아하는 물의 비유로 돌아가면, 그는 이런 말도 했다. "흐르는 물은 결코 썩지 않습니다. 그러므로 당신은 계속 흘러야 합니다."

전환의 기술은 인생에서 변화와 이행을 잘 수행하는 능력이자 예상치 못한 우여곡절에 대비할 방법을 찾는 수단이다. 그리고 이 기술이 필수적인 이유는 삶에서 불확실성과 변화는 반드시 존재하기 때문이다. 따라서 변화를 인정하는 법뿐만 아니라 변화를 적극적으로 수용하는 법을 배우는 것은 전환의 기술을 습득하는 데 있어 매우 중요한 준비 단계다.

1장 요약

- 항상 같은 상태로 머무르는 건 없다는 사실을 받아들이는 것은 성공적인 인생의 필수 요소다.
- 인생의 중요한 변화를 이루기 위한 이행 과정에서 자신에게 '비옥한 공백'을 허락하는 것이 중요하다.
- 당신의 삶에서 변화를 일으키려면 다음의 5단계를 거쳐야 한다.

  1. 숙고 전 단계: 변화가 바람직한지 결정한다.

  2. 숙고 단계: 어떻게 시작할 것인지 생각한다.

  3. 준비 단계: 계획을 세운다.

  4. 실행 단계: 계획을 실행에 옮긴다.

  5. 유지 단계: 어떻게 해야 새로운 행동 양식을 지속할 수 있을지 생각한다.

- 끊임없이 변화하는 세상에 대처하려면 다양한 접근법이 필요하다는 사실을 알아야 한다. 인생의 문제에 대해서는 '만능' 해결책이 존재하지 않는다.

2
불확실성과 걱정에
대처하기

살다 보면 때때로 뼛속까지 흔들릴 만큼 놀라운 일이 생기기도 한다. 그러면 공포심이 생긴다. 마치 굴러떨어지기 딱 좋은 절벽 가장자리에 서 있는 기분이다. 그것이 전쟁이든 쓰나미든 혹은 팬데믹이든, 위기는 우리가 가진 불안정함과 취약함을 우리 마음의 최전방으로 끌어낸다.

가장 좋은 시절에도 불안은 인생의 자연스러운 한 부분이었다. 하지만 2020년에 시작된 코로나19 팬데믹을 겪는 동안 불안은 그 어느 때보다도 당연한 삶의 일부가 되었다. 바이러스가 전 세계로 퍼지면서 의문이 꼬리에 꼬리를 물었다. 언제쯤 다시 여행할 수 있을까? 또 다른 봉쇄 조치를 내리는 건 아닐까? 학교가 다시 문을 닫을까? 백신이 개발될까? 내가 하는 사업은 살아남을까? 분명한 건 어떤 것에도 분명한 대답을 할수 없다는 것이었다. 우리의 삶이 불확실성과 마주하고 있음은 확실했다. 세계 각국은 국경을 봉쇄하고 항공기는 발이 묶였다. 식당, 술집, 클럽은 모두 문을 닫았다. 많은 이들이 재택근무를 해야 했고 일시적으로 일을 쉬거나 완전히 해고당한 사람들도 있었다. 한편, 어떤 이들은 지금까지와 전혀 다른 직업을 선택해야 했다.

리추얼의 힘

리추얼(의식)은 혼돈스럽고 불확실한 세상에 체계와 질서를 제공할 수 있다.[1] 코로나19 팬데믹을 겪으면서 각종 사회적 거리두기 조치 탓에 콘서트, 운동 경기, 기념식부터 개인적인 세례식, 성인식, 결혼식, 장례식에 이르기까지 수많은 행사가 취소되었다. 나는 줌 화상회의를 통해 기업과 기업 직원들을 위해 이 전례 없는 시기에 어떻게 하면 행복해질 수 있는지 조언을 해주느라 많은 시간을 보냈다. 그중 효과가 좋았던 조언의 핵심은 그들의 생활에 리추얼과 체계를 도입하라는 것이었다. 한시간 일찍 일어나 아침 식사 전에 산책 혹은 조깅을 하거나 요가 수련을 해도 좋다. 매주 시간을 내서 친구와 전화 통화를 할수도 있다. 매일 시간을 정해 휴대전화를 끄고 독서나 음악 감상을 하는 것도 좋다.

이런 작은 리추얼은 인생에서 불가피한 불확실성에 대처하는 데 놀라울 정도로 막대한 영향을 줄 수 있다. 이런 리추얼이 좋은 효과를 내는 이유는 우리 뇌가 일종의 예측 장치라는 사실과도 관련이 있다. 뇌는 완벽하게 정확한 예측을 할 만큼 모든 정보를 획득할 수는 없기 때문에 뇌가 하는 예측은 자꾸 틀리게 마련이다. 예를 들어, 당신의 뇌는 당신이 계단을 오를 때 계단 하나의 높이를 예측해 적절하게 발을 옮기도록 해준다. 하지만 계산이 2~3센티미터 정도 잘못되면 당신은 재빨리 걸음을 다시 조정해야 할 것이다. 뇌는 이를 '에러 신호'로 처리해 저장한다. 다음번에 다시 이런 일이 생겼을 때 바른 예측을 하기 위해서다. 뇌는 문자 그대로 실수를 통해 배운다.

이 과정은 당신이 인식하지 못하는 상태에서 이루어지긴 하지만 만약 뇌가 수없이 많은 예측 에러 신호를 보낸다면 우리의 일상 루틴이 망가졌을 때 그렇듯이 당신은 두려움과 불안감을 느낄 것이다. 뇌는 일종의 '불확실성 감지기'다. 당신이 통제할 수 있는 상황에서는 편안함을 느끼지만, 불확실성이 증가할수록 경계심과 불안감이 늘어난다. 리추얼은 당신의 뇌가 안정적으로 예측할 수 있는 기회를 제공하기 때문에 효과적이다. 그렇게 함으로써 다른 일을 예측할 수 있는 여유가 생기기 때문이다.

팬데믹의 결과물을 보면 우리가 알고 있는 사실이 오히려 우리 모두에게 강한 불안감을 불러일으킬 수 있다는 건 분명한 듯하다. 세상이 통째로 혼돈에 빠지면 우리는 1장에서 살펴보았던 특정 변화를 겪을 때보다 훨씬 더 극심한 불안감에 직면한다. 그리고 전 세계적 불안감은 마음속 깊은 곳에 자리한 걱정과 근심을 부채질한다.

무엇이 불안감을 유발하는가?

연구에 따르면 일반적으로 불안감을 유발하기 쉬운 상황이 2가지 있다고 한다.

- **낯선 상황**: 새로운 환경에 놓였을 때. 예를 들면, 직장을 옮겨 모르는 사람들과 일을 시작해야 한다거나 낯선 지역에 간 경우다.
- **모호하고 예측할 수 없는 상황**: 인생은 그 끝이 행복할지 불행할지 알 수 없는 모호함으로 가득 차 있다. 예를 들어, 당신이 느끼는 가벼운 통증이 크게 걱정할 것 없는 증상일 수도 있고 심각한 질병의 징후일 수도 있다. 누군가가 "회사에서 곧 무슨 일이 있을 거라는 말을 들었어" 같은 모호한 말을 했다고 하자. 그렇다면 그것은 사업 확장이나 승진 발표 같은 좋은 소식일 수도 있고 정리 해고나 지사 폐쇄 같은 나쁜 소식일 수도 있다. 막상막하여서 결과를 예상할 수 없는 축구 경기를 보는 것, 당신 회사에 투자할지 안 할지 불확실한 잠재 투자자와 협상하

는 것, 합격할지 떨어질지 알 수 없는 면접, 인생을 좌우할 시험 결과를 기다리는 것도 마찬가지다.

이런 상황에서 우리의 불안과 스트레스 수준은 높이 치솟는다. 불확실한 상황은 마치 알레르겐과 같다고 보면 된다. 아주 적은 양에 노출되어도 몸에 해로운 반응을 일으킬 수 있으며 많은 양에 노출되면 더욱 심각한 이상 반응을 일으킨다. 우리가 인간으로서 자연스럽게 안전을 갈망하기 때문에 불확실성을 용납하지 못하는 면도 있다. 모호하고 불확실한 상황에서 인간의 뇌가 많은 에너지를 소비한다는 점도 부분적인 원인이다. 우리 뇌는 미래를 예측할 수 있는 상태를 좋아한다는 점을 기억하라. 그래서 우리에게는 우리 삶을 확실함과 예측 가능성으로 채워 모호함을 줄이려는 자연적 욕구가 있다.

하지만 우리 삶에는 무수히 많은 '만약에' 시나리오가 반복해서 들어온다. 당신은 직장을 잃을지도 모른다. 생명을 위협하는 질병에 걸릴지도 모른다. 3차 세계대전이 발발할지도 모른다. 당신의 아이가 놀이터에서 납치될 수도 있다. 어쩌면 우리가 사는 세상은 저 멀리서 외계인 사회가 조종하는 거대한 매트릭스 게임인지도 모른다. 문제는 우리가 이런 가능성 중 단 한 가지도 완전히 배제할 수 없다는 데 있다. 심지어 외계인까지도 말이다. 그러므로 좋든 싫든 우리는 불확실성을 인정하고 받아들일 수밖에 없다.

당신은 불확실성을 얼마나 잘 견디는가?

심리학에서 **불확실성에 대한 인내력 부족**intolerance to uncertainty이라고 부르는 것은 우리가 알 수 없는 것들을 얼마나 두려워하는지 보여주는 지표다. 사람마다 불확실성에 대해 서로 다른 저항력을 가지고 있지만 이 저항력이 타고난 성질은 아니다. 불확실성에 대한 저항력은 우리가 그 상황을 어떻게 느끼는지에 따라 변하기도 한다. 위험한 상황에 빠졌다고 느끼면 우리는 더 심한 과민 반응을 보이지만 편안함과 안전함을 느낄 때는 불확실한 상황에 대해서도 불안감이 낮아진다.

불확실성을 불편하게 느끼면 느낄수록 당신은 삶에서 마주하는 자연스러운 모호함에 대해서도 그것에 잘 대처할 방법을 찾기보다는 회피하려는 노력을 더 많이 하게 된다. 그래도 좋은 소식이 있다. 불확실성에 대한 저항력 수준은 바꿀 수 있다는 것이다. 특히 불확실성에 대한 저항력 때문에 삶의 기쁨을 맘껏 누리지 못하는 사람에게는 더욱 반가운 소식일 것이다.

다음 테스트를 통해 당신이 불확실성에 대해 느끼는 불편함을 측정할 수 있다.[2] 점수가 낮을수록 당신이 불확실성에 대해 높은 저항력을 가졌다는 뜻이다. 당신은 미지의 상황에 대해 호기심을 보이며 새로운 정보나 서로 모순될 수 있는 정보를 기꺼이 받아들일 것이다. 반면, 높은 점수를 보일수록 과도하게 안전하고 확실한 상태를 고집하며 걱정을 많이 하고, 그러면서 불안과 스트레스가 점점 더 가중된다.

각 질문에 대해 솔직하게 생각해보고 각각의 질문이 자신과 얼마나 잘 맞는지에 따라 1~5점의 점수를 매긴다. 그런 다음 점수를 모두 더해 총점을 구한다.

1	2	3	4	5
전혀 아니다	거의 아니다	약간 그렇다	매우 그렇다	전적으로 그렇다

1. 뜻밖의 일은 정말 좋아하지 않는다.
2. 필요한 정보를 완벽히 갖추지 않으면 마음이 편치 않다.
3. 확실하다고 생각하지 않으면 아예 하지 않는 일이 많다.
4. 예상치 못한 일이 생기는 것을 피하려고 항상 미리 계획을 세운다.
5. 예상 밖의 일은 작은 것일지라도 잘 계획된 하루를 망칠 수 있다고 생각한다.
6. 불안감에 사로잡혀 아무것도 못 할 때가 있다.
7. 앞으로 나에게 무슨 일이 생길지 항상 알고 싶어 한다.
8. 확신을 갖지 못하는 상황에서는 해야 할 일을 제대로 못 한다.
9. 어떤 일에 조금이라도 의구심이 남아 있으면 그것을 실행에 옮기기가 매우 어렵다.
10. 모든 불확실한 상황을 피하려고 노력한다.

결과:

- 10~12점: 불확실성에 대한 불편함이 매우 낮음
- 13~15점: 낮음
- 16~28점: 보통
- 29~45점: 높음
- 46~50점: 매우 높음

나의 점수: ＿＿＿＿＿＿＿

우리는 불확실함을 느끼면 안전을 유지할 방법을 찾으려 애쓰면서 이른바 **안전 추구 행동**safety behavior을 한다. 안전 추구 행동은 마음의 안정을 얻고 불확실성을 낮출 수 있는 모든 행동을 가리킨다. 예를 들어, 10대 자녀가 어디에 있는지 걱정되어서 아이에게 전화를 하거나 식당에 가기 전 그 식당의 메뉴를 미리 찾아보는 것이다. 이번 장에서 소개하는 방법을 활용해 확실성을 얻으려는 욕구를 감소시킬 방법을 찾아보자. 그러면 단순히 알 수 없다는 이유로 불안해하는 일은 줄어들 것이다.

안전과 확실성을 추구하는 것 자체가 나쁜 것은 아니다. 하지만 과도하게 집착하면 오히려 불안감이 증가할 수 있다. 요즘은 대부분 사람들이 스마트폰을 갖고 다닌다. 이 스마트폰도 사실상 '확실성 추구 장치'라고 할 수 있다. 만약 내가 방글라

데시의 수도를 모른다면 내 스마트폰이 1초도 안 되어 그 나라의 수도는 다카Dhaka라고 알려줄 것이다. 만약 내 친구가 가까운 곳에 있는지 궁금하다면 문자를 보내서 즉시 답을 얻을 수 있고, 심지어 앱을 이용해서 위치를 추적할 수도 있다. 가장 가까운 피자 가게가 어디인지 궁금할 때도 즉시 찾아낼 수 있다.

심리학자들은 스마트폰 같은 장치들이 불안과 걱정에 대한 과민 증상을 심화시키는지 여부를 계속 연구하고 있다. 그중 1999년부터 2014년까지의 미국 데이터를 분석한 연구[3] 결과에 따르면, 그 기간에 휴대전화 사용이 크게 증가했으며 동시에 불확실성 과민증도 두드러지게 늘어났다. 물론 이 시기에 일어난 수많은 사회적 변화가 영향을 주었을 수도 있으므로 이런 식의 데이터를 해석할 때는 무척 신중해야 한다. 어쨌든 우리는 불확실성에 노출되는 것이 좋은 점도 있다는 걸 알고 있다. 그런데 휴대전화가 즉각적인 안전 신호 역할을 하면서 실질적으로 사람들이 불확실성에 노출되는 빈도를 줄였고, 그 결과 저항력을 낮추고 불안감을 증대시켰을지도 모른다.

인생의 예측 가능성을 높이기 위해 어느 정도의 계획과 노력은 유익하며 스트레스를 조절하는 좋은 방법이다. 여기에는 거의 의심의 여지가 없다. 하지만 도움이 되는 장래 계획과 막연한 미래의 불확실성을 제거하려는 것 사이에는 약간의 차이가 있다. 만약 조금의 불확실성조차 불편하게 여긴다면 우리는 안전과 확실성을 얻기 위해 점점 더 노력할 테고, 이것은 문제가 될 수 있다. 흔히 관찰할 수 있는 행동은 다음과 같다.

- 계속해서 확신을 구하려 한다.
- 모든 정보를 찾아낸다.
- 과도하게 목록을 작성한다.
- 다른 사람에게 맡기지 않고 모든 것을 직접 하려 한다.
- 계속해서 확인한다.
- 과도하게 준비한다.
- 완벽을 추구한다.
- 미루는 버릇이 있다.
- 새롭거나 즉흥적인 상황을 피한다.

불확실성에 대한 두려움이 걱정을 불러일으킨다

현실적으로 우리가 완벽한 확실성을 발견할 수 있는 상황은 거의 없다. 그러므로 논리적으로 생각해보면 우리는 100퍼센트 확실하지 않은 것들에 익숙해져야만 한다. 하지만 우리는 변화를 좋아하지 않는 것만큼이나 불확실성도 좋아하지 않는다. 불확실성을 견디려는 과정에서 근심 걱정이 흔히 유발되는 것도 바로 이런 이유에서다.[4] 확신을 가질 수 없을 때 우리의 위협 감지 시스템은 비상경계 태세에 돌입한다. 이렇게 해서 걱정과 불안이 시작되고 반복적으로 이어지는 것이다.

걱정은 마음의 준비

불확실성을 느낄 때 미래에 대한 통제력을 얻기 위해 사람들은 걱정을 한다. 걱정은 나쁜 결과에 대한 정신적 대비라고 할 수 있다. 행동으로 이어진다면 걱정도 생산적인 일이라고 볼 수 있지만, 대개 걱정은 비생산적이다.[5] 만약 어떤 문제의 모든 측면과 그것에 의해 발생할지도 모를 '최악의 시나리오'를 모두 고심할 수 있다면 우리는 해결책을 찾을 수 있을 것이다. 하지만 불행히도 그렇게는 할 수 없다. 계속 걱정한다고 해서 그 상황을 통제할 수 있는 것은 아니다. 걱정은 우리의 에너지를 갉아먹고 활력을 빼앗는다.

걱정을 불러일으키는 것은 특정 주제가 아니라 그 주제에 대한 불확실성인 경우가 많다. 아침에는 아이들을 학교에 늦지 않게 데려다줄 걱정을 하고, 오후에는 가족의 건강 걱정을 한다. 저녁이 되면 오래된 식기세척기를 바꿀지 말지 갈팡질팡한다. 당신이 걱정하는 것은 특정 사안이 아니라 불확실성이다.

불확실성을 두려워하면 문제에 맞설 수 없다

사생활이나 직장 생활에서 문제에 직면했을 때 괴로운 이유 중 하나는 다음에 무슨 일이 일어날지 모른다는 것이다. 하지만 잘 생각해보면 모든 결정은 불확실한 영역에서 **내려야 한다.** 불확실성을 기꺼이 받아들이는 사람은 불확실한 상황을 즐긴다. 새롭고 흥미로운 상황에 대해 긍정적인 사고방식을 가지고 있기 때문이다. 반면 새로운 것을 꺼리는 사람은 폐쇄적인 사고방식을 가지고 있어 익숙하고 예상 가능한 상황만 추구한다.

어떤 이들은 의사 결정 과정에서 매우 쉽거나 매우 어려운 해결책을 선택함으로써 불확실성에 대응한다. 쉬운 방법은 말 그대로 쉬워서 마음이 끌린다. 하지만 어려운 방법 역시 매력이 있다. 실패한다 해도 자존감에 상처를 입지 않기 때문이다.

나와 상담했던 젊은 육상 선수 케이티도 이런 문제로 고심하고 있었다. 케이티는 불가능에 도전하거나, 반대로 목표를 너무 낮게 잡곤 했다. 훈련 파트너를 선택할 때, 혹은 경기 중에도 대부분 자기보다 훨씬 느린 선수를 선택해 그 선수와 승부를 겨루고 월등한 차이로 상대를 이기곤 했다. 물론 자기보다 훨씬 빠르고 노련한 선수들과 훈련할 때도 있었다. 이 방법은 기록을 앞당기는 데 도움을 주었지만 케이티의 태도는 적극적이지 못했다. 왜냐하면 누구도, 심지어 그녀 자신도 그런 선수들을 이길 것이라고 기대하지 않았기 때문이다. 케이티는 나에게 자신과 비슷한 실력의 선수와 경쟁하는 것, 즉 결과를 알 수 없는 상황이 두렵다는 사실을 시인했다.

케이티도 한 단계 변화해야 한다는 사실에 동의했다. 그래서 주기적으로 실력이 비슷한 선수들과 맞붙어보기로 했다. 상담 과정에서 케이티는 자신이 전국 대회 같은 중요한 경기에서 심하게 긴장해 실력을 발휘하지 못하는 이유가 바로 이것임을 깨달았다. 그런 경기에서는 비슷한 실력의 선수들을 피할 수 없기 때문이었다.

케이티는 내가 제시한 몇 가지 방법에 따라 수개월 동안 불확실성에 대한 인내력 부족과 싸웠다. 거기에 대해서는 이번 장 뒷부분에서 자세히 논하겠지만, 주된 방법은 결과를 전혀 예상할 수 없는 훈련과 경기를 거듭하는 것이었다. 케이티는 비슷한 수준의 선수들과 더 많이 경쟁해보기 위해 주 종목 외에도 다양한 경기에 출전했다. 불확실한 상황에 점점 익숙해지자 케이티는 그 상황 자체를 즐기기 시작했다. 다행히도 불안감이 크게 줄어들었고, 주요 경기에서 경쟁자들보다 뛰어난 실력을 보여주었다.

이제 케이티는 매번 국가 대표 선발전에 출전한다. 성공보다 실패를 통해서 발전한다고 생각하는 사람은 많다. 하지만 너무 쉬운 일과 너무 어려운 일의 중간쯤에서 가장 많이 배우고 발전한다는 사실을 아는 사람은 별로 없는 듯하다.

두려움이 성급한 결정을 부른다

불확실한 상황에서 사람들이 다양한 선택을 고려하기보다 익숙한 것을 선택한다는 연구 결과는 너무나 많다.[6] 사람들이 테러 위협에 대응하는 모습에서도 이런 면을 볼 수 있다. 테러 위협이 있을 때 사람들은 정치권의 결정을 모두 수용하고 신뢰한다. 또 종교의식 참여율이 높아지며 국기 같은 상징물을 많이 내건다. 우리는 강렬한 감정에 대처하기 위해 안정감과 확신을 얻고 익숙한 편안함을 확보하려 한다. 한 흥미로운 연구[7]에서 한 무리의 미국 학생들에게 테러 공격 모습이 담긴 영상을 보여주었다. 테러 장면을 본 학생들은 완전히 관계없는 문제에 대해서도 훨씬 더 빠른 결정을 내렸다. 그리고 학생들이 불안하다고 느끼면 느낄수록 '편견 없는' 정치인보다는 '결단력 있다'고 알려진 정치인을 선택하는 경향이 있었다.

불안감을 느끼거나 스트레스 혹은 피로감에 시달릴 때 우리의 뇌는 확고한 답을 갈망한다. 복잡한 문제를 종결하려는 우리의 바람은 매우 강하다. 최상의 방법을 찾기보다는 당장 느끼는 불안감을 낮추려는 욕구가 크기 때문이다. 물론 항상 가능한 일은 아니지만 중요한 결정은 마음이 편하고 안정된 상태에서 하는 편이 좋다. 특히 결과를 확실히 예측할 수 없는 상황에서는 더욱 그렇다.

불확실성과 공존하기

심리치료사들은 이 개념의 이해를 돕기 위해 흔히 돛단배의 비유를 사용한다. 작은 돛단배를 타고 인생을 항해 중이라고 상상해보자. 선장은 바로 당신이다. 바다를 가르며 배를 조종하는 동안 때로는 잔잔한 파도가, 때로는 거친 파도가 치면서 배 안으로 넘쳐 들어온 바닷물이 발을 적시는 바람에 당신은 추위를 느낀다. 하지만 이 정도로 생명에 위협을 받지는 않는다. 그리고 당신은 이 정도로 배가 가라앉지 않으리라는 걸 알고 있다. 하지만 불편하다. 마침 배 안에는 물을 퍼낼 수 있는 작은 양동이가 있다. 배 안으로 점점 더 물이 들어올수록 당신은 더 자주 양동이로 물을 퍼낸다. 물을 퍼내느라 애쓰면서도 배에서 일어나는 상황들을 잘 살펴야 한다. 맞는 방향으로 가고 있는가? 아니면 항해보다 물 퍼내기에 더 집중하고 있는가?

이제 당신의 양동이를 자세히 들여다본다. 그것은 구멍이 숭숭 뚫린 양동이였다. 그 일에 적합하지 않은 도구를 사용하고 있었던 것이다. 한편 당신의 배는 표류하고 있다. 갈 곳 잃고 표류하면서도 배에 물이 고이지 않기만 바라는가? 아니면 바닥에 고인 약간의 물과 발 시림을 견디고 올바른 방향으로 나아가길 원하는가? 걱정은 이 이야기 속에 등장하는 구멍 난 양동이다. 불확실성을 해결하기에 부적절한 도구이며 당면한 문제에 맞서지 못하게 만드는 존재다. 불편함과 불안함에 대한 저항력을 키우면 변화를 일으킬 수 있다. 그 저항력은 우리가, 그리고 정치인들이 (우리가 기회를 준다면) 더 낫고 더 현명한 결정을 내려서 목표를 달성하도록 돕는다.

반드시 할 일을 잘 수행하고 원하는 바를 모두 이루어 만족감을 느껴야 하는 건 아니다. 한번 잘 생각해봐야 할 문제다. 때때로 우리는 불확실성과 스트레스를, 그리고 더 정확히 말하면 형편없는 사람이 된 듯한 기분을 인정하고 인생의 일부로 받아들일 필요가 있다. 성공하는 사람들은 부정적인 생각과 기분, 그리고 불확실한 상태를 피하려 하지 않는다. 그저 인생의 정상적인 부분으로 받아들일 뿐이다. 예를 들어, 심리 치료에서 말하는 성공은 행복감과 활기를 느끼는 상태를 지칭하는 게 아니다(그렇게 된다면 좋긴 하지만). 일반적으로는 불확실성 및 부정적인 감정과 편안하게 공존하는 법을 배우는 것이다.

불확실성과 더 자주 대면하라

파국화catastrophsing는 두려움을 생생한 이미지로 떠올리면서 가능한 한 가장 심각한 결과를 상상하는 것을 말한다. 내가 상담을 맡았던 사업가 알렉사는 남편인 아마드가 주기적으로 전화하지 않으면 불안해했다. 이것이 문제가 되어 남편의 불안감도 높아졌다. 회의가 길어지거나 교통이 정체되어 알렉사에게 전화할 수 없을 때면 아마드는 안절부절못했다. 그럴 때마다 아내가 공황 상태에 빠진다는 걸 알고 있었기 때문이다.

확실한 연락을 받지 못하면 알렉사는 점점 불안감이 높아져서 다양한 안전 추구 행동을 했다. 남편에게 계속 문자를 보내는 것은 물론, 함께 있을 법한 남편의 직장 동료나 친구들에게도 반복적으로 문자를 보냈다. 심지어 지역 뉴스에 교통사고 소식이 나오는 건 아닌지 확인하기도 했다. 하지만 이런 행동은 아무런 도움도 되지 않았다. 오히려 두 사람의 관계를 악화시킬 뿐이었다. 마침내 연락이 닿게 되면 알렉사가 아마드와 소통이 되지 않아 너무나 불안했다며 화를 냈기 때문이다.

우리 3명은 함께 고민해 계획을 세웠다. 목적은 알렉사가 불확실한 상황에 좀 더 편안해지고 인생에서 예측 불가능한 상황이 꼭 나쁜 것만은 아니라는 사실을 받아들이도록 하는 것이었다. 우선 몇 가지 기분 좋은 서프라이즈를 마련했다. 아마드는 예상치 못한 시간에 아내에게 안부 전화를 하고 불시에 꽃을 들고 아내의 사무실에 찾아가 함께 점심을 먹기도 했다. 알렉사는 남편이 규칙적으로 하는 전화를 한 번 정도 빼먹을 수 있다는 사실에 동의하면서 그럴 때 곧바로 연락하려 애쓰지 않겠다는 약속을 하기도 했다.

알렉사는 이 약속을 지켜야 할 때면 무척 괴로워했다. 하지만 결국 자신이 하는 걱정과 그 걱정을 해소하기 위해 하는 행동이 오히려 상황을 악화시킨다는 사실을 깨달았다. 당신에게 상황을 파국화하는 성향이 있다면 잠시 시간을 내어 그 파국화를 통해 얻는 것이 있는지 생각해볼 필요가 있다. 사람들은 보통 어떤 이점도 발견하지 못한다.

나는 알렉사에게 불확실한 상황에 대해서 그녀가 가지고 있는 부정적 신념에 관해 깊이 생각해본 뒤, 그 신념을 시험해보라고 했다. 알렉사가 가진 부정적 신념 중 하나는 '아마드의 상태를 확인하지 않으면 다른 일에 전혀 집중할 수 없다'는 것이었다. 나는 알렉사에게 이것을 시험해보자고 했다. 한 시간 동안 아마드와 연락하지 말고 회의나 자신이 맡은 프로젝트 작업에 전념해보라고 했다. 알렉사는 이 상황을 완전히 편안하게 느낀 건 아니지만 그렇게 하는 것이 가능하다는 사실과 더불어 그렇게 해도 나쁜 일이 생기지 않는다는 사실을 깨달았다.

행동 실험의 힘

알렉사와 내가 했던 훈련은 심리학자들이 **행동 실험**behavioral experiment이라고 부르는 것이다. 이 훈련은 우리가 가진 신념과 예상을 시험하는 것으로, 대상자를 적은 용량의 불확실성에 노출시킨 뒤 걱정하는 것이 실제로 도움이 되는지 살펴보는 과정이다.[8] 실험하는 동안 대상자가 가진 신념에 초점을 맞추어 그 사람이 가장 두려워하던 일이 실제로 일어나는지 확인해볼 수 있다. 행동 실험은 불확실성에 대한 인식을 변화시켜, 불확실한 상황은 무조건 부정적이라는 신념을 바꾸는 데 효과적이다.

당신의 인생에서 불확실성 저항력이 약한 부분에 초점을 맞춰 행동 실험을 계획해보라.[9] 작은 것부터 시작해보자. 심한 다툼 후에 10년 동안 교류가 끊긴 친척과 다시 연락해야 한다는 생각에 괴롭다면… 그냥 놔둬라. 대신 한동안 연락하지 못했던 친구나 지인에게 전화해보면 어떤 기분일지 예상해볼 수 있다. 친구와 쇼핑이나 호텔 할인 정보 이야기같이 조금 덜 어려운 대화를 해보면 좋을 것이다. 이 훈련의 목적은 강도 낮은 불확실성을 접한 다음 조금 익숙해지면 점차 강도 높은 불확실성에 노출되도록 하는 것이다.

최신 소식을 확인하기 위해 계속해서 소셜 미디어를 확인하는가? 그렇다면 시간을 조금만 줄여서 30분에 한 번씩만 확인해보도록 하자. 이것에 익숙해지면 한 시간에 한 번씩만 확인한다. 그런 식으로 계속 간격을 늘리다 보면 마침내 하루에 한두 번만 소셜 미디어를 확인하는 정도도 가능해질 것이다. 그 한두 번의 확인도 정해진 시간에 한다면 더욱 좋다. 휴식 시간을 정하라. 휴대전화 없이 한 시간 정도 밖에 나가서 시간을 보내거나 아예 두세 시간 정도 휴대전화를 꺼둔다(내가 최근에 어느 학교에서 강연을 하며 10대 아이들에게 이런 제안을 했더니, 아이들이 말 그대로 공포에 질린 표정을 지었다). 소셜 미디어를 완전히 끊으려 할 필요는 없다. 이 훈련의 목적은 자신의 행동에 대한 통제력을 얻고 뭔가를 모른다는 사실에 좀 더 편안해지는 데 있다.

이런 훈련법은 단순히 호기심을 가지고 접근하는 것이 좋다. 열린 마음으로 '무슨 일이 생길지' 흥미를 가져라. 그러면 불확실성에 대한 불안감이 조금 완화되면서 주어진 상황이 반드시 나쁘게 끝날 것이라고 단정하기보다는 그 상황에서 벌어질 긍정적인 일에 대해 생각해볼 여유가 생긴다.

당신이 예상하는 결과를 적어보라. 부정적인 결과인가, 긍정적인 결과인가? 아니면 그 중간인가? 그런 다음 실제 결과를 적어보라. 결과가 부정적이었는가, 긍정적이었는가? 아니면 그 중간이었는가? 나쁜 결과가 나왔다면, 당신은 거기에 어떻게 대응했는가? 그 상황에 잘 대처할 수 있었는가? 빠르게 판단할 수 있었는가? 그밖에 달리 대처할 방법이 있었는가?

이것은 중요한 문제다. 당신이 그 상황에 대한 대처 방식을 찾았다는 사실을 알고 있으면 다음에 불확실한 상황에 빠져 당황할 때 크게 도움이 되기 때문이다. '불확실한 상황은 항상 나쁜 것이고 나는 그것에 대처할 수 없다'라는 신념에서 '불확실한 상황이 좋은 일인 경우도 있으며, 설령 좋지 않은 일이더라도 나는 그것에 대처할 수 있다'라고 믿는 것이 최종 목표다.

당신이 수행한 행동 실험을 일지에 기록하면 매우 유익하다. 다음과 같이 불확실한 상황에 대해 당신이 가지고 있는 신념은 무엇인지, 그리고 그 신념에 대해 어떤 시험을 해볼 것인지, 그 결과는 어땠는지 적어보라.

신념	시험한 것	결과
불확실성에 대해 가진 신념 중 어떤 것을 시험해보고 싶은가? 현재 그 신념에 대해 얼마나 확신하고 있는가? (0~100%)	이 신념을 시험하기 위해 무엇을 할 것인가?	어떤 일이 생겼는가? 지금은 그 신념을 얼마나 확신하는가? (0~100%)
나는 배우자가 어디에 있는지 확인하지 않으면 일에 집중할 수 없다. 확신: 90%	2시간 동안 배우자와 연락하지 않기 판단 기준: 일에 집중할 수 있었는가?	2시간 동안 연락하지 않았다. 스트레스를 느꼈고 걱정됐다. 특히 한 시간이 지난 시점부터는 매우 힘들었다. 하지만 프로젝트 업무를 어느 정도 수행했다. 집중력을 꽤 유지할 수 있었다. 확신: 80%
오랫동안 연락하지 않던 친구에게 전화하면 그 친구는 화를 내며 나와 대화하려 하지 않을 것이다. 확신: 70%	친구에게 전화하기	친구는 내 전화를 받고 무척 기뻐했으며, 우리는 한참 동안 이야기를 나누었다. 확신: 10%
아들이 훈련하러 갈 때 내가 가방을 싸주지 않으면, 코치는 화를 낼 테고 아들은 훈련에 참여하지 못할 것이다. 확신: 85%	아들이 직접 가방을 싸게 한다.	아들은 점심 도시락과 양말을 빠트렸다. 아들이 그 얘길 하자 코치는 여분의 양말을 구해다주었다. 아들은 친구들이 준비해온 점심을 나눠 먹었다. 확신: 65%

유용한 걱정 관리법

개인의 행복은 변화무쌍해서 날마다 관리가 필요하다. 당신의 행복을 관리해야 할 사람은 바로 당신이라는 사실을 기억하라. 당신이 뜻대로 할 수 있는 부분도 있고 그렇지 못한 부분도 있을 때, 뜻대로 할 수 있는 부분에 집중하는 것이 중요하다.

적은 용량의 불확실성에 자신을 노출시키는 것과 함께, 걱정의 패턴을 살펴보는 것도 큰 도움이 된다. 스스로 질문해보라. "내가 오늘 걱정하느라 보낸 시간은 얼마나 될까?" 심리학자는 사람들이 얼마나 자주, 그리고 얼마나 심하게 걱정하는지 알기 위해 100점 만점짜리 척도를 사용한다. 이 척도가 놀라운 이유는 당신이 **실제로** 얼마나 걱정하는지만 알려주는 게 아니라, 시간의 흐름에 따라 당신의 걱정이 어떻게 변화하는지 확인하는 데도 유용하기 때문이다. 이번에도 당신의 일지를 활용하자.

물론 어떤 문제는 해결 가능할 것이다. 배우자와 갈등이 계속되고 있다면 시간을 내서 그 문제에 관해 대화를 나누는 것이 도움을 줄 수 있다. 하지만 가족 중 누가 심각한 병에 걸리지 않을까 하는 걱정은 당신이 해결할 수 없는 문제다.

당신이 하는 주된 걱정이 해결 가능한 문제라면 핵심 요소를 파악하고 그 문제를 해결하는 데 필요한 것을 찾아야 한다. 이때, 그 문제와 관계없는 사항에 현혹되지 않도록 노력하라. 이것은 흔히 저지르는 실수로, 문제가 생기는 것을 막는 데 전혀 도움이 되지 않는다. 우리는 보통 원하는 정보를 다 얻지 못한 채 문제를 해결해야 한다. 그러므로 어느 정도의 불확실성을 가지고 결정을 내리는 법을 배워야 한다. 문제 해결을 위해 과도하게 정보를 수집하는 것과 그 문제를 완전히 외면하는 것 사이에서 적절한 절충안을 찾아야 한다.

| | | | | | 걱정 척도 |

0	1~20	21~40	41~60	61~80	81~100
전혀 안 한다	거의 하지 않는다	약간 한다	보통 이다	많이 한다	매우 많이 한다

1. 우선, 당신이 지난 24시간 동안 걱정한 정도를 잘 나타내는 표현을 골라보라. 이것들은 '전혀 걱정이 없는' 상태부터 '매우 심각한' 수준까지 판단하는 데 유용한 기준점이 된다.

2. 다음으로, 기준점 사이에서 가장 정확한 수치를 고른다. 예를 들어, 1번 단계에서 '보통이다'를 선택했다면 56점을 줄 수 있다. '많이 한다'를 골랐다면 '보통이다'의 바로 위인 61점부터 '매우 많이 한다'의 바로 아래인 80점까지 고를 수 있다.

3. 그다음, 당신이 걱정하는 것에 대해 생각해보라. 그리고 스스로 질문해보라. "내가 걱정하는 것은 해결 가능한 문제인가?"

나의 점수: _____

해결할 수 없는 걱정에 대해서는 그 걱정에 직접 맞서라. 걱정에 직접 맞서는 방법 중 놀랍도록 효과적인 것이 있다. 바로 휴대전화에 당신의 걱정을 가능한 한 생생하게 묘사해 녹음하는 것이다.[10] 그리고 계속 그 문제에 대해 매우 자세히 걱정하고 또 생각하면서 네다섯 차례 녹음한 것을 들어보라. 녹음한 것을 들을 때 그 걱정을 억누르려 하지 말고 걱정에 집중하라. 처음엔 힘들 수도 있지만 계속 걱정에 노출되면 점차 그 걱정이 덜 심각하게 느껴질 것이다.

걱정하면 뭔가 달라질 거라고 생각하는가? 걱정하는 것만으로도 조금이나마 상황이 달라진다고 생각하는 사람이 많다. 내가 상담을 맡았던 한 제조 회사 CEO는 직원들이 작업 절차를 지키는 문제에 대해 걱정하는 것이 공장의 안전 문화 정립에 매우 중요하다고 생각하는 사람이었다. 하지만 이것이 점점 그에게 큰 부담을 주었다. 그가 끊임없이 직원들이 지금 무엇을 하고 있을까 생각하고 하루에도 몇 차례씩 직원들을 만나 안전 수칙을 지키고 있는지 확인했기 때문이다. 당연한 얘기지만, 이런 행동은 직원들을 불안하게 했다. 계속해서 안전 수칙을 확인하는 것이 그들을 신뢰하지 못한다는 뜻이라고 생각했기 때문이다.

나는 그에게 2~3일 동안 한 명의 직원에 대해서만 걱정해보라고 했다. 그리고 그다음 2~3일 동안은 또 다른 직원에 대해 걱정해보라고 했다. 그런 다음, 두 직원의 업무 수행에 어떤 차이가 있는지 판단해보도록 했다. 그는 점차 걱정 때문에 자신이 스트레스를 받을 뿐 결과에는 차이가 없다는 사실을 알게 되었다. 불확실한 상황에도 좀 더 편안해질 수 있었다. 그리고 일주일에 한 차례 직원 한 명 한 명과 안전 수칙을 점검하는 시간을 마련하는, 좀 더 실용적인 대응 전략을 세웠다.

사람들은 걱정을 일상적 전략으로 사용한다. 하지만 우리가 살펴보았듯이 그것은 문제 해결에 거의 도움을 주지 않는다. 자신의 걱정을 잘 관리하게 되는 사람도 많다. 하지만 그것은 위기가 닥치고, 그래서 걱정과 파국적 사고가 그들을 사로잡기 전까지만 가능한 얘기다.

위기에 대처하는 분산 기술

우리가 원하는 최적의 성과는 당신을 둘러싼 예측 불가능하고 불확실한 세계에서 효과적으로 자신을 관리할 수 있는 상태가 되는 것이다. 그러기 위해 노력하는 과정에서 당신은 예상치 못한 위기에 직면할 것이다. 심각한 질병 진단을 받을 수도 있고, 사랑하는 사람이 세상을 떠날 수도 있다. 또 실직할 수도 있다. 위기 상황에서 당신은 모든 것을 통제할 수 있을까?

안타까운 일이지만 그럴 수 없다. 그리고 모든 것을 통제하려 하지 않는 것이 스트레스를 견디는 비법이다.

위기나 극심한 불확실성에 직면하면 당신의 위기관리 시스템은 비상경계 태세에 들어갈 것이다. 이때 도움이 될 만한 몇 가지 조치가 있다. 위기에 직면하면 심장이 빠르게 뛰거나 현기증이 나고 숨이 가빠질 수 있다. 이럴 때 심호흡은 강력한 진정 효과가 있다. 잠깐 하던 일을 멈추고 심호흡을 몇 차례 해보라. 숨은 들이마실 때보다 더 천천히 내뱉어야 한다. 명확한 탈출 경로가 있거나 즉각적인 조치가 필요한 상황이 아니라면 이 단계에서는 어떤 것도 시도하지 않는 편이 낫다.

일단 마음을 진정시키고 받은 충격이 무엇인지 이해했다면 마음속의 변화를 관찰하라. 당신은 상황을 파국화하고 있는가? 단기간에 해결될 문제인가? 아니면 심각한 질병을 진단받은 경우처럼 장기간에 걸쳐 진행될 일인가?

한 걸음 물러나 당신의 감정이나 생각과 상관없이 상황을 객관적으로 살펴보자. 이것을 **분산**이라고 부른다.[11] 생각처럼 쉬운 일은 아니지만 정말 유용한 기술이다. 분산은 보는 관점을 전환해 그 상황과, 그것에 대한 당신의 반응을 객관적으로 바라보는 것이다. 분산 방법의 하나인 NOSE 기술은 매우 효과적인 진정 수단으로, 날마다 해봐도 좋고 불편한 상황에서 언제든 시도해봐도 좋다. 위기가 올 때까지 기다릴 필요가 없다.

- **Notice**: 당신의 몸에서 벌어지는 일을 **인지한다**.
- **Observe**: 벌어진 상황과 마음의 변화를 **주시한다**.
- **Step back**: 당신의 마음에서 일어나는 변화로부터 한 걸음 **물러난다**.
- **Experience**: 새로운 관점으로 그 상황을 **경험한다**.

예상치 못한 상황 예상하기

지금은 은퇴한 윌 그린우드Will Greenwood는 2003년 잉글랜드가 럭비 월드컵에서 우승할 때 잉글랜드 대표팀 선수였다. 우리는 한 공개 행사에서 **적응력**에 대한 연설을 하며 잉글랜드 팀이 "예상이 빗나간 상황"에 익숙해지기 위해 수행했던 특별한 훈련법을 소개한 적이 있다. 잉글랜드 팀은 영국 해병대가 훈련을 위해 사용하는 '예상하는 일은 일어나지 않는다'라는 개념에서 이 방법을 따왔다. 이것은 잘 알려진 군대 훈련법 중 하나로, 신병들의 길고 고된 훈련이 끝났을 때 시작된다. 음식과 따뜻한 샤워가 기다리는 곳으로 그들을 데려다줄 트럭에 올라타기만을 간절히 고대하고 있는 바로 그 순간이다. 신병들은 막 쉬려고 할 때 5마일을 더 가야 한다는 말을 듣는다.

럭비팀은 이 방법을 훈련에 도입해 예상치 못한 상황의 시나리오를 다양하게 준비했다. 마지막 1분에 나온 상대 팀의 득점, 주전 선수 2명의 부상, 시작한 지 단 몇 분 만의 실점. 이 훈련의 목적은 단지 이런 특정 시나리오에 대비하는 것뿐만 아니라 예상한 대로 경기가 진행되지 않는다는 원칙을 기억하게 하려는 것이다.

미국 수영 선수 마이클 펠프스Michael Phelps의 코치 밥 보먼Bob Bowman도 이 기술의 신봉자였다. 그는 가끔 훈련이나 소규모 경기 직전에 펠프스의 물안경을 망가뜨리곤 했다. 펠프스가 앞을 잘 볼 수 없는 상태에서도 수영해보도록 하기 위해서였다.

2008년 올림픽 때 200미터 접영 경기 초반에 펠프스의 물안경이 헐거워지면서 안경 안으로 물이 차기 시작했다. 펠프스는 그 경기 대부분을 앞을 분명히 볼 수 없는 상태로 치러야 했다. 심지어 마지막 50미터를 남기고는 앞을 전혀 볼 수 없었다. 하지만 그런 악조건 속에서도 펠프스는 세계 최고 기록을 깨며 우승을 차지했다. 보면 코치의 독특한 지도 기술 덕분에 그런 상황에서도 펠프스는 정신적으로 흔들림이 없었다. 이미 수영장 맞은편에 도달해 턴을 할 때까지 스트로크 수를 세며 훈련했었고, 그런 훈련 덕분에 물안경이 망가지는 불편함에도 영향받지 않을 수 있었다.

2장 요약

- 불확실성에 대한 저항력은 사람마다 다르지만 노력하면 저항력을 향상시킬 수 있다.
- 불확실성은 당신을 현혹해 너무 성급한 결정을 유도하고 익숙한 것만 고집하게 만든다.
- 부정적인 감정과 생각을 편안하게 받아들일 수 있다면 불확실성에 대처하는 데 도움이 된다.
- 실제 삶에서 적은 용량의 불확실성에 자신을 노출시키면 효과적으로 저항력을 키울 수 있다.

3
유연한 생물이 살아남는다

1960년대에 생물학자들은 신경계에 매료되었고, 그 신경계의 비밀을 밝히기 위해 연구에 적합한 생명체를 찾으려 했다. 신경계는 뇌와 척수로 구성되며 그 안에는 서로 복잡하게 얽힌 신경섬유가 있다. 신경섬유는 외부로부터 정보를 받아들이고 행동을 명령하므로 신경계를 이해하면 우리는 동물, 더 나아가 인간의 행동을 유발하는 것이 무엇인지 더 자세히 알게 될 터였다. 그러나 인간의 뇌는 너무 복잡했기 때문에 생물학자들은 단순한 신경계를 지녀서 더 쉽게 연구할 수 있는 작은 동물이 필요했다.

마침내 찾아낸 답은 예쁜꼬마선충*Caenorhabditis elegans*이라는 선형동물이었다. 1963년 생물학자 시드니 브레너*Sydney Brenner*

는 케임브리지대학교의 MRC분자생물학연구소MRC Laboratory of Molecular Biology에서 지금은 유명해진 '벌레 프로젝트worm project'를 시작했다. 이 벌레는 지금도 전 세계 곳곳의 실험실에서 연구되며, 지구상에서 가장 자세히 밝혀진 생명체다.[1] 예쁜꼬마선충은 뇌의 작용을 이해하는 토대가 되었다.

작고 단순한 벌레에게도 기민성은 있다

브레너와 그의 연구원들은 예쁜꼬마선충의 뇌에서 놀라운 사실을 많이 발견했다. 이 단순한 벌레의 뇌에 기민성이 내재해 있다는 사실도 그중 하나였다.[2] 예쁜꼬마선충은 정확히 302개의 뇌세포(신경세포)를 가지고 있으며 그 뇌세포들 사이에는 약 8,000개의 연결점, 즉 시냅스가 존재한다. 신경계가 이처럼 단순하기에 예쁜꼬마선충은 상당히 제한된 상황 아래서 정해진 행동을 한다. 즉, 예쁜꼬마선충이 취하는 행동은 보통 특정 신호와 연결되어 있다는 뜻이다. 예를 들어, '춥다'는 신호는 '그곳으로부터 멀어지는' 행동과 밀접하게 연결되고, 흙 속 산소량의 감소는 '탈출' 반응을 유발한다.

하지만 놀라운 것이 있다. 훨씬 최근에 이루어진 연구[3]에서 발견한 것인데, 이런 엄격한 신호-행동 관계에도 불구하고 예쁜꼬마선충의 반응에 매우 융통성이 있다는 사실이다. 위협을 감지하면 예쁜꼬마선충은 자동 탈출 루틴에 따라 움직인다. 하지만 탈출의 '형태'는 매우 다양하다. 과학자들은 예쁜꼬마선 충의 신경세포 중 **연합신경세포**command interneuron라고 부르는 소 수가 항상 활성화되어 있어 무작위적이고 자발적인 회전과 방 향 전환을 한다는 사실을 알아냈다. 예를 들어, 외부 신호나 계 기가 없을 때조차도 왼쪽, 오른쪽으로 돌며 예상하지 못한 행 동을 보이는 것이다. 이런 자발성이 있으면 벌레는 경험을 통 해 학습할 수 있다. 가령 왼쪽으로 돌다가 예상하지 못한 먹이 를 발견할 수도 있다. 단순한 예쁜꼬마선충의 신경계에도 기민 성이 내재해 있다는 뜻이다.

모든 생명체는 적응하며 살아간다

단세포부터 가장 복잡한 생물학적 기관계에 이르기까지 기민 성과 유연성은 기본이다. 예를 들어, 거의 모든 어류가 배아기 때 자기 종에 이롭도록 성별을 바꿀 수 있다.[4] 만약 바닷물의 화학적 오염이나 급격한 수온 변화 때문에 개체 수가 감소하기 시작했다면 종의 생존을 돕기 위해 수컷 배아들이 암컷으로 바 뀐다. 반대의 경우도 발생한다. 북대서양의 한류 지역에서 많 이 잡히는 도미를 예로 들어보자. 트롤선에는 큰 물고기들이 주로 잡히는데, 큰 도미는 보통 수컷이기 때문에 암컷 도미가 성별을 바꾸어 균형을 유지하려고 한다. 이와 비슷하게 산호초 에 사는 물고기 무리는 수컷 하나를 잃으면 몇 시간 후에 가장 큰 암컷이 수컷처럼 행동하기 시작하며 열흘 안에 정자를 생산한다.

이런 놀라운 일이 가능한 건 호르몬 변화 때문이다. 호르몬이 변하면서 몸속 기관의 변형을 일으켜 성별이 바뀌는 것이다. 이처럼 성별까지 바꿀 수 있는 적응력은 어류에서 나타나는 높은 다양성(포유류는 단 6,000종인 데 비해 어류는 약 3만 3,000종에 이른다)의 원천이다.

자연계의 두드러진 적응 모습은 포유동물의 행동에서도 나타난다. 적응력 덕분에 동물들은 개별 혹은 집단으로 위협에 빠르게 대처할 수 있다. 이런 행동 변화는 여러 세대를 거치며 확실히 자리를 잡는다. 종이 다르면 같은 위협에도 각기 다른 방식으로 대처한다. 예를 들어, 겨울에 찾아오는 극한의 추위와 먹이 부족으로 인해 어떤 종은 더 따뜻하고 먹이가 풍부한 지역으로 이동하지만, 또 어떤 종은 동면에 들어간다. 동면하는 종은 체온이 떨어지기 때문에 먹이를 섭취할 필요가 없고, 따라서 추위를 뚫고 이동하는 위험을 무릅쓸 필요도 없다. 같은 문제에 대해 완전히 다른 방식으로 접근하지만 2가지 방법 모두 매우 효과적이다.

박테리아는 더 본질적인 방식으로 적응한다. 다른 곳에서 유전자를 훔쳐 적응하는 것이다.[5] 다른 박테리아나 세포로부터 또는 주변에 떠다니는 DNA 분자에서도 유전자를 훔친다. 이런 **수평적 유전자 이동**horizontal gene transfers 시스템 덕분에 박테리아는 수많은 다른 환경에서도 잘 번식하는 새로운 기능과 습성을 손에 넣을 수 있다. 박테리아가 항생제에 강한 저항력을 키울 수 있는 것도 바로 이런 적응력 덕분이다.

바이러스도 이와 유사한 적응력을 가지고 있다. 바이러스는 빠르게 돌연변이를 일으켜 새로운 숙주에 알맞은 형태를 찾아낸다. 우리는 코로나바이러스를 통해 이런 현상을 목격했다. 많은 인구가 백신을 맞자 코로나바이러스는 변이를 거듭했다. 우리에게는 이 결과가 마음에 들지 않겠지만, 어쨌든 이것은 생물학적 진화와 기민성이 제 기능을 하고 있다는 뜻이다.

다행히 우리의 면역 체계도 상황에 맞서 싸우기 위한 다양한 선택지를 가지고 있다. 1972년 노벨상을 수상한 미국 생물학자 제럴드 에덜먼Gerald Edelman은 인간의 면역 체계가 수백만 개의 항체를 만들어내며, 그 형태가 조금씩 달라 그중 적어도 몇 개는 침입자의 화학 수용체와 딱 맞아서 그것을 무력화시킬 수 있다는 사실을 발견했다. 이런 방식 덕분에 인간의 면역 체계는 굉장한 적응력을 갖고 있다. 모든 발생 가능한 시나리오에 맞춰 방어물을 만들어냄으로써 면역 체계는 거의 모든 형태의 공격을 무찌를 준비가 되어 있는 것이다.[6]

우리가 계속해서 살펴보고 있는 것은 서로 다른 수많은 유전자, 면역 세포, 생물학적 기관이 방법은 다르지만 같은 기능을 수행한다는 사실이다. 이처럼 구조적으로 서로 다른데도 불구하고 각각의 생물학적 기관계가 같은 행동을 하는 경향을 생물학에서는 **중첩**degeneracy이라고 부른다.[7] 생물학적 기관계가 기민하고 회복력이 좋은 이유도 이런 특징 때문이다. 몸 안에서 일어나는 별개의 몇 가지 과정이 합해져 음식을 에너지로 빠르게 전환하는 것이 그 좋은 예다. 즉, 대사(음식을 에너지로 전환하는 것)는 매우 탄탄한 과정이며, 질병 등으로 하나의 경로가 제 기능을 다하지 못하더라도 또 다른 경로가 맡아서 처리하므로 전체적인 소화계는 제대로 돌아갈 수 있다.

유연한 뇌는 어떻게 만들어지는가

다양성은 우리 신경계에서도 전형적인 특징이다. 302개의 신경세포와 8,000개의 시냅스를 가진 예쁜꼬마선충과 비교해보면, 인간의 뇌는 860억 개의 신경세포와 수천억 개의 시냅스를 가지고 있는 것으로 추정된다.[8] 우리가 지닌 기민성은 그 용량이 예쁜꼬마선충보다 훨씬, 훨씬 더 크다는 뜻이다. 단점은 이 정도의 유연성에는 그만큼의 비용이 수반된다는 것이다. 우리 뇌는 몸무게의 약 2퍼센트 정도를 차지하지만 에너지의 25퍼센트를 소비한다. 하지만 뇌는 굉장히 정교해서 우리가 다양한 목적을 동시에 달성하게끔 해준다.

　이것이 가능한 이유는 뇌가 우리 몸과 정보를 주고받고, 뇌 안에서도 뇌 전체를 덮고 있는 신경세포 간의 복잡한 연결 패턴을 통해 정보를 교환하기 때문이다. 크기와 형태가 동일한 신경세포는 없으며, 각각의 신경세포는 보통 수천 개의 다른 신경세포로부터 정보를 전달받는다. 이것은 뇌 조직의 아주 작은 부분 안에도 수십억 개의 연결점, 즉 시냅스가 존재한다는 뜻이다.

놀라울 정도로 복잡한 이 연결 패턴은 사람마다 다를 뿐 아니라 고정된 것도 아니므로 시간이 지남에 따라 바뀔 수 있다. 이런 복잡한 성질로 미루어 알 수 있는 사실은 어떤 연결 패턴을 미리 정해놓기 어렵다는 점이다. 즉, 신경계가 변화하는 환경에 빠르게 반응하기 위해 필요한 것이 기민성이다.

작동 방식은 간단하다. 우리가 뭔가 새로운 것을 알게 되면 특정 신경 연결점이 강화된다. 이것을 **헤비안 법칙**Hebbian rule이라고 하는데, 캐나다 심리학자 도널드 올딩 헤브Donald Olding Hebb의 이름에서 따온 것이다.[9] 그는 "동시에 활성화하는 세포들은 서로 연결된다"는 사실을 발견했다. 즉, 특정 신경세포들이 동시에 활성화하면 그 신경세포들 사이의 연결이 강화되고, 그 신경세포들은 마치 물리적으로 이어진 회로처럼 하나가 되어 반응한다는 것이다.

하지만 그 신경세포들이 물리적으로 연결된 것은 아니다. 그것들은 그저 맡은 역할, 그리고 동시에 활성화한다는 사실 때문에 서로 연합하고 있을 뿐이다. 일정 기간이 지나서 이런 '회로'를 주기적으로 사용하지 않게 되면 이 연합의 강도는 점차 약해지고 회로도 서서히 사라진다.

이렇게 신경 연결점으로 구성된 수많은 회로가 생겨나고 변화하는 환경에 따라 바뀌면서, 우리의 뇌는 거의 모든 시나리오에 대해 유연하게 반응할 수 있다. 이렇게 복잡한 상황에서도, 서로 다른 여러 개의 패턴이 연합해 같은 결과를 낼 수도 있다. 중첩의 또 다른 예다.

가령 우리가 새로운 말을 사용하는 법을 배울 때, 우리 머릿속의 생각과 우리의 혀·입 그리고 성대에 있는 특정 근육의 움직임을 결합하는 시냅스 회로는 우리가 적절한 문맥에서 그 단어를 말하는 법을 익힐수록 점차 강해진다. 하지만 만약 우리가 치과에 가서 마취 주사를 맞는다면 어떨까? 혀의 근육을 활성화시키는 신경세포는 더 이상 제 기능을 하지 못할 테고, 그러면 또 다른 회로가 재빨리 작동해 조금 다른 근육을 사용해서 같은 기능을 수행한다. 마취가 풀리기 전까지 조금 이상하게 발음을 하게 되는 이유다.

이런 작용은 항상 일어난다. 만약 뇌신경 회로가 제 기능을 할 수 없거나 그 기능에 집중할 수 없으면 또 다른 회로가 재빨리 임무를 이어받는 것이다.

뇌와 몸의 연결에 주목하라

뇌 안에서 정보를 주고받는 것 외에도 우리의 뇌와 몸의 연결, 그중에서도 특히 뇌와 소화기관과의 연결이 우리의 생각과 행동을 결정하는 데 지금껏 알려진 것보다 훨씬 더 큰 역할을 한다는 사실이 밝혀졌다. 뇌의 최우선 과제는 외부 세계로부터 들어오는 정보와 우리의 행동 및 내부적 생리작용을 통제하는 시스템을 결합해 균형 잡힌 신체 상태를 유지하는 것이다. 이런 소화기관-뇌-환경의 3종 정보 교환은 우리가 생존하고 번성할 수 있을 만큼 충분한 신진대사 자원을 확보할 수 있게 해준다.

이것은 우리 뇌가 정말로 중요하게 생각하는 일이면서, 동시에 생물학적 측면에서 작용하는 전환의 기술이라고 볼 수 있다. 우리 신체와 뇌의 협력 작용에는 환경의 변화를 감지하고, 내부의 상태를 인지하며, 기민하게 대처하는 능력이 내재해 있는 것이다.

신경과학자 리사 펠드먼 배럿Lisa Feldman Barrett은 이것을 인간의 신체와 뇌가 항상 계산해두는 내재적 **신체 예산**body budget이라고 표현한다.[10] 당신의 몸은 제한된 자원을 가지고 있기 때문에, 생각을 하든 이동을 하든 친구에게 전화를 하든 뇌가 어떤 일에 관여하려 할 때면 언제나 그것이 투자 가치가 있는지 따져본다. 이런 지출을 해도 될 만큼 충분한 예산이 있는가? 예를 들어, 만약 당신이 특정 영양분이 부족한 상태라면 당신의 뇌는 다른 모든 대사 과정과 활동을 억제하고 그 영양분을 찾는 일을 우선 처리할 것이다.

앞 장에서도 언급했듯이, 뇌가 이렇게 지속적으로 예산 편성과 예측을 한다는 것은 지금 필요한 최상의 행동이 무엇인지도 계속 예측한다는 뜻이다. 당신은 일을 멈추고 뭔가를 먹으러 가야 할 수도 있고, 잠을 자야 할 수도 있고, 운동을 해야 할 수도 있다. 특정 음식을 먹고 싶을 수도 있다. 뇌는 당신의 주변 환경을 경계하고 기민하게 대처하도록 만들어져 있다. 시시각각 다음에 무슨 일이 일어날지 예측하고, 그다음엔 일어난 일에서 얻은 정보를 재빨리 피드백한다. 만약 일이 예상대로 진행되었다면 평상시처럼 예측을 계속한다. 만약 결과가 예상과 달랐다면 예측을 중단하고 에러 신호를 보내며, 이것은 미래에 참조하기 위해 뇌 속 신경세포망에 저장된다.

이런 시스템이 의미하는 바는 매우 심오하다. 당신은 현실을 수동적으로 관찰하는 것이 아니라, 당신이 세상에서 하는 경험을 뇌 안에서 체계화한다. 당신의 뇌가 최선의 예측을 한다음, 이 예측을 들어오는 정보와 대조하고 확인하는 것이다.

테니스 선수 로저 페더러Roger Federer가 서브를 받으려고 준비하는 모습을 생각해보라. 최고의 프로 선수 노박 조코비치Novak Djokovic는 보통 시속 200킬로미터가 넘는 속도로 서브한다. 페더러는 0.5초 안에 이 서브를 받아야 한다. 적절한 위치로 가서 라켓을 준비하고 공을 받기에는 충분하지 않은 시간이다. 대신 페더러의 뇌에서 일어나는 일은 공이 떨어질 위치를 무의식적으로 예측하고, 조코비치가 공을 치기 전에 자기가 해야 할 동작을 계획한 다음, 예측과 다른 일이 벌어질 경우 재빨리 재조정하는 것이다.

테니스 선수들에 대한 시선 추적 연구에 따르면 평균 수준의 선수는 상대가 서브할 때 공을 쳐다보지만 최고 수준의 선수는 어떻게 리시브 위치를 잡아야 할지 예측하기 위해 상대가 서브를 넣기도 전에 그의 팔, 골반, 그리고 전체적인 몸의 움직임을 살핀다.[11] 이것이 우리 뇌의 작용 방식이다. 자극이 주어진 후에 반응하는 것이 아니라 예측하는 것이다. 그리고 이것은 일상의 삶에서도 마찬가지다.

그리고 뇌가 가진 예측 본능은 학습에서 실패와 퇴보가 성
공만큼이나, 어쩌면 그보다 더 중요한 이유다.

3장 요약

- 기민성은 우리 뇌에 내재해 있다. 심지어 단 302개의 뇌세포를 가진 단순한 벌레도 기민한 판단을 하며 경험으로부터 학습할 수 있다.
- 기민성은 생존에 필수적이다. 그리고 성별을 바꾸는 어류의 습성에서는 물론이고, 포유동물의 면역 체계, 그리고 박테리아와 바이러스의 생존 방법에 이르기까지 널리 퍼져 있는 자연계 고유의 특징이다.
- 전환의 기술에 필요한 주요 요소, 즉 환경을 예의 주시하고 내부적 상태를 인지하는 능력, 그리고 기민한 판단력은 우리 뇌와 몸의 작용에 이미 내재해 있다.
- 유연성은 우리 뇌가 예측할 때 필수 요소다.

4

기민성과 회복력의
상관관계

어떤 일이 닥쳐도 유난히 잘 대처하는 듯한 사람이 있다. 회복력이 좋은 사람과 그렇지 않은 사람의 차이점은 뭘까? 그저 성격 때문일까? 유전자에 그런 능력이 프로그램되어 있는 것일까? 아직 명확한 답은 없다. **회복력**이란 말은 최근 몇 년간 과학적 연구의 집중 관심을 받으면서 일종의 전문용어가 되어버렸다. 하지만 이런 연구에는 여전히 불확실한 부분이 많아서 회복력이 정확히 무엇을 의미하는지에 대한 논쟁이 이어지고 있다. 그리고 최근에는 그동안 학자들의 연구 방향이 잘못되었으며, 그들이 핵심에서 벗어나는 연구를 해왔음이 거의 분명해졌다.

회복력이란 무엇인가?

예상보다 더 잘 해낸다는 것

우리가 회복력을 이해하는 방식은 지난 수십 년간 크게 변화했다. 회복력이 있는 사람은 스트레스에 영향받지 않는 사람, 항상 잘나가고 행복한 사람, 혹은 어떤 역경이 닥쳐도 정상적인 삶으로 '금방 되돌아올' 수 있는 사람이라고 생각하던 때가 있었다. 당연한 얘기지만 그런 사람은 없다. 스트레스는 우리 모두에게 어느 정도 영향을 미친다. 이제 우리는 회복력이란 인생의 큰 변화와 심각한 스트레스에 직면했을 때 잘 적응해나가는 지속적이고 역동적인 과정임을 안다.[1]

사람은 잘 해낼 때도 있지만 그렇지 못할 때도 있다. 회복력이 있는 사람에 대한 가장 정확한 설명은 '예상보다 잘' 해내는 사람일 것이다. 충격적인 경험을 한 사람들은 괴로워하고 불안해하며 우울감을 느낀다. 하지만 당신이 겪은 일을 고려했을 때 '예상보다 잘하고' 있다면 당신은 회복력이 있는 사람이다.

우리 안에 내재한 것

충격적인 경험을 한 후에 사람들에게 일어나는 일을 살펴보면 회복과 성공으로 가는 다양한 경로를 발견할 수 있다. 우리가 선천적으로 굉장히 회복력이 좋다는 사실은 잘 인정받지 못한다. 연구를 거듭할수록 사람들 대부분은, 좀 더 정확히 말하면 3분의 2정도는 매우 충격적인 일을 겪고도 회복력을 가지고 이겨낸다는 사실이 드러나고 있다.[2] 지진, 사랑하는 사람의 죽음, 테러 공격, 가진 것을 모두 잃고 망명자가 되는 일처럼 인생을 흔들어놓을 만큼 큰 변화에 직면했을 때조차 그런 일을 겪은 사람의 3분의 2는 잘 적응해 온전한 삶을 이어나간다.

정신력 이상의 것

회복력은 우리의 생각과 감정뿐만 아니라 우리의 **행동, 그리고 우리가 가진 것**과도 많은 관련이 있다.[3] 남보다 더 회복력 있는 사람으로 만들어줄 묘약을 찾으려 하기보다는 전체론적 관점에서 회복력에 접근하는 것이 더 현실적이다. 실제로 최근의 연구[4]에 따르면 우리의 회복력을 강화하는 다양한 **보호 인자**protective factors(회복력에 영향을 주는 실질적 이점)가 있다고 한다. 그리고 더 중요한 것은 이런 보호 인자도 변화시킬 수 있다는 점이다.

예를 들어, 우리의 인간관계와 사회적 지원이 매우 중요하다는 것, 그리고 다양한 상황에서 협상을 통해 당신이 필요한 것을 얻어내는 능력이 회복력의 핵심이라는 근거가 점점 더 많이 밝혀지고 있다. 일이 잘못되었을 때 세상을 피해 숨지 않고 도움을 구하는 것, 술과 약물의 사용을 줄이는 것, 좋은 음식을 먹고 운동을 하며 건강을 위한 습관을 들이는 것, 과도한 걱정과 고민처럼 쓸데없는 행동을 피하는 것 같은 행동이 좋은 예다. 외부 자원의 사용 가능 여부도 중요하다. 이를테면 기본적인 서비스를 이용할 수 있는가 하는 문제다.

손꼽히는 회복력 연구자 마이클 엉거Michael Ungar는 신데렐라 이야기를 이용해 이것을 설명한다. "우리는 그 이야기를 잘못 이해하고 있습니다. 모두가 신데렐라의 변신이 그녀의 성품, 미모, 친절함, 낙천적 성격, 용기 때문이라고 생각합니다." 마이클은 이런 것들도 중요하지만 정말 중요한 것은 바로 그녀를 도와준 요정이었다는 의견을 피력한다. "생각해보세요. 요정이 무도회에 가는 데 필요한 것들을 제공해주었습니다. 화려한 옷과 무도회장에 타고 갈 마차가 없었다면 신데렐라는 왕자를 만날 수 없었을 것입니다."[5]

만약 집이 물에 잠겼다면 도움이 되는 것은 집을 다시 지을 수 있게 해줄 좋은 보험이다. 심각한 질병에서 벗어나려면 의학적 치료와 회복할 시간이 필요하다. 재산을 모두 잃고 망명자 신세가 되었다면 당신에게 가장 도움이 되는 것은 재정적·사회적 지원일 것이다. 다른 나라로 이주한 망명자들의 회복력에 대한 몇 가지 연구[6]에 따르면 이민국의 언어를 말할 수 있는 자녀가 한 명이라도 있는지 여부가 중요한 변수였다. 의사소통 능력이 있어야 처음 맞닥뜨린 낯선 나라에서 필요한 것을 획득할 기회가 많아지기 때문이다. 우리 모두가 공평하게 물질적 자원을 갖지는 못했지만, 그것을 얻기 위해 협상하는 능력은 키울 수 있다.

만능 회복력은 없다

이런 보호 인자를 우리 마음대로 가질 수 있는 건 아니다. 그리고 상황에 따라 필요한 보호 인자도 달라질 것이다. 선생님이 어린 학생에게 미치는 영향력을 생각해보자. 격려와 지원을 아끼지 않는 선생님 한 명이 아이의 삶에서 중요한 전환점을 제공해준다는, 그래서 불행한 길로 빠질 뻔한 아이를 성공 궤도에 진입시킬 수 있다는 사실을 보여주는 연구는 너무나 많다. 하지만 훌륭한 선생님조차 아이들의 회복력에 거의 변화를 주지 못한다는 연구 결과도 많이 있다. 어떻게 된 일일까?

답은 간단하다. 안정감과 격려를 제공하며 지원을 아끼지 않는 가정에서 자라는 아이라면 학교의 영향력, 혹은 특정 선생님의 영향력은 상대적으로 더 적을 것이다. 반대로 힘든 가정환경 속에서 지원과 응원을 거의 받지 못하는 아이라면 도움을 주는 선생님이 미치는 영향력은 막대할 것이다. 그러므로 특정 요소(이 경우에는 도움을 주는 선생님) 자체가 '보호' 인자는 아니다. 오히려 보호의 정도를 따지자면 선생님의 행동만큼이나 큰 영향력을 미치는 것이 아이의 환경이다.

결국 개인이 가진 회복력의 본질을 탐구하려는 시도는 실패할 수밖에 없다. 회복력은 상황에 따라 다른 문제이기 때문이다. 개인적 능력과 습관이 얼마나 유용할지는 전적으로 우리가 대처하려는 위기의 성질에 달려 있다. 화재로 집과 재산을 모두 잃은 사람에게 필요한 것과 어려움에 빠진 회사를 살리려는 사람에게 필요한 것은 분명 다르다. 일상에서도 마찬가지다. 예를 들어, 헬스클럽에 가서 규칙적으로 운동을 하고 체력을 키우는 것은 회복력을 증진하는 좋은 방법일 수 있다. 하지만 만약 당신이 심각한 질병으로 치료받고 있다면 심한 운동은 역효과를 낳고 오히려 회복력을 약화시킬 수 있다.

최근에 와서 회복력에 대한 정의가 더욱 복잡해졌지만, 역경에 부딪혔을 때 그 어려움을 헤쳐나올 자기 자신만의 길을 찾아야 한다는 사실은 분명하다.

회복력의 핵심, 기민성

회복력은 인간 내면의 특성이 아니라 여러 양상을 가진 동적 과정이다. 결국 상황이 다르면 해결책도 달라진다는 말이다. 정신적 기민성이 그렇게 중요한 것도 바로 이런 이유에서다. 기민성은 우리가 필요한 자원을 구하고 찾아내게 돕는다. 그것이 내부적 자원일 수도 있고 외부적 자원일 수도 있다.

공격적인 상사 때문에 지치고 괴롭다면, 스트레스에 대처하기 위해 아침마다 한 시간씩 명상하는 것은 최상의 전략이 아닐지도 모른다. 오히려 새로운 상사와 일할 방법을 찾아보거나 그 상황을 벗어날 방법을 찾아내는 편이 더 나을 것이다. 반면, 만약 장기간의 화학요법으로 인한 스트레스를 해결하고 싶다면 명상은 당신에게 꼭 필요한 방법일 수 있다.

나는 연구원들과 함께 인생에서 중요한 10대 시기에 나타나는 불안과 우울감에 대한 회복력을 연구했다.[7] 우리의 접근법은 우선 대상자들이 지금껏 어떻게 살아왔는지를 분명히 알아낸 다음, 그들이 우리 예상보다 더 잘 해내고 있는지 아니면 기대에 못 미치는지를 판단하는 것이었다. 우리가 살펴본 것은 부모의 죽음, 가정 폭력, 이혼 같은 중요한 사건부터 이사같이 좀 더 긍정적인 상황에 이르기까지 다양했다.

우리는 더 부유한 가정에서 자란 것이, 그래서 더 많은 자원을 누린 것이 강한 회복력을 갖추는 데 분명히 이롭다는 사실을 발견했다. 남성이라는 사실, 그리고 높은 자존감도 회복력에 이롭게 작용했다. 그 원인은 매우 복잡한데, 특히 젠더와 관련해서는 더욱 그렇다. 기업 환경에 대한 연구를 살펴보면, 여성들의 자존감과 협상 능력은 같은 직위에 있는 남성들과 대등한 모습을 보인다. 하지만 필요한 것을 요구하는 능력같이 자존감 및 협상 능력과 관련 있는 자질 중 어떤 것은 남성이 드러냈을 땐 장점으로 인정받지만 여성이 드러냈을 땐 사회적으로 바람직하지 않게 여긴다는 연구 자료[8]도 있다.

어떻게 하면 회복력을 키울 수 있을까?

주어진 문제에 대처할 때 우리는 그 문제 자체에 초점을 맞출 수도 있고 감정에 초점을 맞출 수도 있다. 젠더와 회복력에 대해 우리는 여성이 일반적으로 남성보다 더 깊은 불안과 우울을 경험한다는 사실을 발견했다. 그 이유가 정확히 밝혀진 건 아니지만 남성과 여성이 스트레스 상황에 대응하는 방식에서 한 가지 단서를 찾을 수 있다. 스트레스에 직면하면 남성은 보통 문제를 해결하려 하는 반면, 여성은 그 문제에 대해 곰곰이 생각하려는 경향이 강하다. 이에 따른 대응 전략은 문제 해결을 목표로 하거나(문제 중심적) 어떤 식으로든 스트레스의 원인을 알아내는 것을 목표로 한다(정서 중심적). 이 2가지 대응 전략의 비용과 편익을 분석하는 연구는 어마어마하게 많다.[9]

정서 중심 대처 방식은 스트레스를 관리하려는 것이다. 이런 방식을 활용한다면 당신은 조언을 얻고 응원을 받으려 하거나 기분 전환을 시도한다. 친구에게 문제를 이야기하거나 좋아하는 음식을 먹기도 하고 약을 복용하거나 술을 마시기도 한다. 아니면 상황이 주는 정서적 충격을 완화하려고 노력하면서 그 상황을 곱씹어보기도 한다. 이런 접근법은 당신이 그 스트레스의 원인을 통제할 방법이 거의 없을 때 유용한 방식이다.

하지만 문제의 근본 원인을 통제할 수 있다면 일반적으로 문제 중심적 전략이 더 효과적인 해결책일 수 있다. 문제 중심적 전략은 스트레스를 유발하는 상황에 직접 맞설 수 있는 다양한 해결책의 장단점을 따져보는 것이다. 직장에서 차별을 받았다거나 불합리하게 승진에서 제외된 상황을 상상해보자.

정서 중심적 접근법을 선택한다면 당신은 회사 밖에서 친구를 만나 푸념을 하거나 명상을 하고 휴식하며 그 일에 대해 잊으려 할 것이다. 이런 방법도 단기적 스트레스 대처법이 될 수 있으며 기분이 조금 풀릴 수 있다. 하지만 문제가 해결되는 것은 아니다. 문제 중심적 접근법을 사용한다면 직속 상사에게 문제를 제기하고 노조와 협력해 조직적 캠페인을 벌일 수도 있다. 또는 아주 간단하게 새로운 직장을 찾아볼 수도 있다.

당신은 유연하게 접근법을 선택하는가?

2장에서 살펴보았듯이 한 걸음 물러서서 당신에게 당면한 문제를 통제할 능력이 있는지 현실적으로 따져보는 것이 중요하다. 그래야만 최상의 전략을 고를 수 있기 때문이다. 당신이 직접 해결할 수 있는 문제인가? 아니면 적응해야 하는 상황인가? 만약 사랑니를 뽑아야 한다면 그러는 게 해결책이다.

융통성 없이, 통제력만 중요시해서 스트레스를 유발하는 모든 문제를 필사적으로 해결하려고 하는 사람이 있다. 반면, 스트레스를 유발하는 모든 상황이 통제 불가능하다고 여기는 사람도 있다. 하지만 기민한 사람은 주어진 상황이 통제 가능한지 여부를 판단한다. 문제에 대처할 때 유연한 접근법을 취하면 더 만족스러운 결과와 행복이 뒤따른다는 연구 결과가 많아지고 있다.[10] 자신은 어떤 타입인지 생각해보라. 스트레스를 유발하는 사건이 통제 가능하다고 여기는가, 아니면 불가능하다고 여기는가? 그런 사건에 좀 더 유연하게 접근할 수 있는가?

내가 학교에 가서 어린 학생들에게 강연할 때 유연성은 꾸준히 등장하는 주제다. 학생들에게 어려운 일, 힘든 일에 대처하는 방식을 물으면, 그런 일에 잘 대처하는 학생은 대개 가능성 있는 수많은 해결책을 자주 시도해본다고 말한다. 이처럼 어려운 문제를 처리하는 다양한 방법을 개발하고, 상황을 기민하게 판단해 접근법을 선택하고 이행하는 학생은 직면한 역경을 가장 잘 극복했다. 그리고 이런 이야기를 나누는 과정에서 아주 흥미로운 결론이 나왔다. 역경이 때로는 좋은 일이 될 수도 있다는 것이다.

오래전부터 내려오는 "죽지 않을 만큼의 고난은 사람을 더 강하게 만든다"라는 말처럼 많은 어려움에 대처해본 아이는 유연하면서도 효과적으로 사용할 수 있는 다양한 대처 방법을 개발한다. 그러면서 회복력이 점차 강해진다. 이 과정은 스스로 주어진 상황을 분석하는 능력이 뒷받침되어야 한다. 이 결론을 통해 우리가 알 수 있는 것은 유연한 사고방식이 회복력을 높이는 데 기여한다는 사실이다.[11]

극심한 빈곤 속에서 성장하면 아이들의 발달, 건강, 학습능력, 목표 달성 능력에 심각한 문제가 발생할 수 있다. 이런 이유로 사회과학자와 정책 결정자들은 **결핍 모형**deficit model에 전적으로 초점을 맞춘다. 즉, 아이들이 가진 좋은 면이 무엇인지보다는 가난과 불우한 환경으로 인해 **잘못된 면이 무엇인지를 살핀다**는 뜻이다. 하지만 결핍 모형은 이런 아이들이 당면한 환경에 적응하는 방법을 배우는 흥미로운 과정을 간과한다. 매우 어려운 환경의 아이들은 보통 그들의 정신 과정을 미세하게 조정해 가능한 한 최선의 방법으로 주어진 난관에 대처한다.[12]

연구 중에 앤디라는 10대 남자아이를 만난 적이 있다. 앤디의 부모는 둘 다 마약 중독자였으며 엄마는 폭력을 자주 행사했다. 이 때문에 앤디는 8세 정도부터 보호 시설을 들락거려야 했다. 앤디는 나에게 이런 말을 했다. "어느 순간부터 엄마가 변하기 시작하는 신호를 알아채게 됐어요." 나는 물었다. "어떤 신호?" 앤디가 말했다. "엄마 목소리가 달라지고 나를 노려봐요." 앤디는 그런 신호를 감지하면 어떻게든 엄마 앞에서 사라져야 한다는 걸 알았다. 점차 아주 미세한 변화도 알아챌 수 있게 되었다. 그 자리를 벗어나면 안전했다. 그러나 엄마가 그런 상태일 때 부엌을 어슬렁대고 있으면 문제가 생겼다.

아주 미세한 분노의 조짐까지 알아채는 능력은 앤디처럼 폭력적인 부모와 사는 아이들에게 필수적이다. 앤디는 잘못된 상황에서 어려움을 야기할 수 있는 위협을 매우 경계했다. 하지만 앤디는 회복력이 아주 좋았고 난관에 잘 대처했다. 앤디가 사회적 지능이 매우 높고, 많은 친구의 문제 해결을 도왔다는 사실은 우연이 아니다. 앤디를 가르친 교사들은 그 애가 타고난 리더 기질을 보인다고 말했다. 앤디는 맞닥뜨린 상황에 따라 행동 방식을 조정하는 방법을 배운 것이다.

이렇게 우리의 생각과 행동을 주어진 상황에 맞추는 능력은 회복에 필수적이다. 만약 과거의 앤디가 단순히 경계심만 가지고 있었다면, 분명 지금처럼 성장하지 못했을 것이다. 결국 한 사람이 인생의 역경 속에서도 잘 살아갈 것인지, 아니면 힘겹게 몸부림칠지를 결정하는 것은 다양한 상황에서 대처 방법을 수정하고 조정하는 데 필요한 **유연성**flexibility이기 때문이다.

여기서 우리가 얻은 메시지는 기민성이 좀 더 회복력 있는 삶을 살 수 있게끔 해주는 필수 기술이라는 것이다. 우리는 고난과 역경을 피할 수 없다. 고난과 역경에 맞서 싸울 방법을 계속해서 개발하는 동시에 필요할 때마다 전략을 수정하는 유연한 태도를 겸비한다면 우리의 회복력은 더욱 좋아질 것이다.

기민성은 회복력의 핵심이다

다양한 인생 문제를 해결하려고 여러 가지 방법을 시도할수록 우리는 특정 상황에 효과가 있을 것 같은 전략을 지식처럼 마음속 깊이 분명하게 새겨둔다. 하지만 이 책을 통해 당신은 경직성에 저항하는 것이 성공의 핵심이라는 사실을 알게 될 것이다. 경직성은 우리가 어떤 편리한 방법을 발견했을 때 빠지기 쉬운 함정이다. 생각과 행동을 기민하게 유지한다면 정신적 유연성을 키울 수 있다. 그리고 정신적 유연성이 있으면 살면서 무슨 일을 마주하든 당신의 행동을 최적화할 수 있다.

다른 예를 하나 들어보자. 1980년대 초, 중학생 제이슨 에버먼Jason Everman은 불법 폭죽으로 학교 화장실을 폭파시켰다. 그는 결국 2~3주 정학 처분에 정신과 진료를 받아야 했다. 제이슨은 상담 시간에 아무 말도 하지 않았다. 그런데 공교롭게

도 그 정신과 의사는 기타 애호가였다. 그는 음악을 연주하면서 제이슨에게 코드 몇 개를 알려주었다. 제이슨의 가족은 그것이 가장 비싼 기타 레슨이었다는 농담을 자주 했다. 의사는 기타를 쳐서 제이슨의 마음을 열 수 있기를 바랐다. 기타 연주는 제이슨의 마음을 열지 못했지만 그의 인생은 바꾸어놓았다. 몇 년 후, 어릴 적 친구 한 명이 제이슨에게 베이스 연주자를 찾는 신생 밴드에 들어가보라고 권했다. 밴드의 이름은 너바나Nirvana였다. 하지만 여전히 우울증에 시달리던 제이슨은 그 밴드가 큰 성공을 거두기 불과 몇 달 전에 퇴출당했다.

그래도 제이슨은 그 상황에 금방 적응했다. 그리고 얼마 지나지 않아서 또 다른 밴드로부터 함께 하자는 제안을 받았다. 당시 너바나보다 더 인기가 있던 사운드가든Soundgarden이었다. 꿈에 그리던 최고의 밴드였기 때문에 제이슨은 크게 기뻐했다. 그다음 해에 사운드가든은 유럽과 미국 투어 공연을 하며 실력을 닦았고 새로운 앨범도 계획했다. 제이슨은 새 앨범 자금을 대기 위해 모아놓은 돈을 모두 썼다. 멤버들이 귀국한 후 밴드가 막 스타의 반열에 오르려는 순간, 제이슨은 다시 쫓겨났다. 그다음 해에 제이슨이 자금을 댔던 사운드가든의 새 앨범은 200만 장 넘게 팔렸다. 그리고 너바나도 지구상에서 가장 인기 있는 록 밴드가 되었다. 수년 뒤 〈뉴욕타임스〉와의 인터뷰에서 제이슨은 이 일이 자신에게 엄청난 타격을 주었으며 회복하는 데 수개월이 걸렸다고 인정했다.

제이슨은 뉴욕으로 가서 또 다른 밴드 마인드펑크Mindfunk에

합류했다. 하지만 얼마 지나지 않아 15번째 밴드 생활을 하며 너바나와 사운드가든에서 보낸 전성기를 추억하는 사람이 되고 싶지는 않다는 생각이 들었다. "나는 여러 개의 멋진 밴드를 거쳤는데도, 결국 세상에서 가장 멋없는 행동을 하면서 들떠 있었어요." 그는 코걸이도 빼고 긴 머리도 잘랐다. 그리고 군에 입대했다. 그의 나이 26세 때였다. 제이슨은 군인으로서도 잘 해냈다. 미군 특수부대의 일원으로서 아프가니스탄과 이라크에서 복무했고 수많은 무공 훈장을 받았다. 그의 부대 동료 하나는 〈뉴욕타임스〉 인터뷰에서 이렇게 말했다. "우울감이 사라진 건 아니었어요. 하지만 그건 중요하지 않았지요. 더 이상 우울감이 제이슨의 일에 지장을 주지 않았으니까요."

제이슨은 제대 후 대학에 입학했고, 45세에 뉴욕에 있는 컬럼비아대학교Columbia University에서 철학 전공으로 학사 학위를 받았다. 그런 다음 노리치대학교Norwich University에서 군사사military history 전공으로 또 학위를 받았다. 지금은 항해술을 배우고 있으며 혼자 세계를 항해하는 것이 목표다. 그것이야말로 "전통적인 인간 대 자연의 싸움"이기 때문이다. 그리고 "계속해서 세상과 삶에 뛰어들" 생각이다. 그는 "나이가 드는 것은 그 자체가 모험"이라고 말한다.[13]

압박과 스트레스는 익숙한 것에 더욱 끌리게 만든다. 2장에서 살펴봤듯이 우리는 확신을 갖지 못하거나 겁을 먹으면 마음을 열고 새로운 방법을 탐색하기보다는 예전에 효과가 있던 방법으로 돌아가려는 경향이 있다. 제이슨은 다른 밴드를 찾아

계속 기타 연주를 했을 수도 있다. 밴드에서 연주하는 것은 그에게 익숙하고 잘하는 일이었다. 하지만 그는 그게 자신한테 도움이 되지 않는다는 것을 깨달았다. 그래서 도약했고, 완전히 새로운 삶을 살기 시작했다. 제이슨은 기민성 덕분에 익숙한 것을 고집하지 않고 새로운 삶으로 전환할 수 있었다.

회복력을 키우는 전환 기술의 힘

이처럼 인생을 모험이라 여기고 열린 마음으로 다양한 방법을 시도하는 기민성을 유지하는 태도는 전환의 기술과 회복력이 무엇인지 여실히 보여준다. 우리 선조들이 생존하고 번성할 수 있었던 건 다양한 환경에 적응하는 능력이 있었기 때문이다. 이와 마찬가지로 회복력 있는 사람은 살면서 무슨 일이 생기든 거기에 대응하는 다양한 전략을 사용할 수 있다.

우리는 모두 회복력을 향상시킬 수 있으며, 그 방법은 전환 기술의 기둥인 4가지 핵심 요소를 발달시키는 것이다. 다음 장부터 이 4가지 요소를 하나씩 살펴볼 것이다. 기민하다는 것은 상황에 가장 잘 맞는 자질, 능력, 자원 등을 사용한다는 뜻이다. 회복력을 키우려면 열린 마음으로 현실적인 상황 인식을 하고 어떤 행동이 최선일지 판단해야 한다. 전환 기술의 기본 원칙을 잘 익힐수록 우리의 회복력은 더욱 강해질 것이다.

4장 요약

● 회복력은 변화와 역경에 영향받지 않는 것이 아니라 당신이 그것들을 겪으면서 '예상보다 더 잘' 해내는 것이다.

● 회복력은 만병통치약이 아니다. 회복력은 매우 역동적이며 다양한 요소의 영향을 받는다. 기민성과 밀접한 관련이 있는 것도 바로 그 때문이다.

● 회복력은 우리의 생각과 감정뿐만 아니라 우리의 '행동, 그리고 우리가 가진 것'에도 영향을 받는다.

● 난제를 극복하고 역경을 경험하는 것이 회복력을 향상시키는 경우가 많다.

● 스트레스를 유발하는 상황에 대처할 때 발휘하는 기민성, 혹은 유연성이 회복력을 키우는 비결이다.

Mental
agility

첫 번째 핵심 요소:
정신적 기민성

5

기민한 사고방식의 이점

햇살이 눈부신 어느 날 아침, 패디 룬드의 정신력은 한계에 다다랐다.

겉으로 보기에 패디는 성공한 사람이었다. 그는 오스트레일리아 브리즈번 주변 지역의 번화가에서 잘나가는 치과를 운영하며 돈을 많이 벌었다. 하지만 점차 자신이 좋아하는 치과 진료에 집중하지 못하고 병원 규모를 키우는 데만 매달리게 되었다. 그는 지속적인 스트레스에 시달렸고 개인적 인간관계에도 문제가 생겼다. 너무나 불행하고 사는 낙이 없었다.

패디는 근본적인 해결이 필요하다고 생각했다. 10년 동안 성공적으로 사업을 키워온 패디는 이제 정말로 좋아하는 일이 무엇인지, 그리고 어떻게 하면 좋아하는 일을 많이 할 수 있을

2부 첫 번째 핵심 요소: 정신적 기민성

지 스스로 질문해보았다. 패디는 몇몇 환자들(대부분 치료하기 힘든 환자들이었다)과 함께할 때만 즐거움을 느끼는 것이 문제의 원인이라는 걸 알았다. 그래서 병원 규모를 축소하고 자신이 좋아하는 환자들만 받기로 했다. 고객의 거의 80퍼센트가 줄어드는 셈이었다.

그는 전화번호부에서 병원 이름을 삭제하고 웹사이트도 없앴다. 간판도 모두 내렸다. 대신 남아 있는 환자들한테 그들의 친구에게 패디의 병원을 추천해달라고 부탁했다. 자기가 좋아하는 사람들의 친구들만으로도 더 잘해나갈 수 있다고 판단한 것이다. 그리고 병원 건물 절반을 카페 형식으로 바꾸었다. 행복 중심의 치과 공간을 만들고 싶었기 때문이다.

몇 년 후, 그는 일주일에 약 22시간을 일하면서도 수입은 2배가 넘었다. 업무 시간이 줄었기 때문에 가족이나 친구들과 보내는 시간이 더 많아졌고 새로운 취미 생활도 할 수 있게 되었다. 가장 중요한 건 패디가 행복해졌다는 사실이다.[1]

정신적 기민성이란 무엇일까?

우리는 살면서 다양한 시기에 다양한 수준의 스트레스에 직면한다. "모든 사람의 인생에는 얼마간의 비가 내리기 마련이다." 시인 헨리 워즈워스 롱펠로Henry Wadsworth Longfellow는 이렇게 노래했다. 치과 의사 패디 룬드는 스트레스에 대처하기 위해 자신만의 혁신적이고 기민한 방식을 찾아내 엄청난 변화를 이루었다. 하지만 스트레스를 관리하는 방법은 수없이 많으며 모든 방법이 급진적인 건 아니다. 중요한 것은 스트레스와 불안감을 관리할 수 있는 다양한 방법을 보유하는 것이다. 그리고 이렇게 복잡한 세상에 대한 유연한 접근법을 보유하는 것도 일종의 정신적 기민성이다.

모든 상황에 효과가 있는 접근법을 가진 사람은 없다. 미국 심리학자 에이브러햄 매슬로Abraham Maslow는 이렇게 경고했다. "만약 당신이 가진 도구가 망치뿐이라면 다른 모든 물건을 못처럼 다루고 싶을 것이다."[2] 더 좋은 방법이 있는지 찾아보기보다는 가장 쉽게 사용할 수 있는 도구로 문제를 해결하려는 경향이 있다는 뜻이다.

정신 과정mental processes에서도 마찬가지다. 만약 습관적으로 한 가지 방법을 사용해 문제를 해결하려 한다면 잘될 때도 있지만 잘못될 때도 있을 것이다. 우리가 이미 살펴봤듯이 당황하거나 확신이 없을 때 머릿속에 들어와 계속해서 맴도는 것(걱정하는 것)은 이미 했던 방법, 그래서 우리의 신뢰를 얻은 방법이다. 이것이 도움이 될 때도 있지만 대부분은 사태를 더 악화시킬 뿐이다. 내면의 소리를 차단하고 머릿속을 맴도는 생각에서 빠져나와야 할 때가 있다. 그럴 땐 기민한 사고를 통해 당신 밖에서 해결책을 찾아야 한다. 패디가 그랬던 것처럼 말이다.

당신에게는 정신적 기민성이 있는가?

몇 년 전, 나는 정신적 기민성을 판단할 기준이 부족하다는 사실을 깨달았다. 그래서 연구실 동료들과 함께 심리적 유연성을 보여주는 주요 요소를 이용한 새로운 질문지를 개발하고, 거의 2년에 걸쳐 수백 명의 지원자에게 작성을 요청했다. 다음 페이지의 '정신적 기민성 측정 질문지'를 작성해보면 우리가 지금까지 테스트한 수천 명의 학생, 사업가, 운동선수와 비교할 때 당신의 정신적 기민성이 어느 정도인지 확인할 수 있다.

당신의 점수가 몇 점이든 이것이 불변의 수치는 아니라는 점을 기억하라. 지금은 유연성이 없더라도 이 책에서 제안하는 훈련을 한 후에는 정신적 기민성 수준이 높아질 것이다. 지금도 이미 기민하다면, 정말 잘된 일이다. 하지만 거기에 만족해서는 안 된다. 기민성은 계속해서 향상시킬 수 있다.

기민한 사고방식의 힘

패디는 기민한 사고방식 덕분에 인생을 바꾸었다. 깊은 절망감에 빠졌지만 직감을 믿고 행동하는 열린 마음 덕택에 살아가는 최적의 방식을 선택할 자유를 얻었다. 이런 기민한 사고방식을 통해 당신은 무엇을 얻을 수 있을까? 기민성(을 키우는 방법)은 전환 기술에 대해 우리가 다룰 첫 번째 핵심 요소다.

아래의 점수표를 보고 각각의 질문 내용과 일치하는, 혹은 일치하지 않는 정도를 평가한다. 잘 생각해보고 솔직하게 대답한다.

6	5	4	3	2	1
매우 그렇다	그렇다	조금 그렇다	별로 그렇지 않다	그렇지 않다	거의 그렇지 않다

1. 나는 미래에 대해 낙관적이다.

2. 나는 변화에 대해 친구들보다 훨씬 개방적이다.

3. 나는 다양한 상황에 잘 적응한다.

4. 나는 가끔 평소에 하지 않던 것들을 한다.

5. 나는 새로운 상황에 적응할 수 있다고 확신한다.

6. 나는 변화는 언제든지 일어날 수 있다고, 인생은 그런 것이라고 생각한다.

7. 나는 뭔가를 시작했어도 그만두어야 하는 상황이 되면 쉽게 멈춘다.

8. 나는 난관에 부딪혔을 때 해결책을 찾기 위해 다양한 방법을 시도한다.

9. 나는 한 가지를 생각하다가도 또 다른 생각으로 빠르게 전환할 수 있다.

10. 나는 예상치 못한 일에 잘 대처한다.

11. 나는 변화가 생기면 스트레스를 받기보다는 흥미롭게 여긴다.

12. 나는 가끔 다른 사람들과 전혀 다른 방식으로 생각한다.

13. 나는 다른 사람들로부터 뭔가를 배우고 싶어 한다.

14. 나는 동시에 여러 가지를 고려하는 데 능숙하다.

15. 나는 장기적 목표와 단기적 목표의 균형을 잘 유지한다.

16. 나는 내가 하는 일이 어떤 경우에는 잘되지만 어떤 경우에는 잘되지 않는다는 걸 안다.

17. 인생에서 벌어지는 일들 대부분이 흑백논리로 설명되지 않는다. 인생은 훨씬 더 복잡하다.

18. 나는 사람들의 기분 변화를 잘 알아챈다.

19. 나는 실수를 통해 깨달음을 얻는다.

20. 나는 상황에 도움이 된다는 사실을 알면 얼마든지 마음을 바꿀 수 있다.

이제 점수를 모두 합한다. 20점에서 120점 사이의 수치가 나올 것이다. 일반적으로 다음과 같이 추정할 수 있다.

- 20~60점: '기민성 낮음' 또는 '유연성 없음' 수준
- 61~79점: '기민성 보통'에서 하위 수준
- 80~99점: '기민성 보통'에서 상위 수준
- 100~120점: '기민성 높음' 또는 '유연성 있음' 수준

나의 점수: ＿＿＿＿＿＿＿

기민성이 있으면 당신의 머리는 가능한 대안을 자유롭게 생각해낼 수 있고, 몇몇 심리학자가 **자동성의 횡포**tyranny of automaticity라고 부르는 낡은 사고방식에서 벗어날 수 있다. 자동성의 횡포는 우리가 뭔가를 할 때 습관적 방식에서 벗어나지 못하는 현상을 가리킨다. 우리가 자주 하는 "지금껏 그렇게 해왔다"라는 말은 그 어떤 일에도 합리적인 이유가 될 수 없다. 현상 유지가 편안하다고 느낄 수도 있다. 하지만 의문을 갖는 태도는 매우 중요하다. 우리의 과거 습관이, 그리고 지금껏 해온 방식이 정말 우리에게 도움이 되는가?

지속할 것인가, 전환할 것인가?

기민성은 인간의 여러 능력과 관련이 있다. 하지만 모두 하나의 질문으로 압축할 수 있다. 지속할 것인가, 아니면 전환할 것인가? 전환에는 에너지가 많이 든다. 그러므로 필요하고 유용한 경우에만 선택해야 한다. 우리가 정신적 관절염의 위험을 무릅쓰고 기존 습관을 고집하려는 데에는 에너지가 많이 소모되는 전환의 특성 탓도 있다.

매우 어려운 일에 직면했던 때를 생각해보라. 불행하다고 느꼈을 때, 혹은 단지 막연한 불안감을 느낄 때를 생각해봐도 좋다. 어쩌면 지금이 변화해야 할 때가 아닐까 하고 스스로 생각해봤을지도 모른다. 하지만 이것은 간단하게 결정할 수 있는 문제가 아니다. 단지 힘들 것 같다는 이유로 하던 일을 그만두고 싶지는 않을 것이다. 진정한 노력, 즉 '투지'가 요구된다는 이유로 포기한다면 올림픽에서 메달을 딸 수 있는 사람은 없을 것이고, 그 어떤 직업에서도 성공하는 사람이 없을 것이다.

하지만 불굴의 투지가 삶의 질을 높이지 못할 때도 있고, 계란으로 바위 치기처럼 성공 가능성이 거의 없을 때도 있다. 그럴 때 방향 전환을 주저하면 불만이 쌓일 수도 있고, 다른 선택권에 대한 접근이 차단될 수도 있다. 실제 삶은 계획을 세운 다음, 그걸 진행하는 과정에서 드러나는 결과와 상관없이 끈질기게 그 계획을 고수하는 것만으로 해결되지 않는다.

지금까지 살아오면서 당신이 어떤 일을 너무 오래 했거나 누군가와 너무 오랫동안 함께했던 적이 있는가? 변화가 필요하다는 신호를 느꼈는가? 변화를 가로막은 것은 무엇이었는가? 이런 생각을 해보면 변화가 명백히 필요한 때에도 어떤 일에 집착하는 경향이 있는지 스스로 판단할 수 있다. 그 반대로 꼭 변화가 필요한 상황이 아님에도 하던 일을 쉽게 그만두는 성향이 있을 수도 있다. 지속할 것인가, 전환할 것인가에 관한 본질적인 결정은 일상에서 주기적으로 일어나는 작은 일들뿐만 아니라 인생의 중요한 문제에도 적용된다.

지속 전략과 전환 전략은 인생의 다양한 목표를 이루는 데, 그리고 다양한 국면에 대처하는 데 중요하다. 당신이 시합이나 시험을 준비할 때처럼 한 가지 일을 반복적으로 연습해야 한다면 인내력이 필요하다. 반면, 다양한 요소로 구성된 복잡한 프로젝트 작업을 하고 있다면 그 일이 가진 여러 요소를 모두 다루기 위해 주기적으로 생각의 전환을 해야 할 것이다.

세상이 늘 똑같다면 투지만으로 충분할 것이다. 하지만 최근의 팬데믹 상황만 보더라도 예상 가능한 것이라곤 미래는 예상 불가능하다는 사실뿐이다. 사람들은 예상하는 대로 움직여주지 않고, 뜻밖의 일은 끊임없이 발생하며, 새로운 것이 계속 발명되어 우리의 기술을 쓸모없는 것으로 만들고 만다.

전환하는 뇌가 성공을 돕는다

최근의 선도적 과학 연구를 살펴보면 심리학자들이 **심리적 유연성**이라고 부르고 내가 **정신적 기민성**이라고 부르는 것이 행복 및 성공과 직접적으로 관련이 있다는 사실을 알 수 있다.[3] 뭐라고 부르든 여러 가지 방식으로 그것을 측정해왔는데, 질문지와 인터뷰가 일반적이다. 나는 연구를 통해 내면의 정신 과정을 들여다보려 노력했다. 우리가 행동할 때 뇌가 정신적 기민성을 발휘하는 방법을 광범위하게 알아내기 위해서였다. 이 연구를 통해 우리 뇌가 지속 혹은 전환하는 유동적인 과정을 살펴볼 수 있다. 이 연구에 대해서는 다음 장에서 더 자세히 알아볼 테지만, 우리가 다양한 편향 사이에서 발견해낸 밀접한 연관성만 보아도 어느 정도 단서를 찾을 수 있다. 내가 10대

청소년들을 대상으로 수행한 연구 중 하나[4]를 자세히 살펴보면서 설명하겠다.

우리 연구의 첫 단계는 10대 청소년을 대상으로 3종류의 **인지 편향**cognitive biases을 측정하는 것이었다. 그러기 위해 그들의 **주의를 끄는 것**이 불쾌한 이미지인지 기분 좋은 이미지인지, 실제로 **기억하는 것**은 무엇인지, 그리고 우리가 제시한 모호한 시나리오를 **어떻게 해석하는지** 평가했다. 이것을 통해 우리는 3가지 편향을 측정할 수 있다. 주의력 체계의 편향, 기억 체계의 편향, 그리고 해석 체계의 편향이다.

예를 들어, 기억 체계의 편향을 측정하기 위해 우리는 사람들에게 단어를 여러 개 제시한다. 그중에는 불쾌한 단어(암, 실패)도 있고 기분 좋은 단어(파티, 성공)도 있다. 그리고 나중에 사람들에게 기억나는 단어를 모두 말해보라고 한다. 그러면 불안감과 우울감에 빠지기 쉬운 사람은 유쾌한 단어보다 불쾌한 단어를 훨씬 더 많이 기억하는 경향이 있었다. 반면 행복하다고 느끼는 사람에게는 이런 경향이 나타나지 않았다. 이것은 성공한 사람이 그때까지 겪은 일 중에서 부정적인 것들은 잘 기억하지 못하는 경향이 있다는 연구 결과와도 맞아떨어진다.

청소년들로부터 데이터를 수집한 다음, 우리는 이런 편향이 서로 얼마나 관련이 있는지 알아보았다. 그 결과는 흥미로웠다. 불안감과 우울감을 겪는 10대의 경우에 위협과 부정적인 것에 대한 3가지 편향이 훨씬 더 밀접하게 연결된 것으로 나타났다. 예를 들어, 충격적인 기억이라는 하나의 영역에 대한 편향이 작용하면 곧바로 주의력과 모호성 해석에서 편향이 나타났다. 옛날식 전화 통신망을 생각해보라. 여러 개의 전화가 서로 연결된 상태에서 그중 하나의 번호로 전화를 하면 모든 전화기가 울릴 것이다. 즉, 10대 청소년 중에는 3가지 편향 중 하나만 작동해도 모든 편향이 작동하는 사람이 있다는 뜻이다. 뇌가 부정적인 생각 위에 계속 부정적인 생각을 쌓기 때문에 스트레스와 불안감은 지속적으로 증가한다.

그런데 10대 청소년 중 성취도가 높은 아이들의 연결 구조는 달랐다. 편향 간의 연관성이 훨씬 느슨했다. 그것은 마치 연결되지 않은 전화(편향)들이 포함된 통신망과 같다. 만약 기억 편향이 작동해도 반드시 주의력 편향이나 해석 체계의 편향이 작동하지는 않는다. 부정적인 것에 대해 생각해도 서로 다른 체계를 넘나들며 다양한 부정적 성향, 그리고 그와 관련된 편향을 불러일으키지 않는다는 뜻이다.

왜 이런 현상이 일어나는지는 아직 완전히 알 수 없다. 하지만 뇌의 시스템이 느슨하고 기민하면 개방적인 태도로, 과거에 효과가 없었던 방법을 포함해 다양한 가능성을 고려할 여유가 생기는 것은 분명하다. 느슨하게 연결된 구조를 갖추면 자기 틀에 갇힐 위험이 줄기 때문에 성공적인 삶을 영위하기 쉽다는 뜻이다. 좋은 소식은 우리 뇌가 느슨한 구조를 갖추도록 훈련해 기민성을 키울 수 있다는 것이다.

  뇌 깊은 곳에 숨겨진 유연성은 궁극적으로 변화에 대응해 생각이나 행동을 바꾸는 능력으로 드러난다. 뇌 안에 유연한 연결 구조를 갖추는 한 가지 방법은 주위에서 벌어지는 사건을 이해하는 방식을 미세하게 조정하는 것이다. 당신을 짜증나게 하거나 속상하게 하는 것을 주의 깊게 관찰하면서 가장 먼저 눈에 보이는 뻔하고 부정적인 방법 말고, 그것을 받아들이는 다른 방법을 찾아보는 것이 있을 수 있다.[5]

  당신이 친구가 연락을 잘 하지 않아서(항상 먼저 연락하는 쪽은 당신이다) 속상한 상태라고 해보자. 당신은 그 친구가 당신을 만나는 일에는 전혀 관심이 없다고 느낄지도 모른다. 하지만 그럴듯한 해석이 더 있지 않을까? 어쩌면 일이 너무 바빠서, 아니면 가족을 돌보느라 정신이 없어서 만나자고 할 만한 시간이 없는 건 아닐까? 아니면 그 친구는 당신이 너무 바빠서 자기를 만날 틈이 없을 거라고 생각해 당신이 먼저 만나자고 제안할 때까지 기다리는 것일 수도 있다. 만약 당신이 이런 상황이라면 자신에게 부정적이지 않은 다른 설명 몇 가지를 적극적으로 생각해보라.

  목적은 당신의 진부한 상황 판단에 끊임없이 도전하는 것이다. 이 훈련을 규칙적으로 하면 당신의 머릿속 연결 구조가 느슨해져서 개방성과 유연성이 생기므로 다양한 가능성을 받아들일 수 있다. 그러면 당신의 판단을 조정하고 수정할 수 있으며 점차 생각의 경직성이 풀려서 마침내 행동 방식이 바뀔 것이다.

기민성과 성공

많은 노력이 들긴 하지만 기민성을 키우면 상황을 자연스러운 흐름에 맡길 수 있다. 사고의 기민성을 키웠을 때 부수적으로 발생하는 유용한 효과는 지속해야 할 때와 전환해야 할 때를 더 잘 결정하게 된다는 점이다. 이런 효과를 가장 잘 발견할 수 있는 분야는 스포츠다. 최고의 위치에 오른 선수를 보면 어째서 미세하게 조정하는 능력이 신체적·정신적 기민성의 증거인지를 알 수 있다. 이 능력은 오직 연습, 연습, 그리고 더 많은 연습을 통해서만 가질 수 있다.

북아일랜드 축구 선수 조지 베스트George Best의 예를 들어보자. 그는 천부적 재능을 가진 축구 선수 중 하나로 널리 알려져 있으며 리오넬 메시Lionel Messi나 디에고 마라도나Diego Maradona 같은 스타들과 비견할 정도다. 조지 베스트의 플레이는 우아하다는 표현을 많이 한다. 울퉁불퉁한 경기장에서도, 튀어 오르는 공은 모두 그의 차지였다. 공이 왼쪽으로 회전하든 오른쪽으로 회전하든, 떠오른 공은 언제나 그의 발 위로 올라갔다. 부드럽고 우아한 조지 베스트의 플레이를 보면 마치 공과 함께 춤을 추는 듯했다. 물론, 다른 선수들도 그렇듯이, 실제로 공이 베스트의 발을 따라가지는 않았을 것이다. 운동 조절 능력과 함께 공이 튀는 각도를 인지하고 그 정확한 위치에 몸을 두기 위해 움직임을 조절하는 능력이 있었기에 가능한 일이었다. 정신적·신체적 기민성이 마치 마법처럼 조화를 이루었다고 볼 수 있다.

조지 베스트 같은 최고의 운동선수만큼은 아니더라도 정신적 기민성을 훈련해 상황에 맞는 전략을 고르는 능력을 발달시킬 수 있다. 상황에 맞는 전략을 잘 고를수록 삶은 더욱 매끄러워질 것이다. 최고 운동선수의 플레이가 편안하고 쉬워 보이는 것처럼 정신적으로 기민한 사람들은 어려움도 별로 없는 순탄한 인생을 사는 것처럼 보인다. 하지만 사실은 그렇지 않다. 그들이 그렇게 보이는 건 항상 조금씩 조정하고 적응하기 때문이다. 이런 미세한 조정은 필수다. 기민한 사람들은 그저 변화하기 위해 변화를 꾀하는 것이 아니라 변화가 필요할 때 변화한다.

정신적 기민성은 무조건적 변화가 아니라 상황에 맞춰 변화하는 것을 의미한다. 반드시 기억하라. 기민하다는 것은 당면한 일에 가장 적합한 방법을 선택하기 위해 변화하는 것, 혹은 지속하는 것이다. 어린아이와 즐겁게 놀아주는 것, 복잡한 프로젝트를 수행하는 것, 사업상 거래를 위해 협상하는 것, 오랜 인간관계를 유지하는 것, 이런 일에는 모두 정신적 기민성이 요구된다.

내가 교수로 일한 지 얼마 안 되었을 때, 대형 강의실에서 500명 넘는 학생과 마주한 채 수업 시간 내내 학생들의 주의를 집중시키느라 진땀을 흘렸던 기억이 난다. 나는 얼마 지나지 않아 학생들을 계속 주시하는 것이 수업의 비결임을 알게 되었다.

나는 준비한 강의 내용을 모두 설명할 때까지 계속해서 내 노트만 보는 경향이 있었다. 긴장했을 땐 더 그랬다. 하지만 수업 초반에 사람들의 주의를 끌지 못하면 강의를 진행하는 것이 무의미하다는 걸 깨달았다. 강의에 익숙해지고 긴장감이 줄어들자 나는 내 앞에 있는 수많은 얼굴을 더 자주 보면서 그들이 강의를 잘 듣고 있는지, 내 말을 이해하고 있는지 살폈다. 가끔 어려운 개념을 처음 소개하고 나면 혼란스러운 얼굴, 아니면 무표정한 얼굴을 마주하곤 했다. 그럴 땐 그 상황에 맞춰 같은 개념을 다른 방식으로, 더 좋은 비유를 들어 몇 차례 더 설명한 뒤 다음 이야기로 넘어가야 한다는 걸 알게 되었다. 설령 그날 강의하려던 내용을 다 마치지 못하더라도 학생들의 반응에 민감하게 대응하고 기민성을 유지하는 것이 매우 중요했다.

기민성은 사업 성공에도 도움이 된다

장난감 제조사 레고가 좋은 예다. 1990년대에 말에서 2000년대 초, 레고는 심각한 어려움에 빠졌다. 전 세계 아이들이 사랑하는 알록달록한 플라스틱 블록의 판매량이 해마다 감소한 것이다. 레고 본사가 있는 덴마크 빌룬Billund으로 컨설턴트들이 모여들었다. 컨설턴트들은 레고가 새로운 장난감을 개발해야 한다고 조언했다. 그 후로 몇 년간 레고는 창의적인 아이디어를 쏟아내고 또 쏟아냈다. 하지만 슬럼프는 계속되고 부채도 증가했다. 새로운 장난감 중에는 혁신적이고 재미있는 것도 많

2부 첫 번째 핵심 요소: 정신적 기민성

았지만 주요 고객, 즉 만들기를 좋아하는 아이들의 관심을 끌지는 못했다.

2004년 비 크누스토르프Vig Knudstorp가 레고의 새로운 CEO로 임명되었다. 크누스토르프는 레고가 핵심 상품을 잊고 있었다는 걸 깨달았다. 바로 플라스틱 블록이었다. 레고에 필요한 것은 블록에 **초점을 맞춘 혁신**이었다. 그는 생각했다. 어떻게 하면 더 많은 아이들이 저 조그만 블록을 가지고 놀게 할 수 있을까?

레고를 좋아하는 주요 고객을 자세히 연구한 결과, 레고 회사가 상대해야 하는 아이들은 과학기술을 누리며 성장한 세대였다. 크누스토르프는 기민하게 판단해 완전히 새로운 장난감을 찾기보다는 기본 레고 블록을 보완할 디지털 기술을 고민하기 시작했다. 그리고 레고 블록으로 만들어 앱을 이용해 다양한 방향으로 움직이게 프로그램할 수 있는 로봇을 출시해서 큰 성공을 거두었다. 이 새로운 로봇은 가상의 놀이와 현실의 놀이를 연결해주었다. 이제 아이들은 현실 공간뿐만 아니라 가상의 디지털 공간에도 레고 하우스를 지을 수 있었다.

이런 디지털 요소 덕분에 레고는 어른에게도 인기를 얻었고, 그 결과 더 높은 매출을 기록했다. 이 제품의 성공으로 레고는 장난감계의 애플이라고 불리게 되었으며, 해마다 미국에서 10억 달러 넘는 판매고를 기록하고 있다. 2015년에는 레고 그룹이 페라리를 누르고 〈포브스〉가 선정한, 세계에서 가장 영향력 있는 브랜드로 이름을 올렸다.[6]

레고가 난관을 타개하는 모습에서 흥미로운 점은 단지 기민성 자체만으로는 충분치 않았다는 것이다. 레고는 매우 기민하게 새로운 장난감을 개발했다. 하지만 별로 효과가 없었다. 오히려 직감적인 사고력(전환 기술의 네 번째 요소)을 바탕으로 레고의 팬들이 원하는 것이 무엇인지 이해하려고 노력하자 돌파구가 보였다.

직감과 상황 인식을 통해 정보를 얻는 것은 더 강력한 기민성이며 전환 기술의 본질이다. 레고는 단순히 지금과 다른 방법을 시도하는 데 그치지 않고 새로운 기술을 받아들여 모든 연령의 사용자들이 작은 플라스틱 블록을 가지고 놀 수 있는 새로운 방법을 찾아냈다. 크누스토르프는 **정확한 상황 인식에 기반한 정신적 기민성**으로 회사를 변화시킬 완전히 새로운 접근법을 발견했다. 기민성을 유지하면서도 상황에 단순하게 반응하지 않고 새로운 변화를 창조해내는 능력이 레고 부흥의 중심이었다.

다른 방식으로 생각하기는 왜 그렇게 힘든 걸까?

이런 이야기들을 듣다 보면, 기민한 사고방식으로 전환하는 게 쉬운 일처럼 보인다. 그렇다면 실제로 우리의 사고방식을 바꾸기가 어려운 이유는 뭘까? 의도한 건 아니지만 우리는 무엇을 하든, 혹은 무엇을 생각하든 한 가지 방식으로만 그것을 하도록 훈련해왔다. 보통은 어릴 때부터 반복적으로 배운다. 그래서 지금껏 잘 훈련해온 방법을 버리기가 매우 어려운 것이다. 다음의 테스트는 늘 해오던, 그리고 잘 훈련된 사고방식을 버리기가 얼마나 어려운지를 보여주는 대표적인 예다. 점 9개로 이루어진 아래의 문제를 풀어보면 당신의 전환 능력을 시험할 수 있다. 과제는 종이에서 펜을 떼지 않은 채 4개의 직선으로 9개의 점을 연결하는 것이다.

단순해 보이지만 이 문제는 굉장히 어렵다.[7] 해답(이 책 뒷부분에 있는 부록 1)을 보고 나면 이 문제가 어려운 이유를 분명히 알 수 있을 것이다. 문제는 우리 뇌가 익숙한 사고방식에 얽매여 있어 9개의 점이 마치 가상의 사각형 틀 위에 놓여 있는 것처럼 보인다는 사실이다. 그래서 우리는 이 사각형의 경계 안에서만 머물러야 한다고 생각한다. 심지어 1980년대에 경영진들 사이에서 인기를 얻었던 문구, 즉 '틀을 벗어나는 사고방식thinking outside the box'이라는 말이 이 퍼즐에서 유래했다는 얘기도 있다. 하지만 우리가 가상의 사각형 틀에 제약받지 않는다는 사실을 깨달으면 문제를 풀기가 훨씬 쉬워진다.

가장 영향력 있는 20세기 경제학자 존 메이너드 케인스John Maynard Keynes는 이렇게 경고했다. "정말 어려운 일은 새로운 아이디어를 내는 것이 아니라 오래된 생각에서 벗어나는 것이다." 습관적 사고는 바꾸기가 매우 어렵다. 그 이유는 대체로 한 가지 일 혹은 일련의 생각에서 벗어나 또 다른 일이나 생각으로 전환하기가 쉽지 않기 때문이다.

눈을 뜨고 마음을 열어라

박테리아의 발견은 실제로 이 방법을 활용한 좋은 예다. 중세에는 전염병이 계속해서 삶을 위협했다. 빠르게 번지는 질병은 주로 더운 여름, 공기 중에 쓰레기와 배설물 악취가 가득할 때 나타났으며, 특히 인구 밀집 지역에서 많이 발병했다. 사람들은 부패한 유기물에서 나오는 보이지 않는 수증기가 몸에 침투해 생체 기능을 파괴한다고 생각했다. 1300년대 중반에 유럽 전역에서 2억 명에 이르는 생명을 빼앗아간 흑사병도 처음에는 이 '나쁜 공기', 즉 '독기miasma' 때문이라고 여겼다.

1800년대까지 지배적이었던 독기 이론은 그것을 뒷받침하는 증거도 무척 많았다. 하지만 1864년 프랑스 화학자 루이 파스퇴르Louis Pasteur가 수행한 결정적인 실험을 통해 독기 이론은 완전히 뒤집혔고 그 자리를 '세균설germ theory'이 차지했다. 물론, 오늘날 우리는 나쁜 냄새의 원인 물질을 제거함으로써 당시의 보건 당국자들이 의도치 않게 진짜 질병의 원인인 박테리아를 제거했다는 걸 알고 있다.

그런데 놀랍게도 이탈리아 시인이자 의사이며 과학자이기도 한 지롤라모 프라카스토로Girolamo Fracastoro는 파스퇴르의 실험이 있기 300년 전에 세균설을 제기했다. 그는 1546년에 《전염, 전염성 질병과 치료에 관해On Contagion, Contagious Diseases and Their Cure》라는 책을 썼는데, 여기서 감염은 나쁜 공기를 통해서가 아니라 사람들 사이에서 번질 수 있는 "종자 같은 존재", 즉 세균을 매개로 이루어진다는 의견을 제시했다.

그는 이런 세균이 증발해 공기 중으로 퍼지는 화학물질이라고 생각했을 뿐 그것이 오늘날 우리가 알고 있는 미생물이라는 사실은 알아내지 못했지만, 그의 의견이 전염병에 대한 획기적인 사고의 전환이었던 건 사실이다. 하지만 이런 그의 주장에 아무도 귀를 기울이지 않았다. 당시에는 나쁜 공기가 원인이라는 이론이 지배적이었다. 그래서 세균 같은 물질이 원인일지도 모른다는 의견은 권위적인 과학계에서 무시당하고 말았다.

프라카스토로의 견해가 처음 나오고 나서 한 세기 넘게 지난 1677년, 네덜란드 과학자 안톤 반 레이우엔훅Anton van Leeuwenhoek은 기존의 것보다 훌륭한 현미경을 발명하고 직접 세균을 관찰했다. 현미경으로 작은 물방울을 관찰한 레이우엔훅은 작은 생물체들을 보고 깜짝 놀랐다. 레이우엔훅은 그것들을 '극미동물animalcules'이라고 불렀다. 하지만 이때까지도 전염병과 연결 짓지는 못했으며 거의 200년이 지난 후 프랑스에서 파스퇴르

가 유명한 실험을 할 때까지, 레이우엔훅의 관찰이 의미하는 바는 제대로 인정받지 못했다.[8]

과학계가 나쁜 공기 이론을 세균설로 바꾸는 데 그토록 오랜 시간이 걸렸던 이 사건은, 집단적 사고와 융통성 없는 사고 방식에 사로잡힌 채 지배적 사고와 상충하는 진실이 눈앞에 있어도 알아채지 못하는 현상을 보여주는 완벽한 예다. 결국 과학자들은 레이우엔훅의 실험에서 이미 명백히 드러난 것을 실제로 '보기'까지 200년 넘는 세월을 허송했다. 모든 가능성에 마음을 열어둔다면 우리는 얼마나 빠르게 발전할까?

역사를 되돌아보면 인간의 지식이 크게 도약했던 순간은 우리가 익숙한 것들에 대해 낯설고 새로운 방식으로 발상을 전환한 데서 비롯되었다. 하지만 한 가지 생각에 얽매인 채 다른 생각으로 전환할 수 없다면 우리는 매우 가치 있는 정보도 놓치거나 무시하게 된다.

우리는 보고 싶은 것만 본다

우리의 가치와 믿음을 가두는 벽을 깨고 마음을 열면 우리 눈에 보이는 것들도 달라질 수 있다. 우리는 모두 '보고 싶은 것만 보는' 경향이 있기 때문이다.

이런 현상이 가장 잘 드러나는 것은 좋아하는 스포츠 팀의 경기를 볼 때다. 미국에서 과열된 대학 미식축구 경기 후에 수행한 유명한 심리학 실험[9]이 이런 사실을 잘 보여준다. 1951년 프린스턴 타이거스 대 다트머스 인디언스의 경기가 벌어졌다. 두 학교 모두에 그 시즌의 마지막 경기였다. 프린스턴대학교의 쿼터백을 맡은 선수는 당대 최고의 스타 딕 카즈마이어Dick Kazmaier였다. 그는 그해에 〈타임〉 표지를 장식하기도 했다. 하지만 결과적으로 이 게임은 그의 마지막 경기가 되었다.

2쿼터 도중, 경기장 안팎에서 소란이 일어났다. 다트머스대학교 선수 한 명이 카즈마이어에게 매우 거친 태클을 시도했기 때문이다. 결국 카즈마이어는 화려한 선수 경력의 마지막 경기에서 코뼈 골절과 뇌진탕으로 교체되고 말았다. 3쿼터에서는 프린스턴 선수 때문에 다트머스 선수의 다리가 부러지는 일이 발생했다. 경기 내내 이런 공격적인 플레이가 계속되었고, 결과는 13 대 0으로 프린스턴대학교의 승리로 끝났다. 하지만 경기가 끝난 후에도 한동안 분노는 수그러들지 않았고 서로를 향한 비난이 계속 이어졌다.

그 후로 몇 주 동안 두 학교는 교내 잡지를 통해 이 경기에 대해 완전히 다른 해석을 내놓았다. 다트머스대학교와 프린스턴대학교의 심리학자들은 두 학교 학생들이 정말로 경기를 서로 다르게 '보는' 것이 가능한지 궁금해지기 시작했다. 심리학자들은 한 팀을 이뤄 다트머스에서 163명, 프린스턴에서 161명의 학생을 모집했고, 학생들에게 녹화된 경기를 보여준 뒤 질문지에 답을 해달라고 요청했다.

결과는 놀라웠다. 프린스턴 학생 대다수(86퍼센트)와 대부분의 중립적인 참가자들은 거친 플레이를 시작한 쪽은 다트머스

팀이라고 말했다. 하지만 다트머스 학생 중에는 36퍼센트만이 다트머스가 먼저 거친 플레이를 시작했다는 데 동의했다. 경기 영상을 볼 때도 다트머스 학생들은 다트머스 팀 선수가 저지른 반칙 중 절반 정도만 찾아냈다. 중요한 것은 학생들이 다르게 보았다고 주장했을 뿐만 아니라 실제로 자신의 소속에 따라 완전히 다른 경기를 보았다는 점이다.

이 연구는 더 광범위한 진실을 뒷받침하는 증거로 자주 사용된다. 우리 중 누구도 공정한 목격자가 아니라는 사실이다. 우리가 '보는' 것은 우리 자신의 선호와 편견으로 짙게 채색되어 있다. 그 결과, 우리는 경직된 자세로 외부 세계를 받아들인다. 즉, 우리의 신념에 들어맞는 것만 골라서 받아들이는 것이다. 우리가 친구보다는 낯선 사람의 잘못을 훨씬 더 잘 알아채는 것도 바로 이런 이유 때문이다.[10] 이러한 현상은 잘못된 결정과 억측을 유발한다. 신념과 충성심은 우리가 주위에서 일어나는 일을 편협하고 경직된 태도로 이해하게 만든다.

이번 장에서 살펴봤듯이, 정신적 기민성은 우리의 삶을 바꾸어놓을 수 있다. 정신적 기민성은 우리가 마음을 열어 다양한 가능성을 고려하고 상황을 더 분명히 볼 수 있게 해줌으로써 우리가 잘 살아갈 수 있도록 하며 스포츠에서, 사업에서, 일상에서 성공할 수 있게끔 도와준다. 정신적 기민성은 몇 가지 요소로 구성된다. 하나의 생각에서 다른 생각으로 전환하는 기본적인 정신 과정도 거기에 포함된다. 6장과 7장에서는 바로 이 과정을 살펴볼 것이다.

5장 요약

- 기민성은 당신이 성공적인 삶을 살고, 더 나은 결정을 하며, 다양한 가능성을 향해 마음을 열게 해줄 것이다.

- 기민해지려면 오래된 행동 방식과 사고방식에서 벗어나야 한다.

- 기민한 태도는 개인 생활뿐만 아니라 사업상의 결정에도 도움을 준다.

- 정신적 기민성은 단지 변화를 위한 변화가 아니라 정보에 근거한 유연성을 뜻한다. 즉, 주어진 상황에 가장 적합한 접근법을 선택하는 것이다.

6

인지 유연성 키우기

나는 딱 한 번, 극심한 두려움에 휩싸인 적이 있다.

12세 때 나는 더블린 변두리 지역의 바닷가 마을에 살고 있었다. 여름방학이면 친구들과 함께 근처에 있는 작은 만으로 가서 모래 해안을 따라 뻗어 있는 가파른 절벽을 타고 돌아다니며 시간을 보내곤 했다. 썰물 때면 둥그렇게 담처럼 늘어선 바위가 수면 위로 모습을 드러냈다. 담에는 주변 절벽보다 1미터 정도 높이 솟은 돌기둥 하나가 마치 다이빙대처럼 바다를 향해 뻗어 있고 그 밑으로는 수심이 깊지 않은 바닷물이 수영장처럼 펼쳐졌다. 밀물 때는 모든 것이 바닷물 속에 잠겼지만 바닷물이 빠져나가고 나면 이렇게 다이빙대와 수영장이 나타나곤 했다.

따뜻하긴 했지만 바람이 조금 불던 어느 날, 우리는 그 수영장 안에서 첨벙대며 놀고 있었다. 그런데 그때, 거대한 파도가 밀려와 수영장 담을 덮쳤다. 파도가 밀려들자 수영장에는 빠르게 물이 차올라 금세 우리 발이 닿지 않을 정도로 깊어졌다. 이런 일은 종종 있었다. 나는 수영에 자신이 있었으므로 그저 밀려드는 파도를 즐기고 있었다. 하지만 그렇게 방심하고 있을 때 갑자기 거대한 파도가 밀려와 나를 담 쪽으로 거칠게 내팽개쳤다. 파도가 계속해서 덮치자 나는 숨을 헐떡거리며 겨우겨우 다이빙대로 기어올라 거기에 꼭 달라붙었다.

주위를 둘러보니 다른 친구들은 모두 수영장 밖으로 기어나갔고 나만 파도가 거친 수영장 안에 남아 있었다. 해변까지는 30미터 정도였다. 평소 같았으면 쉽게 수영해서 나갈 수 있는 거리였지만 나는 두려움 때문에 온몸이 굳어버린 채 다이빙대만 필사적으로 붙잡고 있었다. 영겁의 시간이 지난 것 같았다. 그때, 하필 동네에서 가장 잘생긴 제임스라는 아이가 나를 구해주려고 헤엄쳐 다가왔다. 나는 몸을 움직일 수가 없으니 물살이 빠져나갈 때까지 다이빙대를 잡고 있겠다고 고집했다. 물론 이건 말도 안 되는 얘기였다. 나는 이 조류가 몇 시간 동안 이어질 것이며 그사이에 이 다이빙대도 바닷물에 잠긴다는 걸 알고 있었다.

제임스는 마침내 나를 설득해서 다이빙대를 잡은 손을 놓고 해안 쪽으로 헤엄쳐 나오게 했다. 나는 떨고 있었지만 친구들은 나를 별로 위로해주지 않았다. 나는 수영을 정말 잘했다.

그래서 친구들은 잘생긴 제임스가 구하러 오게 하려고 내가 일부러 그랬다고 생각했다. "오스카상 받아도 되겠는걸." 친구들 중 한 명이 웃으며 말했다. 지금까지도 친구들은 내 말을 믿지 않는다. 하지만 나는 그때 정말로 두려움에 몸이 얼어붙었다.

어째서 그렇게 쉽게 '얼어붙는' 걸까?

수년 뒤, 신경과학자이자 심리학자로서 내가 그토록 굳어버렸던 이유를 이해하게 되었다. 답은 인간의 진화 과정에 있었다. 포식자들은 아주 작은 움직임도 감지하므로 꼼짝하지 않는 것은 두려움에 대한 자연스러운 반응 중 하나다. 포식자에 대한 반응의 흔적이 아직도 뇌에 남아 있어서 우리는 두려우면 (아주 잠깐이라도) 얼어붙는 것이다.[1]

하지만 두려움 같은 감정적 반응은 어떤 상황에서는 전혀 소용이 없을 수 있다. 여우에게 발각될 위기에 처한 토끼는 꼼짝하지 않으면 목숨을 구할 수 있다. 하지만 그 토끼가 달려오는 자동차의 헤드라이트와 마주한다면 그런 반응은 처참한 결과를 낳을 수 있다. 다이빙대에 달라붙어 있겠다는 내 뇌의 주장도 그 상황에서는 분명 잘못된 선택이었다. 비난받아야 할 대상이 있다면 그건 우리의 기본적인 생물적 본능이다.

경직되는 건 신체만이 아니다. 우리의 생각과 감정도 경직될 수 있다. 내가 연구한 바에 따르면 우리가 수많은 문제에 대처할 때 공통으로 나타나는 특징은 쓸모없는 감정, 생각, 그리고 행동에서 벗어나는 데 어려움을 겪는다는 점이다. 해결되지 않는 걱정거리가 있을 때 우리 머릿속을 맴도는 걱정의 순환고리를 생각해보라. 아무리 벗어나려고 애써도, 당신의 마음은 뱅뱅 도는 그 생각 속으로 다시 빠져든다. 평소 하던 익숙한 방법이 마음을 편하게 해줄지도 모른다. 하지만 당신이 쓰려는 방법이 정말 그 문제에 딱 맞는 것인지 끊임없이 자문해봐야 한다.

인지 유연성은 민첩한 뇌의 기본이다

심리적 행복과 삶에 대한 열정을 유지하려면 경직성을 기민성으로 전환해야 한다. 이 말을 이해하려면 우선 대부분 무의식 중에 우리 뇌에서 초고속으로 이루어지는 과정, 이른바 **인지 유연성**cognitive flexibility을 자세히 살펴봐야 한다.

인지 유연성은 뇌에서 현 상태를 유지하고 하던 것을 계속할지(쉽다), 아니면 생각을 바꿔 다른 것을 해볼지(어렵다) 결정하는 능력의 기본 요소다. 다이빙대에 달라붙어 있겠다는 내 결정은 현상 유지라는 '쉬운' 선택을 보여준 것이다. 반면, 두려움을 극복하고 파도 속으로 뛰어드는 것은 내 접근법을 '전환하는' 훨씬 어려운 선택이다. 내가 (적어도 처음에는) 시간을 충분히 들여 생각하고 행동했던 건 아니지만, 그날의 사건은 기민한 사고방식의 중요성을 보여주었다고 생각한다. 그리고 기민한 사고방식은 우리의 의식적 생각과 행동을 통해 드러난다.

이번 장에서는 그런 기민한 사고를 돕는 두뇌 속 과정을 자세히 살펴볼 것이다. 두뇌 속 과정은 대체로 무의식적으로 일어나며 기민성의 기초 단계에 해당한다. 이런 두뇌 과정은 심리학 용어로 인지 유연성이라고 하며, 이 과정이 우리가 뭔가를 '지속'할지 '전환'할지 결정할 때 도움을 준다.

지속하거나 전환할 때 뇌에서는 어떤 일이 일어날까?

이 2가지 중 하나를 선택할 때, 뇌 안에서 일어나는 2종류의 내부 과정이 선택을 돕는다.[2] 하나는 주의를 흩뜨리는 상황에 직면했을 때 현재 상태를 유지하고 지속하는 능력인 '인지 안정성'이고 다른 하나는 전환하는 능력인 '인지 유연성'이다.

인지 안정성은 다음의 2가지 정신적 단계로 이루어진다.

- 첫째, 현재의 목표에 집중하게 한다.
- 그런 다음, 다른 대안이 될 만한 생각들을 억누른다.

이보다 조금 더 복잡한 인지 유연성은 4가지 정신적 단계로 이루어진다.

- 첫째, 새로운 목표로 주의를 돌린다.
- 그런 다음, 이전 목표를 억누른다.
- 여기까지 성공했다면 새로운 목표를 이루기 위해 해야 할 일을 알아낸다.
- 마지막으로, 새로운 목표를 이루는 데 필요한 과제를 수행한다.

이 2가지 능력에는 생각보다 많은 공통점이 있다. 뇌 영상을 보면 이 2가지 능력은 전두엽의 같은 부분에서 관장하고 있음을 알 수 있다. 전두엽은 뇌 안에서 중요한 인지 기능을 담당하는 부분이다. 처음에 나는 이 2가지 능력을 같은 부분에서 관장한다는 사실이 놀라웠다. 하지만 생각을 좀 해보니 가능한 대안에 대한 생각을 모조리 막는 (그리고 하던 것을 지속하는) 것이든 (전환을 위해) 과거의 목표를 억누르는 것이든 뇌가 수많은 생각과 행동을 억제해야 한다는 건 분명했다. 따라서 **인지적 억제**cognitive inhibition라고 알려진 이런 억누르는 능력은 투지뿐만 아니라 기민성에도 역시 필수적이다.

뇌 영상을 통해 또 알 수 있는 것이 있다. 기민한 사람의 뇌 안에서는 서로 다른 영역 간 연결이 더 느슨하다는 점이다.[3] 이 사실은 우리가 10대 청소년들을 관찰한 결과에서도 드러났다. 기민한 뇌일수록 그 작용이 유동적이며 긴급한 정신적 과정을 지원해야 할 때면 언제나 내부의 연결이 역동적으로 재구성된다. 그리고 우리는 이런 연결이 어떤 식으로든 고정된 것이 아니라는 사실을 기억해야 한다. 누구나 훈련을 통해 뇌 속 연결망을 느슨하게 만들 수 있다. 뇌가 빠르게 생각을 전환하도록 훈련한다면 우리는 일상에서 더 기민하게 행동할 수 있을 것이다.

인지 유연성

인지 유연성이란 하나의 작업, 혹은 하나의 '두뇌 설정'에서 다른 작업이나 설정으로 전환하기 위해 우리 뇌 안에서 일어나는 기초 과정을 가리킨다.[4] 예를 들어, 당신이 물을 한 모금 마신다면 컵을 집어 드는 것이 당신의 두뇌가 따르는 한 가지 설정이고, 그 컵을 입으로 가져가는 것이 또 다른 설정이다. 그런 다음 한 모금을 머금고 삼키는 것은 또 다른 설정이다. 뇌 과정에 있어 이런 일련의 요소에는 각각 하나의 두뇌 설정에서 그 다음 설정으로의 전환이 필요하다. 내가 주장하는 바는 한 가지 정신적 설정에서 또 다른 설정으로 능숙하게 전환하는 능력은 유동적인 동작의 수행을 도울 뿐만 아니라 습관적 사고를 극복하고 과거의 사고방식에서 새로운 방식으로 이행하는 능력을 뒷받침한다는 것이다.[5]

앞 장에서 살펴보았듯이 사람들은 극도로 경직된 상태부터 매우 기민한 상태에 이르기까지 다양한 스펙트럼을 지니고 있다. 그리고 나이가 들어감에 따라 덜 유연해지고 각자의 방식에 굳어지는 경우가 많다. 하지만 우리는 상위 범주에 해당하는 기민성을 발달시키기에 앞서, 우선 기본기를 훈련해야 한다. 그 기본기는 바로 뇌를 기반으로 한 인지 유연성을 되살리는 것이다. 우리는 더 인지적으로 유연해지는 법을 **배울 수 있다.** 그리고 하나의 정신적 설정에서 또 다른 설정으로의 전환을 유동적으로 수행하는 능력을 키우는 것은 적응에 필수적이다.

작업 전환의 필요성

7세부터 11세 사이에는 하나의 일에서 또 다른 일로 전환하게끔 해주는 정신적 설정 전환 능력이 자연스럽게 발달한다.[6] 이를 시험해볼 수 있는 좋은 방법은 아이들에게 그림 카드 한 벌을 다양한 방식으로 분류해보라고 하는 것이다.[7] 파란색이나 노란색으로 동물과 사탕을 그린 그림 카드 한 무더기가 있다고 해보자. 7세 아이들은 대부분 노란색과 파란색, 혹은 동물과 사탕이라는 기준으로는 쉽게 카드를 둘로 나누지만 정신적 설정을 바꾸어 파란색 동물 카드로 한 묶음, 그리고 노란색 사탕 카드로 한 묶음을 만들어보라고 하면 힘들어한다. 하지만 11세 정도가 되면 대부분의 아이가 이를 쉽게 해낸다.

심리학자들이 **작업 전환**task switch이라고 부르는 이 능력은 일상에서도 중요하다. 예를 들어, 엔지니어가 '남성'일 수도, 혹은 '여성'일 수도 있다는 판단을 하는 데조차 매우 유사한 인지 과정을 사용한다. 실제로 몇몇 연구를 살펴보면 작업 전환을 잘

하는 아이들은 사람에 대한 고정관념이 적고, 독서 등에서도 뛰어난 기량을 보인다.[8] 그러므로 작업 전환 능력은 우리가 기민성과 심리적 기능을 훨씬 포괄적으로 발달시킬 수 있는 중요한 기초적 인지 과정이다.

작업 전환 테스트

나와 같은 인지심리학자들은 다양한 작업 전환 테스트 방법을 사용한다. 위에서 설명한 아이들의 분류 과제보다는 본질적으로 더 복잡한 방식이다. 간단히 설명하자면, 작업 전환을 통해 우리가 하나의 정신적 설정에서 또 다른 설정으로 전환할 때 야기되는 일시적 단절을 수치화하는 것이다.

작업 전환 테스트

굵은 활자 혹은 보통 활자로 적힌 일련의 숫자에 다음의 규칙을 적용해보자.

- 숫자가 굵은 활자로 쓰여 있다면(예: 7) 그 숫자가 '5보다 큰지 작은지'를 말해야 한다.
- 숫자가 보통 활자로 쓰여 있다면(예: 4) 그 숫자가 '홀수인지 짝수인지'를 말해야 한다.

2부 첫 번째 핵심 요소: 정신적 기민성

두뇌 설정 하나는 '5보다 큰지 작은지'이고 다른 하나는 '홀수인지 짝수인지'이다. 이 2가지 설정 사이에서 전환이 발생하면 정신 과정은 그 흐름에 방해를 받는다. 예를 들어, '6 2 7 **4 8 3**'의 경우는 하나의 설정에서 두 차례 더 '반복'한다. '홀수 또는 짝수'라는 두뇌 설정에서 '짝수' '짝수' '홀수'의 답을 낸 다음, '홀수 또는 짝수' 설정에서 '큰 수' '작은 수' 설정으로 전환해 그 설정에서도 두 차례 더 '반복'해서 수행한다('작다' '크다' '작다'). 중간에 한 가지 정신 설정(짝수 또는 홀수)에서 다른 두뇌 설정(5보다 큰 수 또는 작은 수)으로 전환이 일어나는 것이다.

다음에 제시된 숫자들을 가지고 한번 테스트해보라.

● 휴대전화의 스톱워치를 준비하고 시작하는 순간부터 끝까지 시간을 잰다.
● 보통 활자는 '홀수/짝수', **굵은** 활자는 '5보다 크다/작다'로 구분한다.

6	2	7	4	9	3
6	3	8	3	2	9
1	**3**	**4**	**8**	**6**	**6**
7	**4**	**8**	**2**	**3**	**9**

걸린 시간: _____

이제, 스톱워치를 리셋하고 다음의 숫자들로 다시 해본다. 이번에도 시작부터 끝까지 시간을 측정한다. 규칙은 동일하다. 보통 활자 = '홀수/짝수', **굵은** 활자 = '5보다 크다/작다'.

6	2	7	**4**	9	3
6	**3**	8	3	2	9
1	3	**4**	**8**	6	6
7	**4**	**8**	2	3	**9**

걸린 시간: _____

처음 했을 때 나는 21.32초가 걸렸다. 두 번째 테스트에서는 26.88초가 걸렸다. 5.56초라는 **전환 비용**이 발생했다는 뜻이다. 두 번째 테스트가 더 어렵다. 첫 번째 테스트에서는 한 번만 전환하면 되지만 두 번째 테스트에서는 중간에 여러 차례 전환해야 하기 때문이다. 당신의 결과는 어땠는가? 작업 전환을 꾸준히 연습하면 점차 향상되는 모습을 발견할 수 있을 것이다.

당신이 원하는 숫자를 배열하고 무작위로 굵은 활자를 섞어서 이 테스트를 해봐도 좋다. 반복해서 연습하면 점점 이 테스트가 쉬워질 것이다. 이 테스트는 당신 뇌를 위한 훌륭한 인지 유연성 훈련이 될 테지만, 한 가지 방법만 사용하기보다는 좀 더 일상적인 과제를 활용해 인지 유연성을 키우는 것이 좋다. 다음에서 그 예를 살펴보자.

일상에서 하는 인지 유연성 훈련

인지 유연성은 일상에서 기민성과 유연성을 뒷받침하는 중요한 두뇌 과정이다. 예를 들어, 휴식 후에 다시 일을 시작할 때, 일하느라 힘들게 시간을 보낸 뒤 휴일에 긴장을 풀고 쉴 때, 아니면 그저 하나의 활동에서 다른 활동으로 넘어갈 때와 같은 수많은 일상 상황에 꼭 필요한 것이 원활하게 작동하는 인지 유연성이다. 정신적 기민성의 기본기를 키울 수 있는 간단한 연습 방법을 살펴보자.

1. 수행하는 데 10~15분 정도 걸리는 서너 가지 작업을 적는다. 짧은 이메일 작성이나 전화 통화, 영화표 예매, 책상 정리 같은 일도 좋다.
2. 당신이 정한 활동에 합리적인 시간을 정한다. 그리고 일의 순서를 매긴다.
3. 이제 당신이 할당한 시간에 맞게 타이머를 설정한 다음 첫 번째 일을 시작한다. 시간이 다 되면 즉시 멈춘다. 일을 얼마만큼 했는지와 상관없이 시간을 지킨다. 조금만 더 하면 완료할 수 있는 상태더라도 타이머가 울리자마자 바로 멈춰야 한다.

4. 잠시 휴식 시간을 갖는다. 그런 다음 다시 다음 일에 할당한 시간만큼 타이머를 맞추고 두 번째 작업을 수행한다.

이렇게 단순하게 일을 할당하면 놀라울 정도로 많은 도움이 된다. 첫 번째, 당신이 특정 작업에 드는 시간을 얼마나 잘 예상하는지 알 수 있다. 주의하라: 우리는 대부분 이메일 보내기 같은 단순한 작업에 걸리는 시간을 과소평가한다. 두 번째, 한 가지 일을 하다가 다음 일로 넘어갈 때 더 효율적으로 전환하는 법을 배울 수 있다. 일주일에 한 번 정도라도 반복해서 이런 연습을 하면 더 포괄적인 성질인 기민성의 기반이 되는 인지 유연성을 크게 향상시킬 수 있다.

이 훈련법에서 한발 더 나아간 방법은 타이머를 임의적 간격으로 설정하는 것이다. 어떤 연구에서는 사람들에게 30분의 시간을 주고 3개의 과제를 수행하게 했다. 그리고 30분 동안 무작위로 여섯 차례 타이머가 울리도록 설정했다. 타이머가 울리면 사람들은 무조건 다음 과제로 넘어가야 한다. 이번에는 휴식 시간이 없다. 효율을 높이는 게 목적이 아니라 당신의 인지 유연성을 직접 훈련하는 게 목적이기 때문이다. 그래서 타이머가 울리면 즉각 하던 일을 멈추고 다음 과제로 넘어가야 한다. 이 방법도 반복해서 연습하면 뇌의 기민성을 크게 향상시킬 수 있다. 당신이 늘 미뤄왔던 자질구레한 일들을 처리하기에도 좋은 방법이다.

에너지를 빼앗는 멀티태스킹

한 가지 일에서 다른 일로 전환하는 것이 인지 유연성을 기르는 좋은 훈련이긴 하지만 기억해야 할 사항이 있다. 이런 전환에는 에너지와 노력이 든다는 점이다. 엄밀히 말하면 멀티태스킹이란 것은 존재하지 않는다. 실제로는 빠르게 작업을 전환하는 것이다. 그러므로 가능하다면 시간 계획을 짜서 한 번에 한 가지 일에 집중해야 한다. 이 일 저 일 바꿔가며 하면 진이 빠진다.

나도 가끔 이런 실수를 저지른다. 한창 하던 일을 중단하고 막 도착한 이메일을 확인하기도 한다. 그러면 급격히 주의력이 떨어지며 시간도 비효율적으로 쓰게 된다. 예를 들면, 이 글을 쓰면서 나는 이메일을 비롯한 다른 알림 설정을 모두 꺼놓았다. 아침에, 혹은 하루 동안 해야 할 일이 몇 가지 있다면 시간 계획을 세워서 한 번에 한 가지 일에만 집중해야 한다. 시간 관리를 잘하면 당신의 행복에 도움이 될 뿐만 아니라 최상의 상태로 과제를 수행하는 에너지와 집중력을 가질 수 있다.

당신이 하루에 해야 할 일을 두세 가지 정도 정하는 게 좋은 출발점이 될 수 있다. 할 일을 결정했다면 반드시 각각의 일에 일정 시간을 실현 가능할 정도로 분배한다. 이렇게 하려면 규율이 필요하다. 반복해서 다음과 같은 루틴을 따라 해보라.

1. 하루를 시작하면서 해야 할 일 2~3가지를 정한다. 많지

않은 것 같지만 하루에 3가지가 넘어가면 두뇌 설정을 전환하는 비용이 커져서 일의 효율성이 떨어지고 에너지도 소모된다. 할 일은 조정의 여지를 남기지 말고 구체적으로 정하라. '책 쓰는 작업을 한다' 대신 '제2장의 한 단락을 완성한다'라고 정해야 한다. 실현 불가능한 일을 시작했다가 실패한 기분으로 끝나지 않도록 일의 범위를 정확하게 정하는 것이 중요하다.

2. 할 일 2~3가지를 정했다면 중요성 혹은 긴급성에 따라 우선순위를 매긴다. 만약 그중 한 가지를 그날 꼭 끝내야 한다면 그 일에 필요한 시간에 따라 그것이 그날 할 수 있는 유일한 작업이 될 수도 있다. 다시 한번 강조하지만, 계획은 실현 가능하게 세워야 하며 절대로 자신에게 불필요한 압박을 줘서는 안 된다.

3. 이제 당신이 정한 각각의 일에 대해 합리적으로 시간을 분배한다. 먼저 생각해야 할 것은 특정 작업에 드는 시간을 굉장히 과소평가할 가능성이 크다는 점이다. 하지만 연습을 반복하다 보면 필요한 시간을 더 잘 알아내게 될 것이다.

우리는 하던 일을 전환하는 데 에너지가 든다는 걸 알고 있다. 그러므로 새로운 일로 넘어가기 전에 적어도 15분 정도는 휴식 시간을 갖도록 하라. 시간 간격은 당신이 첫 번째 일에서 벗어나는 데 반드시 필요하다. 이 정도 시간을 보내야만 실제로 두뇌 설정을 전환해 다음 일을 시작하고 이어나갈 수 있다. 이런 원칙을 꾸준히 지키면 더 효율적으로 일할 수 있을 뿐만 아니라 더 많은 에너지를 비축한 채 하루를 마무리할 수 있을 것이다.

휴식 시간을 정해두는 것도 중요하다. 그 시간에 운동을 하거나 이메일을 확인할 수도 있다. 교수들이 대부분 그렇듯 나도 날마다 150~200통의 이메일을 받아서 받은메일함이 넘칠 정도다. 이것을 관리하는 유일한 방법은 아침에 한 시간, 저녁에 한 시간을 정해놓고 가장 급한 일부터 처리하는 것이다. 하지만 이 규칙을 항상 엄격하게 지키지는 못한다. 이것을 지키지 못한 날은 무척 괴로워진다. 이메일을 확인하다 보면 몇 시간이 쉽게 지나가고 그렇게 시간을 보내고 나면 내가 하고 싶었던 일을 하지 못했다는 생각에 스트레스를 받고 좌절감에 휩싸인 채 하루를 마치기 때문이다.

헬스클럽에 다니고 싶거나 달리기 혹은 요가를 해보고 싶다면 시간을 정해라. 그리고 그 시간을 지켜라. 아침에 평소보다 한 시간 일찍 일어나야 할 수도 있지만, 시간을 정해놓고 당신의 계획을 엄격하게 지켜야 한다.

비디오 게임과 여행 활용하기

빠른 작동을 요하는 비디오 게임도 다양한 규칙, 동작, 결승점, 표적들 사이에서 빠르게 전환하는 기술이 필요하다. 다양

한 연구 결과가 존재하긴 하지만 이런 게임을 하면 더 능률적인 유연성을 얻을 수 있다는 증거도 있다.[9]

여행도 당신의 인지 유연성을 향상시킨다.[10] 다양한 사고방식 사이에서 효율적으로 전환하는 정신 능력은 창조성에 도움을 주는 인지 능력이다. 한 연구팀이 270개 고급 의류 회사 수석 디자이너들의 창조성을 시험했다.[11] 여러 국가에 거주해본 경험이 있는 디자이너들은 그런 경험이 없는 디자이너보다 더 독창적인 제품 라인을 꾸준히 만들었다. 추가 연구에서는 어느 국가에 살았는지가 중요하다는 사실도 드러났다. 원래 살던 곳과 문화적 차이가 너무 큰 곳에서 사는 것은 창조성 발달에 도움이 되지 않았다. 아마도 문화가 너무 다르면, 특히 그 나라의 언어를 잘 구사하지 못하면, 적응하기가 더 어렵다는 점도 한 가지 이유일 것이다.

이 실험은 새로운 문화에 진입해 그 일부가 되는 것이 실제로 당신의 정신적 기민성에 영향을 끼친다는 사실을 말해준다. 여러 문화에서 얻은 경험은 자신이 속한 문화의 틀을 벗어나 다양한 배경을 가진 사람들과 잘 교감할 수 있게 해준다. 마크 트웨인Mark Twain이 말했듯 여행은 "편견, 고집, 편협함에 치명적이다". 여행은 정신적 기민성을 길러주는 훌륭한 트레이너다.

평범한 물건 색다르게 활용하기

'색다른 활용법 테스트'를 해보라. 제한된 시간 안에 일상에서 많이 사용하는 깡통, 컵, 클립 같은 물건의 활용법을 최대한 많이 생각해내는 것이다.[12] 이 테스트는 한 사람의 재주, 창의성, 정신적 유연성을 보여준다. 언제든지 이것을 연습해볼 수 있다. 방 안, 기차나 비행기 안, 그 밖에 어디서든 주위를 둘러보고 물건 하나를 고른 다음 그걸 활용하는 방법을 몇 가지나 생각해낼 수 있는지 알아보는 것이다. 자녀가 있다면 함께 해보는 것도 좋다. 재미있고, 자주 하면 당신의 유연성을 키우고 창의성과 기민성도 강화할 수 있다.

불안한 뇌는 효율성이 떨어진다

우리 뇌의 기본적 특징 중 하나는 작업 전환을 방해로 여긴다는 점이다. 전환하는 것보다는 같은 일을 지속하는 편이 언제나 훨씬 더 쉽다. 생산성 전문가들은 불필요하게 일을 전환하거나 이메일 같은 것을 확인하느라 하던 일을 멈추지 말라고 하면서, 그런 행동은 집중력을 떨어뜨려 성과에 영향을 미칠수 있다고 말한다. 작업 전환에 의해 우리는 항상 방해를 받는다. 그런데 특히 불안감 때문에 작업 전환에 훨씬 더 어려움을 겪는다. 그리고 불안감이 높으면 전환하는 작업의 유형에 더 민감해진다.

당신이 어려운 보고서를 작성하거나 고도의 집중력을 요하는 복잡한 문제를 푸는 데 몰두하고 있다고 상상해보자. 그러다 잠깐 주의를 전환해 식당 예약 같은 단순한 일을 한 다음 다시 원래 하던 일로 돌아와야 한다. 특별히 불안한 상태가 아니라면 우리는 쉬운 일을 하다가 다른 일로 전환할 때나 어려운 일을 하다가 다른 일로 전환할 때 똑같은 정도의 어려움을 느낄 것이다. 하지만 스트레스 지수가 높아질수록, 단순한 작업을 하다가 다른 일로 전환하는 것보다 집중을 요하는 일에서 주의를 돌리는 게 훨씬 더 어렵다고 느낀다.[13]

불안함에서 유발되는 시끄러운 내면의 소리를 애써 무시하고 다른 일을 해야 하는 상황이라면, 덜 불안한 때보다 더 많은 노력을 해야 같은 수준의 성과를 얻을 수 있다는 뜻이다. 결과적으로, 매우 불안한 사람과 느긋한 사람의 성과에서 겉보기엔 차이를 발견할 수 없지만 그 내면을 살펴보면 완전히 다른 이야기가 펼쳐진다.[14] 불안한 사람의 뇌는 같은 수준의 성과를 달성하기 위해 더 열심히 일한다. 물속에서 발을 젓는 백조처럼 겉으로는 우아하고 편안해 보이지만 실제로는 사뭇 힘겨운 삶을 산다.

불안감은 인지 유연성을 약화시키고 삶을 즐기지 못하게 한다

내가 수행한 연구에 따르면, 불안감은 인지 과정을 편향시켜서 우리가 세상을 사실과 다르게 인식하게 하고 현실의 경험도 왜곡하게 만든다. 하지만 진짜 문제는 이처럼 현실을 왜곡하면서 잠재적 위험이 곳곳에 도사리고 있다고 보는 성향이 아니다. 정말로 위험한 상황이라면 이것은 오히려 우리 뇌 깊은 곳에서 작동해 우리를 보호해줄 굉장히 적절한 인지 메커니즘이다. 문제는 이런 성향이 기본값으로 설정되어버려 계속 불안감을 느끼면 상황을 다양하게 해석할 수 있는 기민성을 잃고 만다는 것이다. 불안감은 실제로 우리 마음에 방어벽을 쌓는다.

불안감은 주변 세상에 유동적으로 반응하는 것을 막아서 매우 역동적이고 기민해야 할 두뇌 시스템을 오히려 정상적으로 작동하지 못하게끔 만든다. 불안감을 느끼는 뇌는 문제를 해결할 융통성 있는 방법을 모색하지 않고 잘못될 가능성에만 집착한다. 그리고 고집스럽게 늘 하던 방식을 반복한다. 우리는 말 그대로 꼼짝 못한 채 계속해서 위험을 경계하느라 생각, 기분, 행동에 지장을 받는다.

불안감을 느끼는 사람이 작업 전환에 어려움을 겪는다는 사실을 보여주는 연구들이 있지만 일정 기간을 두고 그런 사람들을 관찰하는 연구는 이루어지지 않고 있다. 심리학자들이 공통적으로 말하는 것처럼 상호 관계, 즉 연관성이 곧 인과관계를 뜻하는 건 아니다. 불안감이 인지 경직성을 유발할 수 있는 만큼 인지 경직성이 불안감을 유발할 수도 있는 것이다. 일정 기간 한 그룹의 사람들을 추적·관찰하는 종적 연구가 필요한 이유는, 이 연구를 통해 정신적 관절염이 삶의 기복에 대처하는 데 정말로 문제가 되는지 알 수 있기 때문이다. 나는 궁금했다. 작업 전환에 어려움을 겪으면 점차 스트레스와 걱정이 증가할까?

숫자처럼 감정을 배제한 소재를 사용하는 전통적인 작업

전환 방식 대신 이번 연구 프로젝트를 위해 우리는 감정적인 소재를 써보기로 했다.[15] 내가 이전에 발견했던 것, 즉 불안감을 잘 느끼는 사람이 부정적인 소재에 집착하는 경향이 있다는 점[16]을 고려하면 불안해하는 사람은 감정을 자극하는, 특히 부정적인 감정을 자극하는 정보로부터 다른 정보로 전환할 때 어려움을 겪을 것 같았다. 새로운 작업 전환 실험을 해보니 정말 그랬다. 부정적인 소재를 벗어나 다른 일로 전환하는 데 경직성을 보이는 사람은, 실제로 부정적 고민같이 위험성을 내포하고 있으며 효과도 없는 대응 방식으로 스트레스에 대처하는 경향을 보였다.[17]

이 결과는 우리가 하려는 연구의 원동력이 되었다. 우리는 8주 동안 한 그룹의 지원자들을 시험해보기로 했다. 우리가 알고 싶었던 것은, 특히 감정적 소재에 대해 인지적으로 경직된 사람이 일상에서 생기는 골치 아픈 일들에 대해 더 많이 걱정(스트레스에 대응하는, 반복적이고 중독적이지만 효과는 거의 없는 방식)하는가 하는 점이었다.

사람들이 일상의 스트레스를 어떻게 처리하는지 더 잘 이해하기 위해 우리는 '골칫거리와 행복Hassles and Uplift Scale, HUS'이라고 이름 붙인 질문지를 활용했다.[18] 각각의 실험 참가자들은 매주 온라인으로 이 질문지를 작성해서 그 주에 겪은 골칫거리(예: 버스를 놓쳤음, 회사에 늦었음)와 행복(예: 친구와 만난 일, 직장에서 좋은 평가를 받은 일, 학생이라면 과제 점수를 잘 받은 일 등)의 숫자를 합해서 우리에게 알려주었다. 기준점 테스트 시간에 실험 참가자들에게 긍정적 혹은 부정적 장면(예를 들면, 서로의 눈을 사랑스럽게 바라보는 커플의 모습, 혹은 다투고 있는 커플의 모습)을 보여주고 2가지 규칙에 따라 최대한 빠르게(컴퓨터를 이용해 버튼을 누르는 방식으로) 그 장면을 분류해보라고 했다.

- '감정' 규칙: 이 장면의 분위기는 긍정적인가, 부정적인가?
- '숫자' 규칙: 이 장면에 등장하는 사람은 2명인가? 아니면 더 적거나 많은가?

이 테스트의 기본 가정은 당신이 잠깐 본 장면을 가지고 '감정'에 기초한 결정을 내리는 일에서 '숫자'에 기초한 결정을 내리는 일로 전환해야 한다면 전환 비용이 발생할 테고, 이를 통해 우리는 감정적인 장면들에 대한 인지 경직성을 알아낼 수 있으리라는 것이다. 우리는 한 장면의 부정적 감정에서 벗어나는 데 높은 경직성을 보이는 참가자들이 시간이 지날수록 더 높은 수준의 불안감과 걱정을 보고할 것이라고 예상했다. 그리고 이런 참가자의 뇌는 불안감에 덜 빠지는 참가자와 비교할 때 위험에 대한 생각을 하다가 다른 일로 전환하기가 쉽지 않을 것으로 예상했다.

전체 실험을 완료하기까지 약 6개월 정도가 걸렸다. 결과는 흥미로웠으며 우리 예상과 전혀 달랐다. 우리가 예상했던 대로 부정적인 장면에서 벗어나는 데 경직성이 심해지기는 했지만,

정말 중요한 것은 장면의 긍정적인 감정 측면 쪽으로 전환하는데 있어서의 경직성의 정도로 밝혀졌다. 불안해하는 사람은 긍정적인 장면 쪽으로 전환하는 능력이 떨어졌다. 놀랍게도 이렇게 기민성이 떨어지는 사람은 8주 내내 자신이 경험했던 골칫거리에 훨씬 더 괴로워했으며, 자신이 경험했던 수많은 행복한 일에서는 그다지 유익함을 얻지 못하는 것 같았다.[19]

감정적 작업 전환에 대해 단순히 실험실에서 측정한 것만으로 일상의 불안감이나 걱정을 예측할 수는 없을 것이다. 하지만 이 발견이 중요하고 독창적인 이유는 우리가 먼저 감정적 작업 전환에 대해 평가하고 난 다음, 두 달에 걸쳐 일어난 일을 조사했기 때문이다. 이 결과를 통해 분명히 알 수 있는 것은 적어도 긍정적인 상황을 다루는 데 있어 인지 경직성은 정신적 행복을 저해할 수 있으며 훨씬 강도 높은 걱정으로 이어진다는 것이다.

이와 같은 정신적 경직성, 혹은 정신적 관절염은 결국 굉장히 진부한 대응 방식을 초래해 사람들로 하여금 점점 더 현실에서 괴리되게끔 만든다. 그런 사람들의 마음속에서는 모든 상황이 나빠질 것이라든가, 되는 일이 하나도 없을 것이라든가, 잘못될 가능성이 조금이라도 있다면 그 일은 반드시 실패할 것이라는 말이 들린다. 위의 3가지가 동시에 들리기도 한다. 이런 인지 편향 때문에 사람들은 주변의 좋은 일을 간과하는 동시에 자기한테 일어났던 긍정적인 일을 잊고 만다. 물론 역경 속에서는 이런 심리 메커니즘이 유용할 수도 있다. 하지만 불안감이 높아지면 모든 상황이 잘 돌아갈 때조차 거기서 벗어나지 못한다. 그러면 결국 그 메커니즘이 더욱 경직되고 엄격해져서 우리의 심리적 생명력을 갉아먹는다.

우리가 불안감을 느끼든 아니든, 새로운 작업으로 전환할 때 어느 정도의 전환 비용은 반드시 발생한다. 그런데 불안하다고 느낄수록 우리는 하나의 작업에 더 깊게 파고드는 경향이 있다. 이렇게 하나의 일에 깊게 빠져들수록 다른 작업으로 전환하기는 더 어려워진다. 생산성을 높이려면 잦은 작업 전환을 피해야 하지만, 우리가 불안하거나 스트레스를 받는다면 전환 자체가 더욱 힘들어진다. 하지만 우리는 작업 전환 훈련을 할 수 있다.

작업 전환은 인지심리학자들의 연구나 아이들의 게임, 혹은 재미있는 퍼즐을 푸는 데에만 유용한 것이 아니다. 그것은 우리가 일상에서 내려야 하는 훨씬 더 정교하고 복잡한 결정을 뒷받침하는 기본적인 두뇌 과정이다.

인지 유연성은 기민성의 원천이다

우리는 한 가지 생각, 또는 한 가지 두뇌 설정으로부터 다른 생각이나 설정으로 전환할 때 얼마만큼의 비용이 수반되는지 살펴보았다. 우리가 젊든, 중년이든, 나이가 아주 많든 전환에서 겪는 어려움은 마치 두뇌의 방해물처럼 문제를 해결하고, 좋은 결정을 내리고, 심지어 객관적으로 세상을 바라보는 것을 가로막는다. 인지 유연성은 우리 뇌에서 일어나는 현상이긴 하지만 그게 전부가 아니다. 그것은 세상 속에서 우리가 느끼고 생각하고 행동하는 방식에 영향을 주는, 기민성이라는 훨씬 더 넓은 개념의 토대를 이룬다. 더 넓은 의미를 담고 있는 심리적 기민성은 이제 많은 이들이 주목하는 연구 분야가 되었으며, 많은 연구를 통해 이 능력이야말로 우리 정신 건강의 주춧돌이라는 사실이 밝혀졌다.[20]

기민성은 두뇌 깊숙한 곳에서, 한 가지 생각 또는 행동에서 또 다른 생각 또는 행동으로 전환하는 과정에 뿌리내리고 있다는 점을 기억해야 한다. 이런 인지 유연성을 기르는 유일한 방법은 연습하고, 연습하고 또 연습하는 것뿐이다. 운동선수가 끝없는 훈련을 통해 기술을 연마하듯이 우리도 반복적으로 작업 전환 연습을 할 수 있다. 그리고 기민성으로 얻을 수 있는 이점은 엄청나다. 내가 수행한 연구에서도 보았듯이, 우리의 정신 건강을 도울 뿐만 아니라 예측할 수 없이 복잡한 세상을 살아가는 데 수많은 혜택을 준다.

6장 요약

- 전환 능력은 현재 상태를 지속하는 능력보다 복잡하므로 더 많은 노력을 요구한다.
- 인지 유연성은 더 넓은 의미를 내포한 기민성을 뒷받침하는 기본적인 두뇌 과정이다.
- 전환 기술의 첫 번째 핵심 요소로서 광범위한 기민성을 발달시키려면 우선 우리의 인지 유연성을 훈련해야 한다.
- 심리학자들은 작업 전환 테스트를 통해 인지 유연성을 측정한다. 그리고 이 테스트 자체를 인지 유연성 향상 훈련 방법으로 활용할 수 있다.
- 불안감은 뇌 과정의 유연성에 영향을 줄 수 있다. 불안감이 낮으면 더 유연하고, 불안감이 높으면 덜 유연하다. 특히 감정적 문제를 다룰 때는 더욱 그렇다.
- 주의력 분산을 막는 능력은 전환 결정에는 물론 하나의 작업에 초점을 맞추고 집중하는 데에도 중요하다.
- 인지 유연성은 우리가 훈련하고 발전시킬 수 있는 영역이다.

기민성의 4가지 요소

몇 년 전, 현직 경찰관들의 스트레스 관리를 돕기 위해 심리학자들이 마련한 워크숍에 참여한 적이 있다. 마크라는 경찰관이 막 교육을 마치고 나서 자신이 새내기일 때 겪은 일을 우리에게 이야기해주었다. 어느 날 초저녁쯤에 경찰서로 전화 한 통이 걸려왔다. 근교 지역의 어느 가정에서 다툼이 일어났다는 신고였다. 전화한 사람은 이웃 중 한 명이었는데 폭력이 일어날 것 같다며 걱정했다. 알고 보니 그 지역은 큰 소리로 격심하게 다투는 부부 때문에 신고 전화가 많이 걸려오는 곳이었고, 보통은 아내와 다투던 남자가 문을 박차고 나오는 것으로 마무리되었다고 했다.

주변 사람들을 불안하게 만들긴 했지만 그때까지 그 부부의 다툼이 폭력 사태로 이어진 적은 없었다. 마크는 늘 신고가 들어오는 그 부부일 거라고 짐작했다. 똑같은 시나리오가 펼쳐질 거라고 예상한 그는 현장에 도착하면 취해서 다투는 부부를 차분하게 진정시켜야겠다고 생각했다. 그동안의 교육을 통해 그런 상황에 대처할 준비는 잘 되어 있었다.

하지만 현장에 도착해보니, 눈앞에는 전혀 대비하지 못한 혼란스러운 상황이 펼쳐지고 있었다. 그가 예상했던 장면 대신, 사람들 몇 명이 충격에 휩싸인 채 둥글게 둘러서 있었다. 그들이 바라보고 있는 곳에는 피를 잔뜩 흘린 여성이 바닥에 미동도 없이 누워 있었다. 그 옆에는 한 남자가 얼굴이 엉망이 된 채 심하게 피를 흘리고 있었고, 또 한 명의 남자는 주변 사람 2명에게 붙잡힌 채 계속해서 고함을 지르고 있었다. 그 남자도 부상이 심각해 보였다.

그 장면을 본 마크는 꼼짝도 할 수 없었다. 하지만 상황을 수습해주길 바라며 자신을 바라보는 사람들의 시선을 느끼고 재빨리 정신을 차렸다. 우선 구급차를 부르라고 지시한 뒤 어떻게 된 일인지 조사하기 시작했다. 사람들에게 들은 이야기를 정리해보면, 남자와 여자가 다투고 있었는데 지나가던 사람이 끼어들면서 3명 사이에 격렬한 싸움이 벌어졌다고 했다.

처음에 마크가 보인 반응은 예상이 빗나간 상태에서 일어나는 전형적인 것이었다. 우선 머릿속에 굳건히 자리 잡고 있던 예상을 뒤엎느라 마크의 뇌는 일종의 마이크로프리즈 상태(중앙처리장치가 정지된 기계 상태)에 돌입했다. 그런 다음 그 상황을 제대로 처리하려면 어떤 조치가 필요한지 생각하는 과정을 거쳤다. 이러한 마크의 경험은 정신적 기민성의 본질을 보여주는 좋은 예다. 우리는 우선 처음에 했던 예상(과거의 두뇌 설정)에서 빠져나와야 한다. 그런 다음 새로운 상황에 맞는 두뇌 설정으로 바꾸고 가장 적절한 행동을 생각해내야 한다.

예상 밖의 일이 일어난다는 사실을 인정하는 절차가 필수적이다. 그래야 어떤 상황에서도 우리가 할 수 있는 최상의 성과를 낼 수 있다. 먼 곳으로 탐험을 계획할 때와 비슷한 사고 과정을 거친다고 볼 수 있다. 떠나기 전, 당신은 탐험 중 맞닥뜨리게 될 곳에 대해 가능한 한 많은 정보를 수집할 것이다. 높은 산을 오를 수도 있고, 눈이 올 수도 있다. 강을 건너거나 덥고 건조한 사막을 횡단할 수도 있다. 상황마다 모두 다른 기술과 장비가 필요하다.

인생도 크게 다르지 않다. 우리는 인생이라는 긴 여정에서 마주칠 수 있는 모든 일에 대처할 방법을 배워야 한다. 부모, 형제자매, 친구, 사춘기, 갈등, 결혼, 새로운 직업, 실직, 질병, 가까운 친구의 죽음, 나이가 들면서 일어나는 변화. 그 밖에도 수많은 문제가 일어날 것이다. 예상 가능한 변화도 있지만 예상치 못한 상태에서 맞닥뜨리게 되는 변화도 있다. 어느 쪽이 됐든 **빗나간 예상**dislocated expectations이라고 부르는 것을 인정하고 대처하는 열린 마음이야말로 정신 건강의 주춧돌이다.

전환 기술의 첫 번째 핵심 요소인 기민성은 인생의 중요한 결정에만 필요한 것이 아니다. 사소한 결정을 내릴 때나 일상생활 속에서도 중요한 역할을 한다. 아일랜드에서 자란 나는 여름방학 기간 내내 주니어 테니스 투어를 위해 전국을 여행하곤 했다. 거의 매주 전국 어디에선가 토너먼트 경기가 열렸다. 투어에 참여한 선수들은 실력이 막상막하인 데다 서로의 스타일을 너무나 잘 알고 있었다. 그래서 매 경기가 치열하고 흥미진진했다. 투어에 참여한 선수 중 젬마는 나와 자주 경기를 했던 경쟁자였다. 우리의 경기는 언제나 막상막하였지만 젬마가 이기는 경우가 훨씬 많았다.

젬마를 상대로 가장 멋지게 승리한 경기는, 내가 속한 서턴 론 테니스 클럽Sutton Lawn Tennis Club에서 열린 북더블린 챔피언십 준준결승전이었다. 나는 메이저 대회에서 준결승에 진출하며 느꼈던 흥분이 아직도 기억난다. 하지만 하마터면 그런 흥분을 경험하지 못할 뻔했다. 젬마는 포핸드보다 백핸드가 강한, 보기 드문 선수였다. 첫 세트에서 나는 늘 하던 대로 젬마의 포핸드를 공략하는 전술을 썼다. 하지만 경기는 잘 풀리지 않았다. 젬마는 거의 실수를 범하지 않았고 젬마의 포핸드 공격은 계속 내 옆을 휙휙 지나갔다. 그런데 어쩌다 공이 백핸드 쪽으로 갔을 때 젬마는 의외로 평소답지 않은 실수를 몇 차례 했다.

내가 알아챘을까? 아니다.

그런데 첫 세트를 내주고 난 뒤 코트 체인지 시간에 자리에 앉아 있을 때 내 코치가 전략을 바꿔야겠다고 속삭였다. "젬마의 백핸드 쪽을 공략해. 백핸드가 흔들리는 것 같아." 하지만 나는 몇 게임을 더 하는 동안에도 그렇게 하지 못했다. 젬마의 강력한 백핸드를 피하는 것이 내 머릿속에 너무나 깊이 박힌 전략이어서 그것을 재조정하기는 거의 불가능했다. 다행히, 나는 억지로 젬마의 백핸드 쪽으로 초점을 옮기는 데 성공했다. 그러자 흐름이 바뀌기 시작했고, 결국 나는 두 번째 세트를 따냈다. 마지막 세트까지 이긴 나는 준결승전 진출이라는 소중한 기회를 얻었다.

나는 에이든 코치가 그토록 분명히 본 사실을 경기 내내 전혀 알아차리지 못했다. 첫 세트가 끝난 뒤 코치가 해준 충고 덕분에 겨우 명백한 해답을 찾을 수 있었다. 그 해답은 바로 지난 경기들에만 매달리지 않고 당면한 상황에 대응하는 것이었다. 나는 검증된 전략에만 매달린 탓에, 정신적 기민성이 부족했던 탓에 하마터면 경기에서 질 뻔했다.

6장에서 살펴보았듯 인지 유연성은 뇌 안에서 정신적 기민성의 기반이 된다. 하지만 정신적 기민성은 우리의 일상적 행동, 생각, 감정에서 광범위하게 발현된다. 심리학 연구를 통해 밝혀진 바에 따르면, 기민해지기 위해서 우리는 4가지 기본 요소를 훈련해야 한다.

기민성의 4가지 요소

광범위하게 발현되는 심리적 기민성은 4단계의 역동적 과정[1]으로 이뤄져 있다. 각각의 과정은 순서대로 발생한다. 내가 **기민성의 ABCD**라고 칭하는 이 과정에서는 다음의 사항을 얼마나 잘할 수 있는지가 중요하다.

- **Adapt**: 변화하는 요구에 **적응하기**
- **Balance**: 바람과 목표 사이에서 균형 **유지하기**
- **Change**: 자신의 관점을 **바꾸거나** 그 관점에 **도전하기**
- **Develop**: 정신적 역량 **키우기**

다음의 표에서도 볼 수 있듯이 기민해지려면 결국 이 4가지 기민성 요소를 양성해야 한다.

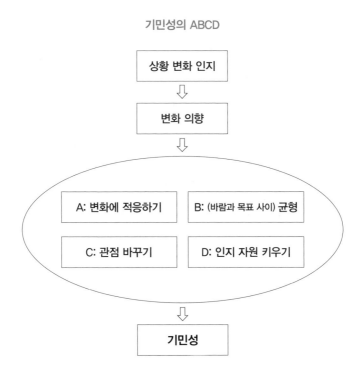

기민성의 ABCD

변화하는 요구에 적응하기

변화와 불확실성을 많이 경험하는 사람들로 군인 가족을 꼽을 수 있다. 그들은 대략 2년에 한 번씩 사는 지역을 옮기는데, 심지어 다른 나라로 가야 할 때도 있다. 2017년 4월, 나는 버지니아주 알링턴Arlington 의회에서 회복력과 적응력에 대한 기조연설을 한 적이 있다. 그곳에서 군인 아내 모임에 속한 여성들을 만났다. 그들은 그런 상황에서 자녀들을 행복하고 적응 잘하는 아이로 키우기가 얼마나 어려운지 털어놓았다. 군인 가정의 아이들은 친구와 이별하는 데에 익숙해져야 했고 새로운 학교, 새로운 친구, 새로운 동네에 적응하는 법을 배워야 했다.

나는 그런 상황에 어떻게 대처하느냐고 물었다. 그들의 주된 의견은 빈번한 변화가 가진 긍정적인 면을 강조하고 문제보다는 기회에 초점을 맞춰야 한다는 것이었다. 어려운 점이 있음을 인정하는 동시에 여러 곳을 다니며 새로운 사람들을 만나고 새로운 언어를 배울 기회를 얻는 것에 초점을 맞추면 그들에게 닥치는 변화가 오히려 흥미롭게 느껴질 수 있다.

이런 의견은 적극적인 적응 훈련이 뛰어난 적응 능력으로 이어진다는 수많은 연구 결과와도 일맥상통한다. 누구에게나 주변 상황은 바뀌기 마련이므로 융통성은 꼭 필요하다. 이 책 앞부분에서 확인한 대로, 우리는 변화에 저항하려 하지만 우리의 생리와 심리는 모두 우리가 적응하는 걸 돕게끔 설계되어 있다.

적응력이 생긴다는 것은 아무 계획 없이 충동적으로 행동한다는 뜻이 아니다. 진정한 적응력은 전략에서 시작해 의도적인 행동으로 이어지는 것이며, 그 안에는 행동을 그만두거나 지속하는 과정도 포함된다. 사업을 할 때, 시장 변화에 적응하지 못한다면 당신은 뒤처지고 만다. 상황이 요구한다면 오래된 습관도 깨야 한다는 뜻이다.

불교 우화 중에 이런 이야기가 있다. 어느 나이 많은 수도승이 젊은 수도승과 함께 다니다가 물살이 매우 센 강에 도달했다. 그런데 강기슭에서 만난 젊은 여인이 두 수도승에게 강을 건너도록 도와달라고 부탁했다. 두 수도승은 서로를 흘끗 쳐다봤다. 둘 다 여자의 몸에 손을 대지 않겠다는 맹세를 한 사람들이었기 때문이다. 하지만 나이 많은 수도승은 더 이상 주저하지 않고 여인을 들어 올리더니 강을 건너서 반대편 기슭에 얌전히 내려주었다. 그리고 두 수도승은 다시 가던 길을 갔다. 몇 시간 후에 젊은 수도승이 더 이상 참지 못하고 말을 꺼냈다. "여자의 몸에 손을 대지 않기로 맹세했는데 어째서 그 여인을 안아서 강을 건너게 해준 것입니까?" 나이 든 수도승이 대답했다. "나는 몇 시간 전에 강 맞은편에 그 여인을 내려놓았거늘, 너는 어째서 아직도 그 여인을 짊어지고 있는 것이냐?"

이 이야기는 적응력을 설명하는 훌륭한 예시다. 우리가 과거의 일을 곱씹으면서 현재의 삶에 영향을 주어서는 안 된다는 사실을 상기시켜준다. 버진그룹Virgin Group 회장 리처드 브랜슨Richard Branson은 이렇게 말했다. "모든 성공 스토리는 끊임없는 적응과 수정, 그리고 변화의 이야기다."[2] 그는 '현상 유지를 추구하는 기업은 곧 잊힐 것'이라고 믿었다.

적응력 증진 방법

적응력은 훈련할 수 있다. 변화와 새로운 상황에 익숙해지는 연습의 반복은 적응력에서 매우 중요한 부분이다. 군인 가족들처럼 2년에 한 번씩 사는 곳을 옮기라는 말이 아니다. 하지만 당신이 새로운 기술을 배울 수 있는 새로운 일을 계속 시도할 기회를 찾아야 한다. 적응은 가끔씩 하는 일이 아니라 지속적으로 반복되는 과정임을 기억하라. 다음은 적응력에 도움을 주는 습관이다. 이런 습관은 위기 시에만 필요한 것이 아니라, 생활의 일부가 되어야 한다.

- **호기심을 가지고 세상을 바라보라.** 다가오는 변화에 대해 자신에게 많은 질문을 하라. 긍정적인 변화일까? 어떤 기회가 생길까? 부정적인 면은 무엇일까? 잃는 것은 뭘까?
- **다양한 선택권을 확보하라.** 제2안, 제3안을 확보하라. 한 가지 계획만으로는 언제든 위기에 빠질 수 있다.
- **다른 사람들의 걱정도 헤아려라.** 다른 사람들이 하는 걱정을 들어보지도 않고 묵살하지 마라. 당신이 리더의 자리에 있다면 더욱 그렇다. 어쩔 줄 몰라 하는 사람이 있

다면 그 사람을 위해 조언해보라. 그리고 그들이 마음을 열고 적응하게 도와줄 방법을 생각해보라.

- **당신 자신을 돌보라.** 당신이 아무리 적응력이 뛰어난 사람이라고 해도 변화에는 항상 비용이 뒤따른다는 점을 잊지 마라. 주위에 당신을 지원해줄 사람들을 확보하라. 힘겨운 변화를 겪고 있다면 친구, 믿을 수 있는 동료, 조언자, 그 밖에 당신을 지원해줄 사람을 찾아서 도움을 청하라.

- **자신을 새로운 상황에 자주 노출시켜라.** 이것은 큰 변화가 닥치지 않더라도 반드시 반복해서 해야 할 일이다. 계속해서 새로운 활동을 하고 새로운 사람들을 만난다면 적응력은 습관이 될 것이다.

- **인생 포트폴리오를 다각화하라.** 다시 말해서, 달걀을 한 바구니에 담지 마라. 다양한 활동, 인생에서 맡을 수 있는 여러 가지 역할, 다채로운 경험에 시간과 노력을 투자하는 것은 당신의 적응력을 키우는 기본 구성 요소다. 스스로 다양한 경험에 뛰어들고 여러 사회적 역할을 맡아보면 자신감도 성장한다.

- **특별한 사람들과 가깝게 지내라.** 연구에 따르면 우리는 평범한 사람들이 뭔가 특별한 일을 해내는 것을 볼 때, 나도 한번 해봐야겠다는 생각이 든다고 한다.[3] 그러므로 적응력을 키우려면 포트폴리오 안에 다양한 기술과 경험뿐만 아니라 다양한 상황에서 당신을 지원할 수 있는 사람들도 담아두어야 한다.

바람과 목표의 균형을 유지하라

우리는 모두 수많은 목표, 우선 사항, 바람을 가지고 있다. 문제는 우리가 가진 시간과 에너지에 한계가 있다는 점이다. 우리가 하루에 할 수 있는 일의 양에도 한계가 있다. 하루의 시간과 에너지를 업무 능력 향상에만 쏟아부을 것인가? 아니면 그 시간과 에너지를 좋은 친구의 역할을 다하고 사랑하는 사람을 돌보는 데에만 쓸 것인가? 날마다 원하는 것을 모두 할 수는 없는 것이 현실이다. 그러므로 우리는 우리의 수많은 목표와 바람 사이에서 균형점을 찾고 우선순위를 정해야 한다.

마찬가지로, 우리는 다양한 영역에서 여러 가지 역할을 수행하고 있지만 우리 몸은 하나뿐이다. 그리고 그런 삶의 영역들은 대부분 서로 밀접하게 연관되어 있다. 분리된 사무실에서 일하지 않고 재택근무를 하는 사람이 많아진 코로나19 팬데믹 상황에서 이런 연관성이 그 어느 때보다 여실히 드러난다. 직장에서 일어난 일이 우리의 가정으로 흘러 들어오고, 마찬가지로 갈등이든 즐거움이든 가정에서 일어난 일이 직장 생활로 이어진다는 사실을 보여주는 연구 결과는 이미 많다.

그중 좋은 예로, 스페인과 영국 연구자들이 한 팀이 되어 160명의 실험 대상자에게 일주일 동안 집과 직장에서 일어난 갈등을 일기로 적게 했던 연구[4]가 있다. 예상대로, 직장과 집에서 일어난 갈등 사이에는 밀접한 관련이 있었다. 만약 아침에 배우자와 다퉜다면 그날 직장에서 동료들과의 갈등도 증가했다. 게다가 이것은 양방향 도로와 같아서 직장 동료들과 문제가 있을 땐 퇴근 후에 가정의 갈등으로 번지는 경향이 있었다.

우리가 직장에서 집으로 가져오는 감정적 짐들을 주의해야 한다는 사실을 알려주는 연구는 그 밖에도 많이 있다. 배우자에게 당신이 가진 문제를 솔직히 털어놓는 것도 중요하지만 부정적인 감정은 전염성이 있다는 점을 인지해야 한다. 물론 기분 좋은 소식도 전염성이 있다. 그래서 긍정적인 마음으로 집에 오는 것이 가장 좋다.

직장 스위치 끄기

직장 스위치를 끄는 한 가지 방법은 앞서 언급한 '비옥한 공백'을 기억하는 것이다. 직장과 집 사이에 공백을 넣을 방법을 찾아보라. 이렇게 하면 직장의 문제는 직장에 남겨두고 편안한 상태로 집에 오는 데 도움이 될 것이다. 만약 집에서 일한다면 비옥한 공백이 '모드' 전환을 가능하게 해줄 것이다.

옥스퍼드대학교로 오기 전에 나는 에식스대학교University of Essex 심리학과장이었다. 규모도 크고 업무도 많은 곳이었다. 800여 명의 학생과 100여 명의 직원으로 구성된 그곳에서 학과장의 업무는 내 시간과 에너지를 과도하게 요구했다. 저녁에 집에 와서 앉아 있을 때도 학교의 갖가지 문제를 생각하고 걱정했다. 모든 문제가 다 긴급해 보였다. 마침내 나는 직장 스위치를 끄고 좀 더 편한 마음으로 집에 돌아오는 방법을 알아냈다. 가까운 거리에 있는 우리 집까지 차를 타지 않고, 강변을 따라 2마일 정도 걸어오는 것이었다. 날씨가 좋든 나쁘든, 10분 정도를 걷다 보면 강물에 떠 있는 백조도 보이고 나무에서 지저귀는 새 소리도 들리기 시작했다. 강물 냄새도 콧속으로 스며들었다. 그러다 보면 점차 그날의 걱정거리들이 사라졌다.

걸을 수 있는 강변길이 있었다는 점에서 나는 운이 좋았던 듯하다. 이처럼 직장과 집 사이의 심리적 연결 고리를 끊을 방법을 찾아보라. 당신이 진심으로 즐길 수 있는 일이라면 가장 이상적이다. 헬스클럽이나 수영장을 가도 좋고 친구를 만나 커피 한잔을 해도 좋다. 직장 업무의 끝과 가정생활 사이에 선을 그을 수 있는 일이면 된다. 그 밖에도 우리가 잘 알고 있지만 실천하지 못하는 주의 사항이 있다. 저녁때 업무 이메일을 확인하지 말아야 하는 것도 그중 하나다. 업무 이메일을 읽으면서 다음 날 할 일을 생각한다면 당신의 마음은 일에서 분리되기 어렵다.

직장 스위치를 끄는 훌륭한 방법으로 자원봉사 활동도 있다. 상당한 시간이 들 수도 있지만 자원봉사는 활력을 불어넣는 힘이 있다고 알려져 있다.[5] 새로운 사람을 만날 수도 있고 지역사회에 기여하는 뿌듯함도 느끼기 때문이다. 어떤 연구에서 105명의 독일 직장인에게 2주간 일기를 쓰도록 했는데, 자원봉사 활동에 더 많은 시간을 할애한 사람일수록 업무 활동에서 더 잘 분리될 수 있었으며, 결과적으로 정신 건강에도 도움을 주었다는 사실이 드러났다.[6]

2부 첫 번째 핵심 요소: 정신적 기민성

직장과 자신을 분리할 방법을 찾는 것은 매우 좋다. 하지만 대부분 해야 할 업무가 너무 많은 것이 현실이다. 그래서 시간 관리를 잘하는 것이 중요하다. 삶의 주요 목표를 명확히 세우는 것도 역시 도움이 된다.

우리는 여러 가지 계획, 목표, 바람을 가지고 있다. 그래서 그 것들을 일관성 있게 통합할 필요가 있다. 당신은 여러 개의 단기적 목표를 가지고 있고 하나의 장기적 목표도 가지고 있을 것이다. 그런데 이런 단기적 목표들은 서로 보완하기도 하지만 상충하는 것도 있다. 목표가 상충하면 압박감이 생기고 목표 간 불균형이 발생해 심각한 스트레스와 에너지 소진으로 이어진다.

하지만 시간을 어떻게 쓸지는 어느 정도 우리가 결정할 수 있다. 당신의 시간은 당신이 가진 가장 귀중한 자원이다. 사회적 기대를 완전히 무시하기 힘든 경우도 많지만 그래도 당신의 시간을 제대로, 가치 있는 활동에 쓰는 법을 배워야 한다.

시간을 잘 사용하는 한 가지 방법은 당신이 편안하게 느끼는 상태를 최대한 유지하는 것이다. 일에 압도되지 않으면서도 의욕을 가지고 최대한 능력을 발휘하기에 적당한 상태를 찾아라. 인생 최고의 순간은 몸과 마음이 최대한(하지만 한계를 넘어서지는 않는 정도로) 능력을 발휘할 수 있을 때 온다. 어렵지만 해볼 가치가 있는 일에 완전히 몰두하는 상태를 심리적 **몰입**flow 상태라고 부른다.[7] 당신이 완전히 '편안한 상태'에서 현재 하는 일의 즐거움에 온전히 빠져드는 것이다. 당신과 당신이 가진 문제들을 잊고, 가진 기술을 최대한 발휘해 성장하고 발전할 수 있는 상태다.

당신이 시간을 어떻게 사용해야 할지 결정하는 데 도움을 줄 3가지 질문이 있다.

- 당신에게 가장 중요한 목표는 **무엇인가**? 이런 목표들은 직업과 관련된 경우가 대부분이다. 일기에 이런 목표 중 몇 가지를 최대한 구체적으로 적는다. 어떤 직업을 원하는가? 돈을 얼마나 벌고 싶은가? 얼마만큼의 돈을 저축하고 싶은가? 목표들이 서로 충돌하지는 않는가?

- 당신은 **왜** 이런 목표를 추구하는가? 우리는 처음에 원했던 바를 잊은 채 반복적 과로에 시달린다. 한 걸음 물러서서 자신에게 질문해보라. 나는 어째서 이런 목표를 달성하고자 하는가? 이 질문을 해보면 가족과 당신의 행복을 위한, 좀 더 개인적인 목표가 드러난다. 당신이 돈을 벌거나 모으고 싶은 이유는 가족을 부양하기 위해, 혹은 더 많은 여가를 누리기 위해서일 것이다. 이런 목표는 당신의 행복과 안녕을 증진한다는 점에서 가장 중요하며, 그렇기 때문에 높은 우선순위를 매겨야 할 것이다.

- 당신은 목표를 **어떻게** 성취할 것인가? 일단 직업과 관련한 목표와 개인적 목표를 분명히 가지고 있다면 이제 어떻게 원하는 것을 이룰지 명확한 계획을 세워야 한다. 목

표를 정할 땐, 그것을 처리할 수 있을 만큼 구체적으로 세분화하는 것이 중요하다. 그러면 당신의 목표가 충분히 달성 가능한 것으로 느껴질 것이다. 그런 다음, 목표에 전념한다. 다른 사람에게 자신의 목표를 알리는 것도 중요하다. 알다시피, 다른 사람에게 자신의 목표를 알리면 그것을 지키기가 더 쉽기 때문이다.

어느 행복한 어부의 이야기를 담은 아름다운 브라질 설화가 있다. 한 어부가 아침마다 작은 배를 타고 가족이 먹을 물고기를 잡으러 나갔다. 물고기를 잡으러 갔다 오면 어부는 아이들과 놀아주고 아내와 함께 낮잠을 자고 난 뒤, 저녁에는 마을 광장에 나가 친구들을 만났다. 어느 날, 한 사업가가 나타나서는 어부에게 더 큰 배를 사라고 충고했다. "그러면 물고기를 더 많이 잡을 수 있어요. 나중엔 배를 더 많이 살 수 있고 일꾼도 고용할 수 있어요. 결국 부자가 될 겁니다." 그러자 어부가 물었다. "그다음에는 어떻게 되죠?" "음, 돈을 많이 벌면 아이들과 놀 시간도 생기고 당신의 아내와 함께 시간을 보낼 수도 있지요. 친구들도 만날 수 있고요." 어부는 혼란스러웠다. "저는 지금 딱 그렇게 살고 있는데요?"

이 부유한 사업가처럼, 우리는 **이유**를 망각하기 쉽다. 우리는 시간을 균형 있게 분배하면 오히려 불만스러워하는 경향이 있다. 그리고 처음의 목표를 망각한다. 그렇기 때문에 한 걸음 물러서서 자신의 시간을 어떻게 사용했는지를 되돌아보는 게 좋다. 스스로 질문해보자. 나는 나의 주요 목표를 고려해 효과적으로 시간을 분배했는가? 나에게 이상적인 시간 분배는 무엇일까?

이런 내용을 다룬 연구[8]가 있다. 이 연구에서는 학생들에게 인생의 다양한 영역과 관심사에서 균형을 이루는 것을 목표로 삼고, 하루를 기준으로 특정 활동마다 이상적이라고 생각하는 만큼 시간을 배분하도록 했다. 그리고 각각의 학생에게 균형이라는 목표를 추구하는 동시에, 그것에 도움이 될 만한 구체적인 목표도 적어보라고 했다. 4주 뒤, 그 스케줄을 따른 학생들은 훨씬 균형 잡히고 행복한 생활을 하고 있다고 응답했다.

당신은 시간을 어떻게 사용하는가?

시간을 어떻게 사용하고 **싶은지**와 실제로 시간을 어떻게 사용**하는지** 사이에는 큰 차이가 있다. 이 2가지의 완벽한 통합은 당신이 추구하는 가치와 목표에 달려 있다. 그리고 당연한 얘기지만 완벽한 통합의 형태도 살아가면서 바뀐다.

만약 당신이 막 직업을 갖게 되었고 매우 의욕적인 상태라면 친구나 가족과 보내는 시간보다 상대적으로 더 많은 시간을 일에 투자하는 게 맞다. 하지만 어린 자녀가 있다면 사무실에서보다는 가족과 함께 시간을 보내고 싶어질 수도 있다. 현재 당신이 해야 할 일을 생각해보고, 당신의 가장 소중한 목표에 다가가는 데 도움이 되는 일을 우선하도록 해야 한다. 그 첫 단계로서 바람직한 일은 당신이 실제로 하루의 시간을 대체로 어떻게 사용하는지 확인하는 것이다.

다음 페이지의 표에는 인생의 10가지 영역이 적혀 있다.[9] 당신은 이 10가지 영역에 배치할 수 있는 24시간을 가지고 있다. 이 표를 완성하려면, 우선 현재 당신이 시간을 어떻게 쓰고 있는지 생각해봐야 한다. 그런 다음 시간을 어떻게 쓰는 게 이상적이라고 생각하는지 써보라.

어떻게 하면 시간을 더 많이 낼 수 있을까?

당신이 대부분의 사람들과 비슷하다면 아마도 이상적이라고 생각하는 시간 분배와 실제로 사용하는 시간에는 차이가 있을 것이다. 예를 들면, 이상적이라고 생각하는 것보다 더 많은 시간을 일하느라 쓰고 있을 수도 있다. 2014년 영국 정신건강재단Mental Health Foundation이 실시한 설문 조사[10]에 따르면 장시간 업무를 했을 때 취업자의 58퍼센트가 기분이 언짢았다고 했고, 34퍼센트가 예민해졌고, 27퍼센트가 우울감을 느꼈다고 대답했다.

우리 모두에게는 꼭 해야 할 일이 있다. 하지만 자기 관리만 잘한다면 당신이 중요하게 생각하는 목표에 집중할 시간을 더 많이 확보할 비법을 찾을 수 있다.

우선 다음의 방법들로 시작해보자.

활동	시간을 어떻게 사용하는가?	시간을 어떻게 사용하고 싶은가?
수면		
각종 교육		
본업/일		
집안일 (요리, 청소, 수리, 장보기 등)		
자원봉사 (지역사회의 사업이나 봉사 활동)		
휴식 (스포츠, TV 시청, 게임 등)		
이동 시간 (통근 시간 혹은 통학 시간)		
인간관계 (친구, 연인, 가족과 보내는 시간)		
자신 돌보기 (운동, 식사, 샤워 등)		
영적 활동 (예배, 명상)		
기타		
시간 총합	24	24

1. **거절하는 법을 배워라:** 이는 아마도 가장 어려운 일일 것이다. 교수들, 특히 여자 교수들이 흔히 그렇듯이 나도 부탁을 받으면 "예"라고 대답하는 일이 많다. 논문 검토, 학생 지도, 학과 내 행정 업무 담당, 연구 자금 지원 단체에서 요청한 지원금 신청서 검토, 강연, 전문적 조언 제공, 면접 참석, 대학 위원회 참여 등 요청은 끝이 없다. 만약 당신이 거절하지 않는다면 사람들은 계속해서 요청할 것이고, 머지않아 당신은 사실상 당신의 주된 업무도 아닌 일들로 인해 과로에 시달릴 것이다. 그리고 이것이 불만, 스트레스, 분노로 이어질 것은 뻔한 일이다.

   그러므로 거절하는 법을 배워야 한다. 무례하게 행동하지 않아도 된다. 거절하는 이유의 타당성을 입증할 필요도 없다. 그저 시간이 충분치 않다고 말하면 된다. 누군가 당신에게 뭔가를 부탁했을 때 생각해보지 않고 즉시 대답하지 마라. 생각해본 다음 대답해주겠다고 말하고 나서 그 일이 너무 많은 시간을 빼앗지는 않을지, 당신의 목표에 부합하는지 판단한다. 그 요청을 수락할 만한 정말 좋은 이유가 있는 게 아니라면 정중하게 거절하라.

2. **오래 일하지 말고 영리하게 일하라:** 시간을 우선순위에 맞춰 잘 분배하면 생산성도 향상한다. 그러므로 멀티태스킹은 피하라. 당신은 이제 작업 전환에 얼마나 많은 에너지가 드는지 잘 알고 있을 것이다. 멀티태스킹을 하면 동시에 많은 일을 하는 것처럼 느껴질 수 있지만, 그것은 착각이

다. 우리가 앞서 살펴본 대로 하루에 2~3가지 일에 집중하라. 그 이상은 안 된다. 당신의 시간을 철저하게 보호하라. 내가 조언을 담당했던 한 기업 간부는 자꾸 이야기를 나누고 싶어 하는 한 동료 때문에 자기 시간을 많이 빼앗기고 있음을 깨달았다. 해결책은 이 동료와 일주일에 두 번, 15분 동안만 만나 커피를 마시며 대화를 나누는 것이었다. 그 시간만큼은 그 동료와 이야기를 나누는 일에만 집중하도록 했다. 그리고 정중하지만 단호하게 다음번에 다시 만나기 전까지 집중해야 할 다른 일들이 있다고 말하기로 했다. 쉬운 일은 아니지만, 만약 당신이 시간 관리에 대해 명확한 기준을 가지고 분명히 선을 긋는다면 사람들은 당신의 뜻을 존중할 것이다.

3. **이메일에서 멀어져라:** 업무 이메일에 대해서도 스위치를 꺼라. 저녁때만 끄는 것이 아니다. 아침과 오후에 시간을 정해서 밀린 이메일을 확인하고 그 시간 외에는 알림을 꺼둔다. 내 말을 믿어도 된다. 이렇게 하면 놀라울 만큼 많은 시간을 되찾을 수 있다.

4. **하루 업무 시간이 끝나면 문을 닫아라:** 집에서 일하든 사무실에서 일하든 업무 시간의 끝을 명확히 하라. 컴퓨터를 끄거나, 다음 날 일할 수 있는 상태로 장비를 정리하거나, 다음 날 아침에 다시 일을 시작하면 가장 먼저 해야 할 일 목록을 적어두는 등 분명하게 업무 종료를 한다. 그런 다음 그 자리를 떠난다. 앞서 살펴봤듯이, 가급

2부 첫 번째 핵심 요소: 정신적 기민성

적 업무 종료와 당신의 가정생활 사이에 시간 간격(비옥한 공백)을 두는 게 좋다.

5. **완벽주의를 고집하지 마라:** 많은 사람의 경우, 완벽해지려는 노력은 생산성을 떨어트린다. 행복감도 낮아진다. 누구나 일을 잘 해내고 싶어 하지만 우리가 가진 시간과 에너지로 이 정도면 충분히 훌륭하다는 사실을 받아들여야 하는 순간이 있다. 언젠가 기자 한 명과 같이 행사를 한 적이 있다. 기자는 그의 칼럼에 대해, 자신이 썼어도 이보다는 더 잘 썼을 거라고 말하는 사람들에게 어떻게 대처하느냐는 질문을 받았다. 그는 이렇게 말했다. "어쩌면 그들이 더 잘 쓸 수 있을지도 모르죠. 하지만 그 사람들이 매주, 매달, 매년 이 일을 할 수 있을까요?"

관점을 바꿔라, 관점에 도전하라

파리에서 내가 가장 좋아하는 장소는 오르세 박물관이다. 수많은 그림엽서에 실렸어도 여전히 그 매력을 조금도 잃지 않은 인상주의 걸작들이 그곳에 가득하기 때문이다. 그곳에 있는 그림 중에서 내가 가장 좋아하는 작품은 클로드 모네가 그린 〈아르장퇴유의 보트 경기Régates à Argenteuil〉이다. 이 경이로운 그림을 전시한 방에 들어가는 순간, 센강 위로 쏟아지는 햇빛이 아른아른 빛나며 눈길을 사로잡는다. 그림 속 강물을 보면 실제로 물결이 일렁이고 있는 듯하다. 그런데 그림 가까이 가보면, 색깔을 담은 붓 자국이 하나하나 눈에 들어오면서 빛이 움직이는 느낌은 사라진다. 뒤로 물러서면 다시 마법 같은 장면이 나타난다.

우리는 이처럼 간단한 경험을 통해서도 사물을 바라보는 관점이 우리가 서 있는 위치에 따라 얼마나 크게 달라지는지 알 수 있다. 이것은 우리가 일과 사생활에서 복잡한 결정을 할 때도 해당한다. 때로는 조금만 관점을 전환해도 새로운 생각을 가질 수 있으며 마음을 열고 다양한 가능성을 고려할 수 있다.

협상의 판도를 바꾸는 법

1962년 10월, 소련 공산당 서기장 니키타 흐루쇼프Nikita Khrushchyov는 미국 대통령 존 F. 케네디John F. Kennedy에게 두 통의 서신을 보냈다. 쿠바 미사일 위기의 정점에서 작성한 서신이었다. 두 서신은 매우 상반된 어조를 보였다. 첫 번째 서신은 꽤 회유적이었지만 두 번째 서신에서 흐루쇼프는 미국이 터키(지금의 튀르키예)에 배치한 핵무기를 철수하지 않으면 쿠바에 있는 소련의 핵무기도 철수하지 않겠다고 단언했다.

대통령 집무실에서 정부 고문관들과 머리를 맞댄 케네디 대통령은 2가지 선택권밖에 없다는 결론을 내렸다. 러시아 무기를 철수하는 조건으로 터키에서 미국의 무기를 철수하는 것, 아니면 수일 내에 소련에 대한 핵공격을 개시하는 것이었다. 그런데 평소 이런 논의에서 과묵한 편이던 수석 고문 르웰린

'토미' 톰슨Llewewllyn 'Tommy' Thompson이 놀랍게도 입을 열었다. "저는 그렇게 생각하지 않습니다, 각하." 그러더니 톰슨은 좀 더 회유적이었던 첫 번째 서신에 답장하라고 조언했다. 그는 소련이 '쿠바를 구했다'는 모습을 세계에 보일 수 있다면 흐루쇼프가 소련의 무기를 철수하도록 설득할 수 있다고 확신했다.

톰슨은 소련의 태도를 잘 이해했다. 그는 소련에서 미국 대사로 일한 경험이 있으며 모스크바에서 지내는 동안 니키타 흐루쇼프와 개인적으로 특별한 친분이 있었다. 당시 미국 국무장관이던 딘 러스크Dean Rusk는 톰슨을 "그 방에 있던 우리의 러시아인"이라고 묘사했다. 케네디 대통령은 톰슨의 조언에 따라 소련이 무기를 철수한다면 미국은 절대로 쿠바를 공격하지 않을 것을 약속하겠노라고 제안했다. 그리고 흐루쇼프는 이 제안을 받아들였다. 이 합의로 인해 흐루쇼프는 자신이 쿠바를 핵 공격의 위기에서 구했음을 공표할 수 있게 되었고, 그 결과 권력 강화와 체면 유지라는 자신의 주요 목적을 달성했다.[11]

흐루쇼프의 관점으로 상황을 바라본 톰슨의 능력 덕분에 미국은 협상에서 유리한 위치를 점할 수 있었고 세계를 위기에서 구했다. 이처럼 상황에 맞게 관점을 바꾸는 능력은 기민성의 기본 요소(C)다. 당신의 관점에 도전하고 그것을 유연하게 바꾸려면 깊이 있는 지식 습득과 상대의 근본적 이익에 대한 이해가 필수다. 그렇게 한다면 사업과 관련한 협상이든, 정치적 협상이든, 아니면 개인 간 협상이든 성공적인 결과를 얻을 수 있을 것이다.

관점 수용과 공감

　다른 사람의 관점으로 세상을 바라보는 능력은 **관점 수용**perspective taking이라고 알려져 있다. 공감과 혼용되기도 하지만 이 둘은 다르다. 공감은 다른 사람의 고통이나 감정적 반응을 진정으로 느끼는 것이다. 반면, 관점 수용은 자신의 이익이라는 렌즈를 통해 다른 사람의 입장을 이해하는 능력이다. 이 능력은 자신의 편향된 준거에서 벗어날 수 있게 하고, 다양한 해석이 가능한 상황에서 균형 잡힌 통찰력을 키울 수 있게 해준다.

　물론 공감도 중요하다. 그리고 관점 수용 능력을 키우려면 먼저 공감할 줄 알아야 한다. 나는 톰슨이 흐루쇼프의 생각에 공감했다고 확신한다. 이런 공감 덕분에 톰슨은 러시아의 관점에서 문제를 바라볼 수 있었다. 하지만 톰슨은 공감이 자신의 판단을 흐리게 놔두지 않았다. 너무 깊은 공감은 자신의 이익을 희생해 오히려 다른 사람을 우대하게 만들 수도 있고, 이해관계가 걸린 협상에서 자신을 불리하게 만들 수도 있다.[12] 그러므로 성공적인 협상을 위해서는 관점 수용이 공감보다 더 중요하다.

당신은 다른 사람의 관점을 수용할 수 있는가?

　당신이 어느 정도의 관점 수용 능력과 공감 능력을 가지고 있는지 알고 싶다면 다음의 질문에 답해보라.[13]

각각의 항목이 자신과 얼마나 일치하는지 잘 생각해보고 0~4점까지의 점수를 매겨라.

0	1	2	3	4
전혀 그렇지 않다	드물게 그럴 때가 있다	종종 그렇다	자주 그렇다	거의 항상 그렇다

1. 나는 다른 사람의 일이 잘못되는 게 정말로 괴롭지는 않다.
2. 나는 지금껏 내 인생은 운이 좋았다고 생각하며, 그렇지 못한 사람들에 대해 동정심을 느낀다.
3. 나는 뭔가를 결정하기 전에 다른 사람들의 관점을 모두 고려하려 노력한다.
4. 나는 다른 사람들이 어려움을 겪고 있을 때 심각하게 걱정하지는 않는다.
5. 나는 친구가 어떤 기분인지 잘 이해하기 위해 그 친구가 상황을 어떻게 바라보는지 상상해보려 노력한다.
6. 나는 보통 약한 사람들을 보호하려 한다.
7. 나는 다른 사람의 관점으로 상황을 바라보는 것이 매우 어렵다.
8. 나는 내가 옳다는 믿음이 있다면 다른 사람의 말을 듣는 것은 시간 낭비라고 생각한다.
9. 나는 누군가가 편견의 희생양이 되면 굉장히 동정심을 느낀다.
10. 나는 매우 온화하고 인정 많은 사람이다.

11. 나는 내가 본 것들에 사로잡히고 감정적이 된다.

12. 나는 논쟁이 발생하면 언제나 모든 사람의 입장을 살핀다.

13. 나는 누군가에게 부정적 피드백을 주거나 비판해야 할 때면 그것을 전달하기 전에 상대방이 어떻게 느낄지 생각해보려 한다.

14. 나는 누군가 내 기분을 상하게 했을 때, 그들의 관점에서 상황을 바라보려 노력해본다.

각각의 질문에 0~4점까지 점수를 매겼을 것이다. 첫 번째로 해야 할 일은 1번, 4번, 7번, 8번의 질문에 대해 당신의 점수를 거꾸로 매기는 것이다. 아래와 같이 4점을 받았다면 0점으로, 3점을 받았다면 1점으로 바꾸면 된다.

4 = 0

3 = 1

2 = 2

1 = 3

0 = 4

이제 질문을 7개씩 두 그룹으로 나눈다.

1번, 3번, 6번, 8번, 11번, 13번, 14번 질문에 대한 점수를 모두 합하면 관점 수용 능력을 알 수 있다.

2번, 4번, 5번, 7번, 9번, 10번, 12번 질문에 대한 점수를 모두 합하면 공감 능력을 알 수 있다.

각각의 성격 차원 그룹에 대해 0~28점 사이의 점수를 얻었을 것이다.

- 0~9점 = 낮음
- 10~18점 = 중간
- 19~28점 = 높음

나의 점수: _____

대부분의 사람은 중간에 해당하는 점수를 기록한다. 하지만 당신의 점수가 공감과 관점 수용에서 다르게 나타나는지를 확인하면 흥미로울 것이다. 만약 한쪽에서라도 낮음에 해당하는 점수를 받았다면 그 부분을 향상시키는 게 좋다는 신호일 수도 있다. 특별히 좋거나 나쁜 점수는 없다. 좋고 나쁘고는 상황에 따라 달라지기 때문이다. 하지만 한쪽에서 높거나 낮은 점수가 나왔다는 걸 알고 있다면 특정 상황에서 당신이 그렇게 행동할 수 있다는 경고일 수 있다. 예를 들어, 공감에서 높음을 받았다면 어려운 협상을 할 때 공감 수준을 조금 낮추고 관점 수용 수준을 조금 높이려는 시도를 할 수 있다. 반대로, 친구에게 좋지 않은 일이 생겼다면 공감 수준을 높이려는 시도를 할 수 있다.

생각을 바꾸고 새로운 관점으로 상황을 바라볼 수 있으면 당면한 문제에 대처하고 결정을 내려야 할 때도 새로운 사고방식으로 전환할 수 있다. 우리가 살면서 자꾸 어려움에 빠지는 이유는 하나의 관점으로 상황을 판단하려 하기 때문이다. 다양한 시각으로 상황을 보는 습관을 키우면 더욱 기민한 사고 능력과 문제 해결 능력을 갖게 될 것이다. 그리고 그 결과, 새로운 아이디어와 가능성을 고려해볼 여유가 생길 것이다. 당신의 관점을 바꾸는 데 도움이 될 다음의 방법들을 시도해보라.

1. **다양한 관점으로 문제를 마음속에 그려보라.** 당면한 문제를 살펴보라. 직장에서 중요한 결정을 내려야 할 수도 있고, 개인적인 일을 결정해야 할 수도 있다. 그런 다음 그 문제에 대해 4가지 해결책을 생각해보라.

   새로운 직장에서 일을 시작했는데 얼마 지나지 않아서 당신이 예상했던 것과 다르다는 사실을 깨달았다고 가정해보자. 당신이 결정한 사항에 대해 불평하거나 화를 내는 대신 이 상황에서 좋은 점은 무엇이 있는지 자신에게 질문해보자. 예상치 못한 좋은 점이 있지는 않은가? 현재의 자리가 당신에게 이로워지도록 뭔가 변화를 줄 수는 없을까? 협의해서 해결할 만한 것이 있는가? 적응을 통해 지금의 직책에서 긍정적인 부분을 발견할 수 있지 않을까?

2. **때때로 질문만 바꾸어도 문제가 해결된다.** 질문을 던지는 방식이 답을 찾는 방향을 결정한다. 그러므로 "어떻게 하면 과도한 업무와 스트레스에서 벗어날 수 있을까?"보다는 "어떻게 하면 여가가 더 많아질까?"라는 질문을 던져보자.

3. **낙관성을 키워라.** 내재된 낙관성을 활용하라. 당신은 사람이 대부분 자신의 인생에 대해 낙관적이라는 사실을 알면 매우 놀랄 것이다.[14] 미국의 한 연구[15]에 따르면, 코로나19 팬데믹 상황에서도 사람들은 자신이 코로나바이러스에 감염되지 않을 것이라고 낙관적인 예상을 하는 동시에 다른 사람들이 걸릴 가능성에 대해서는 비관적인 의견을 내놓았다. 기억해야 할 것은 낙관주의가 반드시 비현실적인 것은 아니라는 점이다.[16]

내가 **낙관적 현실주의**라고 부르는 바람직한 균형을 달성한 사람들은 미래를 장밋빛 색안경을 통해 보지만 동시에 살면서 많은 실망과 실패를 겪으리라는 사실을 알고 있다. 낙관주의자들은 삶에서 발생하는 스트레스를 부정하지 않는다. 단지 생산적인 방식으로 역경에 접근할 뿐이다. 낙관주의자들은 뭔가가 잘못되면 자신을 책망하며 그걸로 인생이 끝이라고 생각하는 것이 아니라, 오히려 그 일을 계기로 배움을 얻을 방법을 찾는다.

누구나 자신의 관점을 낙관적으로 바꿀 수 있다. 어떤 어려운 상황에서도 긍정적인 면을 찾아보라. 그리고 부정적이 아닌, 긍정적인 물건과 긍정적인 사람들 곁으로 다가가라. 알다시피 부정성은 소셜 미디어를 통해 잘 퍼지는 경향이 있다. 그러므로 소셜 미디어를 가능한 한 멀리 하라. 물론 모든 뉴스를 완전히 차단하는 것은 합리적인 행동이 아니다. 하지만 당신의 행복을 갉아먹는 '둠 스크롤링doom scrolling' 시간을 제한하라.

당신이 대부분의 시간을 함께 보내는 사람들에 대해서도 생각해보라. 그들이 당신에게 에너지를 주는가? 아니면 당신의 활력을 빼앗는가? 긍정적인 에너지를 가진 사람들과 인간관계를 맺으면 당신 자신의 낙관성이 성장할 것이다.

4. **마음챙김을 훈련하라.** 특정한 생각의 순환에서 벗어나 현재의 순간으로 들어올 방법을 찾으면 상황을 다양한 관점으로 보는 데 도움이 된다. 규칙적으로, 적어도 하루에 한 번 현재의 순간에 관심을 돌려라. 잠시 자신의 호흡에 집중해보거나 맛 또는 향을 느끼는 데 집중해보라. 당신 주위에서 들리는 소리에 귀를 기울여봐도 좋다. 이런 훈련을 습관화하라. 이런 훈련은 당신의 기민성을 신장시키는 훌륭한 방법이 될 수 있다.[17]

5. **소설을 읽어라.** 소설을 읽는 것도 관점을 전환하는 좋은 방법이다. 독서는 다른 사람들의 삶을 경험해볼 기회를 준다. 등장인물과 공감하고 그들의 세상 속으로 빠져들

면서 당신은 인물의 시선을 따라 그들의 삶을 살아볼 수 있다. 소설 속 인물을 통해 다른 사람의 입장이 된다는 게 실제로 어떤 것인지 알 수 있는 것이다. 이런 경험은 공감 능력과 관점 수용 능력을 동시에 길러준다. 그 효과는 과학적으로도 입증되었는데, 등장인물과 그들의 배경에 대해 상상하는 것과 같은 소설의 생산적 측면이 삶에 중요한 영향을 미친다는 연구 결과들[18]이 있다. 이것을 '마음의 모의 비행 장치'라고 부른다.[19] 조종사가 모의 비행 장치로 지상에서도 비행 기술을 향상시키듯이 사람들 역시 흥미로운 이야기를 읽으면서 관점 수용 기술을 향상시킬 수 있다는 말이다.

6. **다른 사람들은 어떻게 할 것인지 물어보라.** 간단한 게임을 해봐도 좋다. 나는 다른 사람이라면 당신의 문제를 어떻게 해결할지 상상해보는 재미있는 게임을 만들었다. 1번부터 6번까지 당신이 존경하는 6명을 정해보자. 당신이 아는 사람도 좋고 유명인이나 소설 속 인물도 좋다. 주사위를 던진 다음, 한 시간 동안 그 숫자에 해당하는 사람의 머릿속으로 들어가보자. 그들의 방식으로 세상을 바라보는 것이다. 해리포터라면 어떻게 했을까? 당신의 가장 친한 친구는 이 문제를 어떤 식으로 접근했을까? 미셸 오바마Michelle Obama라면 어떻게 했을까? 반복적으로 연습하면 새로운 시각으로 상황을 바라보는 데 익숙해질 것이다.

정신적 역량을 키워라

2003년 2월, 로드아일랜드Rhode Island 웨스트워릭West Warwick에 있는 스테이션 나이트클럽에서 열린 록밴드 그레이트 화이트Great White의 공연에 400여 명이 참석했다. 첫 곡이 시작되자 무대에서 화려한 폭죽이 터졌다. 그런데 무대 위에 있던 가연성 발포재에 불이 붙으면서 무대와 그 주변으로 불이 옮겨갔다. 처음 몇 분 동안은 그 누구도 걷잡을 수 없는 상태로 불이 번지고 있다는 걸 깨닫지 못했다. 사람들은 모두 그것이 쇼의 일부라고 생각했다.

빠르게 번진 불길이 검은 연기와 함께 금세 공연장 전체를 에워쌌다. 나이트클럽에는 수용 가능 인원보다 많은 사람이 들어와 있었다. 사고 후 클럽 측과 밴드 매니저는 여러 가지 위반 사항에 대해 유죄판결을 받았다. 이 사건에서 사람들이 공포에 대응한 방식은 정신 과정, 특히 압박감을 느낄 때 정신 과정이 얼마나 중요한지와 관련해 큰 교훈을 준다.

그곳에 모인 수백 명의 사람은 입장할 때 사용한 정문으로만 탈출하려 했다. 이것은 치명적인 실수였다. 다른 3개의 출구가 열려 있었지만, 공포에 사로잡힌 사람들은 대부분 주위를 둘러볼 생각을 하지 못하고 집요하게 정문을 향해서만 몰려들었다. 이것은 대참사를 부르는 잘못된 판단이었다. 사람들은 모두 정문으로 향하는 무리를 따라갔다. 우리는 최선의 방법을 찾으려 하지 않고 본능적으로 무리를 따라간다. 정문 쪽으로

난 좁은 통로로 사람들이 밀려들자 출입구를 빠져나가기가 어려워졌고, 결국 많은 사상자가 발생했다.

안타깝지만, 스테이션 나이트클럽에서 일어난 것과 같은 가슴 아픈 상황은 그렇게 드문 일이 아니다. 동체 착륙이나 화재 사고에서 그런 행동 때문에 사망자가 발생하는 일이 많다. 들어온 문으로 다시 탈출하려 하기 때문이다.

우리의 정신적 역량이란 결국 심리학자들이 **실행 기능**executive functions이라고 부르는 것이 제대로 작동하는 걸 말한다. 실행 기능은 어떤 상황에서도 제대로 판단하고 반응하며 문제가 발생했을 때 어떻게 해야 할지(이 사건의 경우에는 탈출 경로를 찾는 것) 알아내는 인지 생존 기술이다.

실행 기능의 3가지 요소

우리의 정신 역량을 뒷받침하는 실행 기능은 압박감 속에서 일을 수행하는 데 필수적이다.[20] 나는 수년간 최고의 운동선수들 사이에서 이 중대한 정신 요소가 어떤 식으로 드러나며, 선수들은 이것을 어떻게 훈련하는지 연구했다. 일상에서 결정을 내리는 데에도 매우 중요한 이 실행 기능은 다음의 3가지 요소로 이루어진다.

■ **억제 조절 기능:** 억제 조절이란 포괄적인 용어로서, 관련된 것에 집중하기 위해 관련 없는 정보를 억제하는 것

은 물론 충동이나 습관에 따른 행동을 막는 것이다. 화재 사건의 경우, 내면에서 습관 혹은 충동에 따라 당신이 들어온 곳을 향해 가라고 압박하더라도 더 나은 해결책이 있는지 확인하기 위해 이런 성향을 억압할 필요가 있다. 억제 조절은 스포츠에서 매우 중요하다. 예를 들면, 빠르게 진행되는 축구 경기에서 미드필더는 동시에 공의 궤적, 공격수의 움직임, 수비수의 움직임, 골키퍼의 위치, 공을 패스할 수 있는 공간 등 여러 가지 측면에 집중해야 한다. 그러므로 경기하는 내내, 당장 관련되지 않은 다른 측면에 주의가 쏠리는 것을 억제해야 한다. 이것은 매우 역동적인 과정이다. 당장 관련된 것들이 순간순간 바뀌기 때문이다.

■ **작업 기억 기능:** 작업 기억이란 받아들인 정보를 머릿속에 유지하면서 계속 업데이트하는 능력이다. 예를 들어, 이야기를 들으면서 그 안에서 일어나는 다양한 사건들을 기억하며 따라가는 행위는 작업 기억 기능에 의존한다. 이 기능은 압박감을 느끼며 결정을 내려야 할 때 특히 중요하다. 축구 경기의 예로 돌아가보면 선수는, 감독의 지시를 경기 전략으로 바꾸어 머릿속에 저장하고, 새로운 정보가 들어오면 그것을 기억하는 동시에 기본 전략과 통합하고, 다양한 대안도 생각해야 한다. 그것도 경기가 급박하게 돌아가는 상황에서 말이다.

물론, 작업 기억과 억제 조절이 협업할 때도 있다. 작업 기억 기능이 가장 관련성 높은 정보를 업데이트하는 동안 억제 조절 기능은 당장 관련이 없는 것에 주의력이 쏠리지 않도록 억제하는 것이다.

- **인지 유연성:** 우리는 인지 유연성에 대해 6장에서 상세히 살펴보았다. 이제 새로운 상황에 적응하고 뜻밖의 돌발 변수로 인한 기회를 활용하기 위해서는 두뇌의 유연성을 유지하는 것이 필수적이라는 게 분명해졌다. 이렇게 뇌를 기반으로 기민성을 촉진하는 실행 기능이 인지 유연성이다. 예를 들어, 당신의 팀이 갑작스럽게 10명으로 경기를 해야 한다거나, 뜻밖에도 추가 시간이 10분이나 더 주어졌다거나, 상대편 선수가 한 명 줄었다면? 인지 유연성은 새로운 상황에 **빠르게** 적응하는 능력으로, 상황이 바뀌었음에도 불구하고 무턱대고 세워놓은 전략을 고집하는 정신적 경직성과는 반대되는 기능이다.

실행 기능은 정신적 기민성에 필수적이다. 시간을 계획하고, 주의력을 집중하고, 충동을 조절하고, 나중에 해야 할 일을 기억하고, 여러 개의 작업을 오가며 성공적으로 처리하려면 반드시 억제 조절 기능, 작업 기억 기능, 인지 유연성의 3가지 실행 기능을 발달시켜야 한다. 그리고 당연히 이 3가지 실행 기능은 전환 기술의 첫 번째 핵심 요소인 **기민성**의 토대 중 하나다. 적응하기Adapting, 목표와 계획 사이의 균형 맞추기Balancing, 관점 바꾸기Changing와 더불어 당신의 실행 기능, 즉 우리가 말하는 정신적 역량을 발달시키는 것Developing이다.

이런 기본적인 정신 기술(실행 기능)은 우리가 살아가면서 겪는 다양한 상황에서 유동적으로 기능하기 위해 필수적이다. 어린이들을 대상으로 한 연구[21]에서 훗날의 성공을 예상할 때 훌륭한 실행 기능 기술을 소유하는 것이 일반적인 지능이나 사회·경제적 배경보다 훨씬 더 중요하다는 사실이 드러났다.

기업이 수요 변화에 빠르게 대응하기 위해 사회 기반 시설에 투자할 때와 마찬가지로, 우리가 전환 기술에 필요한 심리적 기반 시설(실행 기능)에 투자할 때도 비용이 든다. 정신적 기민성을 촉진하는 데 충분한 정신 자원(실행 기능)을 발달시키려면 시간과 에너지가 요구된다.

앞날을 대비한 계획은 실행 기능을 돕는 한 가지 방법이다. 스테이션 나이트클럽에서 발생한 화재 이후 텍사스주 소방서장은 '출구 확보 전략' 계획을 세웠다. 이 계획을 통해 사람들에게 밖으로 나가는 최상의 방법이 그곳으로 들어온 문 하나만 있는 게 아니라는 점을 인식시키면서 술집이나 클럽에서 언제나 최소 2개 이상의 출구를 확인해두도록 권장했다. 위급 상황에서 자동조종장치가 작동하는 우리의 성향을 깨달은 결과다.

어떻게 하면 실행 기능을 발달시킬 수 있을까?

우리는 앞 장에서 인지 유연성 훈련법을 살펴보았다. 우리 연구팀은 간단한 컴퓨터게임을 통해 어떻게 작업 기억 기능과 억제 조절 기능을 향상시킬 수 있는지도 알아보았다. 뇌 훈련 게임은 알려진 것보다 기대에 미치지 못한다는 이유로 미디어에서 비난을 받아왔으며, 이런 비난에는 합당한 이유도 있다. 연습을 많이 하면 게임 자체를 수행하는 능력이 향상되는 경우도 많지만(꽤나 당연한 일이다), 게임 말고 다른 부분에서 두뇌 능력이 향상되는 사람은 별로 없는 듯하다. 심리학자들이 말하는 **원전이**far transfer, 즉 게임의 효과가 실생활로 이어지는 경우는 거의 없다는 것이다.

그렇다고 해도, 작업 기억 기능과 억제 조절 기능은 복잡하고 스트레스가 많은 상황에 대처하는 데 도움을 주는 중요한 능력이다. 이런 실행 기능이 더 잘 발달할수록 우리는 어떤 상황에서도 기민하게 대응할 수 있을 것이다. 의도치 않게 주의가 산만해지는 걸 조절할 수 있게 되는 것도 한 가지 장점이다. 그래서 우리는 어떤 방식으로든 작업 기억 기능을 향상시키면 사람들이 걱정하고 스트레스를 받을 때 내면으로부터 반복적으로 들려오는 부정적인 목소리에서 빠져나오게 할 수 있다고 판단했다.

우리 연구팀은 작업 기억 기능과 억제 조절 기능을 향상시키기 위해 간단한 컴퓨터게임을 고안했다. 우리가 사용한 게임은 3×3 행렬 형태이며, 각각의 자리에 문자가 표시된다. 문자 K가 화면의 상단 왼쪽 귀퉁이에 몇 초간 나타난다. 그다음에 하단 왼쪽 귀퉁이에 문자 B가 나타난다. 그다음엔 문자 P가 정중앙에 나타나는 식으로 계속 이어진다. 사람들은 바로 앞에 나타났던 문자의 위치를 기억해야 한다. 즉, 위의 예에서 당신은 하단 왼쪽 귀퉁이에서 문자 B를 볼 때 문자 K가 어디에 있었는지 표시해야 한다. 그런 다음, 문자 P를 볼 때 B가 어디에 있었는지 표시해야 한다.

일단 이것을 잘할 수 있게 되면 게임은 점점 어려워진다. 이제 바로 전 문자보다 하나 더 앞서 나타났던 문자의 위치, 즉 두 차례 전에 나타났던 문자의 자리를 표시해야 한다. 이것도 익숙해지면 이제 세 차례 전에 나타난 문자를 표시하도록 한다. 게임은 이런 식으로 많은 실수를 범할 때까지 이어진다. 몇 시간을 연습하고 나면, 연구에 참여한 사람들 대부분은 서너 차례 이전 문자의 자리를 찾아낼 수 있게 되고, 몇몇 작업 기억 능력자는 다섯 차례 이전 문자의 자리까지 기억해냈다!

우리는 궁금했다. 걱정을 많이 하는 사람이 그들을 괴롭히는 생각을 관리하는 데 이런 훈련이 도움을 줄 수 있을까? 우리는 자칭 '걱정 많은 사람들'을 모집해 매일 40분씩 최소 8주 동안, 작업 기억 게임을 하도록 했다. 그들은 집에서 몇 주간 연습한 후 점검을 위해 실험실로 모였다. 결과는 고무적이었다. 우리는 실험 참가자들의 작업 기억 기능이 향상되자 걱정도 더 잘 조절하게 되었다는 사실을 발견했다. 인생이 바뀔 정도로 크게 좋아진 건 아니지만 작업 기억 기능이 향상된 사람들은 반복적인 걱정에서 벗어나 좀 더 기민해졌다.[22]

우리는 충동 조절 문제에 대해서도 컴퓨터게임을 사용해보기로 했다.[23] 이를 위해 폭식을 하는 지원자들과 식사 조절에 문제가 없는 지원자들을 모집하고 지원자들에게 여러 개의 그림을 보여주면서 2가지 동작 중 하나를 하게 했다. 그림이 초록색 테두리 안에 있으면 버튼을 한 번 누른다. 이것을 '실행' 반응이라고 부른다. 그림이 빨간 테두리 안에 있으면 버튼을 누르지 말아야 한다. 이것을 '정지' 시도라고 부른다.

여기 숨겨진 속임수는 초콜릿 케이크, 감자칩 등 당분이나 지방이 많은 음식의 그림이 나오면 항상 '정지' 시도를 해야 한다는 것이다. 뇌가 유혹적인 음식에 대한 끌림을 거부하도록 훈련해 과식을 잘하는 실험 참여자들이 충동 조절 능력을 얻도록 하는 것이다. 건강에 좋은 샐러드나 과일은 언제나 '실행' 반응을 유도하는 초록색 테두리 안에 둘러싸여 등장했다. 몇 주 동안 이 게임을 반복했더니 과식하는 사람들이 아무 생각 없이 건강에 좋지 않은 음식을 먹는 습관이 줄어들고 점차 식습관을 조절하는 법을 습득하기 시작했다.

어떻게 일상에서 실행 기능을 키울 수 있을까?

실행 기능을 발달시킬 수 있는 일상적 연습 방법이 있다. 초콜릿같이 유혹적인 음식을 냉장고에 넣고 그 주변에 건강에 좋은 음식을 두어라. 그런 다음 특정한 날 혹은 특정 시간에만 그 음식을 먹을 수 있다고 스스로 다짐하라. 냉장고를 열 때마다 그 음식을 보고, 집어 들고, 냄새를 맡은 다음 다시 제자리에 놓은 뒤 건강에 좋은 음식을 집어 들어라. 이 연습을 규칙적으로 하면 정신 조절 능력이 발달해 충동적인 행동을 멈추게 해 줄 것이다. 가끔은 유혹에 무너질 수도 있다! 하지만 시간이 지나면 충동을 조절하는 법을 배우게 될 것이다.

스포츠 훈련, 악기 연주나 외국어를 배우는 목적도 역시 위기가 닥쳤을 때 평정심을 유지하는 데 필요한 중요한 정신적 자원을 확보하기 위함이다. 네덜란드에는 6세 아이들을 2년 6개월 동안 추적해 연구한 결과가 있다.[24] 그중 두 집단의 아이들은 주기적으로 음악 수업을 받고, 한 집단은 시각예술 수업을 받았다. 그리고 통제 집단은 아무런 예술 수업도 받지 않았다. 그 결과, 음악을 배운 아이들이 실행 기능에서 다른 아이들보다 훨씬 향상된 모습을 보였다. 이 연구는 음악 교육이 일반적인 학업 성공으로 이어지는, 보이지 않는 학습의 '원전이' 효과가 있음을 뒷받침한다.

전환 기술의 첫 번째 핵심 요소, 즉 **기민성**을 강화하려면 4가지 구성 요소 ABCD를 결합하는 것이 필수적이다. 각각의 구성 요소를 따로 연습하는 것도 좋지만 우리가 정말 기민해지는 건 4가지 구성 요소가 결합함으로써 적응하고, 균형을 이루고, 관점을 전환하며, 무엇이든 할 수 있는 정신적 역량을 갖추었을 때뿐이다.

7장 요약

- 정신적 기민성에는 4가지 기본 요소(기민성의 ABCD)가 있다. 변화하는 요구에 적응하기, 바람과 목표 사이에서 균형 유지하기, 자신의 관점을 바꾸거나 그 관점에 도전하기, 그리고 정신적 역량 발달시키기가 그것이다.

- 새로운 환경에 적응하는 것에 대해 마음을 열어야 한다.

- 삶의 균형을 유지할 방법을 찾고 가진 시간을 가장 중요한 목표에 사용하는 것이 기민성을 키우는 데 필수적이다.

- 마음을 열고 기민한 사고의 기틀을 마련하려면 당신의 관점에 도전할 방법을 찾아야 한다. 당신의 신념에 의문을 제기하는 것, 그리고 소설을 읽는 것은 다양한 관점으로 세상을 바라보는 데 도움이 되는 2가지 방법이다.

- 정신적 기민성을 유지하려면 에너지가 든다. 그러므로 억제 조절 기능, 작업 기억 기능, 인지 유연성이라는 정신적 자원을 충분히 확보해야 최상의 컨디션으로 과업을 수행할 수 있다.

Self
awareness

두 번째 핵심 요소:
자기 인식

8
몸과 마음 파악하기

고대 그리스에서 전해지는 "너 자신을 알라"는 말은 델포이의 아폴론 신전 기둥에 새겨진 첫 번째 격언으로서(나머지 2개는 "넘치는 것이 없게 하라"와 "확신은 금물이다"이다) 적어도 기원전 4세기까지 거슬러 올라가는 아주 오래된 지혜다.

그 의미와 명성 덕분에 지금까지 위대한 철학자들은 거의 다 그 격언에 대해 언급했다. 플라톤이 쓴《파이드로스Phaedrus》에서 소크라테스는 "너 자신을 알라"는 격언을 이용해 자신이 신화, 혹은 그 밖에 지적 탐구의 결과물에 대해 논리적으로 설명하려 하지 않는 이유를 설명했다. "델포이 신전에 새겨진 격언대로 나는 아직 나 자신을 알 수 없다. 나 자신도 모르는데 다른 것들을 탐구한다는 게 어리석게 느껴진다."

새뮤얼 테일러 콜리지Samuel Taylor Coleridge는 〈자기 이해Self Knowledge〉라는 시에서 "너 자신을 알라"는 격언을 "으뜸가는 천상의 옛 격언"이라고 했다. 벤저민 프랭클린Benjamin Franklin은 《가난한 리처드의 연감Poor Richard's Almanack》에서 그 격언을 이행하기 어렵다는 의미로 이렇게 말했다. "정말 힘든 일이 3가지 있다. 강철을 부수는 것, 다이아몬드를 깨는 것, 그리고 자신을 아는 것이다."

사실, 이 격언은 고대 그리스 시대보다도 더 이전에 등장했다. 기원전 5세기 중국의 철학자이자 장군이었던 손자가 쓴 《손자병법》에는 '지피지기 백전불태'라는 말이 있다. 간단히 해석하면 "상대를 알고 자신을 알면 백 번 싸워도 위태롭지 않다"라는 뜻이다.

자신을 아는 것은 자기 생각·감정·행동을 아는 것이며, 그런 것들이 다른 사람에게 어떤 영향을 주는지 아는 것이다. 자신을 잘 알아야 어떻게 하면 더 잘할 수 있는지 생각해볼 수 있고, 우리 행동에서 어떤 면을 고쳐야 할지도 더 잘 찾아낼 수 있다. 즉, 자신을 잘 알면 알수록 더 기민해진다는 뜻이다. 자기 인식이 전환 기술의 두 번째 핵심 요소인 이유다. 자신의 가치, 목표, 역량을 알아야만 어떤 상황에서도 기민하게 대응할 수 있기 때문이다. 이렇게 전환 기술의 두 번째 핵심 요소인 **자기 인식**, 즉 '자신을 아는 것'은 첫 번째 요소인 기민성을 강화한다.

하지만 어떻게 해야 정확하게 '나를 알 수' 있을까? 벤저민 프랭클린의 말처럼 너무나 어려운 일일까?

다행히 현대 과학은 이 2가지 질문에 답을 줄 수 있다. 그리고 그것은 2가지 측면에서 좋은 소식이다. 우리는 신체 내부 상태를 들여다보고 자세히 살펴봄으로써 생리학적으로 자신을 알 수 있다. 그리고 면밀한 성격 유형 평가를 통해 심리학적으로도 자신을 알 수 있다. 성격은 다양한 상황에서 우리가 하는 생각, 우리가 느끼는 감정, 우리가 하는 행동의 바탕이 되는 기본적인 습성을 나타낸다.[1] 일시적인 기분과 달리 성격은 시간이 지나고 상황이 바뀌어도 일관적인 경향이 있다.

나는 어떤 유형일까?

성격부터 알아보자. 나의 시아버지는 런던 시장에서 일하는 상인이었는데, 성격이 유쾌해서 시트콤 〈오직 말과 바보들만Only Fools and Horses〉에 나오는 델보이Del Boy와 좀 비슷했다. 언제나 온갖 종류의 농담을 했지만, 그중에서도 지금까지 기억나는 것이 있다.

"너는 사람을 보면 그의 성격이 어떤지 단번에 알 수 있겠구나!"

우리는 누군가를 처음 만나면 그의 특징을 보고 어떤 사람일지 짐작하곤 한다. 외향적인 사람인가? 개방적인가? 성실한가? 사람마다 영구적인 성격 요소를 가지고 있다는 생각은 예로부터 지금까지 이어지는 통념이다. 그리고 소셜 미디어를 보면 모두가 이 질문에 사로잡혀 있는 듯하다. 나는 어떤 유형인가? 우리가 이 질문을 통해 정말 알고 싶은 것은 '내 성격은 어떤가?'일 것이다.

성격에 대해서는 여러 가지로 정의할 수 있겠지만 일반적으로 '다양한 상황에서 어떤 식으로 느끼고, 생각하고, 행동할지 감을 잡을 수 있는 특징'이라고 이해된다. 당신이 아는 사람을 몇 명 생각해보자. 가벼운 접촉 사고가 나면 그들은 어떤 반응을 보일까? 직장을 잃으면 어떻게 반응할까? 복권이 당첨된다면? 당신은 분명 그 사람들의 성격을 바탕으로 꽤 정확히 예측할 수 있을 것이다. 물론, 정말 예상치 못한 반응을 보이는 일도 있지만 사람들은 대개 일관적인 방식으로 행동한다.

우리 뇌는 성격을 바탕으로 타인을 이해하려 한다. 그래야 다양한 상황에서 친구가, 동료가, 혹은 낯선 사람이 어떻게 반응할지 알 수 있고 안심이 되기 때문이다. 이런 해석을 **낯선 사람의 심리학**psychology of the stranger이라고 하는데 성격적 특징을 바탕으로 타인, 심지어 자신을 파악하는 것을 가리킨다.[2] '낯선 사람'의 심리학이라고 하는 이유는 성격적 특징이 한 사람의 신념과 가치관을 말해주는 것은 아니기 때문이다. 다음 장에서 살펴보겠지만 성격은 생각, 감정, 행동 습성에 담긴 일관성을 보여준다.

어떻게 성격을 측정할 수 있을까?

사람 고유의 성격을 파악하는 가장 좋은 방법은 무엇일까? 오래전부터 심리학계에서는 성격의 핵심을 규정하려는 노력을 해왔으며 사람들을 '유형'에 따라 분류하려는 시도도 많았다. 그중 가장 유명한 것이 마이어스-브리그스 성격 유형 지표MBTI이다. 이 지표를 바탕으로 사람들의 '유형'을 분류해주는 채용 회사들이 많은 돈을 벌었다. 심지어 〈포천〉 500에 선정된 기업의 80퍼센트가 직원들을 배치할 때 이 테스트를 사용한다고 했다. 이 테스트는 4가지 유형에 근거해 사람들의 성향을 이해하는 데 도움을 주려는 것이다. 4가지 유형은 내향형 대 외향형, 직관형 대 감각형, 사고형 대 감정형, 판단형 대 인지형을 말한다.

교사였던 캐서린 브리그스Katherine Briggs와 소설가였던 그녀의 딸 이사벨 브리그스 마이어스Isabel Briggs Myers(두 사람 다 정식 심리학 교육을 받은 적은 없었다)가 마이어스-브리그스 테스트를 개발한 지 70년도 더 되었다는 사실을 모르는 사람이 많다.[3] 심리학이 실증과학이 되기도 전이다. 여기에는 문제점이 많아서 심리학자들은 이 테스트에 대해 매우 회의적인 경향이 있다.[4] 사실, 심리학자들은 소셜 미디어에서 '마이어스-브리그스는 링크드인LinkedIn 프로필을 사용하는 사람들을 위한 점성술이다'라는 제목의 밈을 많이 공유한다.

우선 한 가지 문제는 검사를 여러 차례 반복하면 서로 다른 결과가 나오므로 영구적인 성격 특징을 평가하는 데 신뢰할 만한 방법이라고 볼 수 없다는 점이다. 하지만 더 큰 문제는 이 테스트가 '사고를 추구하는 사람 아니면, 감정을 추구하는 사람'과 같이 사람들을 극명한 흑백 범주로 나눈다는 점이다. 실제로 우리는 정도가 다를 뿐 이런 성격 차원을 모두 가지고 있는데도 말이다. 이런 식으로 칸을 만들어 분류하면 우리는 실제로 차이가 있는 사람들까지 모두 비슷한 사람이라고 묶어놓는 셈이다. 그럼에도 사람들이 이 테스트를 해서 자기가 속한 '유형'을 알고 싶어 하는 이유는 아마도 자기 탐구의 시작점으로 삼기 좋기 때문일 것이다. 심리학자들은 아직 그 테스트의 신빙성을 인정하지 않고 있지만 말이다.[5]

성격 특성은 스펙트럼 위에 분포한다

수십 년에 걸친 과학적 연구 결과, 인간의 성격은 유형으로 구분할 수 있는 것이 아니라 스펙트럼상에 표시할 수 있다는 것이 최근의 중론이다. 지금까지 보고된 것은 5가지 광범위한 관점 혹은 '특성'으로 인간의 총체적 성격을 나타낸다. 흔히 **빅 파이브**Big Five라고 하며, **경험에 대한 개방성**Openness to experience, **성실성**Conscientiousness, **외향성**Extraversion, **친화성**Agreeableness, **신경성**Neuroticism으로 설명할 수 있는(쉽게 기억하기 위해 머리글자만 따서 OCEAN이라고 한다) 각각의 성격 차원은 낮음 단계에서 높음 단계에 이르는 스펙트럼 안에서 측정된다.[6]

당신이 이 5가지 특성, 혹은 성격 특징을 얼마나 가졌는지 알기 위해 다음의 항목에 답해보자. 내가 바라본 나는 어떤 사람인가? 각각의 항목에 1~7점까지 점수를 매겨라.

1	2	3	4	5	6	7
완전 불일치	중간 정도 불일치	약간 불일치	불일치도, 일치도 아님	약간 일치	중간 정도 일치	완전 일치

    1. 외향적이다. 열정적이다.

    2. 비판적이다. 논쟁을 좋아한다.

    3. 신뢰할 수 있다. 자제력이 있다.

    4. 불안해한다. 쉽게 동요한다.

    5. 새로운 경험에 개방적이다. 다면적이다.

    6. 내성적이다. 조용하다.

    7. 동정심이 있다. 따뜻하다.

    8. 체계적이지 못하다. 부주의하다.

    9. 침착하다. 감정적으로 안정되어 있다.

    10. 관습을 따르는 편이다. 독창성이 없다.

    점수를 매긴 다음 2번, 7번, 8번, 9번, 10번 질문에 해당하는 점수를 거꾸로 바꾼다. 7점을 매겼다면 1점으로, 6점을 매겼다면 2점으로 바꾸는 식이다.

7 = 1

6 = 2

5 = 3

4 = 4

3 = 5

2 = 6

1 = 7

이제 각각의 성격 차원에 대해 점수를 계산해보자.

- 경험에 대한 개방성: 5번과 10번의 점수를 더한다.
- 성실성: 3번과 8번의 점수를 더한다.
- 외향성: 1번과 6번의 점수를 더한다.
- 친화성: 2번과 7번의 점수를 더한다.
- 신경성: 4번과 9번의 점수를 더한다.

각각의 특성에 대해 2~14점의 점수가 나왔을 것이다. 각각의 특성에 대한 전반적인 평가는 2~6점 = 낮음, 7~10점 = 중간, 11~14점 높음이다.

나의 점수: _____

5가지 특성은 명칭만으로도 충분히 설명될 듯하다. 예를 들어, **경험에 대한 개방성**에서 얻은 점수는 정신생활과 경험의 깊이 및 복잡성을 나타내며, 일반적으로 새로운 것을 시도하고 새로운 장소를 탐험하거나 새로운 생각을 해보려는 의지를 보여준다. **성실성**은 근면하게 열심히 일하는 성향과 맡은 일을 잘 해내려는 욕구를 나타낸다. 이 특성은 당신의 근성 및 끈기와 겹치는 부분이 있다.[7] **외향성**은 당신이 사교적이고 외향적인 활동을 즐기는 정도를 보여준다. 만약 당신이 내향적이라면(이 특성의 스펙트럼에서 낮음을 받았다면) 다른 사람들과 어울리기보다는 혼자 있으면서 에너지를 충전하는 편일 것이다.[8] **친화성**은 당신이 남들에게 '친절하게' 대하며 상대를 불쾌하게 만들지 않는 정도다. **신경성**은 당신이 불안감, 걱정, 낮은 자존감, 그리고 우울감을 느끼는 정도다.

당신의 성격을 판단하는 것은 개연성과 경향의 문제이지 흑백논리로 가를 수 있는 일이 아니다. 그리고 성격 특성만으로 그 사람의 인생 경험이 제공하는 풍성한 배경 이야기를 알 수는 없다. 하지만 더 깊은 자기 인식에 도달하려면 자신의 성격을 어느 정도 알아둘 필요가 있다. 당신의 대표적인 성격적 특징, 즉 내가 성격 '스타일'이라고 부르는 것이 다양한 상황에서 당신의 대처 방식에 어떻게 영향을 주는지 알고 있으면 매우 유용하다. 예를 들어, 당신이 외향성 점수가 낮은 내향적인 성격이라면 너무 활기찬 환경에서 잘 지내기는 힘들 것이다. 당신은 요란한 파티에 참석하는 것보다는 혼자 있거나 친한 사람들과 즐기는 저녁 식사처럼 소규모 그룹과 어울릴 때 더 많은 에너지를 얻을 것이다.

전환 기술에서 가장 중요한 성격 특성은 경험에 대한 개방성이다. 만약 당신이 경험에 대한 개방성에서 낮은 점수를 받았다면 정해진 루틴을 선호하고 불확실성을 특히 불편하게 느낄 것이다. 요컨대 마음에 간직한 신념을 고수하는 것이 당신의 마음을 편안하게 해주는 가장 큰 원천일 것이다. 그리고 그것이 당신이 변화에 저항하려 하는 이유일 수 있다. 어쩌면 당신은 정신적 관절염에 걸릴 위험에 직면했는지도 모른다.

이것이 자신의 이야기처럼 들린다면 지금보다 더 개방적인 마음을 갖기 위해 조금씩 노력해보는 것도 좋다. 예를 들어, 결정권을 쥔 인물에게 의문을 제기함으로써 시작해보자. 현재 상황을 받아들이기만 하지 말고 대안이 될 만한 다른 행동 방식이나 사고방식이 있는지 자신에게 묻자. 쉽지 않은 일이라는 건 나도 안다. 하지만 작게라도 첫걸음을 떼면 도움이 된다.

새로운 기분을 느끼고 새로운 생각을 해보는 일에도 흥미를 가져보자. 다른 사람들을 롤모델로 삼거나 모방하는 것도 조금이나마 도움을 준다. 개방적인 사람일수록 대개 관심사가 다양하고 적응력이 뛰어나며 지적 호기심이 많고 쉽게 싫증낸다. 그들은 자신을 돌아보고 반성하는 경향이 있고 자기 내면과 외부 세계를 탐구하는 데 흥미가 있다. 창의적인 사람은 불확실성도 편안하게 받아들이며 관습에 따라 행동하지 않는다.

성격 특성에는 '옳은 것'도 '그른 것'도 없다. 하지만 당신이 개방적일수록 변화에 적응하기는 더 쉬워진다.

성격 특성은 바꿀 수도 있고 바뀔 수도 있다는 점을 기억해야 한다. 고정불변인 게 아니다.[9] 누구나 강하게 선호하는 것이 있고, 그것이 우리의 성격 특성으로 드러난다. 하지만 필요하다면, 기본적인 성향을 수정하는 법을 배울 수 있다. 예를 들면, 나도 본래 내성적인 성격이지만 공개 강의나 기념행사에서 연설할 때는 외향적인 성격으로 조정하는 법을 배웠다.

지적 겸손

경험에 대한 개방성에서 비교적 높은 점수를 얻었다는 것은 새로운 경험을 찾는 걸 즐긴다는 뜻이다. 한편 간과하기 쉽지만 개방성은 자신의 신념과 생각이 틀릴 수도 있다는 사실을 받아들이는 능력이기도 하다. 이 능력은 때로는 자기 생각을 기꺼이 바꿀 줄 아는 태도로 이어진다. 이렇게 자기 생각을 바꾸려는 마음을 **지적 겸손**intellectual humility이라고 부른다.

사람들은 이제 지적 겸손이 정신 건강을 위해 수행하는 중요한 역할을 깨닫기 시작했다. 지적 겸손에서 높은 점수를 얻은 사람이 실제로 다른 사람들의 의견에 더 개방적이고 어떤 사안에 대해서도 다양한 가능성을 고려하려 한다는 연구 결과들[10]이 있다. 그리고 이것은 기민성에 매우 중요한 부분이다. 사람들은 대부분 주어진 상황에서 자기 능력이나 지식을 과대

평가하는 경향이 있다. 예를 들어, 2018년에 실시한 조사[11]에 따르면 거의 80퍼센트의 사람이 자신이 남들보다 '개방적'이라고 믿었다. 더 걱정스러운 것은 5퍼센트도 안 되는 사람들만 자신이 '폐쇄적'이라고 생각했다는 것이다.

심리학자들은 지적 겸손을 다음의 3가지 핵심 요소로 분류했다.

- 다른 사람의 견해를 존중하는 것
- 자신의 지적 능력과 자아를 분리하는 것
- 자신이 틀릴 수도 있다는 새로운 근거를 발견하면 자신의 의견을 기꺼이 수정하는 것

보통 자신이 틀릴 수도 있음을 기꺼이 인정하는 사람이 그런 가능성을 용납하지 않는 사람보다 더 행복해하고 건강하다.[12] 이런 사고방식에서 드러나는 일관성을 고려할 때, 겸손을 6번째 성격 차원으로 추가해서 빅 파이브가 아닌 빅 식스Big Six로 해야 한다는 의견도 있다.[13]

지적 겸손을 발달시키기 어려운 이유

지적 겸손은 저절로 생기지 않는다. 인지 경직성을 포함한 많은 심리적 기제가 겸손한 사고방식에 저항하기 때문이다. 모든 것에 끊임없이 의문을 제기하도록 훈련받은 과학자들조차

도 자신의 신념을 바꾸고 수년간 연구한 이론을 버리는 일을 매우 꺼린다. 특정 신념 체계, 혹은 유력한 이론에 많은 시간과 노력을 쏟아붓고 나면 자기 생각이 틀릴 수도 있다는 사실을 인정하기 어려워진다.

유명한 사회심리학자 존 바그John Bargh는 1996년 동료들과 한 가지 연구[14]를 수행했다. 그 연구에서 노인과 관련한 단어를 읽은 젊은 실험 참가자들은 실험실을 나갈 때 평소보다 더 천천히 걸었다. 노인과 관련한 생각을 주입했다는 이유만으로 젊은이들의 움직임이 느려진 것 같았다. 이 연구는 즉시 심리학 이론의 고전이 되었다. 수많은 미디어의 관심을 받았고, 사람들에게 노인에 대한 고정관념을 주입하면 그에 따라 행동하게 할 수 있다는 흥미로운 생각을 퍼뜨렸다.

이제 2012년으로 가보자. 브뤼셀에서 활동하는 한 그룹의 심리학자들이 지금은 심리학의 고전이 된 이 연구를 재현해 보기로 했다.[15] 이번에는 실험 참가자도 훨씬 더 많고 걸음 속도도 더 정확히 측정했다. 하지만 그들은 원래 결과를 도출해 낼 수 없었다. 대신 학자들은 실험을 진행하는 검사자들이 어느 그룹에서 노인과 관련한 단어를 읽었는지 알고 있을 때, 그래서 검사자들 스스로 마음의 준비를 하고 실험 참가자들이 천천히 걸을 것이라고 **예상했을 때에만** 그들이 천천히 걷는다는 사실을 발견했다. 벨기에 학자들은 이 결과가 실험 참가자보다는 검사자의 심리와 더 깊은 연관이 있다는 결론을 내렸다.

이것은 심리학에서 잘 알려진 **기대 효과**expectancy effect를 보여주는 실험이다. 기대 효과란 무슨 일이 일어날지 알고 있는 사람은 다른 사람에게 의도치 않게 단서를 흘리고, 그게 결국 **자기 충족 예언**self-fulfilling prophecy으로 이어진다는 것이다.

분노한 존 바그는 그 벨기에 과학자들의 역량에 의문을 제기하면서 그 연구를 발표한 학술지를 비난했다. 그리고 그 연구에 대해 중견 과학 기자가 쓴 기사를 "천박한 … 온라인 저널리즘"이라고 맹렬히 몰아세웠다.[16]

자기 존재의 일부를 이루는 신념이 도전받으면 사람들은 기분 나빠하는 동시에 그 신념에 더욱 몰두하고 변화에는 더욱 저항한다. 이런 강력한 심리적 기제에서 우리를 보호해주는 것이 바로 지적 겸손이다. 지적 겸손이 전환 기술에 중요한 이유는 2가지다. 첫째, 지적 겸손이 자기 인식(전환 기술의 두 번째 핵심 요소) 능력을 키우는 데 도움을 주기 때문이다. 둘째, 지적 겸손이 정신적 기민성(전환 기술의 첫 번째 핵심 요소)과 밀접하게 연관되어 있기 때문이다. 예를 들어, 지적으로 겸손한 사람들이 '색다른 활용법 테스트'에서 일상용품을 활용할 수 있는 방법을 더 많이 생각해냈다는 흥미로운 연구[17] 결과도 있다. 기억하겠지만, 색다른 활용법 테스트는 기민성의 바탕인 인지 유연성의 척도다.

지적 겸손 테스트

지적 겸손을 평가하는 방법의 하나로서, 다음 9개의 질문에 답해보라.

빅 파이브 테스트처럼 각각의 질문에 1(완전 불일치)부터 7(완전 일치)까지 점수를 매긴다.[18]

1. 나는 실수를 저지르면 바로 인정하므로 내가 강압적으로 말한다고 비난하는 사람은 없을 것이다.
2. 나는 영리한 사람들을 높이 평가한다.
3. 나는 생각을 바꾸는 것이 약점을 표출하는 것이라고 생각하지 않는다.
4. 나는 다른 사람의 의견을 듣는 것을 환영한다. 꼭 칭찬이 아니더라도 괜찮다.
5. 나는 잘 모를 땐 두 손 들고 깨끗이 모른다고 인정한다.
6. 나는 나 자신을 낮추며 농담하기가 너무 어렵다.
7. 나는 논쟁을 통한 설득에 개방적이다.
8. 나는 누가 내 생각을 비판하면 불쾌하다.
9. 나는 내 말을 이해하지 못하는 사람을 보면 똑똑하지 않다고 생각한다.

각각의 문항에 1~7점까지 점수를 매겼을 것이다.

우선 6번, 8번, 9번 문항의 점수를 거꾸로 바꾼다. 이전처럼 7점을 매겼다면 1점으로, 6점을 매겼다면 2점으로 바꾸는 식이다.

이제 9개의 질문에 대한 점수를 더하면 9~63점 사이의 점수가 나올 것이다. 높을수록 지적 겸손도가 높다는 뜻이다.

- 9~21점 = 매우 낮음
- 22~38점 = 낮음
- 39~50점 = 중간
- 51~57점 = 높음
- 58~63점 = 매우 높음

나의 점수: _____

지적 겸손을 키우는 법

지적 겸손을 키우는 방법이 몇 가지 있다. 핵심은 조금 힘들더라도 다른 사람의 의견을 받아들이고 자신의 신념에 의문을 제기하며 피드백에 마음을 여는 방법을 찾는 것이다. 틀리고 싶은 사람은 없다. 하지만 때때로 우리를 있는 그대로 인정하는 것이 변화를 이끄는 힘이 되며 우리가 깨달음을 얻는 데 도움을 준다.

1. 당신이 동의하지 않는 견해라 할지라도 상대방의 말을 끊지 말고 **주의 깊게 들어라.** 그리고 당신이 동의하지 않더라도 자기 의견을 피력하는 사람을 비웃지 마라.

2. **성장하려는 태도를 가져라:** 우리의 지적 겸손은 '성장 마인드셋(성장하려는 태도)'을 바탕으로 향상될 수 있다.[19] 우리 능력은 고정된 것이 아니며 좋은 전략과 노력을 통해 그것을 촉진하고 향상시킬 수 있다고 생각하는 것이다. 배움에 대해 개방적인 사람이라면 자신이 틀릴 수 있다는 사실을 더 쉽게 받아들인다. 당신의 재능이 정해져 있으며 변하지 않는다고 생각하지 말고 향상된 모습을 볼 때까지 계속 노력하라. 예를 들어, 악기 연주를 특별히 잘하는 편이 아니라고 생각한다면 계속해서 연습하라. 그러면 실력이 향상되는 것을 볼 수 있을 것이다. 스스로 가꾼 변화를 보고 믿음으로써 성장하려는 태도를 함양할 수 있을 것이다.

3. **당신의 실패를 축하하라:** 말처럼 쉽지 않다는 건 안다. 하지만 실수를 저지르면 그 실수를 통해 배움을 얻을 수 있다. 그러니 일이 잘되지 않았을 땐 그것에 대한 적절한 평가를 받아라. 가능한 한 많은 사람으로부터 피드백을 받아 주의 깊게 살펴보라. 어떻게 했더라면 결과가 바뀌었을지 자문해보라. 가능한 한 모든 정보를 받아들여야 진짜 배움을 얻을 수 있다.

당신의 지적 겸손이 어느 정도인지 생각해보고 그걸 함양하는 데 필요한 것이 무엇인지 알아보라. 당신이 개방성과 지적 겸손의 스펙트럼에서 어디쯤 위치하는지 안다면 성격 특성에 기반한 자기 인식 수준을 높일 수 있다. 이로써 자신을 더 깊이 이해하고 전환 기술의 두 번째 핵심 요소를 강화할 수 있다.

몸과 마음 파악하기

자신의 성격 특성을 아는 것만으로는 충분하지 않다. '자신을 알려면' 심리학적 자기평가의 결과로 얻는 통찰력 이상의 뭔가가 필요하다. 진정으로 자신을 이해하려면 마음뿐만 아니라 몸에 대해서도 알아야 한다. 고대 그리스인들도 이 사실을 잘 알고 있었다. 소크라테스 이전의 철학자 엠페도클레스Empedocles(기원전 494~434년경)는 자연 원소인 공기, 흙, 물, 불로 구성된 4가지 **기질**이 있다는 개념을 처음으로 제시했다.

물론 다혈질(사교성, 외향성), 담즙질(독립성, 과단성), 우울질(분석적 성향, 꼼꼼함), 점액질(조용함, 느긋함)의 4가지 기본 기질이 '체액humours' 부족 또는 과잉 때문이라는 이론을 최초로 제시했다고 인정받는 건 히포크라테스(기원전 460~370년경)다. 그는 이런 체액들의 결합이 질병을 일으키기도 하고 양호한 건강 상태를 유지하기도 하며 모든 기분, 감정, 행동의 토대가 된다고 여겼다.

오늘날 심리학자와 뇌과학자들은 성격 차이를 (혈액, 흑담즙, 황담즙, 점액이 아니라) 호르몬, 신경전달물질, 세포 밖 화학적 메신저 때문이라고 여기는 경향이 있다. 하지만 이번 장에서 설명한 빅 파이브 성격 유형을 보면 히포크라테스의 이론이 현대 이론과 얼마나 유사한지 알 수 있다.

고대 그리스에서도 사색과 자아 성찰, 그리고 삶에 대한 고민 등에 상당한 시간을 할애했겠지만 현대사회로 오면서 삶이 갈수록 나태해지고 있다고 말해도 무방할 듯싶다. 낮에 육체노동을 하는 사람은 많지 않고, 수백만 명이 책상에 앉아 몇 시간 동안 계속 컴퓨터 스크린을 바라본다. 그러고 나서는 또 몇 시간 동안 스크린 앞에 앉아 여가를 즐긴다. 심지어 요리와 청소 같은 집안일만 해도 지금처럼 가사 노동시간을 줄여주는 가전제품의 축복을 누리지 못한 세대와 비교하면 현대사회에서는 신체적 기술과 노력이 훨씬 덜 든다. 나는 할머니가 잼을 만들려고 커다란 볼에 든 과일을 몇 시간씩 걸려서 으깨던 모습이 생각난다. 요즘은 강력한 믹서를 활용하면 몇 초 만에 끝날 일이다.

이제 대부분 사람들에게 신체 운동은 평소의 활동에 포함되어 있지 않으며 바쁜 일상생활 속에 계획을 짜 넣어야 하는 것이 되었다.

우리는 신체적 현실과 괴리되었다

우리가 이처럼 신체 활동에서 멀어지자 우리 자신과 신체도 괴리되었다. 그 결과 우리 몸이 보내는 불편함, 통증, 그리고 피로감의 미세한 신호를 알아챌 수 없게 되었다. 온도, 가려움증, 간지럼, 관능적 터치, 홍조, 배고픔, 갈증, 근육의 긴장감, 그 밖의 수많은 신체적 신호를 알아채는 능력은 신체적 자기 自己의 토대를 형성한다. 몸이 보내는 이런 미세한 신호를 이해하는 것은 당신의 정체성을 파악하는 데 꼭 필요한 부분이다. 이처럼 거의 잊히다시피 한 자기 인식의 한 부분, 즉 몸의 신체적 현실을 알려고 하는 것이 이제 심리과학 분야에서 다시 주목받고 있다.[20]

미국에서 심리과학 분야가 태동하던 1884년, 하버드대학교의 심리학자 윌리엄 제임스William James는 신체 반응의 결과로 감정이 일어난다는 이론을 전개했다.[21] 윌리엄 제임스는 이로써 감정에 관한 일반적인 생각을 완전히 뒤집어놓았다. 예를 들면, 제임스는 두려워서 도망치는 것이 아니라 **도망치기 때문에 두려움을 느낀다**고 생각했다. 뱀을 봤을 때, 당신의 심장은 두려워서 빠르게 뛰는 게 아니다. 뱀을 보면 심장박동이 빨라지고 뇌에서 빨라진 심장박동을 감지하면 당신은 두려움을 느끼기 시작한다.

제임스는 이처럼 흥미로운 의견에 관해 직접적인 증거를 제시하지는 않았다. 그리고 이 이론은 수년간 심리학계에서 크게 호응을 얻지 못했다. 하지만 뇌와 신체의 활동을 측정하는 새로운 방법이 생기면서 우리의 감정, 생각, 행동에 대한 신체적 인식의 중요성이 심리학과 신경과학 분야에서 다시금 강조되고 있다. 결국 윌리엄 제임스의 견해가 옳았음이 판명되었다.

이제 우리는 우리 몸 안에서 일어나는 일을 인지하는 **내부 감각**interoception 능력이 포괄적인 자기 인식에 도달하는 데 도움을 준다는 걸 알고 있다. 당신의 내부 감각 수준을 보면 주어진 순간에 당신이 얼마나 격앙 또는 고무된 상태인지를 어느 정도 파악할 수 있다. 예를 들어, 중요한 면접시험을 위해 긴장하면서 대기하고 있을 때, 당신은 당신의 심장박동 소리를 너무나 잘 인식할 수 있다. 하지만 친구들과 편안한 시간을 보낼 때 당신은 심장박동 소리 같은 건 전혀 인식하지 못할 것이다. 내부 신호 감지 능력은 이런 상반된 상황에서만 차이가 나는 것이 아니라 사람별로도 차이가 매우 크다. 높은 수준의 내부 감각 능력을 갖춘 사람은 높은 불안감을 드러내는 한편, 자신의 내부 신호를 잘 감지하지 못하는 사람은 자신의 감정을 알고 설명하는 데 큰 어려움을 느낀다.

내부 감각은 흥미로운 현대 연구 분야로서 아직 밝혀지지 않은 부분이 많이 있다. 높은 수준의 내부 감각이 어떨 때 도움이 되고 어떨 때 방해가 되는지도 정확히 밝혀지지 않았다. 예를 들어, 두려움을 느끼는 생리적 상태를 더 잘 인지하는 능력은 위협적인 상황에서는 매우 도움이 되겠지만 직장에서 중요한 프레젠테이션을 앞두고 있을 때는 딱히 도움이 되지 않을 것이다.

수년간 신체 감각에 대한 연구가 심리학에서 뒤로 밀려났던 이유 중 하나는 내부 신호를 측정하기가 어려웠기 때문이다. 내부 신호는 임의적으로 발생하므로 예상하기 어렵다. 한 가지 기법은 **심장박동 탐지 과제**heartbeat detection task로서 자신의 심장박동 수에 주의를 집중하는 것이다. 당신이 직접 해볼 수 있다. 잠시 눈을 감는다. 긴장을 푼다. 자신의 호흡을 느껴본다. 잠시 그 상태를 유지한다. 이제 명확하지 않은 감각들로 자신의 의식을 옮겨가보자. 당신의 심장박동이 느껴지는지 확인하라. 심장박동을 느끼기까지 시간이 좀 걸릴 수 있다. 오히려 당신의 가슴 말고 다른 신체 부위에서 더 강하게 박동을 느낄지도 모른다. 일단 박동이 느껴지면 박동 수를 계속 세어보라. 당신이 30초 또는 1분 동안 센 박동 수와 실제 박동 수를 비교하면 내부 감각 정확도를 대략 측정할 수 있다.[22]

하지만 신체 내부에서 느껴지는 감각을 우리 스스로 확인하는 것이 내부 감각 능력을 측정하는 최선의 방법은 아니다.[23] 그래서 연구자들은 이런 기법을 개선하려는 노력을 계속하고 있다. 자기 보고self-report식 측정법 자체가 이상적인 방법이 아니긴 하지만 나는 다음의 질문들이 사람이 자신의 신체 감각을 얼마나 잘 알아챈다고 여기는지 간단히 살펴보는 데 유용하다고 생각한다.[24]

각각의 질문에 대해 점수를 매긴다. 그런 다음 점수들을 모두 더해 총점을 낸다. 10~40점 사이의 점수가 나올 것이다.

1	2	3	4
거의 그렇지 않다	때때로 그렇다	자주 그렇다	거의 항상 그렇다

1. 나는 위가 팽창하는 느낌을 알 수 있다.
2. 나는 놀랐을 때 내 몸 안에서 무슨 일이 일어나는지 잘 느낄 수 있다.
3. 나는 무서운 영화를 볼 때 뒷덜미의 털이 곤두서는 것을 느낄 수 있다.
4. 나는 불편한 신체 감각을 잘 알아챈다.
5. 나는 쉽게 내 호흡에만 집중할 수 있다.
6. 나는 주위에서 무슨 일이 일어나든 내 몸의 특정 부분에 신경을 집중할 수 있다.
7. 나는 심장박동의 강도를 느낄 수 있다.
8. 나는 목과 등의 근육 긴장을 느낄 수 있다.
9. 나는 샤워할 때 물이 몸을 타고 흐르는 게 느껴진다.
10. 나는 손바닥에 땀이 나는 것이 느껴진다.

30점이 넘으면 신체 신호를 잘 알아챈다는 뜻이다. 반면 20점 이

하는 내부 신호를 잘 알아채지 못한다는 뜻일 수 있다. 21~30점 사이는 보통 수준이다.

나의 점수: _____

내부 감각과 자기

우리 몸은 호르몬 수치, 혈압, 체온, 소화와 배설, 배고픔과 갈증 같은 내부 조절 상태에 관한 정보를 지속적으로 뇌에 전달한다. 사실, 뇌가 몸으로 전달하는 것(20퍼센트)보다 우리 **몸이 뇌로** 전달하는 신호(80퍼센트)가 훨씬 더 많다. 우리 몸이 뇌를 돕기 위해 존재하는 것이 아니라 뇌가 몸을 돕기 위해 존재한다는 뜻이다.

그리고 이런 시스템이 우리가 자신과 타인, 그리고 사물을 차별화하는 데도 도움을 주는 것으로 보인다.[25] 뇌는 우리가 다른 사람 혹은 다른 사물을 생각할 때보다 우리 자신에 대해 생각할 때 심장박동으로 더 강한 신호를 보내기 때문이다.[26] 즉, 자신에 관한 생각이 다른 사람에 관한 생각보다 더 강력한 생리적 효과를 낸다는 뜻이다.

이런 연구를 통해 우리의 정신이 복잡한 물리적·사회적·문화적 환경 안에 존재하는 우리의 신체에 포함되어 있다는 것을 알 수 있다.[27] 현실은 그냥 밖에 존재하는 그대로 인지되는 것이 아니라 우리 몸을 이루는 유기물의 지속적인 파동을 통해 우리 마음에 새롭게 그려지는 것이다. 심장박동은 무엇이 가장 중요한지를 우리에게 말해준다. 이것은 프랑스 철학자 모리스 메를로퐁티Maurice Merleau-Ponty가 내린 결론과도 잘 들어맞는다. 1945년에 그는 이렇게 썼다. "몸은 우리가 세상을 받아들이기 위한 보편적 매개체이다."

신체 신호는 뇌의 예측 작용을 돕는다. 이 개념은 요즘 점차 인기를 얻고 있는 관점, 즉 우리가 뇌를 외부 세계에 무엇이 있는지 그리고 무슨 일이 일어날지 예측하려고 끊임없이 노력하는 일종의 추론 장치로 여기는 견해를 받아들일 때 특별한 의미를 갖는다.[28] 하지만 당신의 뇌가 당신 주변에서 일어나는 일에 의해 완벽하게 통제되지 않는다는 사실을 기억하자. 이런 외부 신호는 당신의 몸 **안에서** 나오는 신호와 계속 결합해 세상에 대한 당신의 인식을 생성한다. 그것은 매우 역동적이고 민감하며 예측적이고 지속적인 교환 작용이다.

신체 신호는 우리가 인지하는 것에도 영향을 미친다. 늦은 밤, 바닥 삐걱거리는 소리가 편안한 음악을 듣고 있을 때보다 무서운 영화를 보고 있을 때 훨씬 무섭게 느껴지는 이유도 바로 이것이다. 무서운 영화 때문에 빨라진 당신의 심장박동 수가 위험에 대한 예측을 강화해 설명할 수 없는 소음을 잠재적 위협 신호로 인식한다. 요점은 세상을 인지할 때 당신은 신체 내부 작업의 영향을 생각보다 더 많이 받는다는 것이다.

더 심각한 것은 이런 신호가 인종적 편견의 표출에 영향을 미치는 것으로 보인다는 점이다.[29] 미국에서 무기를 소지하지 않은 채 경찰과 충돌해 죽임을 당한 흑인이 백인보다 2배 이상 많았다.[30] 이런 우울한 통계의 원인은 **즉각적 판단**snap judgements 을 수행하는 실험에서 찾아볼 수 있었다.[31] 한 실험에서, 실험 참가자들에게 컴퓨터 화면을 통해 빠르게 지나가는 사진이나 영상을 보여주었다. 사진과 영상 속에는 총 또는 휴대전화 중 한 가지를 지닌 사람들의 모습이 담겨 있었다. 참가자들의 임무는 만약 그 사람이 총을 들고 있다면 '쏘는' 것, 즉 가능한 한 빨리 '발사' 버튼을 누르는 것이고 총을 가지고 있지 않다면 반응하지 않는 것이었다.

관찰 결과 화면 속 인물이 총을 들고 있지 않은 경우, 백인과 아시아계 참가자들은 일관되게 백인보다 흑인을 향해 훨씬 더 많은 '발사' 결정을 내렸다. 이것은 휴대전화나 지갑같이 위험하지 않은 물건을 흑인이 손에 들고 있으면 총으로 오인하는 경우가 많기 때문이다.

이런 식의 자동 반응은 우리 몸에서 일어나는 일, 특히 심장박동 탓도 일부 있는 듯하다. 추가 연구에서 대부분의 착오는 흑인이 참가자의 심장박동과 동시에 등장했을 때 일어났다.[32] 심장박동 사이에 발사 여부를 결정한 경우, 총과 휴대전화 구분의 정확성은 흑인과 백인 사이에 차이가 없었다. 심장이 한 번 뛰면 동맥에 있는 특별한 센서가 뇌를 향해 경고 메시지를 보낸다. 박동과 박동 사이에는 센서가 아무런 신호를 보내지 않는다. 심장박동 메시지 혹은 심장박동 수 증가 메시지를 받은 뇌는 현재 상황을 파악하고 몸을 안정시키고 보호하는 데 필요한 일을 알아내기 위해 예측을 할 것이다.

무의식적 편견으로 인해 흑인 남성은 비슷한 체구의 백인 남성보다 더 크고 위협적인 존재로 잘못 인지되는 일이 많다.[33] 결국 (심장박동으로 인한) 경고 신호를 받은 뇌와 정형화된 위협적 존재(흑인 남성)가 결합해 위험하지 않은 물건(손에 든 휴대전화)을 위험하다고 인식할 가능성을 높이는 듯하다. 실제로 뇌가 몸을 통해 세상을 인지하는 것이다. 심지어 인종적 고정관념도 신체 내부 작용의 변화에 따라 강하게 영향을 받는 것으로 보인다.

인지는 능동적 과정이다

다음의 수평선 2개를 자세히 살펴보자. 어느 것이 더 길어 보이는가?

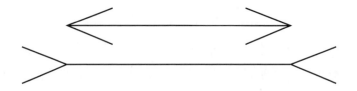

이 2개의 수평선은 실제로 길이가 같지만 대부분 사람에게 아래에 있는 선이 더 길게 보인다. 나는 심리학 학부생 시절 초기에 들었던 한 강의에서 밀러-라이어Muller-Lyer 착시라고 부르

는 이 유명한 현상에 매료되었다. 이 착시 현상은 단순한 선을 인지하는 것조차도 우리 눈으로 들어오는 빛의 물리학만으로 이루어지는 게 아니라 우리의 경험을 바탕으로 이루어진다는 사실을 강력하게 말해준다.

우리는 대부분 각진 구조물로 이루어진 세상에 살고 있으므로 우리 뇌는 수평선 양끝에 있는 화살표를 입체의 단서로 인식한다. 예를 들어, 아래의 선은 방 **안쪽에서** 바라본 모서리를 나타낸다고 인식하기 쉽다. 반면 위의 선은 **바깥쪽에서** 바라본 건물의 모서리와 더 유사하다. 안쪽에서 바라본 모서리 같은 아래의 선은 더 가까이 있다고 느껴지므로 더 길게 보인다.

이것은 당신의 망막에 비친 작은 이미지들이 사실 멀리 있는 아주 큰 물체인 경우가 많으므로 당신의 뇌가 그런 이미지를 받아들인 다음 다시 계산해 당신에게 세상의 질서에 맞는 관점을 제공하기 때문이다. 이런 계산은 때때로 뮐러-라이어 착시처럼 과장된 시각적 오류 현상을 유발한다. 남아프리카 줄루Zulu족이나 북아메리카 나바호Navajo족처럼 주로 둥근 건물만 있어 각이 없는 환경에서 자란 사람들은 이런 착시를 덜 겪는다는 사실을 보여주는 몇몇 연구가 있다.[34] 이 착시 현상이 보여주듯 우리는 적극적으로 세상을 재구성해 인식하며 이전 경험에 크게 영향을 받는다.

모든 것이 그렇듯 우리의 신체 신호를 받아들일 때도 뇌는 경험의 영향을 크게 받는다. 심리학자들은 문화 차이에 따라 다른 결과가 나타나는 뮐러-라이어 착시가 보여주듯이 외부 세계로부터 같은 신호를 받아도 사람들이 각자 가진 이전 경험에 따라 다른 의미로 받아들일 수 있다는 사실을 오래전부터 알고 있었다.

뇌로 경고를 전달하는 강한 내부 신호도 외부에서 들어오는 정보와 마찬가지로 경험의 영향을 크게 받는다. 예를 들어, 파티에 참석했는데 심장이 평소보다 빠르게 뛰는 걸 느꼈다면 불안감이 높은 사람은 그것을 잠재적 위협의 신호로 해석할 것이다. 반면 불안감이 덜한 사람은 정확히 똑같은 내부 신호를 흥분으로 이해할 것이다. 이런 내부 신호는 불안감 높은 사람들이 자신의 부정적 생각이 비논리적이라는 뚜렷한 증거에도 그 사실을 인정하지 않으려는 이유 중 하나임이 거의 확실하다. 내부 신호는 위협을 알리며, 빠르게 뛰는 심장과 상충하는 다른 증거보다 설득력이 있다.

때때로 우리는 몸에서 보내는 신호 탓에 심각한 오류를 범하기도 한다. 앞서 언급했던 인종차별 행위처럼 잘못된 고정관념(특정 인종이 더 위험하다는 것 같은)도 우리의 내부 신호에 의해 활성화된다. 하지만 맹목적 지식이 담긴 거대한 저장소를 활용하는 다른 직감들은 우리가 더 나은 결정을 내리도록 이끌기도 한다. 더 정확히 말하면, 우리의 내부 감각 능력이 이런 직감들을 활용할 때 의사 결정 능력이 향상되기도 한다. 압박감을 느끼는 상황에서는 더욱 그렇다.

빠르게 결정해야 할 때, 그리고 극심한 스트레스를 받을 때 심장박동 같은 내부 신호는 우리가 가장 잘 아는 것에 의존하도록 이끈다. 이것이 위기 상황에 처한 저격수(만약 그들이 특정 인종에 대한 부정적 고정관념을 가지고 있다면)에게는 도움이 되지 않을지 모르지만, 매우 숙련된 일을 처리하는 상황에서는 더 나은 결정을 내리는 데 도움이 된다.

금융 거래인들을 대상으로 이것이 어떻게 작용하는지 보여준 흥미로운 연구가 있다.[35] 빠르게 돌아가는 증권거래소에서 성공을 좌우하는 명백한 요소는 수없이 많다. 하지만 내부 감각 능력도 그중 하나인 것 같다.

한 연구팀이 18명의 런던 헤지 펀드 투자자들을 연구했다. 당시 그들은 시장의 불확실성이 유난히 심한 상황에서 초단타 매매를 하고 있었다. 앞서 설명한 심장박동 탐지 과제를 사용해 실험한 결과 거래인들이 평소보다 그들의 직감에 더 의존한다는 게 밝혀졌다. 이것이 엄청나게 놀라운 일은 아니었다. 우리는 스트레스가 증가하면 내부 감각 능력이 향상될 수 있다는 것을 알고 있으며, 금융 거래가 높은 수준의 스트레스를 유발한다는 사실도 잘 알고 있기 때문이다. 더 놀라운 것은 거래인들의 내부 감각 능력이 그들의 전체적인 수익성을 높이고 증권 시장에서 장기간의 위기를 극복하는 데 훌륭한 예언자 역할을 했다는 점이다.

어떻게 하면 신체 신호를 읽는 능력을 키울 수 있을까

자기 인식을 위해 내부 감각 능력이 얼마나 중요한지를 고려하면 과연 이 능력을 키울 수 있는 것인지 궁금해진다. 한 연구팀은 명상이 몸에서 오는 신호를 정확히 감지하는 데 영향을 미치는지 알아보았다.[36] 이것은 중요한 연구다. 일반적으로 명상이 신체 감각을 개방적이고 편견 없는 태도로 인식하도록 돕는다고 알려졌지만, 이런 견해를 뒷받침할 만한 과학적 근거는 실제로 거의 없었기 때문이다. 그리고 이 연구는 정말로 명상이, 아니면 적어도 **보디 스캔**body scan이 참가자들의 신체 감각 인식 능력을 강화한다는 사실을 보여주었다.

마음챙김 명상에서 보디 스캔이라고 알려진 것은 미처 인식하지 못했던 긴장을 푸는 간단한 방법으로서 당신의 신체 신호에 집중하는 데 도움이 된다. 일정한 순서에 따라 몸의 각 부분으로 서서히 주의를 옮기면서 전반적으로 느껴지는 모든 불편함, 통증, 고통에 주의를 집중하는 것이다.

- **편안한 자세 취하기**: 가능하다면 누워서 수련하는 것이 가장 좋다. 하지만 사무실에서 짧은 시간 안에 스트레스를 완화해야 한다면 의자에 앉아서도 할 수 있다.
- **심호흡하기**: 심호흡을 하면서 숨을 들이마실 때마다 복부를 풍선처럼 부풀게 한다. 몇 분 동안 반복하면 완전히 긴장을 푸는 데 도움이 된다. '478' 기법을 시도해도 좋

다. 넷을 세는 동안 숨을 들이마시고 일곱을 세는 동안 호흡을 멈췄다가 여덟을 세는 동안 천천히 숨을 내쉬는 것이다. 호흡 사이에 휴지를 두게 되어 완전히 긴장을 풀 수 있다.

- **발에 주의 집중하기**: 계속해서 부드럽게 호흡하며 서서히 당신의 발에서 느껴지는 감각을 관찰하기 시작한다. 긴장, 통증, 고통을 발견했다면 그것을 느끼면서 호흡한다. 호흡할 때마다 긴장감이 당신의 몸을 빠져나간다고 상상하라. 다음으로 넘어갈 준비가 되면 종아리로, 그다음엔 정강이로 옮겨간다.
- **부위를 옮겨가며 온몸 살피기**: 계속해서 위쪽으로 옮겨가며 보디 스캔을 한다. 중간에 압박감, 통증, 긴장이 발견되면 그것을 느끼면서 호흡을 계속한다. 당신은 마침내 정수리에 도달할 것이다. 긴장이 당신의 몸을 빠져나간다고 상상하면서 서너 번 깊게 호흡한다.

이 단순한 기법은 당신의 몸을 심층적으로 인지하는 데 굉장히 유익하며 훌륭한 스트레스 해소 방법이다. 몸 전체를 보디 스캔할 시간이 없다면 몸의 한 부분만 해볼 수도 있다. 날마다 하기에 좋은 루틴이고 특히 지치거나 스트레스를 받을 때 도움이 된다.

자기 몸을 잘 이해하고 신체 내부 감각에 주의를 기울이는 것은 자기 인식에 있어 매우 중요한 단계로 진입하는 것이다.

성격 특성을 아는 것에서 더 나아가 몸에 대한 이해가 더해질 때 당신은 자기 인식 수준을 심화할 수 있다. 그리고 전환 기술의 두 번째 핵심 요소를 위한 탄탄한 토대를 만들게 될 것이다.

8장 요약

- 자기 자신을 아는 것은 모든 문화에서 공통적으로 나타나는 고대 지혜의 핵심이다.
- 당신의 성격 특성을 아는 것은 자기 인식에 있어 중요한 단계다. 그리고 낯선 사람을 이해할 수 있는 유용한 판단의 틀이 되기도 한다.
- 당신의 성격을 '유형'에 맞춰 이해하는 방식은 정확하지 않다. 그보다는 성격을 성향으로 인식하고, 그 성향이 몇 가지 핵심 차원별로 다양하게 나타난다고 이해하는 편이 더 현실적이다.
- 새로운 경험에 개방적 태도를 취하고 당신의 지적 겸손을 파악하는 것이 중요하다. 이 2가지는 전환 기술의 핵심적 측면으로서 육성하고 발달시킬 수 있기 때문이다.
- 포괄적인 자기 인식 감각을 발달시키려면 내부 감각, 즉 당신의 신체 신호에 주의를 기울여야 한다.
- 내부 신호는 외부 세계를 인식하는 데 중요한 역할을 한다.
- 간단한 보디 스캔 기법은 신체 내부 신호를 잘 알아채게 해준다.

8장에서 살펴봤듯이 우리의 성격 특성을 이해하고 내면의 감각을 인식하는 것은 자기 인식 수준을 높이는 중요한 요소다. 하지만 이런 측면은 내가 누구인지에 대해 일부분만 알려줄 뿐이다. 우리 자신을 제대로 이해하려면 우리가 가진 핵심 신념들에 대한 이해력을 키우고 우리의 개인적 서사, 즉 개인적 **스토리**를 알아내는 것이 필수적이다. 이번 장에서는 자신을 훨씬 더 깊고 포괄적으로 이해하는 법을 알아볼 것이다. 그렇게 하면 주변 사람들을 이해하는 데도 도움이 될 것이다.

1983년 4월 27일 수요일 오전 10시. 시드니 패러매타에 있는 웨스트필드 쇼핑센터 앞에서 11명의 주자들이 몸을 풀고 있었다. 그중에는 시기 바우어Siggy Bauer 같은 초장거리 부문 세계 최고 선수들도 있었다. 시기 바우어는 얼마 전 남아프리카를 횡단하는 1,000마일 마라톤 대회에서 세계신기록을 수립했다. 선수들은 개막 경기로 시드니부터 멜버른까지 달리는 울트라마라톤을 준비하고 있었다. 이 경기를 위해 수개월간 훈련해 온 선수들이었다. 참가 선수 대부분에게는 기업 스폰서가 붙었고, 540마일에 달하는 오스트레일리아의 두 도시 사이를 달리는 동안 그들을 도와줄 전속 지원팀도 있었다. 그리고 모두 20~30대의 나이로 최상의 신체 조건을 갖추었다.

단 한 명을 제외하고는 그랬다는 뜻이다.

61세의 지역 농민 클리프 영Cliff Young이 세계 최고 선수들 틈에 끼어 있는 것을 발견한 많은 관중은 말도 안 되는 일이라고 생각했다. 그 전날 언론 보도에서 한 지역 기자는 클리프를 향해 레이스를 완주하기는 어려울 것이라고 경고했다. 클리프는 말이나 트랙터를 살 형편이 되지 않아 폭풍우가 몰아치면 2,000에이커에 달하는 그의 농장에서 자기가 키우는 수많은 양을 직접 우리에 몰아넣곤 한다고 설명했다. 그는 이렇게 말했다. "정말 오래 걸립니다. 며칠이 걸리지요. 하지만 나는 항상 그렇게 양들을 몰아넣습니다. 나는 이 레이스를 완주할 수 있다고 믿습니다."

출발 직후부터 관중의 우려는 확신으로 바뀌었다. 클리프는 발을 끄는 듯한 동작으로 움직이기 시작했고, 빠른 속도로 출발선을 떠난 다른 10명의 선수들에게 금방 뒤처졌다. 당시 울트라마라톤에서는 보통 약 18시간을 달린 다음 매일 밤 최소 6시간 정도 잠을 잤다. 그래서 대부분의 선수가 18시간을 달린 후에는 멈춰서 휴식을 취하고 음식을 섭취했으며 잠도 잤다. 하지만 클리프는 그러지 않았다. 클리프는 계속해서 달렸다. 그는 새벽 2시가 되어서야 멈춰서 잠깐 휴식을 취했고, 2시간도 채 되지 않아 다시 그 특유의 동작으로 달리기 시작했다. 믿기 어려웠지만 두 번째 날이 되자 클리프는 선두 그룹에 속해 있었다. "나는 늙은 거북이에요." 클리프는 한 기자에게 이렇게 말했다. "선두 그룹에 있으려면 계속 달리는 수밖에 없지요."

참가 선수 중 조 레코드Joe Record라는 영국 선수가 이 얘길 듣고 이렇게 말했다. "자신이 거북이라고 말하지만, 나는 저 할아버지가 변장한 토끼라고 생각합니다."

그렇게 경기 내내 이어진 클리프의 위업은 사람들 사이에서 돌풍을 일으켰다. 시드니에서 출발한 지 5일 15시간 4분 뒤, 클리프를 응원하는 사람 수천 명이 멜버른 거리에 모여들었고, 결승선을 통과하는 클리프에게 환호를 보냈다. 클리프는 우승을 차지했다. 2위와는 거의 10시간이나 차이가 났다.[1]

클리프 영은 2003년 81세의 나이로 세상을 떠났다. 클리프의 죽음을 애도하면서, 오스트레일리아의 전설적인 장거리 육상 선수 론 그랜트Ron Grant는 가장 핵심적인 부분을 언급했다. 그는 ABC 기자에게 이렇게 말했다. "클리프가 최고 선수였다고 단언할 수는 없습니다. 하지만 클리프는 경기에 출전했고 다른 참가 선수들을 모두 이겼습니다. 그건, 모두가 밤에 자야 한다고 굳게 믿었지만 클리프는 꼭 잠을 자야 한다고 적

　　　　　3부 두 번째 핵심 요소: 자기 인식

힌 매뉴얼을 읽지 않았기 때문입니다." 요즘 대부분의 초장거리 종목 선수들은 거의 잠을 자지 않고 경기를 치른다. 클리프처럼 말이다.

신념의 힘은 강력하다. 클리프가 보여주었듯 선입견이 없어야 틀을 깨고 기회를 찾을 수 있다. 그러므로 자기 자신을 들여다보고 자신이 가진 **핵심 신념**을 알아보는 것은 매우 유용하다. 핵심 신념은 세상의 이치에 대해 자신이 가진 수많은 선입견의 근원이기 때문이다.

핵심 신념이란 무엇인가?

우리의 핵심 신념과 가치관은 성격과 동일하지 않다는 것을 기억해야 한다. 8장에서 살펴보았듯이 성격은 생각, 감정, 행동에서 나타나는 습관적인 방식이다. 성격 특성에 대한 이해를 '낯선 사람'의 심리학이라고 부르는 이유다. 성격 특성이 반드시 그 사람의 핵심 신념과 핵심 가치관을 드러내는 건 아니기 때문이다.

신념과 가치관은 우리의 정체성에 대해 훨씬 더 근본적이고 개인적으로 잘 이해하게끔 해준다. 신념은 명백한 증거 없이도 어떤 것을 진실이라고 확신하는 것을 말한다. 신념은 우리가 지금까지 경험한 문화적·환경적 상황에 기초한다는 점에서 매우 상황 의존적인 경향이 있다. **가치관**은 정말 중요한 것이 무엇인지에 대한 더 깊은 확신이다. 가치관은 우리가 살아가는 방식에 강력한 영향을 미친다. 가치관은 비교적 상황 의존적 성향이 약하며 보편적 원칙을 반영하는 경우가 많다.

가치관은 진실성이나 동정심 등을 중요시하는 것과 같은 삶의 지침을 나타낸다. 우리가 외향적이든 내향적이든, 개방적이든 보수적이든 상관없이 우리는 동일한 일반적 가치관을 따를 수 있다. 가치관이 중요한 이유는 세상이 변화를 거듭해도 우리를 흔들리지 않게 잡아주기 때문이다. 우리는 잘 살아가기 위해 계속되는 변화에 적응해야 하고, 실제로 우리의 신념 중에서는 많은 것이 바뀔 수 있지만, 핵심 가치관은 절대로 바뀌지 않는다.

가장 뿌리 깊은 신념 파악하기

핵심 신념은 자신, 다른 사람, 그리고 세상을 바라보는 방식의 중심에 존재한다. 신념은 대개 무의식의 어둑한 곳에 숨어 몰래 활동한다. 하지만 이처럼 깊은 곳에 자리 잡은 신념은 다양한 상황에서 우리가 느끼고, 생각하고, 행동하는 방식에 막대한 영향을 미친다. 핵심 신념은 보통 주어진 상황에서 타협을 허용하지 않는다. 매우 긍정적인 신념도 있지만(나는 마음먹은 일은 꼭 하고 만다) 대부분의 신념은 자신을 가로막는 걸림돌이 된다(난 매력이 없어, 나는 실패자야, 아무도 믿을 수 없어).

스스로 핵심 신념을 알아내려면 다층적인 자기 대화를 통해 마음의 가장 깊은 곳까지 도달해야 한다.[2] 당신의 머릿속에 차오르는 모든 생각과 메시지를 이해하는 데 매우 효과적인 방법은 생각 일기를 쓰는 것이다. 스트레스를 받았거나, 화가 났거나, 혼란스러웠거나, 속상했던 일을 써라(우리는 그런 일을 '중요 사건'이라고 부른다). 사건 자체를 너무 자세하고 정확하게 적으려 애쓸 필요는 없다. 일어난 일에 대한 당신의 생각에 초점을 맞추면 된다. 정해진 형식은 없다. 있는 그대로 솔직하게 쓰고 이런 생각과 감정 안에 잠재된 핵심 신념의 가장 깊은 곳에 도달할 수 있는지 확인해보면 된다. 자신에게 질문해보라:

1. 무슨 일이 일어났는가?
2. 어떤 감정을 느꼈는가?
3. 당신은 무엇을 했는가?
4. 일어난 일에 대한 당신의 생각은 무엇이며, 어떤 결론을 내렸는가?

당신이 겪은 중요 사건이 이런 것이라고 가정해보자.

직장 동료들이 퇴근 후에 한잔하러 가면서 나를 부르지 않았다.

이제 몇 단어로 그때 당신이 느낀 감정과 당신이 어떻게 했는지를 적어보라.

나는 소외감을 느꼈고, 상처받고, 속상하고, 외로웠다. 회사에 남아 한 시간 더 일했으며, 다음 날 그 동료들을 모른 척했다.

이제 결과적으로 어떤 생각을 했는지에 초점을 맞춰본다. 아마 당신은 이렇게 생각했을 것이다.

나와 함께 있는 게 재미없다고 생각했거나, 아니면 그저 나를 부르는 걸 깜빡했을 것이다.

최대한 많은 생각을 적는다. 이제, 각각의 생각에 대해 좀 더 깊이 살펴보자. 자신에게 이렇게 물어보라. "이것이 의미하는 것은 무엇일까?" 아마 이런 대답이 나올 것이다.

어쩌면 나는 재미있는 사람이 아닐지도 모른다.

이것은 무슨 의미일까?

사람들이 나와 함께 있는 걸 즐거워하지 않는다.

이것은 무슨 의미일까?

나는 친한 친구들이 절대 없을 것이다.

이것은 무슨 의미일까?

나는 항상 외로울 것이다.

이것은 무슨 의미일까?

나는 재미없는 사람이다.

이것은 무슨 의미일까?

당신이 '재미없는' 사람이라는 신념은 이분법적 결론이다. 그리고 그것이 핵심 신념인 듯하다. 핵심 신념은 포괄적이고, 절대적이며, 경직되어 있다.

당신의 생각 일기가 이렇게 깔끔하게 전개되지는 않을 것이다. 특히 처음엔 더 그렇다. 당신을 속상하게 한 사건에 대해 당신이 가진 생각 혹은 확신 하나하나가 어떤 의미를 갖는지 계속 질문을 던지는 것이 목표라는 점을 기억하라. 마치 집요한 형사처럼 말이다. 셜록 홈스를 떠올려보면 좋을 것이다. 결국 당신이 자신을 어떻게 느끼는지, 어느 정도 진실에 접근할 것이다.

당신의 핵심 신념을 알아내는 또 다른 방법은 당신 자신에게 꼬치꼬치 캐묻는 것이다. 당신이 직접 질문을 만들 수 있으며 그 질문은 당신이 가진 신념의 중심에 도달할 수 있어야 한다. 몇 가지 예를 들어보면 다음과 같다.

당신이 다른 사람들보다 똑똑하다고 생각하는가?

당신이 하는 일은 다 틀렸다고 생각하는가?

다른 사람들의 인생이 더 쉽다고 생각하는가?

당신은 마음만 먹으면 무엇이든 이룰 수 있다고 생각하는가?

당신은 불운한가?

당신은 다른 사람에게 재미있는 친구인가?

아무도 당신을 이해하지 못한다고 생각하는가?

당신이 사랑받을 만하다고 느끼는가?

당신이 매력적이라고 생각하는가?

사람들은 대부분 선한가?

당신은 '모두가'라든가 '항상'이라는 말을 자주 사용하는가?

이런 식으로 당신의 생각과 신념에 대해 반복해서 생각해보면 더 깊은 자기 인식에 도달할 수 있다.

당신의 핵심 가치관

신념과 가치관은 동일하지 않다

앞서 언급했듯이 성격 특성은 다양한 상황에서 그 사람의 행동 방식을 반영하고 신념은 진실에 대한, 혹은 어떤 것에 대한 확신을 보여준다. 반면 가치관은 특정 신념이나 성격 특성과 상관없이 삶 안에서 의미를 제공하는 지침이다. 물론 가치관이 핵심 신념과 관련 있는 경우도 많다. 하지만 가치관은 신념과 별개이며, 살아가는 동안 당신을 이끄는 근본적 도덕률이다. 마음 깊은 곳의 욕구에 대해서는 생각하지 못한 채 힘겨운 일상을 보내는 사람이 정말 많다. 사실상 풍요롭고 완전하며 의미 있는 삶을 창조하는 건 자신의 핵심 가치관을 이해하고 따를 때만 가능하다.[3]

삶의 모든 측면에서 당신에게 정말 중요한 것이 무엇인지 반드시 알아내야 한다. 가치관은 성격 특성이나 신념과 다를 뿐만 아니라 목표와도 다르다. 가치관은 당신이 계속해서 특정 방향으로 움직이도록 만드는 것이다. 반면 목표는 그 과정에서 이루고자 하는 구체적인 일이다. 당신이 가진 다양한 목표는 시간이 지나면서 바뀔 테지만 당신의 가치관은 평생 계속해서 이어진다.

당신의 가치관은 무엇인가?

다음은 핵심 가치관의 발견을 돕기 위해 루스 해리스Russ Harris가 쓴 훌륭한 책《행복의 함정》에 나온 간단한 훈련을 적절하게 변형시킨 것이다. 이 훈련의 목적은 삶의 여러 영역에서, 특정 목표가 아니라 보편적으로 당신이 향하는 삶의 방향(실제로 당신을 이끄는 것)이라는 개념으로 가치관을 생각해보는 것이다. 당신에게 정말로 중요한 것은 무엇일까? 당신이 정말로 신경 쓰는 것은 무엇일까?

다음의 주제들에 대해 생각해보자. 주어진 각각의 인생 영역이 당신에게 무엇을 의미하는지 깊이 생각해보자. 혹시 당신과 관련 있는 것 중 내가 빠트린 것이 있다면 추가해보자. 자신이 어떤 사람이 되고 싶은지 결정한 다음, 자신에게 가장 중요한 것이 무엇인지를 심사숙고해 정하고 인생에서 당신이 옹호하고 싶은 가치가 무엇인지 찾아내라. 자신의 가치관을 명확히 정하고 따르는 것은 전환 기술의 두 번째 핵심 요소인 자기 인식 수준을 높이는 데 필수적이다.

1. **가족:** 당신은 어떤 가족 구성원이 되고 싶은가? 가족과 어떤 관계를 맺고 또 유지하고 싶은가? 가족 구성원과의 관계를 하나하나 생각해보자. 만약 당신이 이상적인 자녀, 부모, 형제자매, 고모/삼촌, 조부모라면 다른 가족들과 어떻게 상호작용을 할 것인가?

2. **파트너:** 당신은 동반자 관계나 친밀한 관계, 혹은 결혼을 원하는가? 만약 원한다면 어떤 파트너가 되기를 원하는가? 어떻게 행동하는 것이 가장 이상적일까?

3. **직장 생활:** 당신은 어떤 일을 하고 싶은가? 직업에서 가장 가치 있다고 생각하는 것은 무엇인가? 만약 당신이 이상적인 직원, 고용주, 동료라면 사람들과 어떤 인간관계를 맺고 싶은가?

4. **개인적 성장:** 당신은 교육과 개인의 발전을 가치 있게 생

각하는가? 관심 있는 일은 무엇인가? 무엇을 배우고 싶은가? 여기서 목표를 혼동하지 않도록 주의하라. '나는 프랑스어를 배우고 싶다'는 목표다. 반면 '나는 다른 나라 사람들과 그 나라의 말로 소통할 수 있는 사람이 되고 싶다'는 가치관이다.

5. **영성:** 영성이라는 영역에 관해서 당신이 중요하게 생각하는 것은 무엇인가? 자연과 조화를 이루는 것이 중요한가? 종교적 신앙심이 중요한가? 더 높은 존재에 대해 회의적인 입장을 고수하는가?

6. **공동체 생활:** 당신은 공동체에서 어떤 역할을 맡고 싶은가? 공동체 안에서 정치나 자원봉사 활동에 참여하는 것을 중요하게 생각하는가?

7. **자기 돌봄:** 당신은 어떤 부류의 사람인가? 자신에게 따뜻한 사람인가? 자신을 강하게 몰아붙이는 것이 중요하다고 생각하는가? 어떻게 자신의 건강과 행복을 돌보고 싶은가? 건강과 행복을 돌보는 것이 중요하다고 보는가? 그 이유는 무엇인가?

가치관은 삶에 의미를 불어넣는 일반적인 원칙이라는 점을 기억하라. 힘든 시기가 닥쳤을 때 마음을 안정시키고 그것을 견디게 해주는 것도 가치관이다.

진정한 자기를 파악하자

아이에서 청소년, 어른으로 성장하면서 신념과 가치관은 당신이 누구인지, 그리고 인생이라는 커다란 틀에서 당신의 자리는 어디인지에 대한 근본적인 인식, 즉 **진정한 자기**의 일부가 된다. "나는 누구인가?"라는 중요한 질문을 던졌을 때 지금의 당신을 만든 사회적·문화적 배경을 잊어서는 안 된다. 당신의 신념과 가치관에는 지금껏 축적된 편향성이 담겨 있다. 수많은 신념과 가치관이 공동체 속에서, 그리고 직계 가족 속에서 만들어진다. 사실 이런 신념은 우리가 누구인지를 판단할 때 별로 도움이 되지 않는다. 특히 정치적 신념은 가장 바꾸기 어려운 신념이며, 만약 우리가 반대 견해와 마주하게 되면 뇌 속 방어망이 작동해 새로운 관점에 영향받지 않게 만든다.[4]

이것은 우리 정신을 개방적이고 유연하게 유지하는 데 중요한 문제다. 한 가지 신념이 점점 더 강해지고 깊어질수록 대안에 대해 개방적인 태도를 유지할 가능성이 점점 더 낮아지는 것이다. 그리고 우리의 신념에 부합하는 정보만 우선시할 가능성은 점점 커진다. 이것을 **확증 편향**confirmation bias이라고 한다. 즉, 우리는 자신의 세계관에 도전하는 정보보다는 그것에 부합하는 정보에 이끌린다.[5]

신념이 서로 충돌하면 어떤 일이 일어날까?

뿌리 깊은 신념을 바꾸기 어려운 건 무엇보다도 확증 편향 때문이다. 신념에 도전하는 것은 자기 정체성의 핵심을 향해 이의를 제기하는 것을 뜻한다. 따라서 상당한 시간과 에너지가 소모된다. 상충하는 신념을 가지고 있거나 신념과 다르게 행동할 때 심각하게 혼란스러운 것도 이런 이유에서다.

심리학에서 말하는 **인지 부조화**cognitive dissonance라는 기이한 정신 작용은 일관되지 않은 다양한 신념을 가지고 있을 때 우리가 느끼는 정신적 갈등을 가리킨다.[6] 예를 들어, 당신은 연료로 인한 공해 물질 배출이 지구온난화에 막대한 영향을 준다고 믿지만 그와 동시에 낡아서 연비가 낮은 당신의 차를 좋아해서 자주 드라이브를 즐긴다고 해보자. 신념과 행동 사이의 이런 갈등은 당신의 행동을 바꾸거나(좋아하는 자동차 그만 타기) 신념을 저버리는(자동차 한 대가 공해 물질을 더 배출한다고 해서 크게 달라질 것은 없다고 스스로를 설득하기) 내부적 동기를 유발한다.

이런 긴장을 해결하고 균형 상태로 돌아가는 것은 정신적으로 꼭 해야 할 일이다. 이럴 때, 사람들은 대개 행동을 바꾸지 않는다. 바꾸기 어렵기 때문이다. 하지만 깊이 뿌리내린 신념에 도전하지도 않는다. 대신 우리의 본능적 성향은 부조화를 줄이는 쪽으로 사실을 재해석한다. 이런 식으로 자기 신념을 거스르는 반박할 수 없는 증거를 마주하고도 그 신념에 집착하는 것이다.

신념이 개인적일수록 우리는 그것을 버리지 않으려는 경향이 있다. P. J. 하워드P. J. Howard의 예를 살펴보자. 하워드는 아일랜드 클래어주의 에니스라는 작은 마을에서 살았다. 그의 인생은 즐거웠다. 그는 부동산 사업에 성공해서 수년간 6,000만 유로 넘는 돈을 모았다. 1998년에는 지역 상점에서 만난 15세 연하의 쾌활하고 아름다운 여성과 사랑에 빠졌다. 하워드와 섀런 콜린스Sharon Collins는 8년 동안 함께 살면서 호화로운 세계 여행을 자주 다녔다. 결혼하진 않았지만 2005년 이탈리아에서 친구들과 가족들을 불러 화려한 파티를 열고 사랑을 맹세했다.

그로부터 1년이 채 지나지 않아서 섀런은 하워드의 재산을 차지하기 위해서 하워드와 그의 두 아들을 살해하려고 구체적인 계획을 세웠다는 이유로 체포되었다. 증거는 너무나 명백했다. 구체적인 계획을 담은 섀런의 이메일이 미국에 있는 살인 청부업자에게 전달되었다. 그 이메일에는 사고로 위장해서 하워드의 두 아들을 죽인 다음, 비통에 잠겨 자살한 것으로 보이게끔 하워드를 죽이라는 섀런의 제안이 매우 구체적으로 적혀 있었다. "너무 억지스러워 보일까요? 살인이 아니라 사고로 보이게 할 수 있을까요?" 섀런은 이메일에서 살인 청부업자에게 이렇게 물었다.

이 모든 증거에도 불구하고 하워드는 여전히 섀런에게 빠져 있었다. 하워드는 자신을 깊이 사랑한다고 믿는 이 여성이 자기를 죽일 계획을 세웠다는 사실을 믿을 수 없었다. 하워드는 법정에서 이렇게 말했다. "이건 말도 안 됩니다. 절대로, 절대

3부 두 번째 핵심 요소: 자기 인식

로, 절대로 믿을 수가 없어요." 하워드는 법정 진술에서 배심원들에게 섀런한테 유죄판결을 내지 말아달라고 간청했고, 증인석을 내려오면서는 섀런의 입술에 따뜻하게 입맞춤까지 했다.

하지만 배심원과 경찰은 흔들리지 않았다. 결국 섀런은 6년 형을 선고받았다.[7] 비극적인 일이지만, 하워드의 이야기는 우리에게 인지 부조화를 보여주는 완벽한 사례다. 하워드는 섀런이 헌신적으로 그를 사랑하는 마음씨 고운 배우자라는 자신의 핵심 신념을 바꾸기보다는 깊이 간직한 신념과 충돌하는 정보를 모두 묵살하는 쪽을 선택했다. 그것이 아무리 명백한 증거라 할지라도 보려 하지 않았다. 정말로 사랑에 눈이 먼 경우였다.

신념은 세상을 이해하기 위한 토대를 제공한다

신념은 우리가 세상에 대한 이해를 구축할 수 있는 정신적 토대다. 우리는 신념을 이용해 사회생활과 정서 생활의 복잡성을 단순화하는 가설과 선입견을 만들어낸다. 우리는 본질적으로 **인지적 구두쇠**cognitive misers다. 세상의 수많은 정보를 처리하는 과정을 단순화하기 위해 신념을 에너지 절약 장치로 사용하기 때문이다.[8] 새로운 상황이 닥칠 때마다 처음부터 모든 것을 시작해야 한다면 어떨지 상상해보라. 당신의 뇌에는 금세 과부하가 걸릴 것이다. 그래서 자연은 영리한 해결책을 발달시켰다. 기본적인 원칙에 대해서는 그 근거를 모두 따져보지 않는다. 그렇게 하면 너무 많은 시간과 에너지를 빼앗기기 때문이다. 대신 신념의 도움을 받아 복잡한 정보 안에서 정수를 뽑아낸다. 그 결과 우리는 빠르게 결론을 도출할 수 있다.

고정관념 같은 강한 신념을 활용하면 정신적 자원에 여유가 생기고, 그 결과 시간과 에너지를 다른 일에 집중시킬 수 있다는 사실을 보여주는 연구는 매우 많다. 단점은 효율성을 위해 정확성을 희생할 수 있으며 얄팍한 증거를 가지고도 강한 가설을 세울 수 있다는 것이다.

나는 수년 전에 이런 경험을 한 적이 있다. 남편 케빈과 내가 파킨슨병을 앓고 있는 시아버지를 도울 방법을 고심하고 있을 때였다. 시아버지의 건강 상태가 점점 나빠져서 우리는 시아버지를 혼자 살게 놔두면 안 되겠다고 생각했다. 그래서 시아버지는 우리 집으로 들어와 살게 되었다. 하지만 문제는 여전히 남아 있었다. 우리가 둘 다 직장에 나가 있는 동안 시아버지 홀로 집에서 긴 시간을 보내야 했다.

우리는 지역 복지 기관에 연락해 하루에 몇 시간 동안 돌봐줄 사람을 고용할 수 있는지 의논했다. 간병인이 그때그때 바뀌면 시아버지가 너무 힘들어할 듯했다. 그 사람들과 일일이 가까워지기는 어렵기 때문이다. 우리는 전담 간병인을 확보하기 위해 지역 기관과 함께 계속 노력했다. 시아버지가 친해질 수 있고 신뢰할 수 있는 사람을 찾아야 한다고 생각했다. 그러던 어느 날 아침, 복지 기관에서 좋은 소식이 전해졌다. 토니라는 젊은 남자가 시아버지를 돌봐줄 수 있다는 것이었다. 토니는 가까운 곳에 살았고, 일주일에 4일 집에 올 수 있으며, 장기적으로 일할 수 있다고 했다. 훌륭했다.

월요일 아침 8시 정각에 초인종이 울렸고, 나는 문을 열었다. 토니였다. 여기저기 문신을 하고 삭발을 했으며, 코걸이를 5개나 하고 검은 안경을 쓰고 있었다. 게다가 "오늘 아침은 약간의 숙취가 남아 있는 상태"라고 했다. 가슴이 철렁했다. 이렇게 거칠고 신뢰할 수 없어 보이는 사람에게 시아버지를 맡기고 출근할 수 있을까? 내가 가진 모든 고정관념이 고개를 들기 시작했다. 정말 부끄럽지만, 토니가 혹시 도둑질을 하는 건 아닐까 하는 생각까지 했을 정도다.

토니는 최고의 간병인이었다. 토니와 시아버지는 항상 웃고 장난치며 축구나 정치에 관한 농담을 주고받았다. 토니는 요리를 잘해서 시아버지를 위해 멋진 점심을 준비했다. 그뿐만 아니라 시아버지를 설득해 밖에서 가능한 한 많은 운동을 할 수 있게 도왔다. 이건 이전 간병인들이 시도했다가 모두 보기 좋게 실패한 일이었다. 토니는 1년 넘게 우리 곁에 머물렀고, 시아버지에게는 간병인이자 믿음직한 친구가 되었다. 나는 처음에 느꼈던 불안감을 극복하고 내 고정관념에 따라 행동하지 않은 것에 감사했다. 내가 한 행동에 매우 뿌듯했다. 토니가 시아버지의 삶을 바꿔놓았기 때문이다.

이 경험을 통해 절실히 깨달은 것은 우리의 신념과 선입견이 인지 경직성 발달에 중요한 역할을 한다는 사실이었다. 신념과 선입견이 복잡함을 간소화하는 데에는 큰 이점이 있지만 눈가리개를 쓰는 것과 비슷한 면도 있다. 신념과 선입견으로 눈을 가리면 관련 정보를 모두 얻을 필요가 없다. 하지만 대신 확고하게 신념이 주는 예상 결과를 따라야 한다. 내 경우에는 '문신+삭발 = 신뢰할 수 없음!'이었다. 이런 단순한 계산 결과는 토니의 경우에 완전히 틀린 답이었다.

신념에 도전하는 습관을 들여라

신념에 도전하는 습관을 들이려면 끈질기게 당신의 핵심 신념에 의문을 제기하고 질문해야 한다. 쉬운 일은 아니지만 이런 습관을 들이면 생각을 바꾸고 자기 인식 수준을 높일 수 있다. 그뿐 아니라 당신이 가진 복잡한 신념의 거미줄이 실제로는 당신의 정체성을 반영하지 못하는 일을 예방할 수 있다. 물론 우리의 신념은 우리의 가치관에도 반영된다. 그래서 만약 우리가 우리의 신념을 완전히 이해하지 못하면 그것이 반영된 우리의 가치관도 진정으로 따르지 못할 것이다. 결국 마음 깊은 곳에 존재하는 자신의 의도를 따르기보다는 단순히 다수의 의견에 동의하게 될 것이다.

진정으로 자기를 알려면, 그리고 전환 기술의 두 번째 핵심 요소를 갖추려면 당신의 삶에서 자신이 가진 가장 핵심적인 가치관이 드러나야 한다. 가족이나 친구가 정해준 가치관, 에고를 보호하려는 마음이 강요하는 가치관, 크게는 사회가 정해준 가치관 같은 것이어서는 안 된다. 신념이 자기를 이루는 낱개의 블록과 같다면 가치관은 당신이 가장 중요하게 생각하는 것이 형상화된 당신의 전체 이미지다.

그리스 철학자 아리스토텔레스는 우리에게 이렇게 충고했다. "자신을 아는 것은 모든 지혜의 시작이다." 하지만 우리 중에는 핵심 신념과 중심 가치관에 대해 거의 이해하지 못하는 사람이 많다. 아직 우리 자신을 발견하지 못한 것이다. 자신을 '발견하는 것'이 자기만을 위한 과정 같지만 나는 그것이 제대로 이루어지면 비이기적이고 중요한 과정이라고 주장한다.

최고의 부모, 동료, 친구가 되려면 우선 당신은 자기를 알고 이해해야 한다. 이것은 쉬운 일이 아니다. 왜냐하면 우리는 우리도 모르게 진짜 자기 모습을 숨기기 때문이다. 당신의 뇌는 다층적 의미 구조로 되어 있어 오랫동안 잊고 있던 기억과 연상 작용이 영향을 주고받으며 당신의 삶을 형성하고 자동으로 행동하도록 이끈다. 이렇게 오랜 기억과 뿌리 깊은 습관은 당신을 압박해 자신의 신념이나 가치관이 아닌 사회적으로 합의된 내용에 따라 행동하게 한다.

적응하려면 우리는 상황이 바뀔 때마다 다른 사람이 되어야 한다. 물론 이런 유연성은 좋은 것이다. 하지만 진정한 자기 모습을 보지 못한 채 우리의 중심 가치관을 반영하지 않는 삶을 살아야 하는 상황이 올 위험도 있다. 예를 들어, 지구를 보호한다는 가치를 열정적으로 옹호하지만 비용 절감을 위해 환경보호는 신경 쓰지 않는 대기업에서 일하게 될지도 모른다.

진정한 삶을 살려면 적응력을 키우는 것도 중요하지만 자신에게 진실한 태도를 유지하는 것도 중요하다. 못 본 척해야 하는 경우도 있다. 하지만 문제는 적응하는 것과 우리의 중심 가치관 사이에 항상 긴장과 갈등이 존재한다는 것이다. 그리고 이럴 때, 우리는 주어진 순간에 우리가 고를 수 있는 많은 다른 선택 가능한 대안은 인식하지 못한 채 더 피상적인 자기한테 의존하게 된다.[9] 이런 식으로 진정한 자기와 맞지 않는 사회적 역할에 자신을 맞추는 사람이 많다.

개인적 서사

우리는 스토리로 이루어졌다

요즘 '진정한 자기', 즉 '진짜' 자기가 심리학계의 화두다. 다양한 책임, 흥미, 욕구 등을 고려해 진짜 자기, 진정한 자기를 이해하는 방법에 관한 연구가 많이 이루어지고 있다. 지금까지 드러난 해답은 자기가 자기에 대해 말하는 스토리를 이용해 자기 인식 수준을 높이는 것이다. 개인적 스토리는 자기에 대한 의미를 창출한다. 그리고 현재의 나를 구성한다. 스토리는 깊이 뿌리내린 신념이라는 자신만의 서사 꾸러미와 나를 나로 만들어주는 핵심 가치관을 결합하는 빛나는 (때로는 낡은) 경험의 끈이다. 스토리는 진정한 의미에서 **우리 자신**이며 우리가 더 깊고, 개인적인 수준의 자아에 접근할 수 있게끔 해준다.[10]

진정한 자기를 알아내는 최고의 방법 중 하나는 당신의 인생에서 당신, 그리고 당신의 특징 중 중요한 부분을 포착할 수 있는 스토리나 사건을 몇 가지 적어보는 것이다. 솔직하게 적었을 때 이것이 주는 통찰력은 엄청나다. 몇몇 기업 경영자를 대상으로 시행한 교육 프로그램에 참석한 톰은 그의 인생에 커다란 변화를 안겨준 엄청난 사실을 깨달았다. 톰의 스토리는 톰이 9세 때 한 아기를 구하기 위해 정원 연못에 뛰어든 일이었다. 그는 정신없었던 당시의 상황을 생생하게 기억했고, 자신이 얼마나 뿌듯했는지도 생생히 기억했다. 톰의 또 다른 스토리는 20대 초반의 일이었다. 그때 톰은 밤에 친구들을 만나면 그들을 데려다주기 위해 술을 마시지 않는 일이 자주 있었다.

마치 용감한 인격 채굴자가 자신이 형성한 경험의 진흙 속에서 '진정한 자기'라는 금덩어리를 찾아내듯이, 톰은 서서히 드러나는 명백한 테마를 발견했다. 그것은 톰이 자신을 '보호자'라고 생각한다는 사실이었다. 즉, 인생의 서사가 사람들을 돕는 일이었다. 그의 뿌리 깊은 신념 중 하나는 '무슨 일이 생기지 않도록 다른 사람들을 주의 깊게 살펴봐야 한다는 것'이었다. 그리고 톰의 핵심 가치관 중 하나는 '보호'였다. 이것은 그의 현재 행동을 이해하는 데 도움이 됐다. 그리고 그의 아내와 아이들이 톰에게 통제가 너무 심하다고 자주 불평하는 이유도 이해할 수 있었다.

자기에 대한 이해는 3단계로 발달한다.

- 연기자_{Actor}
- 관리자_{Agent}
- 작가_{Author}

우리가 어릴 때는 역할이 아주 명확하다. 아들/딸, 형제자매, 친구 등. 그리고 그런 시기에 우리의 스토리는 맡은 역할을 반영한다. 6세 때는 당신이 누구인지, 당신이 무엇을 했는지, 당신과 상대방이 서로에게 무엇을 했는지에 대한 사실이 전부다. 청소년기에 접어들면 우리는 여전히 비슷한 역할을 수행하는 동시에 목표를 세우고 그 목표를 이루는 데 도움이 될 만한 결정을 내리기 시작한다. 우리 운명의 관리자(주체)가 되는 것이다. 그러다 마침내 성인이 되면 우리는 우리의 과거와 현재 경험을 미래 계획과 통합하기 시작한다. 신념, 가치관, 그리고 자신이 마치 정체성 지도에 나 있는 길처럼 하나로 어우러져 우리가 **서사적 정체성**이라고 부르는 것이 된다.

기억에 남는 사건들을 서로 연결하고 그런 사건들로부터 의미 있고 일관성 있는 스토리를 만들어내는 방식은 당신의 뇌가 복잡하고 혼란스러운 세상에서 방향을 찾게 해준다. 이것은 누구나 자연스럽게 하는 일이다. 그리고 **자기감**_{sense of self}을 키우기 위해 매우 중요한 일이다. 서사적 자기는 당신의 개인적 스토리에 내포되어 있다. 그리고 우리 대부분은 우리 자신을 설명하는 이런 스토리를 다른 사람과 공유할 것이다. 이것이 정말 중요하다. 당신의 스토리를 남들과 공유해야 당신의 자기 이해에 대한 피드백을 얻을 수 있으며, 그래야 더 나아지고 성장할 수 있기 때문이다. 당신은 당신이 지금보다 어릴 때 했던 행동 방식이 굉장히 잘못됐다고 생각할지도 모르지만, 다른 사람들은 당신의 행동이 매우 평범한 것이었으며 그렇게 잘못한 일은 아니라고 말해줄지도 모른다. 발달심리학자들의 연구에 따르면 이렇게 함으로써 사건에 대한 당신의 기억이 더 유연해지며 당신은 개인적 성장의 기회를 얻을 수 있다.[11]

과거를 인생 서사에 편입시키는 것은 자기 인식 수준을 높이는 효과적인 방법이다. 이때, 자신에게 들려주는 스토리가 매우 중요하다.[12] 삶 속에서 실제로 벌어지는 일은 그것을 우리 마음속에 재구성하는 방식보다는 훨씬 덜 중요할지도 모른다. 예를 들어, 당신이 끔찍한 교통사고를 당했지만 결과적으로 살아 있음에 깊이 감사함으로써 그걸 구원의 서사로 재구성했다면, 그 사건이 계속해서 당신의 행복에 부정적 영향을 미치지는 않을 것이다. 이 사건을 이해하기 위해 당신이 창출한 의미(끔찍한 일이 사실상 개인의 긍정적 성장을 끌어냈다)는 심리적 행복의 신호다. 특히 구원 스토리가 정신적 행복을 이끄는 강력한 예언자라는 사실은 과학적으로도 증명된 바 있다.[13]

자신의 인생 스토리 밝히기

우리 중에는 타고난 이야기꾼이 많다. 아마 당신에게도 이미 반복해서 이야기하는 서사적 스토리가 몇 개 있을 것이다.

하지만 자기 삶과 서사적 스토리에 대해 많은 생각을 하지 않는 사람도 있다. 이야기 실력과 상관없이 다음의 훈련은 당신의 중심적 서사를 밝히는 데 매우 유용하다. 그것은 그다지 놀라운 사건이 아닐 수도 있고, 어쩌면 뜻밖의 일일 수도 있다. 어느 쪽이든 진정한 자기를 알아내는 데 도움을 줄 것이다.

서사적 정체성 찾는 방법

이 훈련을 하려면 한 시간 정도 혼자만을 위한 시간을 정하고 방해받지 않는 조용한 장소를 찾는 것이 중요하다. 컴퓨터를 사용한다면 이메일을 비롯한 모든 알림을 꺼놓는다.

이 훈련에서 당신은 작가다. 그리고 당신의 임무는 자신의 이야기 중 가장 흥미로운 부분을 길게 늘여 이야기하는 것이다. 당신의 인생이 여러 장章, 주요 인물, 그리고 다양한 장면과 주제로 이루어진 한 권의 책이라고 생각해보라. 하나의 장에서 다음 장으로 넘어가면서 이야기의 전체적인 줄거리 요약을 생각해보자. 모든 것을 담은 줄거리를 만들었다면 그다음으로 할 일은 두드러진 4개의 사건에 초점을 맞추는 것이다. 꼭 연대순으로 할 필요는 없으며 큰 사건이 아니어도 괜찮다. 그저 당신에게 의미 있고 진짜 당신의 이야기이면 된다. 잘 생각해보고 다음을 보여주는 4가지 주요 사건을 선택하라.

1. **인생 최악의 사건:** 이것은 매우 부정적이라고 느껴지는

사건이다. 공포, 환멸감, 죄책감, 수치심 또는 깊은 절망
감과 관련된 것들이다.

2. **당신의 인생에서 즐거운 부분:** 이것은 기쁨, 행복, 또는
만족감이나 안도감, 자족감과 관련된 일이다. 굉장히 긍
정적이기 때문에 기억에 남는 순간들이다.

3. **전환점:** 이것은 당신이 자기 이해 측면에서 큰 변화를 겪
은 시기나 사건이다.

4. **자기규정 기억:** 이런 기억은 당신의 인생에서 나타나는
지속적인 주제를 반영한다. 이것은 보통 매우 감정적이
며 당신이 누구인지를 설명하는 데 도움을 준다. 예를 들
어, 톰이 보호자로서 그의 정체성을 발견한 것도 이 제시
어에 답하는 과정에서였다.

4가지 제시어에 맞는 에피소드를 2~3가지 적어보라. 이렇
게 적어보는 것만으로도 유익한 일이다. 그런 다음 당신이 가
장 대표적인 이야기라고 생각하는 것을 하나 선택하라. '자기규
정' 기억은 특히 어려워서 심사숙고 끝에 겨우 찾아낼지도 모
른다. 그러니 쉽게 떠오르지 않는다고 너무 조바심 내지 말자.
톰이 보호자로서 자아를 발견한 것도 몇 개월이 지난 후였다.
일단 당신이 주기적으로 이런 이야기에 대해 생각하기 시작하
면 당신 인생의 주요 사건이 서서히 발견될 것이다.

각각의 4가지 사건에 대해 가능한 한 자세하게 떠올려 적는
다. 당신은 어디에 있었는지, 만약 다른 사람과 함께 있었다면

그가 누구인지, 정확히 무슨 일이 발생했는지, 당신이 (그리고 관련된 인물들이) 어떤 반응을 보였는지 등등. 그 사건이 진행되는 동안 당신이 했던 생각과 느꼈던 감정도 대략 기술해보라.

만약 당신이 이 훈련을 하고 싶다면 잠시 손에서 책을 내려놓아라. 이 훈련을 통해 뭔가를 얻고 싶다면 자신에게 완전히 솔직해져야 한다. 다음 몇 단락을 읽다 보면 이런 이야기에서 연구자들이 기대하는 게 무엇인지 알 수 있는데, 만약 그것을 미리 알게 되면 진심으로 쓰기보다 연구자들이 기대하는 걸 쓰고 싶은 유혹에 넘어갈 수도 있다. 일단 당신의 이야기를 완성한 후, 다시 이어서 읽도록 하라.

인생의 서사 파악하기

다시 돌아온 걸 환영한다. 당신이 위의 제시어들로 몇몇 스토리를 써냈길 바란다. 이제 우리는 이 훈련을 함으로써 당신이 자신에 대해 무엇을 드러냈는지 확인할 수 있다.

사람들의 인생 서사에서 자주 드러나는 주요 테마는 3가지다. 자신의 이야기를 살펴보면서 이런 테마가 있는지 확인해보라.

■ **감정적 특징:** 당신의 스토리는 대체로 긍정적인가? 힘든 상황으로 시작해서 긍정적인 형태로 마무리되는가? 아니면 그 반대로 흘러가는가?

- **복잡성**: 당신의 스토리는 얼마나 복잡한가? 세부 묘사가 풍부한가? 아니면 사건의 중요한 정보만 제공하는가?
- **의미 부여**: 당신의 스토리에서 당신은 별개의 사건들로부터 의미 있는 교훈을 끌어내려 했는가?

당신의 스토리가 복잡하면 복잡할수록 당신은 별개의 일로 보이는 다른 사건들까지 더 잘 이해하게 된다. 또한 대체로 긍정적인 감정적 어조를 가진 서사는, 특히 부정적인 것에서 긍정적인 것으로 옮겨가는 경우, 심리적으로 건강함을 뜻한다. 만약 당신이 연구원들처럼 당신의 스토리에 점수를 매기고 싶다면 부록 2에 설명한 점수 계산 방법을 이용하면 된다. 이 계산 방법을 통해 3가지 주요 테마에 대해 각각 점수를 매길 수 있다. 물론 이것은 굉장히 주관적일 수밖에 없다.

이런 형식적 점수를 좋아하는 사람도 있지만 실제로 가장 유익한 것은 몇 가지 스토리를 적어내는 과정이다. 그러므로 당신의 스토리에 관해 곰곰이 생각해보기만 해도 톰이 그랬던 것처럼 당신은 몇 가지 패턴을 찾아내 자신에 대해 더 깊이 알 수 있다.

인생 테마가 매우 부정적이라면?

자신의 테마 중 많은 부분이 매우 부정적이라는 사실을 깨닫는 사람도 많다. 만약 그렇다면 정말 잘된 일이다. 당신은 지금까지 자신이 얼마나 부정적인지 몰랐을 수도 있다. 당신의 스토리가 부정적인 쪽으로 치우친 이유가 무엇인지 질문을 던져볼 필요가 있다. 단지 오늘의 기분 탓일까? 아니면 몸에 밴 습관일까? 이 책에는 부정적인 생각에 대처하는 데 도움을 주는 훈련 방법(11장)과 당신의 관점에 도전하는 방법(7장)이 많이 소개되어 있다. 매우 유용할 것이다.

진정한 자기, 그리고 전환 기술

자기 인식 수준을 높이는 것은 중요하다. 예상치 못한 사건이 일어났을 때, 자신이 개인적으로 선호하는 것, 자신의 신념, 행동 방식, 자신의 편향성 및 과거와 현재 사건에 대한 해석, 특히 우리의 가치관에 관해 잘 알고 있으면 우리는 우리가 왜 특정 방식으로 반응하는지 이해할 수 있다. 이렇게 자기 인식은 한발 물러서서 더 효과적으로 상황에 대응하고 기민성을 강화해 새로운 상황에 적응할 수 있게 도와준다.

성격 특성, 신체 신호, 핵심 신념과 가치관, 그리고 자기감의 구성 요소인 개인적 서사를 탐구함으로써 우리는 자기 인식 수준을 점점 더 높일 수 있다.

9장 요약

● 전환 기술의 두 번째 핵심 요소인 자기 인식 수준을 높이기 위해서는 성격 특성, 지적 겸손, 신체 인식만 중요한 것이 아니다. 우리는 자신의 신념과 가치관을 잘 이해해야 한다. 자기에 대한 것이든 다른 사람들에 대한 것이든, 당신이 삶 속에서 가지고 있는 신념은 대단히 강력하다. 신념이 당신의 마음을 폐쇄적으로 만들고 진정한 당신을 못 보게 만들 수도 있다.

● 가장 중요하게 생각하는 신념을 바꾸기는 매우 어렵지만 반드시 해야 할 일이다. 자신의 신념이 무엇인지 알아내고 그것에 도전함으로써 시작해보자.

● 당신의 핵심 가치관을 알아내고 깊이 생각해보는 것도 매우 중요하다. 핵심 가치관이란 인생에서 당신에게 가장 중요한 사항들이다.

● 신념과 가치관이 결합해 '진정한 자기'를 형성한다.

● 당신에게 중요한 개인적 스토리 안에서 진정한 자기를 발견하는 열쇠를 찾을 수 있다. 진정한 자기는 이런 스토리를 통해 드러난다.

● 이런 개인적 스토리 하나하나가 신념, 가치관, 삶의 목적을 녹여 하나로 만드는 일상 속 서사의 도가니다. 개인적 스토리가 당신의 자기 인식 수준을 크게 높여줄 수 있다.

Emotional awareness

세 번째 핵심 요소:
감정 인식

10
나의 감정 이해하기

1986년 4월 9일 아침. 어릴 때 살던 더블린 변두리의 집에 부모님과 함께 있을 때였다. 갑자기 누가 현관문을 거칠게 두드렸다. 밖에서는 요란한 사이렌 소리가 들렸다. 문을 열자 무장한 가다Garda(아일랜드 경찰관) 4명이 서 있어서 깜짝 놀랐다.

"혹시 뒷마당으로 사람이 지나가지 않았습니까?" 경찰관 한 명이 물었다.

"아뇨." 내가 대답했다. "아무도 못 본 것 같은데요."

"잠깐 살펴봐도 될까요?" 경찰관들은 집으로 들어와 뒷마당으로 나가더니 헛간 안, 울타리 뒤, 차고 안을 살펴보았다. 헬리콥터가 머리 위 상공에서 빙빙 돌고 있었다. 뭔가 큰일이 난 게 분명했다.

"무슨 일이에요?" 엄마가 물었다. 하지만 대답은 없었다.

얼마 뒤, 우리는 이웃에 사는 제니퍼 기네스가 납치되었다는 충격적인 소식을 들었다. 제니퍼는 내 어린 시절 친구인 타니아의 엄마였다. 어릴 때 해변에 놀러 갔다 오는 길에 타니아네 집에 들러 간식도 먹고 제니퍼와 이야기도 많이 나누었다. 제니퍼는 기관총을 들고 집에 난입한 남자들에게 납치되었다. 당시 더블린 사람들이 대부분 그랬듯이 우리도 제니퍼 사건에 대한 뉴스가 나오면 TV 앞을 떠나지 못했다. 제니퍼가 양조업을 하는 대부호 기네스 집안의 사람이라고 오인한 납치범들은 거액의 몸값을 요구했다. 다행히 제니퍼는 8일 만에 무사히 풀려났고, 동네 사람들은 차츰 평범한 일상으로 돌아갔다.

그 일이 있고 얼마 지나지 않아 길에서 제니퍼와 마주쳤다. 나는 제니퍼의 이야기를 듣고 싶었다. 그리고 제니퍼가 회복력이 좋고 현실적인 사람이라는 걸 알고 있었기 때문에 8일 동안 생명의 위협 속에서도 침착함을 유지했다는 말을 듣고 놀라지 않았다. 납치범들은 대체로 잘 대해주었다고 했다. 제니퍼는 그들을 자세히 관찰했고, 나이가 많은 축에 속하는 한 명이 그녀를 위협적으로 대해서 그를 굉장히 경계했다. 하지만 한 젊은이는 좀 더 관대했고, 그런 일에 확신이 없는 듯 보였다.

제니퍼는 전략적 도박을 했다. 이따금 그 젊은이에게 화를 내고 소리를 지르면서 자기를 풀어달라고 한 것이다. 제니퍼는 본능적으로 위협적인 납치범에게 화를 내면 더 위험해질 테지만 더 젊고 확신이 부족한 납치범에게 화를 내면 그의 마음을 흔들어놓을 수 있을 거라고 생각했다. 그렇게 특수한 상황에서 이런 전략이 효과적일지는 단정할 수 없다. 하지만 나는 그런 위협적인 상황에서 적어도 제니퍼가 자신에게 힘이 있다고 느끼는 데는 도움이 되었을 거라고 생각한다.

전환 기술에 감정 인식이 꼭 필요한 이유

몇 해 전, 남편 케빈은 설득의 기술(그리고 과학)에 관한 책을 썼다. 케빈은 사회적 영향력을 좌우하는 것이 무엇인지 밝혀내기 위해 좀 독특한 작업을 했다. 그 분야에서 선도적인 학자들을 인터뷰했을 뿐만 아니라 세계적인 사기꾼들과도 함께 시간을 보낸 것이다. 사기꾼은 좋은 사람이라고 할 수는 없지만, 설득의 천재다. 책으로 공부한 적 없어도 가장 기본적인 원칙들로부터 거래의 속임수를 도출해낸 사람이다.

놀랍게도 설득을 잘하는 데 필요한 것이 무엇인지, 그리고 강력한 설득 메시지를 이루는 요소가 무엇인지에 관해 학자와 '설득가' 그룹 사이에는 뚜렷한 공통점이 있다. 설득에 특히 중요한 2가지 요소는 다음과 같다.[1]

첫 번째, 메시지(당신이 말하고 있는 것)가 상대방에게 이익이 되는 것처럼 보여야 한다.

두 번째, 메시지 전달자(설득하는 사람)가 호소력 있고 신뢰감을 주어야 한다.

4부 세 번째 핵심 요소: 감정 인식

즉, 설득을 잘하려면 다음과 같이 행동해야 한다.

1. 당신 자신의 감정과 상대방의 감정을 정확히 알아야 한다. 그리고 설득의 단계에서 마치 전문 배우처럼 그런 감정을 완벽하게 표출할 수 있어야 한다.
2. ① 적절한 감정을 선택해야 한다. 그 감정은 ② 전달하려는 메시지에 적합하고 ③ 그 상황에 적합하며 ④ 상대방 혹은 목표 관객에게 적합해야 한다.

어디서 들어본 얘기 같은가? 맞다! 설득을 잘하려면 전환 기술에 능해야 한다. 좀 더 쉽게 말하자면, 중요한 것은 무엇을 말하느냐가 아니라 어떻게 말하느냐다. 자신의 감정을 이해하고 그 감정을 빠르게 조절하는 것은 적응을 돕는 강력한 도구다. 설득에 적응하든 새로운 상황에 적응하든 마찬가지다.

TV를 통해 누구나 한 번쯤은 테이블을 사이에 놓고 벌어지는 '회유와 협박' 장면을 본 적이 있을 것이다. 실제 취조실이나 면접실에서 그런 감정 조종은 테이블 맞은편에 앉은 사람으로부터 정보를 얻는 데 매우 효과적인 방법이다.

사실 우리는 날마다 알게 모르게 감정을 조종하는 것들과 마주하고 있다. 웹사이트 최적화 도구(마케팅 담당자와 제품 책임자가 온라인에서 그들의 상품을 가장 잘 보여줄 수 있게 해주는 전자 플랫폼)는 설득의 3가지 원칙을 이용한다. 그리고 각각의 원칙은 기본적인 감정 시스템을 활용해 잠재 소득을 최대화한다.

1. **희소성**의 원칙, 혹은 포모FOMO 원칙: 기회를 놓칠까 봐 **두려워하는 마음**Fear Of Missing Out. "재고가 있을 때 구매하세요!" "이 가격으로 예약할 수 있는 방은 단 2개 남았습니다!" 같은 말이 대표적이다.

2. **호혜**의 원칙: 싸게 샀다는 **만족감**. 소셜 미디어에서 공유를 촉진하는 것이든, 잠재 고객이 상품을 다운로드하거나 뉴스레터를 구독하게 하는 것이든, 판매자로서 당신의 목표가 무엇이든 상관없이 고객에게 제공할 수 있는 최상의 조건을 알아내는 것에서 시작된다. 그래야 고객도 당신에게 뭔가 보상하려 할 것이다.

3. **사회적 증거**의 원칙: 다른 사람들이 자신과 같은 상품이나 서비스를 구매했다는 사실을 아는 데서 오는 **안도감**. '좋아요' 수, 긍정적 리뷰, 적극적인 추천 글을 보고 판단하는 경우가 가장 많다.

다음에 온라인으로 물건을 살 때는 이 사실을 기억하라. 당신은 전환 기술의 지뢰밭으로 걸어 들어가는 것이다!

세 번째 핵심 요소인 감정 인식은 전환 기술에 매우 중요하다. 감정을 이해하고 능숙하게 조절하는 능력은 물건을 팔기 위해 다른 사람을 설득하는 데 유용할 뿐만 아니라 자신을 위험 가능성이 있는 상황에서 벗어나게 해줄 수 있다. 내 이웃에 살던 제니퍼의 경우처럼 말이다.

분노는 유용할 수 있다. 즉, 감정은 큰 변화를 일으킬 수 있다. 납치됐을 때 본능적으로 분노를 활용했던 제니퍼의 행동을 뒷받침하는 근거가 최근 화학계의 연구에서 발견되고 있다. 예를 들어, 예측 불가능한 상황에서 표출하는 분노는 우리에게 힘을 부여해 효과적인 협상 도구가 될 수 있다.[2] 우리는 분노를 불편하게 여기는 경향이 있다. 그리고 분노의 원인을 골라 제거해야겠다고 생각한다. 분노하는 사람은 더 힘 있고, 그 순간에는 더 높은 지위를 가진 것으로 여겨진다. 예를 들어, 분노한 구매자는 자신의 요구 사항을 덜 밀어붙이는 판매자와 더 좋은 조건으로 휴대전화 계약을 할 수 있을 것이다.[3]

하지만 이 전략을 시도할 생각이라면 주의해야 할 것이 있다. 결정적 역할을 하는 건 일의 정황이라는 점을 명심하라. 당신보다 훨씬 큰 힘을 가진 사람들에게 분노를 표현하면 역효과를 낼 게 분명하다.[4] 아마도 그들은 무시하거나 보복할 것이다. 승진에서 밀려난 뒤 상사에게 '불편한 심기'를 드러냈던 사람이라면 누구나 그런 경험을 해봤을 것이다. 하지만 상대가 당신보다 힘이 약하다면 분노 표출은 매우 효과적일 수 있다. 특히 분노가 적절하다고 판단되는 상황이라면 더 그렇다.

제니퍼의 경우, 엄밀히 말하면 제니퍼가 납치범들보다 낮은 위치에 놓인 상황이었다. 하지만 주저하는 태도를 보였던 납치범은 제니퍼가 도덕적으로 우위에 있다고 생각했기 때문에 어쩌면 제니퍼의 분노가 그의 결심을 흔드는 데 도움이 되었을지도 모른다.

감정, 전환의 지렛대

우리는 감정이 '현실 직시'를 돕는다는 사실도 알고 있다. 감정은 변화에 적응하는 데 결정적 역할을 한다. 감정이 그동안 소중하게 지켜온 목표에서 벗어나 새로운 목표에 도전할 수 있게 돕기 때문이다.[5] 예를 들어, 사랑하는 사람에게 거절당하면 우리는 다양한 감정을 느낄 것이다. 분노, 현실 부정, 비통함, 충격, 절망. 심지어 안도감을 느낄지도 모른다. 기분이 좋지는 않겠지만 슬픔 같은 감정은 뿌리 깊은 계획과 목표를 전환하는데 도움이 된다. 그리고 그런 감정 덕분에 우리는 바쁜 삶으로 돌아가기 전에 '비옥한 공백'을 가질 수 있다. 이처럼 감정은 삶의 중요한 순간에 의미 있는 방향 전환을 가능하게 해준다.

즉, 특정 목표를 성취하기 위해 필요한 행동을 결정할 때 우리를 훨씬 더 기민하게 만들어준다는 뜻이다. 자극을 바로 행동으로 연결하는 반사(예를 들어, 뜨거운 것에 닿으면 바로 손을 떼는 것)와 달리, 감정은 즉시 행동으로 연결되는 고리를 끊을 수 있게 해주기 때문에 우리는 어떤 일이 발생했을 때(예를 들어, 누가 당신 앞으로 새치기를 하는 것) 다양한 반응을 할 수 있다. 감정은 벌어진 상황을 관찰하고 얻을 수 있는 모든 정보를 얻은 다음에 어떻게 할지 결정할 수 있게 해준다. 당신의 생각과 판단을 행동으로 연결하는 일종의 기어와 같으며, 기민성을 촉진하므로 전환 기술에 매우 중요한 요소다.

감정에 맡겨라

감정은 우리 뇌가 행하는 빅데이터의 표출이다. 좋은 것이든 나쁜 것이든 당신이 가진 모든 경험은 뇌의 기억 장치에 저장되며 주어진 상황에서 가능한 결과를 예상하기 위해 쓰인다. 감정이 유용한 이유는 당신 인생의 전환점을 통과하는 데 도움을 주기 때문이다. 역동적인 세상에서 잘 살아가려면 좌절과 실패를 자연스럽게 받아들이고, 그것들을 당신의 업적 및 성공과 하나로 통합해 완전하고 통일성 있는 덩어리로 만들어야 한다.

과학, 경영자 코칭, 심리 치료에서 공통적으로 말하는 첫 번째 가르침은 그 어떤 것도 경험을 대신할 수 없다는 사실이다. 최상의 결과를 내려면 반드시 일상의 현실과 결부되어야 한다. 세상 속으로 뛰어들어 맛과 풍미를 느끼고, 소리를 듣고, 눈으로 보고, 질감을 느끼고, 세상이 나에게 주는 어려운 일과 불만 사항을 직접 겪어야 복잡한 상황을 헤쳐나가는 데 도움이 될 다양한 감정을 얻을 수 있다. 시간이 갈수록 당신 삶의 질은 당신이 경험한 것들에 의해 크게 좌우될 것이다.

감정은 우리가 어떻게 느끼는지를 전달하는 데 도움을 준다. 우리의 느낌이 미세하게 바뀌거나 다른 사람의 감정 표현 방식이 조금만 변해도 우리는 현재 벌어지는 상황에 대해 많은 것을 파악할 수 있다. 감정 표현은 다른 사람에게 분명한 정보를 제공하며, 그 결과 그들의 행동에도 영향을 미친다. 예를 들어, 당신이 모르는, 그리고 당신을 모르는 아기에게 다가갈 때

아기의 기분이 좋아 보이고 아기가 당신을 바라보고 웃는다면 당신은 즉시 관심을 갖고 긍정적인 태도로 아기와 장난을 칠 것이다. 반면 얼굴을 찌푸리며 소리 지르는 두 살배기라면 당신은 아기를 더 겁먹게 할까 봐 뒤로 물러설 것이다.

정교한 신경계의 부산물인 감정은 우리의 행동뿐만 아니라 타인의 행동까지 조절할 수 있게 돕는다. 그리고 그것은 우리가 적응하는 데 필수적이다. 감정 인식이 전환 기술의 핵심 요소인 것도 바로 이런 이유에서다.

감정을 더 깊이 인식하고 이해하기 위한 여정을 시작하기 전에 감정이 어디에서 오는지 살펴보면 매우 흥미롭다. 감정의 본질적 특징을 이해하면 우리는 감정이 왜 존재하는지 더 잘 이해할 수 있을 것이다.

감정은 어디에서 오는가?

감정이 어디에서 오는지에 관해 정서과학affective science에서는 크게 두 부류의 견해가 존재한다.[6] 양측 모두 어느 정도 근거가 있으며 어느 쪽의 접근법이 더 진실에 가까운지 아직 전반적인 합의는 이루어지지 않았다. 배심원 판결이 내려지지 않은 셈이다. 과학계에서 이런 불확실한 상태는 흔한 일이며, 불확실한 상태에서 진전을 이루기 위해서는 기민한 사고력이 요구된다.

'고전적 관점'이라고 불리는 견해는 가장 흔한 감정 중 몇 가지가 우리 뇌에 본래 내재되어 있다고 말한다.[7] 1960년대에 심리학과 신경과학 분야에서는 인간의 뇌가 3개의 분리된 부위를 하나로 합친 형태('삼위일체'의 뇌)라는 견해가 일반적이었다.[8] 이렇게 구조적으로 나뉜 3개의 뇌는 진화 발달 시기의 구분과도 일치했다.

가장 오래된 것은 고대 **파충류의 뇌**인 뇌간, 즉 척수의 맨 윗부분이자 뇌의 맨 아랫부분으로서 호흡, 갈증, 심장박동, 혈압 같은 기본 기능을 담당한다. 그 바로 위에 있는 뇌의 중간 부분은 **변연계**다. 변연계는 그보다 더 나중에 발달한 대뇌피질 바로 아래에 갇혀 있으며 감정을 생성한다. 마지막으로, 뇌의 가장 바깥쪽 층인 대뇌피질은 나머지 뇌를 감싸고 있으며 다른 종과 구분되는 인간만의 특징이다. 통제 기능과 더불어 언어나 이성적 사고 등 여러 가지 고차원적 기능을 수행한다.

이 '삼위일체'라는 틀에 어느 정도 구조적 사실성이 존재하긴 하지만 신경과학에서는 이 견해를 더 이상 진지하게 받아들이지 않고 있다.[9] 그럼에도 불구하고 이 가설은 대개 동물을 이용해 감정의 생물학적 성질을 이해하려는 영향력 있는 연구 분야의 도화선이 되었다. 특히 이런 연구는 생존에 중요한 역할을 하는 중심 뇌 영역인 변연계 안에 있는 몇몇 작은 구조물의 중요성을 밝혀냈다. 그중 가장 유명한 것이 편도체다.

편도체, 뇌의 경보 장치

편도체는 겨우 엄지손톱 크기 정도 되는 작은 구조물로서 위험을 감지하면 뇌의 다른 부분의 활동을 줄이기 때문에 '뇌의 경보 장치'라고 불린다. 진화적 측면에서 봤을 때 편도체는 매우 오래된 구조물이다. 만약 뇌가 일종의 클럽이고 그 창립 회원이 있었다면 편도체는 아마 그중 하나일 것이다.

편도체가 대뇌피질에 미치는 영향은 대뇌피질이 편도체에 미치는 영향보다 더 크다. 이렇게 말할 수 있는 건 대뇌피질에서 편도체로 뻗은 신경섬유보다 편도체에서 대뇌피질로 깊숙이 뻗어 있는 신경섬유가 훨씬 많기 때문이다. 이런 물리적 배열 덕분에 잠재적 위험에 주의를 집중하는 동안 잠시 '생각'을 보류할 수 있다. 욕실에서 거미를 발견하면 '생각하는' 뇌가 그것이 무해하다는 걸 잘 알고 있음에도 몸이 두려움에 얼어붙는 것 또한 이 때문이다. 경보 장치인 편도체는 빠르게 작동한다.

몇 년 전, 나는 당시 거주하던 케임브리지셔의 작은 마을에서 따뜻한 햇볕을 받으며 조깅을 하고 있었다. 그런데 어느 집 앞 진입로에서 갑자기 커다란 도베르만 한 마리가 으르렁거리며 나를 향해 곧장 달려왔다. 개 주인이 소리치는 게 들렸다. 하지만 그 개는 전혀 그 소리에 반응하지 않았다. 그 개는 나를 쫓아오면서 사납게 내 다리를 물려고 했다. 그로부터 몇 초간, 나는 길을 따라 전력 질주했다. 이 정도면 우사인 볼트Usain Bolt 도 이길 수 있겠다고 생각했다. 다행히 20미터쯤 달렸을 때 그 개는 얌전히 주인에게 돌아갔다.

나는 그 길 끝까지 달린 다음에야 멈춰 서서 쿵쾅거리는 심장을 진정시켰다. 몸이 부들부들 떨렸고, 약 10분 정도가 지나서야 다시 달릴 수 있었다. 그로부터 몇 개월 동안 나는 그 집 앞을 지날 때마다 길을 건너 맞은편 길로 갔다. 그 개는 다시 보지 못했다. 그리고 이미 그 집 사람들과 개가 이사했고, 더 이상 그곳에 살지 않는다는 사실을 알고 몇 년이 지나서도 그 집 진입로 앞을 지날 때면 불안감 때문에 온몸이 욱신거렸다.

이런 경험은 당신도 한 번쯤 해봤을 것이다. 위협을 느끼면 당신의 몸은 평소와 다르게 반응하며 그것은 통제가 되지 않는다. **두려움**을 느끼기 때문이다. 두려움은 보통 내재된 '기본' 감정을 보여주는 완벽한 예라고 여겨진다. 이런 것은 영장류, 쥐, 심지어 곤충이나 거미 같은 다른 종들에서도 발견할 수 있는 감정이다. 감정을 바라보는 고전적 관점에 따르면 두려움, 혐오, 분노, 행복, 슬픔, 놀람 같은 기본적인 감정은 모두 그 자체의 신경 회로, 즉 '뇌 지문'을 갖는다. 그리고 이런 감정 덕분에 인류는 수천 년에 걸쳐 살아남을 수 있었다.

우리의 일반적인 감정 몇 가지가 선천적으로 내재된 것이라는 견해는 타당해 보이며 수년간 감성과학 분야에서 지배적인 의견이었다. 문제는 이 관점이 완전히 틀릴 수도 있다는 것이다. 많은 뇌 영역 사이에는 분리된 '감정' 회로라는 개념과 맞지 않는 고유의 상호 연결성이 있다. 우리는 특정 감정을 분리해 뇌의 한 영역에만 결부시킬 수 없다. 현대의 뇌 스캔 기술을 이용한 결과 감정을 느끼는 동안, 그리고 생각을 하는 동안, 뇌의 다양한 영역이 동시에 활성화된다는 사실이 밝혀졌다.

만약 내가 개를 피해 전속력으로 도망가는 동안 내 뇌 속을 자세히 살펴본다면 오래된 편도체가 열심히 활동하는 모습뿐만 아니라 뇌의 다른 영역도 활발하게 활동하는 모습을 발견할 수 있을 것이다. 또한 우리 뇌의 진화는 삼위일체의 뇌 가설이 주장하듯이 논리적 선형 방식으로 진행되지 않았다. 오히려 마치 회사나 대학교 같은 조직이 구조 조정을 하듯이 규모와 복잡성이 커짐에 따라 뇌는 지속적으로 그 구조를 재편성하고 진화에 맞춰 적응한다.[10]

이것이 우리에게 말해주는 바는 우리 뇌에서 이른바 '사고/문제 해결'을 관장하는 부분과 '감정'을 관장하는 부분이 서로 촘촘한 상호 연결성을 가지고 있어서 함께 매끄럽게 작동한다는 것이다. 사실 뇌 전체에 걸쳐 분포한 세포 조합체는 일종의 '비상 대응 호출 대형'으로 빠르게 연결되어 우리가 특정 상황에 대처할 수 있게 돕는다. 그리고 이런 연결을 할 때는 경계를 따지지 않는다. 뇌는 하나로서 작동하는 대단히 통합적이고 역동적인 시스템인 것이다.

물론 이렇게 통합적인 뇌 안에서도 여러 감정에 대해 분리된 뇌세포 조합체(보통 회로라고 부른다)가 여전히 존재할 가능성은 있다. 이것도 타당한 얘기이지 않을까? 조깅 중에 달려드는 개를 만났을 때 '두려움' 고유의 회로가 작동해 내가 도망치게 했는지도 모른다. 하지만 이것 역시 틀린 것 같다. 의외이긴 하

4부 세 번째 핵심 요소: 감정 인식

지만 두려움, 분노, 혐오감, 혹은 다른 감정의 근원이 되는 뚜렷한 뇌 회로에 대한 설득력 있는 증거를 찾기는 어렵다는 사실이 입증되고 있다.

설명하기 어려운 감정들

뇌 스캔으로 감정 회로를 정확히 찾아내기도 어렵지만 사람들이 자신의 감정을 설명하는 걸 듣고 그걸 두려움, 슬픔, 기쁨, 혐오처럼 익숙한 범주로 정확히 구분하는 일도 어렵다.

생각해보자. 두렵다는 게 어떤 느낌일까? 말로 표현해보자. 이제 분노한다는 게 어떤 느낌인지 설명해보자. 만약 감정의 원인을 빼고 말해야 한다면 당신은 정말로 두려움과 분노가 어떻게 다른지 설명할 수 있는가? 어렵지 않은가?

많은 심리학 연구는 사실상 그렇게 하는 것이 불가능하다는 사실을 보여준다. 대신 사람들의 설명은 훨씬 넓은 차원의 감정 경험으로서 그 감정이 얼마나 강렬했는지, 부정적이었는지 아니면 긍정적이었는지 같은 것이다.[11] 이런 연구 결과는 연구자들에게 감정에 대한 고전적 관점이 정확하지 않을 수도 있다는 생각을 심어주었다.

내가 개에게 쫓긴 두려운 경험을 설명하려 한다면, 혹은 그보다 훨씬 전, 물에 빠져 죽을까 봐 다이빙대에 매달려 있을 때 느꼈던 공포감을 설명하려 한다면 신체적 설명에서 벗어나기 어려울 것이다. 두 경우 모두 나는 심장이 심하게 뛰었던 것을 기억한다. 어지러웠고 입은 바싹 말랐다. 그리고 두 경우 모두 시간이 좀 지나자 주체할 수 없이 몸이 떨렸다. 한 번은 경직되어 꼼짝도 하지 못했고, 다른 한 번은 최대한 빠르게 도망쳤다. 하지만 내가 '느낀' 감정은 무엇일까? 기분이 좋은 상태는 아니었으며 격앙되어 있었다고 말할 수 있다. 하지만 그 이상을 설명하기는 어렵다. 나만 그런 것이 아니다. 이런 현상은 감정 연구에서 흔히 볼 수 있는 일이다.

감정 생활을 구성하는 2가지

우리 감정 생활은 직관적인 별개의 감정이 아니라 상황이 얼마나 자극적인지, 그리고 그것이 긍정적인지 아닌지를 바탕으로 폭넓게 구성되는 듯하다. 상황이나 사물이 부정적인지 혹은 긍정적인지를 판단하는 것(심리학에서 **감정가**感情價, valence 판단이라고 부르는 것)은 우리가 이 책의 서론에서 언급했던 '감정 톤'이라는 개념과 가깝다. 마음챙김 교육자들은 어떤 것이 유쾌한지 불쾌한지 아니면 중립적인지에 대한 느낌, 즉 감정 톤이 우리에게 무엇이 중요한지를 알려준다고 말한다. 감정이 주어진 상황을 좋게 느끼는지 불쾌하게 느끼는지 알려주는 일종의 뇌속 추적기 역할을 하며, 우리는 그것을 근거로 피해야 할 경험과 접근해야 할 경험을 구분할 수 있다고 보는 현대의 감정 연구 결과와도 통하는 부분이다.

중요한 것은 대뇌피질과 피질하계 두 곳 모두와 관련된 뇌 회로가 일상 사건에 대한 부정적 혹은 긍정적 해석을 보존하고 강화한다는 점이다. 뇌는 다양한 영역을 활용해 작동하는 시스템으로서 영역 간의 매우 유동적인 연결을 바탕으로 감정적 상황을 처리한다는 사실이 여러 연구 결과 확인되었다.[12] 그리고 우리는 6장에서 감정적 상황에 대처할 때 생각의 유동성을 잃지 않으려면 특히 인지 유연성이 중요하다는 내용을 살펴본 바 있다. 뇌가 고도로 통합된 방식으로 작동한다는 새로운 견해에 따르면 감정과 감정 생활에 대한 인식이 어째서 기민성에, 그리고 넓게는 전환 기술에 그토록 중요한지 잘 이해할 수 있다.

감정적 전환 기술

뇌를 예측 장치로 보는, 그리고 매우 역동적인 단일 장치로서 작동하는 것이라고 보는 최근의 관점에 따르면 감정 생활의 기능성을 위해서 여러 개의 경직된 뇌 회로가 존재할 필요는 없다는 것을 알 수 있다. 최소한의 절차로 구성된 종합적 처리 과정만 있으면 충분하다. 외부 사건에 '좋다' 혹은 '나쁘다'의 감정가를 산출하는 절차, 그 사건을 빠르게 범주화하는 능력, 그리고 이 절차를 내부적 신체 정보와 통합하는 능력이 합해져 우리가 그 순간에 적절하게 반응할 수 있게 해주는 것이다. 이것이 바로 감정이 내재되어 있는 게 아니라 '상황과 동시에' 생성된다는 이론의 본질이다.

이는 우리에게 몸이 스스로 할 수 없었던 정신적 기능을 습득할 때 몸의 변화가 감정으로 바뀐다는 것을 말해준다.[13] 다시 말해서 우리의 감정은 3가지, 즉 유연한 뇌, 뇌가 작동하는 환경에 대한 깊은 이해, 그리고 신체에서 전달되는 내부 신호의 의미가 결합해 나타난다. 이런 관점은 정신이 어떻게 작용하는지에 대한 폭넓은 이해로부터 도출된다.

이 관점에 따르면 모든 정신적 상태는 우리의 생각, 감정, 감각이 한순간에 합쳐질 때 탄생한다. 중요한 점은 이런 일시적 결합이 특정 상황에만 적합하며, 새로운 상황에 맞는 행동을 결정하는 데 도움이 될 만큼 유사한 이전의 경험을 이용함으로써 이루어진다는 것이다. 이러한 감정 구성 이론은 우리의 감정 연구에 활용할 수 있는 다양한 관점을 제시한다.

개를 피해 도망칠 때 내가 느꼈던 두려움을 예로 들어보자. 이 이론에 의하면 나를 향해 달려드는 개를 봤을 때 뇌 안에 있는 기본 생존 회로는 즉각적 조치가 필요하다(각성)고, 그리고 상황이 나쁘다(감정가)고 알렸다. 동시에 내 사고 두뇌는 그 사건을 '잠재적으로 위험함, 두려움'이라고 분류한다. 내가 공격적인 동물에 쫓겼던 과거의 경험(어릴 때 물가에서 나를 쫓아오던 게 한 마리가 특히 기억에 남는 예다) 요소들을 사용해 나의 뇌는 빠르게 이 상황을 해결하기 위해 내 몸이 해야 할 일을 예측했다. 바로 이런 예측이 엄청난 양의 아드레날린 분비를 촉진했고, 그 결과 나는 전력 질주해 위험에서 벗어났다. 이제 이 경험에도 '두려움'이라는 꼬리표가 붙어서 내가 두려운 순간이라고 느꼈던 다양한 느낌들에 의미를 부여하는 데 도움을 준다.

이런 관찰을 하다 보면 감정이 직관적이라고 할 수 있는지 다시 생각해보게 된다.[14] 수년간 전통 안에서 교육받고 일했던 과학자로서 나는 이 새로운 관점과 합의하는 데 오랜 시간이 걸렸다. 그것이 맞는다고 느껴지지는 않았지만 점점 드러나는 증거들 때문에 감정은 선천적으로 타고나는 것이 아니라 대부분 생성된다는 견해에 맞서기가 점점 더 어려워졌다.

감정이 생물학적으로 타고나는 것이 아니라 구성되는 것이라는 견해에서는 감정이 현재 상황과 관련해 심장박동 수 증가처럼 신체에서 일어나는 물리적 변화를 분류하는 과정을 통해 생성된다고 말한다. 성적 흥분 상태일 때, 강도 높은 운동을 할 때, 또는 달려드는 개를 피해서 전력 질주해 도망칠 때 당신의 심장박동 수가 증가할 것이다. 각각의 경우에 신체적 변화(분당 심장박동 수 증가)는 대개 동일하다. 하지만 당신이 그 상황을 이해하는 방식은 완전히 다르다. 이것이 우리에게 감정에 관한 매우 다른 관점을 제시한다. 감정은 이미 내재해 있는 것이 아니라 우리가 빠르게 변화하는 사건들의 요구를 해결하도록 돕기 위해 유연하게 생성된다는 것이다. 이것은 감정이 기민성에 매우 중요한 이유를 아주 명백히 보여준다.

만약 감정이 고전적 관점에서 말하듯 선천적으로 내재된 것이 아니라 만들어지는 것이라면 전환 기술을 위해 감정 반응을 조절하고 바꿀 절호의 기회가 생긴다. 예를 들어, 상황에 대한 해석을 수정하면 감정을 수정할 수 있는 것이다. 다가오는 연설이나 프레젠테이션을 두려운 일이 아닌 흥미로운 도전으로 재구성하면 실제로 생성되는 감정을 바꿀 수 있다.

자연은 보통 다양한 문제에 대처하는 일반적인 해결책을 만들어낸다. 고전적인 관점인 **생물학적 기본 감정 이론**처럼 **구성된 감정 이론** 관점도 진화적 가설에 기초한다. 하지만 진화한 결과물이 다르다. 각각의 감정을 위해 존재하는 무수히 많은 개별적 회로가 아니라 더 적은 수의 일반적인 과정이 중요하다.

개념은 간단하다. 자연은 문제 하나하나에 대해 해결책을 모두 만드는 것이 아니라 다양한 종류의 문제를 해결하는 데 사용할 수 있는 일련의 과정을 개발한다. 일일이 해결책을 개발하는 건 매우 비효율적이기 때문이다. 그런 보편적 과정은 특정 상황에 맞춘 방법보다 훨씬 더 효과적이며 더 큰 유연성을 갖는다. 즉, 감정 구성 이론의 관점에서 감정이 어떻게 만들어지는지를 이해하면 기민성을 유지하는 방법도 이해할 수 있다.

심리학에서는 오래전부터 이런 사고방식이 존재했다. 인지 과정, 주의 집중 과정, 기억 및 범주화 과정, 학습 과정도 모두 다양한 문제 해결에 적용되는 보편적 과정이라는 가설이 그것이다. 잘 알려진 좋은 예가 우리의 단기 기억 능력의 한계다.

우리는 사람들이 보통 7개 정도, 혹은 그보다 2개 정도 많거나 적은 항목을 기억할 수 있다고 알고 있다.[15] 즉, 사람들에게 20개 항목의 리스트를 보여주고 기억하는 것을 다시 말해보라고 하면 평균적으로 7개 정도를 기억해낸다는 뜻이다. 대부분은 5개에서 9개 사이의 항목을 기억한다. 그 리스트가 포켓몬 캐릭터든, 슈퍼마켓 카트에 담은 물건 목록이든, 단어든, 숫자든 기억할 수 있는 항목의 수는 같다. 내용과 상관없이 단기 기억에 일반적인 한계가 있다는 뜻이다.

감정은 왜 생기는가?

이쯤에서 떠오르는 근본적인 질문이 있다. 감정이 어디에서 오는지, 즉 어느 공장에서 만들어지는지(타고나는 것인지 그때그때 생성되는 것인지) 알면 감정이 실제로 왜 생기는지에 대한 통찰이 가능할까? 어쨌든 감정은 우리 의식에서 가장 주관적인 요소인데, 그 용도는 무엇일까?

우리가 너무 기쁠 때 몸이 둥둥 뜨는 기분, 불안과 공포로 위가 뒤틀리는 느낌, 또는 불안감으로 인한 극심한 떨림 같은 비슷한 감정적 경험을 설명한다 해도 정말로 당신의 느낌을 이해할 수 있는 사람은 당신밖에 없다. 이미 언급했듯 과학자들이 감정 생성 방식에 대해 모두 동의하는 것은 아니다. 뇌 안에 선천적인 감정 회로가 있다고 믿는 과학자도 있고, 상황이 벌어진 순간에 함께 작동하는 다양한 절차의 일시적 결합이라고 보는 과학자도 있다. 하지만 우리가 사랑에 빠지거나 두려울 때, 또는 깊은 슬픔에 잠겼을 때 경험하는 강한 감정은 그 어떤 이론과 상관없이 진실이다.

감정에 대한 '왜'라는 질문에 답하기 위해 잠깐 실험실 밖으로 나가 일상에 몰두해보자. 우선 우리가 아는 한 가지는 감정이 우리 몸에서 보내는 내부 정보를 알려준다는 것이다. 감정은 우리에게 괜찮다, 혹은 괜찮지 않다는 것(마음챙김 전통에서 감정 톤 혹은 베다나라고 부르는 것)을 알려주는 신호 역할을 한다. 우리의 본질에 주입할 강력한 생각과 이미지를 방출하며, 우리 삶에 지장을 주고 진로를 가로막을 수도 있고 힘을 북돋아 앞으로 나아가도록 동기 부여를 하기도 한다. 신체적 느낌은 영향력 있는 생각과 모의해 행동을 이끌어내고 우리가 그 상황에 가장 적절하게 반응할 수 있게 해준다.[16]

한밤중에 어둡고 인적 드문 길을 걷다가 칼을 들이대는 강도와 마주쳤다고 상상해보자. 대부분의 경우, 두려움이라는 최우선의 감정이 나서서 귀중품을 건네주고 가능한 한 빨리 그 상황을 빠져나오라고 '설득할' 것이다. 하지만 특수부대원인 내 남편의 친구에게는 똑같은 사건이 술집에서 귀가하는 길에 생긴 전투 명령 혹은 재미있는 에피소드쯤으로 여겨졌다. 그는 강도에게서 무기를 빼앗고 그의 한쪽 팔을 꺾은 뒤 바닥에 눌러 제압했다. 그리고 휴대전화를 꺼내 경찰에게 강도를 잡았으니 데려가라고 말했다. 그에게 최우선 감정은 두려움이 아니었다. 흥분이었다. 그리고 결과는 매우 달랐다.

다양한 감정은 다양한 행동을 일으킨다. 그리고 특정 상황에서 기민하게 대처할 수 있게 해준다. 두려움은 당신이 달아나거나, 싸우거나, 꼼짝 못 하도록 이끌 수 있다. 슬픔은 당신이 하던 일을 중단하거나, 회복하거나, 그동안 간직했던 목표를 바꾸는 이유가 될 수 있다. 기쁨은 당신이 기분 좋은 상황을 추구하고 유지하게끔 이끄는 반면, 혐오감은 불쾌한 것을 피하도록 이끈다. 물론 우리 감정을 정확히 분류하기는 현실적으로 불가능하다. 상충하는 여러 감정을 느낄 수도 있다. 하지만 상충하는 감정은 종합적으로 봤을 때 유쾌한 감정이 될 수도, 불쾌한 감정이 될 수도 있다(감정 톤). 그리고 그런 복합적인 감정이 지금 상태를 지속할 것인지, 아니면 방침을 바꿀 것인지 결정하는 데 도움을 준다.

부정적 감정의 이점

당신의 모든 감정은, 설령 그것이 매우 불쾌한 감정이라 할지라도 심리적 건강과 행복을 성취하는 데 매우 중요하다. 분노나 두려움 같은 부정적 감정은 위협과 관련이 있어서 당신의 관심 범위를 좁혀 자신이나 사랑하는 사람들을 해치거나 방해할 중요한 사안에 초점을 맞추게 해준다. 때때로 부정적 감정에 압도되는 것은 바로 이런 이유 때문이다.

당연한 얘기지만 부정적 감정은 더 강하게 당신의 주의를 끄는 경향이 있으며 '세심한 관리'가 필요할지도 모른다. 나쁜 감정은 당신이 그런 감정을 유발하는 상황을 피하게 만든다. 그리고 그것은 좋은 일이다. 예를 들어, 특정 그룹의 친구들이 언제나 당신을 우울하고 화나게 한다면 당신은 분별력 있게 생각해보고 그들과 보내는 시간을 줄일 것이다. 그렇다고 해서 불쾌한 감정 자체를 피해서는 안 된다. 만약 당신이 계속해서

스트레스와 불편한 마음을 피한다면 당신의 한계를 설정하는 결과를 초래해 결국 원하는 것을 얻을 수 없을지도 모른다.

힘든 시기를 겪으면서도 뛰어난 회복력을 보이고 좌절에도 굴하지 않으며 자신이 원하는 것을 성취한 사람들에게는 한 가지 공통점이 있다. 장기적 목표에 부합하는 과정에서 일어나는 나쁜 감정에 잘 대처하는 능력을 갖췄다는 점이다. 예를 들어, 승진 요청을 하는 게 두렵다면 그저 요청하지 않기로 결심할 수 있다. 그러면 기분이 좀 나아질 것이다. 하지만 이렇게 하면 단기적으로는 마음이 편할 수 있어도 당신의 경력에는 별로 좋지 않을 것이다. 운동선수가 훈련을 위해 추운 겨울 아침에 일어나고 싶지 않지만 그것에 익숙해져야 목표를 달성할 수 있다는 걸 알고 있는 것과 마찬가지다.

내가 당신의 뇌 속에서 모든 두려운 감정을 30분 동안 지워버린 다음 당신을 자동차 운전석에 앉혔다고 생각해보자. 과연 얼마나 갈 수 있을까? 과연 무엇이 전방 시야가 확보되지 않는 굽은 도로에서 당신이 나이 든 여성이 느릿느릿 운전 중인 자동차를 추월하지 못하게 막아줄까? 운전을 해서 집에 무사히 도착할 때마다 두려움의 덕이 컸다는 점을 기억하라. 비슷한 예로 내가 당신의 뇌에서 분노와 좌절감을 모두 지운 다음 당신을 협상 테이블에 앉혔다고 생각해보자. 협상을 마쳤을 때 당신은 과연 원하는 것 중 얼마만큼이나 얻어냈을까?

두려움, 분노, 혐오 같은 부정적 감정은 매우 중요하다. 부정적 감정 덕분에 위협이 될 만한 사건이나 사물에 주의를 집중할 수 있기 때문이다. 이것은 내가 예전에 **우울한 뇌**rainy brain 라고 칭했던 뇌 활동, 즉 우리에게 위험과 위협을 경고하는 뇌의 과정이 긍정적이고 유익한 일보다 당신의 주의를 더 강하게 끌기 때문이다.

긍정적 감정의 더 큰 이점

부정적 감정이 매우 중요하긴 하지만 긍정적 감정을 반복해서 경험하는 삶이 더 나은 건 당연한 얘기다. 여기서 말하는 건 포괄적인 행복감이 아니라 수많은 종류의 긍정적 감정이다. 가장 흔한 것으로는 기쁨, 감사, 평온함, 흥미, 희망, 자부심, 재미, 영감, 경외심, 사랑, 호기심 등이 있다. 긍정적 감정은 우리의 주의력이 미치는 범위를 확장하고 생각의 폭을 넓히며 우리가 독창적인 사람이 되도록 독려한다.[17]

긍정적 감정은 활력을 준다. 긍정적 감정은 똑같은 감정을 더 많이 원하게끔 하기 때문이다. 이런 현상이 뇌에서 일어나게 하는 메커니즘은 다소 놀랍다. 긍정적 경험은 뇌의 보상 센터(**측좌핵**nucleus accumbens)를 다양한 방식으로 작동시킨다. 이 보상 센터는 두 부분으로 나누어볼 수 있다. 하나는 우리가 뭔가를 **좋아하게** 만드는 부분이고, 또 하나는 우리가 뭔가를 **원하게** 만드는 부분이다.[18] '좋아하게' 만드는 부분은 자연적으로 발생하는 아편제인 엔도르핀 같은 호르몬을 분비해 우리에게 기쁨(좋음)이라는 감정을 제공한다. 반면 '원하게' 만드는 부분은 도파

민이라는 화학물질을 분비한다. 도파민은 우리가 같은 감정을 더 많이 추구하게(원하게) 하고 우리의 지속 능력을 강화한다.[19]

결정적으로, 원하는 것이 항상 좋아하는 것과 관련되어 있지는 않다(그래서 우리가 원하는 것을 반드시 좋아하지는 않는 것이다). 내가 아는 많은 직업 운동선수들은 훈련을 원하지만 막상 훈련을 시작하면 좋아하지 않는다. 대부분의 약물 중독자들이 약물을 계속 원하지만 사실상 그것을 싫어하는 지경에 이른다. 실제로 법의학 정신과 의사인 내 친구의 말에 따르면 많은 소아성애자들이 욕구에 굴복하는 것을 혐오한다고 한다.

긍정적 감정은 강력한 동기를 부여한다. 긍정적 경험이 개방적인 태도를 갖게 하고 주의력이 미치는 범위를 확장하며 우리의 경이감을 강화한다는 연구 결과가 많이 있다. 긍정적 감정을 느끼면 관심사가 더 넓어지고 창의성도 발달한다. 긍정적 감정은 관심 범위를 넓혀줄 뿐만 아니라 작업 전환 능력도 강화하는 것으로 알려졌다.

기분이 좋으면 생각 처리 과정도 더욱 꼼꼼해진다. 그러면 의사 결정 능력도 현저하게 개선된다.[20] 한 연구에서 예상치 못한 선물을 받거나 활기찬 음악을 들은 의대생들은 긍정적인 기분이 증가했다. 한편, 통제 집단의 학생들에게는 선물도 주지 않았고 기분에 영향을 주지 않는, 중성적이거나 약간 우울한 음악을 들려주었다. 그런 다음 몇 가지 주요 증상을 바탕으로 진단을 내려달라고 요청하자 기분이 좋은 학생들은 더 빠르고 정확하게 판단을 내렸으며, 결론을 내릴 때 혼란스러운 모습을 별로 보이지 않았다. 심지어 숙련된 의사들도 기분이 좋을 때 특정 질병을 진단하는 데 더 효과적인 모습을 보였고, 처음 예상에 '집착하는' 경향이 덜했다.[21]

간단히 말해서 긍정적인 의사들은 새로운 정보에 개방적인 태도를 보였다. 그 정보가 현재 자신이 가진 생각과 충돌하는 것이어도 말이다. 긍정적인 의사들은 상황의 다양한 측면을 살피면서 주의력의 범위가 넓어졌고 정신적 기민성이 증가했다. 이것은 의사들에게만 해당하는 얘기가 아니다. 긍정적 감정 경험은 누구나 그 상황의 다양한 측면을 고려할 수 있게 해준다. 그러면 주어진 환경에 더 잘 맞는 판단을 내릴 수 있으며 편견에 좌우되지 않는다.[22]

긍정적 감정은 회복력을 뒷받침한다

긍정적 감정과 회복력 역시 밀접한 관련이 있다. 뉴욕에서 발생한 9·11 테러 이후, 당연한 얘기겠지만, 사람들은 다양한 감정을 경험했다. 보통은 분노, 두려움, 테러범을 향한 적대감 등이었다. 하지만 운 좋게 절망 속에서 기쁨의 순간을 맞이하거나 가족 및 친구들과의 유대감을 경험하고 미래에 대한 희망과 용기를 얻은 사람도 있었다. 잠깐이라도 이런 경험을 한 사람은 테러 이후 몇 달 동안 더 높은 회복력을 보였다.[23] 만약 위기를 겪는다면 아주 작은 긍정적 경험이라도 찾아보려고 노력해야 한다. 자녀와 놀아주는 것이든, 친구와 전화 통화를 하는 것이든, 당신이 좋아하는 초콜릿을 먹는 것이든 다 괜찮다.

긍정적 경험과 감정은 '저축'했다가 힘든 시기가 닥쳤을 때 꺼내 쓸 수도 있다.[24] 만약 긍정적 감정을 반복적으로 경험한다면 당신의 사회적 유대 관계는 강화될 것이고 회복력도 자연스럽게 증가할 것이다. 긍정적 감정을 통해 다양한 상황이 닥쳤을 때 넓은 관점과 기민한 태도로 대처하는 법을 배우기 때문이다. 수년이 걸린 연구 결과에 따르면, 긍정적 경험 비율이 부정적 경험 비율보다 높으면(최소 비율에는 논란의 여지가 많지만 흔히 3:1이라고 많이 이야기한다) 그 사람은 일상의 곤경과 역경을 잘 헤쳐나갈 수 있다고 한다.[25]

어떻게 긍정성을 키울까?

긍정적 감정과 관련한 개념을 살펴보면 살면서 많은 어려움이 닥치는 상황에서도 우리가 더 긍정적일 수 있는 여러 가지 방법을 알 수 있다. 꼭 기억해야 할 것은 작은 긍정성이라도 자주 경험하면 놀라운 효과를 낼 수 있다는 점이다. 하지만 긍정적이라고 느끼지 않을 때 긍정적인 마음을 가지려고 '애쓰는' 것은 역효과를 낳을 수 있으며, 오히려 더 기분이 나빠지고 긍정성이 주는 이점을 놓칠 수 있다는 것은 분명하다. 거짓으로 긍정적인 행동을 하거나 비현실적으로 긍정적인 사람을 본 적이 있을 것이다. 실제로 그렇지 않은데 긍정적 감정을 만들어내려는 노력은 할 가치가 없다. 대신 너무 애쓰지 않고도 긍정성을 유발할 수 있는 더 유용한 교훈이 있다.

- **감사하라:** 이것은 긍정적 감정을 일으키는 가장 쉬운 방법 중 하나다. 선물 같은 하루를 어떻게 보내고 있는지 자신에게 질문하라. 무엇에 감사함을 느끼는가? 맑은 날씨처럼 단순한 일에 감사함을 느낄 수도 있고, 당신이 키우는 개에게 고마움을 느낄 수도 있다. 친구들에게 고마울 수도 있다. 고마움을 느끼는 대상을 찾는 것은 자신에게 진짜 긍정성 한 알을 줄 수 있는 쉬운 방법이다.
- **호기심을 갖고 마음을 열어라:** 호기심을 갖고 마음을 여는 것은 모든 부정성에서 벗어날 수 있게 하고, 어째서 그 상황에서 찾을 수 있는 이점을 찾지 못하는지 생각해볼 수 있게 해준다. 그러니 딱히 내키지 않더라도 반드시 호기심을 가지려고 노력하라.
- **친절하게 행동하라:** 다른 사람이나 동물에게 친절한 태도를 보이는 것은 그렇게 어렵지 않다. 친절한 행동을 하면 우리의 전반적인 긍정성에 보탬이 되는 행복감을 얻을 수 있다는 증거들이 수없이 많다.
- **고마움을 표현하라:** 누군가 당신을 도와주거나 친절하게 대해주었다면 그 사람에게 고마운 마음을 전달하라. 상대방이 해준 일에 감사하는 당신의 마음을 표현하라. 이런 행동을 통해 상대방의 긍정성도 높아지고 당신의 기분도 좋아진다.

■ **진심이어야 한다:** 긍정성을 억지로 꾸며내지 마라. 당신이 정말로 불쾌하거나 힘든 시기를 겪고 있다면 자신이, 그리고 타인이 알게 하라. 단, 부정성에 너무 빠져 있거나 계속해서 그걸 끌어안고 있지 않도록 주의하라. 만약 당신이 큰 좌절을 겪었다면 잠깐 부정성에 빠져도 괜찮다. 하지만 어느 정도 시간이 지난 후에는 당신이 몰두할 수 있고 불쾌함에서 벗어나게 도와줄 정도로 흥미로운 것을 찾으려고 노력하라. 그렇게 하는 것이 부정적 감정을 표현하려고 노력하는 것보다 훨씬 더 효과적이다.

긍정적 감정은 단순히 기분이 좋은 것과는 차원이 다르다. 긍정성은 우리에게 새로운 경험과 인간관계의 문을 열어주고 우리의 호기심과 창의성을 촉발한다. 태양을 향해 피는 꽃처럼 우리는 엄청난 삶의 다양성에 노출된다. 다양성에 마음을 여는 순간부터 당신은 친구, 많은 경험, 목적의식, 삶의 의미 등 영구적인 자원을 축적할 수 있을 것이다. 이런 자원은 그 감정이 지나간 후에도 당신 곁에 남아 있을 것이다.

그리고 이것이야말로 우리 모두에게 '바람직한' 일이다!

10장 요약

- 감정은 중요한 전환 기술의 핵심 요소다. 감정은 우리가 힘든 상황이
  나 변화가 필요한 상황에서 유연성을 가질 수 있게 해주기 때문이다.
- 우리 뇌 안의 모든 영역은 긴밀하게 서로 연결되어 있다.
- 우리의 감정은 우리 안에 내재되어 있는 것이 아니라 생성되는 것으로
  여겨진다.
- 우리의 감정은 긍정적이든 부정적이든 모두 중요하다. 모든 감정이 우
  리에게 자신의 상황이 괜찮은지 아닌지를 알려주는 중요한 '감정 톤'을
  제공하기 때문이다.
- 감정은 생각과 판단을 행동으로 이어주는 기어 장치와 같다.
- 부정적 감정이 우리의 생존을 돕긴 하지만 긍정적 감정도 과소평가해
  서는 안 된다. 긍정적 감정은 우리의 번영을 촉진하고 회복력을 증진
  하는 중요한 요소다.

재미있는 이야기를 들은 적이 있다. 중요한 국제 학회에서 감정 조절에 관한 기조 강연을 했던 유명한 교수 이야기다. 강연을 마무리하는 질의응답 시간이었다. 약간 뚱뚱한 청중 한 명이 일어서더니 강연을 한 교수에게 물었다. "정확히 어떤 이유로 감정 조절이 그렇게 중요한 건지 말씀해주시겠어요?" 교수는 벙어리처럼 잠자코 그 남자를 빤히 쳐다보았다. "아뇨, 말씀드릴 수 없습니다." 교수가 대답했다. "그러니 그냥 앉으시죠, 뚱보 선생!" 청중들이 헉 하고 숨을 들이마시는 소리가 들렸다. 사람들 모두 그 말을 들었을까?

질문자는 매우 화가 났다. "어떻게 감히 나한테 그렇게 말할 수 있습니까! 그것도 이렇게 많은 사람 앞에서!" 그는 격분해 소리쳤다. "내가 이런 모욕적인 말이나 듣자고 이 지루한 강연을 한 시간이나 듣고, 질문까지 하는 줄 아십니까!" 그러자 그 교수는 즉시 침착함을 되찾았다. 교수는 이렇게 말했다. "선생님, 죄송합니다. 제가 잠시 어떻게 됐었나 봅니다. 정말 부끄럽군요. 대신 이 강연이 끝나면 선생님께 술 한잔 사면서 제가 쓴 책도 선물로 드리겠습니다. 저도 술 한잔이 필요할 것 같습니다! 죄송합니다. 제 사과를 받아주시겠습니까?" 마음이 풀린 그 질문자는 교수의 사과를 받아들이고 자리에 앉았다. 교수는 잠시 말이 없었다. 그러더니 미소를 띠며 이렇게 물었다. "자, 그럼 질문에 대한 답이 되었나요?"

감정 억제하기

자신의 감정을 알고 그 감정이 말해주는 정보에 개방적인 태도를 보이는 건 좋지만, 때때로 감정이 대처하기 힘들 정도로 강렬해질 수 있으므로 그것을 조절할 방법을 찾아야 한다. 일상에서 우리는 언제나 감정 조절에 애쓴다. 이것은 전환 기술에서 매우 중요한 부분이다. 어떤 문제든 차분하게 상황을 판단하고 최상의 해결책을 찾아내려면 충동적인 행동을 유발하는 강렬한 감정에 흔들리지 말고 명료한 사고력을 유지해야 한다.

물론 감정이 우리에게 유익할 때도 많다. 적응력을 높이고 상황을 전환하는 데도 도움을 주므로 기민성에 매우 중요하다.

하지만 감정이 우리를 압도할 수 있기에, 정말로 기민해지고 싶다면 감정이 도움을 주지 않고 오히려 방해될 때 그것을 억제하는 방법을 알고 있어야 한다. 다이빙대에 달라붙어 있던 어린 나에게 두려움은 도움이 되지 않았다. 오히려 나는 두려움을 무릅쓰고 거친 파도에 뛰어들어 안전한 곳으로 헤엄쳐야 했다. 열정적인 사랑의 감정에 사로잡힌 사람은 그 열망의 중심에 있는 상대방에 대해 정확한 판단을 내리지 못할 수도 있다.

우리는 **변증법적 행동 치료**Dialectical Behavioral Therapy, DBT라는 새로운 대화 치료법에서 강렬한 감정을 조절하는 법을 배울 수 있다.[1] 이 치료법은 도움이 되지 않는 사고방식을 새롭게 바꾸도록 하는 동시에 당신을 있는 그대로 받아들이는 데 초점을 맞춘다. '변증법적'이란 이처럼 모순되는 듯한 2가지가 어떻게 동시에 진실이 될 수 있는지 이해하려는 것이다.

축구 선수의 예를 들어보자. 과음 문제로 나와 상담한 선수 얘기다. 그는 경쟁으로 인한 압박감을 심하게 느낀다고 했다. 하지만 코치에게도 차마 말하지 못한 채 극심한 불안감을 누르기 위해 술을 마셨다. 불안감은 겨우겨우 숨겼지만 갈수록 술을 더 많이 마셨고, 진정제도 복용하기 시작했다. 그가 느끼는 압박감을 알아보는 과정에서 우리 두 사람은 불안감과 스트레스를 줄이려는 의도로 술을 마시는 행동은 충분히 이해할 만하다는 데 동의했다. 이것은 '받아들임'이다. 우리는 그 행동을 평가하려 하지 않았으며, 그것이 스트레스에 대처하기 위해 그가 찾아낸 효과적인 방법이라는 사실에 동의했다. 동시에 우리

4부 세 번째 핵심 요소: 감정 인식

는 그런 행동이 장기적으로 봤을 때 도움이 되지 않으며 곧 그의 실력에 영향을 미칠 것이라는 사실에도 동의했다. 그러므로 스트레스에 대응하는 새로운 방법을 찾아야 했다.

우리는 그가 진심으로 즐거워하는 일을 찾아보던 중 요리를 할 때 그의 마음이 매우 편해진다는 사실을 발견했다. 동네 시장에서 신선한 재료를 사다 요리를 하면 언제나 마음이 진정된다고 했다. 하지만 새로운 구단에 입단해 도시로 이사 오면서 요리도 그만둔 터였다. 그는 신선한 재료를 배달 주문해서 좋아하는 요리를 다시 하기 시작했다. 새로운 요리를 만들어 가까운 친구들을 초대하기도 했다. 술을 완전히 끊은 건 아니지만 불안한 마음을 진정시키려고 술에 의존하는 일이 줄었다는 걸 스스로 알 수 있었다. 불안함을 누르려고 술을 마시는 대신 재료를 준비하고 요리를 해서 맛있는 음식을 먹었다. 덕분에 생긴 긍정적인 효과로 잠을 훨씬 잘 잤고, 잠을 충분히 자다 보니 압박감에 더 잘 대처할 수 있었다.

감정 조절 치료법에서 얻을 수 있는 팁

변증법적 행동 치료에서는 모든 어려운 상황에 대응할 수 있는, 즉 당신이 어떤 '마음 상태'인지 알아내는 방법을 제시한다.[2] 그 내용을 살펴보자. **감정적 마음**emotional mind이란 감정과 느낌을 통해 상황을 이해하는 마음 상태다. **이성적 마음**rational mind이란 사실이나 수치를 통해 상황을 이해하는 마음 상태다. 그리고 **현명한 마음**wise mind이 있다. 현명한 마음은 감정적 마음과 이성적 마음이 함께 맞물린 것이다. 요점을 말하자면, 현명한 마음은 이렇게 묻는다. "이럴 때 내 가치관에 맞는 대응 방법은 무엇일까?" 혹은 이렇게도 표현할 수 있다. "이럴 때 나의 진짜 마음은 무엇일까?"

자신에게 "나는 지금 어떤 마음 상태일까?"라는 질문을 하기만 해도 어느 정도 상황에 대한 통제력을 얻을 수 있다. 그런 다음 자신에게 물어라. "내가 만약 현명한 마음 상태라면 나는 어떻게 할까?" 당연한 얘기지만 전환 기술이 제대로 작동할 가능성이 가장 큰 마음 상태는 현명한 마음이다. 따라서 현명한 마음, 즉 '전환 기술'을 가진 마음을 발달시키는 것은 어려운 상황에 대처하는 데 크게 도움이 된다.

변증법적 행동 치료에서 개발한 다음의 기억술을 활용하면 불쾌한 감정에 대처하고 감정적 회복력을 키울 수 있다. ABC-PLEASE 기술은 스트레스에 대처하고 그것에서 벗어나는 데 도움을 준다.

- **Accumulate**: 가능한 한 많은 긍정적 경험을 **축적하라**.
- **Build**: 좋아하는 일을 배워서 자신의 역량을 **키워라**.
- **Cope**: 전후 사정을 조사하고 계획을 세워서 상황에 **대처하라**.
- **Physical illness**: **몸이 아프거나 다쳤으면** 적절한 치료를 받아야 한다.

4부 세 번째 핵심 요소: 감정 인식

- **Lower**: 건강을 해칠 가능성은 최대한 **낮춰라**.
- **Eat**: 건강하게 **먹어라**. 만족감을 느낄 만큼 충분히 음식을 섭취하라.
- **Avoid**: (처방받지 않은) 기분 전환제는 **피하라**.
- **Sleep**: 잠을 잘 **자라**. 너무 많이 혹은 너무 적게 자면 안된다.
- **Exercise**: 규칙적으로 **운동하라**.

이것은 매우 일반적인 삶의 규칙으로서, 잘 따르면 기민성을 유지하고 에너지를 보유하며 강렬한 감정을 조절할 수 있으므로 전환 기술을 강화하는 데 필수적이다. 전환 기술에는 신체적·정신적 준비가 모두 필요하기에 이런 일반적인 삶의 규칙이 매우 중요하다.

더 구체적인 전략이 필요할 때도 있다

당신의 감정을 조절하기 위해 좀 더 구체적인 전략이 필요할 때도 있다. 다행히 특정한 감정을 조절하기 위해 사용할 수 있는 방법은 많이 있다.[3] 직장에서 중요한 프레젠테이션을 한다면 당신은 아마 불안감을 줄이고 싶을 것이다. 사랑하는 사람이 세상을 떠난 지 얼마 되지 않았다면 친구를 만나기 전에 슬픈 감정을 조금 걷어내고 싶을 것이다. 감정을 통제할 수 없다고 느낄 때도 그런 감정 상태에 영향을 주는 방법이 많다. 스트레스를 줄이기 위해 힘든 상황을 곱씹어보는 것, 주어진 상황을 처리 가능한 작은 요소들로 나눠보는 것, 우울한 기분을 날려 보내기 위해 흥겨운 음악을 듣는 것. 이 모두가 감정 조절 방법의 예다. 위기에 잘 대응할 것인지, 아니면 공포와 불안감에 굴복할 것인지는 변화하는 상황에 따라 당신의 생각과 느낌을 전환할 방법을 찾느냐 마느냐에 달려 있다.

감정 조절 능력을 키우는 것은 매우 중요하다. 특히 지속적으로 스트레스를 받는 상황에 대응해야 할 때는 더욱 그렇다. 우리 모두에게 스트레스를 주는 코로나19 팬데믹처럼 말이다.

감정 조절하는 법

현재 우리는 사람들이 어떤 식으로 감정 조절 방법을 선택하는지 거의 알지 못하는 상태이며, 최근 이와 관련한 연구가 급증하고 있다.[4] 감정 조절 방법을 배우려면 우선 몇 가지 결정할 것이 있다.

- **첫째, 감정 조절이 필요한지 자신에게 물어보라.** 불안감을 낮춰야 하는가? 우울한 기분에서 벗어나야 하는가? 흥분도를 낮춰야 하는가?
- **둘째, 어떤 조절 전략이 가장 좋을지 결정하라.** 당신의 상황을 바꾸는 것이 가능한지, 혹은 기분 전환을 하는 것

이 가능한지 생각해봐도 좋다. 당신이 치과에 가 있다면 회피는 보통 합리적 해결책이 될 수 없으므로 좋아하는 음악을 들으며 기분을 전환하는 것이 좋다. 우리가 사용할 수 있는 일반적인 4가지 전략이 연구를 통해 밝혀졌다. 상황 변경, 주의 집중 대상 변경, 주어진 상황에 대한 사고방식 변경, 대응 방식 변경이다.

- **선택한 전략을 어떻게 행동으로 옮길 것인지 결정하라.** 상황을 주시하면서 당신이 선택한 전략을 고수할 것인지, 다른 전략으로 전환할 것인지, 아니면 감정 조절 시도를 그만둘 것인지 결정한다.

감정 조절은 지속적인 과정이며 전환 기술의 중심이다. 다음 그림은 일반적인 4가지 전략이 무엇인지 보여준다.[5]

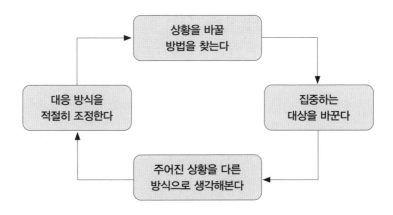

가능하다면, 상황을 바꾸는 것이 최상의 방법일 수 있다. 이런 이유로 나는 달려드는 개를 피해 최대한 빨리 도망쳤다. 하지만 상황을 피할 수 없을 때도 있다. 그래서 필요할 때 감정을 조절할 수 있도록 주어진 상황을 다르게 해석해보거나 관심의 대상을 바꾸는 등의 정신 과정을 강화하는 것 역시 매우 중요하다. 스트레스가 심한 사건을 다른 관점으로 재해석하거나 재구성해보는 능력은 특히 도움이 된다. 마지막으로, 당신의 감정 반응에 직접 영향을 줄 수 있는 몇 가지 유용한 방법이 있다. 천천히 호흡하는 것, 에너지를 끌어올리기 위해 흥분제를 복용하는 것도 여기에 포함될 수 있다.

다음의 목록을 보면 스트레스와 강렬한 감정에 대처하기 위해 자주 사용하는 몇 가지 구체적 전략을 대략 살펴볼 수 있다. 상황을 되새겨보거나 걱정하는 것처럼 쉽게 조절 능력을 잃을 가능성이 있는 전략도 있지만 대부분 도움이 된다.

■ 상황을 바꿀 방법 찾기
- 상황을 완전히 피할 수도 있다.
- 상황을 가볍게 만들기 위해 유머를 가미해도 좋다.
- 상황을 더 쉽게 만드는 데 도움이 될 친구나 동료가 있는지 찾아본다.
- 때로는 휴대전화를 꺼놓는 것만으로도 도움이 된다.

■ 집중하는 대상 바꾸기
- 우선 호흡에 주의를 집중한다. 숨을 들이마시면서 숫

자를 세고 내쉬면서 숫자를 센다. 몇 분 동안 반복하면 마음을 진정하는 데 도움이 된다.

- 다른 일을 생각하는 것도 감정적 상황에서 주의를 분산시키는 데 유용하다.
- 상황을 되새겨보거나 걱정하는 것도 주의를 분산시킬 수 있다. 물론 이렇게 하면 상황이 악화할 수도 있다. 하지만 왜 이런 감정을 느끼는지 반복해서 생각해보거나(되새김) 앞으로 일이 잘못되는 건 아닐지(걱정) 생각해보는 게 좋을 때도 있다.

■ 주어진 상황을 다른 방식으로 생각해보기

- 한 걸음 물러서서 더 넓게 바라보며 그 상황이 가진 의미를 재해석하거나 희망의 끈을 찾아보는 것도 좋다. 심리학 용어로는 이를 재평가라고 한다.
- 또 다른 유용한 기술은 인지적 거리 두기cognitive distancing 로, 제삼자가 되어 자신을 바라보고 감정적 사건에 대응하는 자신의 방식을 관찰하는 것이다.
- 괴로운 상황을 받아들이고 자신이 그에 따른 부정적 감정을 경험하게 놓아두는 것도 매우 유익한 방법이다.

■ 대응 방식을 적절히 조절하기

- 불안감을 낮추거나 긴장을 풀려고 술을 마시는 것, 일시적으로 원기를 북돋우기 위해 카페인 음료나 에너지 드링크를 마시는 것도 단기적으로 도움을 줄 수

있다.

- 웃고 싶지 않아도 일부러 웃어보는 등 당신의 감정을 억제하는 것도 때때로 효과가 있다.
- 한 번 더 강조하지만, 심호흡은 매우 유용하다. 예를 들어, 매우 화가 났을 때 심호흡을 몇 차례 하면 진정하는 데 도움이 된다.
- 너무 피곤해서 주어진 상황에 과민반응을 하고 있다고 생각되면 수면 시간을 늘려보는 것이 좋다.
- 운동이 도움을 주는 경우가 많다. 에너지를 얻고 싶을 때도, 마음을 진정시키고 싶을 때도 밖에 나가서 달리거나 체육관에 가서 운동을 하면 좋다.

이런 전략을 실감할 수 있도록 내가 코칭했던 맨디라는 성공한 여성 사업가 이야기를 해보겠다. 맨디는 만성적 근심 때문에 나에게 도움을 청했다(맨디의 문제는 실질적인 불안감이 아니라 감정 조절 문제였다). 사실 맨디는 남들이 부러워할 만한 삶을 살고 있었다. 화목한 결혼 생활을 하고 학교생활을 잘하는 훌륭한 두 자녀가 있었으며 친구도 많았다. 그리고 대규모 건축 회사에서 일하며 자기 직업을 좋아했다. 맨디의 업무는 회사를 위해 수익성 있는 새로운 프로젝트를 수주하는 일이었다. 힘들었지만 보람도 컸다. 주변 사람들의 말에 따르면, 맨디는 매우 유능해서 세간의 관심을 끄는 대규모 건설 프로젝트 계약을 성사시키는 일도 잦았다. 나도 런던에서 주목받는 부동산 개발 관련 신문 기사에서 맨디의 이름을 몇 번 본 적이 있었다.

맨디가 모든 계약에 성공한 건 아니었다. 그런 사람이 어디 있겠는가? 그러나 맨디는 따내지 못한 프로젝트 계약 생각에 빠져들었다. 자신이 뭔가 잘못한 건 아닌지 곱씹어 생각하고 또 생각했다. 회사의 장점을 제대로 보여주지 못했나? 어째서 경쟁사보다 전반적으로 나은 서비스를 제공할 수 있다고 잠재 고객들을 설득하지 못했을까? 일에 대해 생각하기 시작하면 맨디의 마음은 실패했던 모든 순간에 대한 부정적 생각과 감정에 사로잡혔다. 맨디는 훨씬 더 많은 성공을 소중히 여기지 못하고 가끔 일어나는 실패에 좌절했다.

우리는 4가지 그룹에 있는 전략 중 몇 가지를 써보았다. 잘 진행되지 않았던 일에 계속해서 마음을 쓸 때 맨디가 사용한 방법은 걱정이었다. 이런 부정적 대상에 대한 초점을 변경해야 했다(집중하는 대상 바꾸기). 그래서 맨디는 자신의 걱정거리를 몇몇 동료와 공유함으로써, 그리고 일이 잘되지 않았던 이유에 대해 재미있게 반복해 이야기함으로써 어느 정도 그 상황을 바꾸어놓았다(상황 바꾸기). 그리고 더 큰 그림을 보면서 100퍼센트 성공만 하는 사람은 아무도 없다는 사실을 수용해 그 상황이 지닌 의미를 재해석하려고(주어진 상황을 다른 방식으로 생각해보기) 적극적으로 노력했다. 실패에 초점을 맞추기보다는 성공했던 경험을 축하하고 삶의 전체적 맥락 속에서 성공과 실패를 이해하는 법을 배웠다.

마지막으로, 맨디는 스트레스를 심하게 받지 않도록 규칙적으로 운동을 했으며 잠도 더 잘 잤다. 또 스트레스를 느낄 때마다 실행할 수 있도록 심호흡 방법을 배웠다(대응 방식 조절하기). 시간이 지남에 따라 그녀는 걱정과 부정적 감정을 관리하고 조절하는 법을 익히게 되었다.

전환 기술과 마찬가지로 감정 조절도 지속적 과정이다. 우리는 하나의 감정을 소유하고 그것을 조절하는 게 아니다. 다양한 감정을 끊임없이 경험한다. 즉, 계속해서 자신의 감정 정보를 듣고 있을 뿐만 아니라 그런 감정을 조절해야 하는지, 그리고 조절해야 한다면 가장 좋은 방법은 무엇인지 결정한다는 뜻이다. 보통의 경우, 맨디처럼 다양한 접근법을 활용하는 것이 가장 좋은 방법이다.

부정적 감정에 흔들리고 부정적 생각을 조절하는 데 어려움을 겪는 사람이 많다. 그러면 전환 기술은 약화한다. 우리는 자연스럽게 부정적 정보에 집중하는 경향이 있다. 이해할 만하다. 과거 우리 조상들은 생존하기 위해 위협을 알아채는 걸 다른 무엇보다도 훨씬 더 중요시했고, 그 결과 우리 뇌는 언제나 잠재적 보상의 중요성보다 잠재적 위험의 심각성을 더 확대하기 때문이다.[6] 대다수에게 부정성은 고양이의 캣닙과 같다.

하지만 부정적 생각이 습관적인 반응 방식이 되거나 임상심리학자들이 말하는 **자동으로 떠오르는 부정적 생각**Automatic Negative Thoughts, ANT으로 바뀔 때 문제가 된다.[7] 모든 상황에 대한 자동 반응이 꼬리에 꼬리를 무는 부정적 생각이라면(즉, 우리가 그 부정성을 **조절**하지 못하면) 문제가 된다는 뜻이다. 자동으로 떠오르는 부정적 생각은 개인적이고 구석구석 침투하는 습성이 있어 우리의 온 마음을 빼앗는다. 맨디를 보면 알 수 있듯이 자동으로 떠오르는 부정적 생각은 당신 삶에 침투해 행복을 갉아 먹는다.

기억해야 할 중요한 사실은 이런 부정적 성향이 나쁘기만 한 건 아니라는 점이다. 때로는 잠재적 위험을 경계하는 것이 반드시 필요하기 때문이다. 부정적 생각을 가지고 있다고 해서 반드시 우울과 불안으로 이어지지는 않는 것도 이런 이유다. 문제가 되는 것은 부정적 성향 자체가 아니다. 사람들이 **경직성**을 가지고 부정적 성향을 적용하는 것이 문제다.

우울감과 불안감에 휩싸인 마음의 주요 특징 중 하나는 이런 습관적이고 반복적인 사고방식에 얽매이기 쉽다는 것이다. 우리 머리는 계속해서 습관적 방식에 우리를 가둬두려 한다. 그러므로 당신의 부정적 생각이 통제 불능이 되지 않게 할 방법을 찾는 것이 감정 조절에서 매우 중요한 측면이다.[8] 끊임없이 반복되는 걱정과 되새김에 사로잡힌 마음만큼 당신의 전환 기술을 그르치는 것은 없다.

부정적 생각을 관리하는 방법

그러므로 부정적인 생각이 유용한 상황과 유용하지 않은 상황을 구분하고 그런 생각을 관리하는 법을 배우는 것이 매우 중요하다. 상황을 바라보는 방식을 재구성하는 방법은 많다. 당신이 직장에서 더 적극적으로 의견을 내며 일하고 싶다고 가정해보자. 그리고 그렇게 하지 못했던 이유를 잘 생각해보자. 강압적으로 보일까 봐 걱정되는가? 당신이 이런 쓸데없는 걱정을 어떤 식으로 반복하는지 생각해보라. 당신의 신념을 2~3가지 적어볼 수도 있다. 예를 들면 '내가 적극적으로 주장하면 사람들은 나를 싫어할 것이다' 혹은 '내가 임금 인상을 요구하면 사장은 내가 거만하다고 생각할 것이다'와 같은 것이다. 그러고 나서 다음의 질문을 해서 그런 신념을 자세히 파헤쳐보자.

- 그 신념은 융통성 없는 흑백논리에 따른 것인가?
- 그 신념은 포괄적인가? '항상' 혹은 '절대' 같은 말은 위험하다.
- 그 신념은 당신이 다른 사람의 생각까지 알고 있다는 사실을 전제하는가?
- 그 신념은 부정적인 것에 초점을 맞추는가?
- 그 신념은 당신이 뭔가를 '해야 한다' 혹은 '하는 게 마땅하다'와 같은 요소를 담고 있는가?
- 그 신념은 다른 사람을 비난하는 내용인가? 혹은 당신이 희생자 역할을 자처하는가?

이런 질문을 거쳤을 때 어떤 신념이 저절로 힘을 잃을 수도

4부 세 번째 핵심 요소: 감정 인식

있다는 건 매우 놀라운 일이다. 탐정처럼 당신의 신념에 대해 계속해서 질문을 던지다 보면 그 신념이 현실이 아니라 당신의 편향된 가설에 근거하고 있음이 드러난다. '나는 너무 밀어붙이는 경향이 있어'라는 생각을 '나는 승진이라는 목표 성취를 위해 노력하고 있어' 혹은 '나의 임금 인상 요구는 정당해'라고 재구성해보면 계속해서 당신의 관점에 도전하기 위한 발판으로 삼을 수 있다. 그리고 궁극적으로 경직성을 줄이고 기민성을 키울 수 있다.

한발 물러서서 문제에 과도하게 초점을 맞추는 성향에 저항해보자. 그림에 코를 박고 들여다보는 사람처럼 **왜 이런 일이 생겼는지** 작은 것까지 하나하나 곱씹어볼 것이 아니라 뒤로 물러서서 **어떻게 이 상황을 해결할 것인지** 생각해보아야 한다.

'왜'라고 질문하지 말고 '어떻게'라고 질문하라

수많은 연구 결과가 우리에게 크고 분명한 목소리로 말해주는 건 당신한테 왜 이렇게 나쁜 일이 생겼는지 곱씹는 것만큼 확실하게 당신을 불행하게 만드는 것은 없다는 사실이다. 당신의 머릿속을 맴도는 이런 부정적 생각(왜 내가 암에 걸렸는가, 왜 내 남자 친구는 나를 떠났을까, 왜 나는 그 일자리를 얻지 못했을까)은 빠져나올 수 없는 순환 고리가 될 수 있다. 그러므로 이런 '왜' 혹은 '만약에 그때'라는 생각이 들기 시작했다면 '어떻게' 혹은 '무엇을'이라는 단어가 포함된 질문으로 바꿔보라. 어떻게 하면 기분이 더 나아질까? 이 상황을 바꾸기 위해 나는 무엇을 할 수 있을까?

임상심리학자들은 이와 같은 간단한 기술이 엄청난 효과를 일으킨다는 사실을 발견했다.[9] 외상 후 스트레스 장애로 힘들어하는 사람은 자신이 겪은 사고나 트라우마가 왜 발생했을까 하는 생각에 사로잡혀 있는 경우가 많다. 이런 생각은 계속해서 그들을 부정적인 틀에 가둬둘 뿐이다. 하지만 이런 생각을 "더 나은 삶을 위해 나는 무엇을 할 수 있을까?"라는 질문으로 바꾸면 사람들은 신기할 정도로 변화한다. 부정적인 생각의 굴레에 필요한 연료가 차단되기 때문이다. 일단 질문의 초점을 '어떻게', 그리고 '무엇을 할 수 있는지'에 맞추기 시작하면 '왜'라는 질문은 힘을 잃기 때문에 머릿속 굴레에서 벗어나 당신의 삶으로 돌아갈 수 있다.

상황 재구성하기

인지 재구성cognitive restructuring이라고 부르기도 하는 재구성 기술은 다양한 상황에 대한 반응 방식을 통제할 수 있게 해준다. 실제 예를 들어 이것이 어떻게 작용하는지 살펴보자. 체격이 좋고 건강한 존은 38세 남성으로 외곽 지역의 대규모 공장에서 경비원으로 일하고 있었다. 존은 보통 야간 근무조에서 일했는데 밤에는 대부분 특별한 일이 없었다. 그래서 그에게 가장 힘든 문제는 지루함, 그리고 졸음과 싸우는 일이었다.

그러던 어느 날 밤, 근무 중에 3명의 남자가 들이닥쳤다. 한 명은 주먹으로 존을 폭행했고 또 한 명은 총을 겨눈 채 바닥에 엎드리라고 했다. 공포에 질린 존은 그 강도들이 떠났다는 확신이 들 때까지 꼼짝 않고 엎드려 있었다. 그로부터 2년이 지났는데도 존은 여전히 극심한 불안감에 시달렸다. 집을 나서기도 무섭고 야간 근무를 하는 것은 더더욱 무서웠다.

나는 존에게 일주일 동안 그가 가진 부정적인 생각과 신념을 일기로 써보라고 했다. 일주일 뒤, 우리는 그 일기를 함께 살펴보면서 존이 가진 부정적인 생각 대부분은 다시 벌어질지 모를 폭행에 대한 두려움과 관련 있음을 분명히 알게 되었다. 나는 존에게 직장에 다시 강도가 들 확률을 짐작해보라고 했다. 존은 약 80퍼센트라고 했다. 나는 기본적인 확률 법칙을 바탕으로 존이 이 신념에 도전할 수 있도록 했다.

"지금까지 야간 근무를 몇 번 했지요?" 내가 물었다.

"적어도 수백 번은 했죠." 존이 대답했다.

"좋아요. 그럼 200번이라고 칩시다. 자, 그 사건 전에 근무 중 강도가 든 건 몇 번인가요?"

"한 번도 없어요."

"그럼 그 공장의 다른 경비원들은 어떤가요? 몇 번이나 강도의 공격을 받았나요?"

"10년 동안 한 번요."

이런 식으로 질문을 주고받는 동안 존은 자신이 다시 강도의 공격을 받을 확률을 매우 과대평가하고 있다는 것을 분명히 깨달았다. 물론 강도 사건이 **일어날 수도 있다.** 하지만 매우 드문 일임은 분명하다. 내가 강도가 들 확률을 다시 계산해보라고 하자 존은 대략 1퍼센트 정도일 것 같다고 했다. 앞서 그가 믿었던 80퍼센트라는 결과와 크게 차이가 났다. 존은 그가 강도의 공격을 받을 확률이 실제로 매우 낮으며 남들에게 일어날 확률과도 다르지 않다는 점을 인정하면서 서서히 자신의 부정적 신념을 재구성하기 시작했다. 이렇게 재구성을 통해 생긴 새로운 신념은 그의 불안감을 낮추었고, 다시 정상적인 삶을 살아갈 수 있게끔 해주었다. 존은 이제 **어떻게**라는 질문을 통해 그의 삶을 즐길 방법을 찾을 수 있었다.

유연성을 발휘해 감정을 조절하라

대개 감정 **재구성**은 사람들이 자동적으로 시도하는 감정 **억제**와 대조적인 것이라고 여긴다. 감정 억제는 폭풍우 속에서 작은 보트를 타고 가며 자신은 불안에 떨면서도 아이들에게 다 잘될 거라고 말해주는 것과 같다. 우리는 보통 감정 억제가 해롭다고 생각한다. 연구 결과는 정신장애와의 관련성을 언급한다. 하지만 심리학, 그리고 삶에서 많은 것이 그렇듯 이것도 그렇게 간단한 문제가 아니다. 전환 기술로부터 얻은 가장 중요한 교훈 중 하나는 어떤 전략이든 그 효과는 상황에 따라 크게 달라진다는 것이다.

실제로 몇몇 연구에서 밝혀진 바에 따르면, 정말로 중요한 것은 우리가 이용하는 감정 조절 방법이 무엇이든 거기에 유연성이 적용되는가 하는 점이다.[10] 한 가지 예로, 뉴욕에서 일어난 9·11 테러 이후 2년 동안 18세 학생 100명을 추적한 연구가 있다.[11]

테러가 일어난 직후 연구진은 실험실에서 학생들에게 매우 긍정적이거나 부정적인 감정을 담은 이미지를 보여주었다. 어떤 이미지에 대해서는 '그것을 보고 느낀 감정을 가능한 한 자세하게 표현해달라'고 했고, 또 어떤 이미지에 대해서는 '그것을 보면서 느낀 감정을 최대한 억눌러달라'고 했다. 연구진은 이 실험을 하는 동안 학생들의 모습을 한 명씩 촬영했다. 그리고 다른 사람이 그 영상을 보고 그들의 감정을 느끼는지 여부를 추측해볼 것이라고 말해주었다. 감정을 표출해야 하든 은폐해야 하든 모두 촬영 장면을 보는 누군가가 그들이 침착한 상태인지 불안해하는 상태인지 알 수 있도록 노력해야 했다.

느끼는 감정을 잘 억누르는 학생도 있었고 정말 잘 표현하는 학생도 있었다. 또 양쪽 모두에 능해서 지시에 맞게 쉽게 적응하는 학생도 있었다. 그리고 이 2가지 전략을 유연하게 이용하는 것이 회복 기능에 가장 중요하다는 결과가 나왔다. 놀랍게도 테러 발생 2년 후 다시 수행한 테스트에서 감정의 표현과 은폐를 **모두** 기민하게 잘 수행했던 학생들이 어느 한쪽 전략에 능했던 학생들보다 심리적 고통을 덜 겪고 있는 것으로 나타났다.

여기서 얻을 수 있는 중요한 교훈은 당신이 직면한 도전의 성질에 가장 잘 맞는 방식을 찾아 유연하게 감정 조절 전략을 적용해야 한다는 것이다. 적절한 전략을 선택하는 것은 중요하다. 그리고 보통 가장 좋은 안내서는 우리의 경험이다. 이것이 당신의 몸이 순간순간 당신을 둘러싼 상황에 대한 정보를 업데이트하는 이유이며, 이런 신체 신호가 당신의 뇌로 하여금 끊임없이 행동을 조절하게 만드는 이유다. 그래서 몸의 신호와 감정의 신호를 잘 이해하는 법을 배워야만 한다. 다시 말해, 몸의 신호와 감정의 신호를 잘 이해하는 것은 전환 기술을 사용하기 위해 누구나 갖춰야 하는 중요한 기술이다.

춥다고 느껴지면 당신은 따뜻한 국물을 먹을 것이다. 피곤하다고 느껴지면 하던 일을 멈추고 휴식을 취할 것이다. 마찬가지로 우리의 감정 조절 방법도 계속해서 상황에 맞게 적용할 수 있어야 한다. 그리고 상황에 맞게 감정을 조절하려면 기민성을 확보하는 동시에 진실성도 가져야 한다. 우리 자신에게 정직해야 한다는 뜻이다.

자신을 있는 그대로 받아들이기

기민성과 진실성이라는 2가지 원칙에 기초한 효과적인 치료법의 하나로 **수용 전념 치료**Acceptance and Commitment Therapy, ACT라는 것이 있다.[12] 수용 전념 치료에서는 필사적으로 자신을 바꾸려 하기보다는 있는 그대로 받아들이도록 권장한다. 핵심 원칙은 간단하다. 당신의 행동은 언제나 당신의 중심 가치관, 즉 당신의 삶에 의미를 부여하는 것에 따라야 한다는 것이다. 수용 전념 치료는 진정한 행동 변화를 고무하기 위해 **가치관에 따라 행동을 취하게 하는 방법**이다. 개념은 다음과 같다.

- 당신의 생각과 감정을 인정하고 현재에 충실하라.
- 당신의 가치관에 맞는 방법을 선택하라.
- 적절한 행동으로 옮겨라.

이것은 가치관과 목표 확립이 중요한 또 하나의 이유다(우리는 앞서 이 내용을 살펴보았다). 이 치료의 목적은 부정적 느낌과 생각을 삶의 정상적인 부분으로 받아들이고 당신의 에너지를 당신이 정말로 가치 있게 생각하는 활동에 사용하게 하는 것이다.

당신의 생각은 현실과 다를 수 있다

당신의 '머릿속에서 빠져나와' 감정을 조절하고 더 기민해지기 위해서는 당신의 생각이, 그 내용이 얼마나 중요하든 상관없이 '현실'에 대한 실질적 묘사가 아니라 당신의 개인적 경험의 상징이라는 사실을 알아야 한다. 이것은 큰 차이를 일으킨다. 생각은 자기를 이해하는 데 매우 중요하다. 하지만 당신의 생각이 반드시 사실에 입각해 세상을 설명해주는 것은 아니다. 사람들은 온갖 종류의 기이하고 놀라운 신념을 갖고 있으며, 그런 신념은 대부분 실제로 일어나는 일과는 거의 관련이 없다. 당신의 부정적인 생각이 진실만을 말해준다고 철석같이 믿게 되면 엄청난 고통이 뒤따를 수 있다.

내가 코칭을 맡았던 앨런은 수년간 우울함과 무기력감에 시달렸다.

"이건 정신적인 문제가 아니에요." 앨런은 확신에 차서 이렇게 말했다.

"신체적인 문제죠."

그는 5세 때 자동차 사고를 당했다. 큰 외상은 없었지만 자신이 아무 의욕을 느끼지 못한 채 인생을 즐기지 못하는 게 그때 뇌 손상을 입었기 때문이라고 확신하고 있었다. 앨런이 선택한 해결책은 처음 문제점이 드러난 게 언제인지 알아내기 위해 자기 삶을 돌이켜보고 근심하면서 하루를 보내는 것이었다. 그 결과 앨런은 바로 그 사고로 인해 자기 뇌가 남들과 다르게 '작동'하는 것이라고 확신했다.

이런 신념 때문에 앨런의 삶은 수년간 정지 상태였다. 앨런은 뇌 스캔을 받고 신경과 전문의, 정신과 전문의, 그리고 심리학자들과 상담했다. 하지만 누구도 뇌의 문제점을 발견하지 못했다. 나는 앨런의 뇌에 신체적 문제가 있는 게 아니라 반복적인 부정적 생각 자체가 문제인 것 같다는 의견을 조심스럽게 제시했다. 그리고 이처럼 끊임없는 반추를 동반하는 경직되고 고착적인 신념이 흔히 실패하는 대응 방식이라는 사실을 입증하는 연구 결과를 몇 가지 보여주었다. 앨런은 연구 결과에는 동의하면서도 자신의 경우는 다르다고 주장했다. 그는 자신이 과거의 일을 곱씹어 생각하는 건 뇌에 이상이 있기 때문이라고 믿었다.

"과거를 곱씹는 행동 자체를 개선하는 건 효과가 없을 거예요."

결국 앨런에게는 좀 더 기민한 접근법을 선택해 뇌가 손상됐을 거라는 그의 신념이 사실일 수도 아닐 수도 있는 하나의 생각에 불과하다는 걸 받아들이는 법을 배우도록 한 게 도움을 주었다. 일단 자신의 신념이 틀렸을 가능성을 진심으로 고려하기 시작하자 앨런은 나아지기 시작했다. 이렇게 한 걸음을 떼는 것은 쉬운 일이 아니다. 앨런의 경우, 코칭과 더불어 인지 행동 치료를 한 지 2년 만에 겨우 돌파구를 찾았다.

때로는 앨런처럼 과거를 반추하는 행동은 우리 인생이 힘겨운 이유를 알아내는 데 가장 효과적인 전략이 아니라는 사실을 받아들여야 한다. 그리고 앨런처럼 때로는 자신의 신념이 옳은지 그른지가 반드시 중요한 것은 아니라는 사실을 받아들일 때 돌파구를 찾을 수 있다. 말하자면 당신의 뇌에 무슨 문제가 있는지 정확한 원인을 찾는 것보다 더 좋은 접근법은 더 만족스러운 삶을 사는 데 도움이 될 만한 방법을 찾는 것이다. **왜가 아니라 어떻게에 대한 답**을 찾아야 한다.

당신의 기분과 소통하라

정신적 행복을 강화하고 전환 기술을 발달시키는 한 가지 방법은 당신의 기분과 소통하는 법을 배우는 것이다. 감정을 조절하는 방법으로서 기분을 억제하려는 것은 자연스러운 일이지만 대개 그 효과가 크지는 않다. 오히려 자기 기분을 느끼고 받아들이는 법을 배우는 것이 스트레스와 불안감을 조절하는 효과적인 방법인 경우가 많다.

감정을 표현하는 글쓰기는 우리의 기분을 느끼고 받아들이는 데 굉장히 효과적인 기술이다. 한 연구에서, 같은 회사에서 20년 동안 일한 뒤 정리 해고당한 한 그룹의 컴퓨터 엔지니어들에게 직업을 잃은 일에 대해 마음속 생각과 기분을 쓰도록 했다. 그리고 이번 해고가 그들의 개인적 삶과 직업적 삶에 어떤 영향을 주었는지도 적어보라고 했다. 한편, 같은 회사에서 해고당한 직원들로 구성된 또 다른 그룹의 사람들에게는 기분에 대해서는 생각할 필요 없이 그날의 계획, 구직 활동에 대해 써보라고 했다.

결과는 놀라웠다. 감정을 표현하는 글을 쓴 그룹의 사람들은 기분이 훨씬 좋아졌다고 느꼈고 정신 건강 문제도 덜 겪었을 뿐만 아니라 그중 거의 절반이 8개월 이내에 새 직장을 구했다. 반면 통제 집단 사람 중에는 5분의 1만이 새 직장을 구했다.[13] 다양한 상황에서 느낀 점을 쓰는 행동을 통해 자기 감정을 수용하면 당신의 접근법을 재정비하는 데 도움이 된다.

하지만 경고할 것이 하나 있다. 여러 연구 결과에 따르면, 감정을 표현하는 글쓰기는 처음에 매우 불편하게 느껴질 수 있다. 속상한 일에 대해서는 특히 더 그렇다. 하지만 2주가 지나면 이런 초기에 겪는 어려움은 서서히 사라지고 이점들이 드러난다. 그러니 포기하지 말고 계속하라. 감정 표현 글쓰기의 이점은 오래 지속되며 당신의 행복에 폭넓게 긍정적 효과를 발휘할 것이기 때문이다.[14]

물론 당신의 부정적 감정을 수용하는 것과 그런 감정에 빠져 있는 것은 종이 한 장 차이다. 확실히 구분할 수 있는 기준은 없지만 시간이 지나면서 우리는 대부분 그 차이를 알게 된다. 한 연구에 따르면, 정신 건강의 열쇠는 당신의 부정적 감정을 묻어버리는 것도 아니고 너무 오랫동안 그런 감정을 곱씹는 것도 아니라고 한다. 몇 차례 조사 과정을 거친 이 연구에서는 부정적 감정을 수용한다고 해서 그런 감정에 빠져 있는 정도가 심화하지는 않는다는 결과를 얻었다. 오히려 정확히 반대 현상이 일어났다. 부정적 감정을 수용하자 그런 감정을 곱씹는 일이 줄어들었다. 부정적 감정이 제 할 일을 마치자 사라진 것이다.[15]

감정은 본질적으로 수명이 짧다는 사실을 기억하라. 앨런의 경험에 비추어볼 때, 계속 나쁜 감정에 빠져 있거나 기분 나쁜 상태를 유지하게 만드는 것은 그런 기분에 대해 생각하고 곱씹는 행동이다. 부정적인 기분을 지나가는 구름이라고 여길 때 우리는 훨씬 더 잘 살아갈 수 있다.

작은 변화 반복하기

일단 당신의 감정에 익숙해지면 당신이 할 수 있는 최선의 방법을 찾아볼 수 있다. 나는 최근에 전무이사로 승진한 안드레아와 상담을 했다. 안드레아는 공개 연설을 두려워했고 수년간 자신의 기분을 숨기거나 연설을 회피하는 방식으로 두려움에 대응했다. 하지만 이런 경우에 감정을 숨기는 것도, 회피하는 것도 모두 효과적인 전략은 아니다. 게다가 새로운 직책을 맡은 안드레아는 더 이상 많은 사람 앞에서 연설하는 것을 피할 수 없게 되었다.

안드레아는 자신의 두려움을 조절할 필요가 있음을 깨달았다. 이런 상황에서 가장 효과적인 방법은 작은 변화를 반복해서 시도하는 것이다. 말하자면 단계적 노출이다. 우리는 안드레아가 편안하게 느끼는 단계를 함께 알아보았다. 안드레아는 대략 6명 정도가 모인 회의에서 말하는 것은 괜찮다고 느꼈다. 하지만 60명 정도의 사람들 앞에 서서 말하는 것은 생각만 해도 겁에 질렸다. "그럼 40명은 어때요?" 내가 물었다. "두려워요." 안드레아가 대답했다. "20명은요? 아니면 10명?" 내가 계속 물었다. "10명 정도는 괜찮을 것 같아요." 안드레아가 대답했다.

나는 12명의 학생을 모아놓고 안드레아에게 짧은 강연을 해달라고 부탁했다. 학생들은 열심히 들었고, 안드레아도 정말 즐겁게 강연했다. 안드레아 자신도 놀랄 정도였다. 몇 차례 더 연습한 후 안드레아는 자신감이 생기기 시작했다. 그리고 생각했던 것만큼 어렵지는 않다는 걸 알게 되었다. 너무 압도적이지 않은 방식으로 자신의 한계를 확장함으로써 안드레아는 두려움을 조절하는 법을 배웠다.

안전한 환경에서 자신의 두려움과 마주하는 것은 앞으로 나아가는 데 도움이 된다. 감정을 억누르거나 힘든 상황 자체를 회피해서는 앞으로 나아갈 수 없다. 자신의 한계에 도전하면서도 그것을 과도하게 뛰어넘지 않는 단기적 목표를 설정하는 것이 비결이다.

쓸모없는 생각과 감정에서 멀어지는 법

내가 학생이나 상담 고객에게 자주 사용하는 비유가 있다. 우리가 편안하게 느끼는 상태를 야생 공원 산책에 비유하는 것이다. 모든 동물, 즉 '위험'하거나 '불편한' 감정은 격리 구역 안에 안전하게 자리 잡고 있다. 그리고 우리는 멀리 떨어져서 안전하게 동물들을 관찰한다. 하지만 울타리의 문이 열리면 얘기가 달라진다. 우리는 공황 상태에 빠지고 말 것이다!

안드레아가 결국 대중 연설에 대한 불안감을 '길들이는' 방법을 터득했듯이 이런 '야생' 감정을 다루는 법을 배우고 연습한다면 우리의 시나리오는 훨씬 덜 위압적인 이야기가 될 것이다. 선택할 수 있는 기술은 매우 많다. 그중 한 가지가 마음챙김 수련이다.[16] 마음챙김 수련의 목적은 당신과 당신의 쓸모없는 생각 사이에 거리를 둠으로써 그런 생각과 씨름하지 않고 그것이 자연스럽게 내 안으로 들어오고 나가도록 하는 방법을 찾게끔 돕는 것이다.

발산 훈련은 여기에 아주 적절한 방법이다. 우선 자기비판적이고 부정적인 생각 몇 가지를 적는다. "나는 뚱뚱해" 혹은 "나는 재미없는 사람이야" 등 당신의 마음에 영향을 줄 수 있는 생각이면 무엇이든 좋다. 이제 그중 하나를 골라 약 30초 동안 거기에 집중하면서 최선을 다해 그 생각이 맞는다고 믿기 위해 노력한다. 그런 다음 "나는 ~라는 생각을 갖고 있다"라는 말을 덧붙여 같은 생각을 반복해본다. 예를 들어, 이렇게 말할 수 있다. "나는 내가 재미없는 사람이라는 생각을 가지고 있다."

몇 초간 이렇게 반복했다면 이번에는 본래 문장에 "나는 내가 ~라는 생각을 가지고 있다는 걸 안다"라는 말을 덧붙여보자. 이 방법대로 다른 부정적인 생각도 반복해서 말해보면 거기서 멀어지는 것이 그렇게 어렵지 않다는 걸 알게 될 것이다. 거리 두기는 생각이 어떻게 들어오고 나가는지를 살펴보면서 그런 생각이 반드시 현실을 반영하는 건 아니라는 사실을 깨달을 수 있는 효과적인 심리 도구다.

걱정 의자

내가 특히 좋아하는 또 다른 방법은 **걱정 의자**다. 걱정은 부정적 감정을 타오르게 하는 연료다. 그래서 나쁜 감정을 조절하는 좋은 방법은 걱정을 관리할 방안을 찾는 것이다.

조용한 방으로 가서 주변이 정돈된 자리에 의자를 하나 놓는다. 그 의자에 앉아서 당신의 머릿속을 맴도는 부정적 생각이나 걱정을 떠올린다. 예를 들어, 당신은 다음 주에 있을 업무 평가가 잘 나오지 않을까 봐 걱정하고 있을 수 있다. 이제 정말로 평가가 나쁘게 나왔다고 상상하면서 1~2분 동안 부정적 신념에서 파생된 여러 생각을 결합해본다. 어쩌면 당신의 상사는 당신의 결과에 우려를 표하면서 업무 능력이 향상될 때까지 수련 기간을 갖도록 지시할지도 모른다. 당신이 얼마나 답답하고 비참함을 느끼는지 관찰하라. 그리고 자신이 그 느낌에 빠져들게 내버려둔다.

충분히 느꼈다면 이제 방의 반대쪽으로 옮겨가서 걱정하고 있는 당신이 마치 그 의자에 여전히 앉아 있는 것처럼 바라보며 관찰한다. 당신이 얼마나 비참해 보이는지 확인하면서 의자에 앉아 있는 '걱정하는 자기' 혹은 여기에서 반대쪽을 바라보고 있는 '관찰하는 자기'와 당신을 동일시해보라.

이 방법은 당신을 당신의 걱정, 그리고 걱정과 관련한 부정적 감정으로부터 분리시키는 데 도움을 주는 효과적인 심리 도구다. 당신은 점차 2가지 관점 사이를 쉽게 오가는 법을 배울 것이다. 배우자의 죽음으로 깊은 슬픔에 휩싸인 사람은 그들의 '슬퍼하는 자기'와 거리 두는 법을 배울 수도 있다. 하지만 기념일 같은 때가 되면 그들은 자신을 다시 '슬퍼하는 자기'와 동일시하며 사랑하는 사람을 기억할 것이다.

걱정 의자와 유사한 부분이 있는 세 번째 기술은 갈등 해결 분야에서 가져와 내가 코칭할 때 많이 사용하는 방법인데, 나는 이것을 **자기 협상 치료법**이라고 부른다. 인질 협상자들은 대부분 5단계 접근법을 이용해 상대방으로 하여금 자신의 견해를 받아들이고 행동을 바꾸게 만든다.[17] 당신이 절벽에서 자살하려는 사람과 대화하거나 무장한 낯선 사람과 협상해야 할 일은 없겠지만, 이 방법은 일상적인 상황에서 문제를 해결하는데도 매우 유용하다.

1. **적극적인 듣기:** 시간을 들여 다른 사람이 하는 말을 진심으로 잘 들어라. 중간에 끼어들어서는 안 된다.
2. **공감:** 그들이 어째서 지금과 같은 감정을 느끼는지 이해하려고 노력하라.
3. **라포르:** 당신의 사회성 기술을 활용해 라포르rapport(상호 신뢰 관계를 뜻하는 심리학 용어)를 형성하라. 유머를 이용하거나 당신이 같은 감정을 느꼈던 일에 관해 이야기하면 도움이 될 수 있다.
4. **영향력:** 어느 정도 라포르가 형성되고 당신이 현재 상황을 잘 이해했다면 아주 조심스럽게 상대방을 설득해 몇 차례 심호흡을 하게끔 한다. 그리고 더 많은 이야기를 하게 만든다.

5. **행동 변화:** 위의 단계들이 잘 진행되었다면 상대방은 행동과 계획을 변경하기 시작한다.

사람들은 대부분 처음 3단계를 건너뛰고 곧바로 문제를 해결하려 한다. 특히 압박감이 심한 상황에서는 더 그렇다. 하지만 숙련된 협상가라면 그렇게 하는 것은 효과가 없다고 말할 것이다. 상대방의 이야기를 듣는 것은 가장 중요한 단계이기 때문이다. 상대방이 어째서 여기까지 왔고, 어떤 기분인지를 이해하는 것은 진심으로 이야기를 듣는 걸 통해서만 가능하다. 이렇게 상대방의 마음에 공감할 수 있으면 라포르를 형성할 수 있다.

라포르가 형성되었다는 건 상대방이 당신을 신뢰하기 시작했다는 뜻이다. 라포르가 형성되어야만 상대방과 문제 해결을 시도할 수 있다. 훌륭한 협상가라면 이 모든 단계에서 융통성과 유연성을 보이며 상대방과 공감하고 상황을 진정시킨다. 그리고 이런 과정을 진행하는 내내 자신의 감정을 조절한다.

위기에 빠진 사람은 남의 말을 들으려 하지 않는다는 사실을 기억해야 한다. 그들은 자기가 말하기만을 원한다. 당신이 가장 최근에 진심으로 화가 났던 일을 떠올려보라. 당신은 상대방이 하는 말을 들으려고 했는가? 아마 아니었을 것이다. 위기에 처하면 우리는 보통 감정에 사로잡혀 이성적으로 행동하지 못한다. 이런 상황에서는 상대방이 하는 말을 듣는 것이, 그것도 진짜로 듣는 것이 대단히 중요하다. 진심으로 듣는 행위는 강렬한 감정을 흐트러뜨린다. 상대방의 이야기를 진짜로 듣고 공감대와 라포르를 형성해야 감정이 점차 '격해지는' 것을 막을 수 있다. 다시 한번 강조하지만 이 방법은 전환 기술 시행자에게 매우 유용한 도구다.

훌륭한 협상가가 되기 위해 가장 중요한 자질을 묻자 위기 협상에 능숙한 경찰관들이 가장 많이 한 대답은 다음의 3가지였다.

- 잘 들어주는 능력
- 인내심, 침착함, 안정감
- 유연성, 적응력, 빠른 판단력

그리고 거의 절반에 해당하는 경찰관이 "유연성을 유지하고 빠르게 판단하는 것"이 라포르를 형성하는 데 필수적이라고 강조했다.[18] 위기 상황은 아니지만 전환 기술을 키우는 데에도 이와 똑같은 기술이 필요하다. 자신의 감정과 타인의 감정을 조절하는 법을 배우면 우리는 일상에서 느끼는 감정의 기복을 더 잘 다스릴 수 있다.

기억하라. 훌륭한 협상가들은 항상 계획을 세운다. 그들은 절대 '즉흥적으로' 하지 않는다. 협상가들은 주의 깊게 듣고 라포르를 형성하는 중에도 언제나 마음속에 최종 목표를 담고 있다. 유연한 접근법을 바탕으로 하지만 그들이 수행하는 모든 행동은 최종 목표에 도달하게끔 계획되어 있는 것이다. 아울러 전환 기술을 포함해 인생의 수많은 상황이 그렇듯 무엇이 효과적이고 어째서 효과적인지 이해했다면 그것에 따라 쉽게, 그리고 유동적으로 판단하고 행동할 수 있을 때까지 반복해서 연습하는 것이 중요하다.

자기 삶에서도 계획을 잘 세우는 습관이 중요하다. 그것이 전환 기술의 세 번째 핵심 요소를 발달시키는 데 꼭 필요하기 때문이다. 다른 사람과의 어려운 대화 혹은 어려운 상황을 앞두고 있을 때뿐만 아니라 자기와의 어려운 대화 혹은 어려운 상황을 앞두고 있을 때도 반드시 다음의 절차를 따라야 한다.

1. 적극적으로 **자신의** 이야기를 들어라.
2. **자신에게** 공감하라.
3. **자신과** 라포르를 형성하라.
4. **자신에게** 영향력을 행사하라.
5. **자신의** 행동을 바꿔라.

계획을 분명히 세우고 발생 가능한 결과에 따라 무엇을 할 것인지도 결정하라. 이렇게 계획을 세우면 상황을 통제하고 있다는 기분을 느낄 수 있으며 사전에 당신의 감정을 관리하는 데 도움을 주고, 결국 주어진 상황에 더 적절하게 대응할 수 있을 것이다.

감정에 꼬리표 달기

두려움, 분노, 행복감, 혐오 같은 감정은 사람들 대부분이 잘 인식하는 감정이다. 하지만 그 외에 경외심, 자부심, 질투심, 심미감, 다정함, 안도감 같은 '복합적' 감정 경험도 많다. 그리고 이렇게 복잡한 감정을 설명하는 능력은 당신의 정신적 행복에 영향을 미친다.

도널드 트럼프가 2020년 미국 대선에서 실패했다는 소식을 들었을 때 당신은 매우 기쁘거나, 신나거나, 행복하거나, 안도감이 들었는가? 아니면 참담했거나, 실망했거나, 충격을 받았거나, 분노했는가? 느낀 감정을 매우 자세히 묘사하는 능력을 **감정 입자도**emotional granularity라고 부르기도 한다.[19] 이누이트족 언어에서 '눈snow'을 뜻하는 말이 여럿 존재하는 것처럼 자신의 감정을 풍부하게 표현하는 사람들이 있다. 그런 사람은 두렵고, 혐오스럽고, 화나고, 슬프고, 걱정스러운 감정들을 자세히 구분해 설명할 줄 안다. 감정 입자도가 낮다면 불쾌한 감정을 '불쾌하다' 혹은 '나쁘다'보다 더 자세히 설명하지 못할 수도 있다.

당신의 감정을 정확히 규정하는 꼬리표를 달면 그 감정을 더 명확히 인식할 수 있고 그것이 의미하는 바를 이해하기도 쉽다. 당신의 감정을 유발하는 포인트, 즉 **어떤 것**에 대해 화가 나거나 불안해지는 이유 혹은 **누군가**에게 분노를 느끼는 이유를 이해할 수도 있다. 궁극적으로 자신의 감정을 명확히 설명할 수 있는 말을 확보하면 자신을 정확히 판단해 다양한 상황에 대처할 수 있다. 이 감정 조절 방법이 전환 기술에 유용한 것도 바로 이런 이유 때문이다.

우리의 감정 조절 능력을 향상시키는 감정 입자도의 힘은 다음의 연구[20]에서 드러났다. 아울러 이 연구에서는 우리가 스스로 이 능력을 기를 수 있는지도 보여주었다. 실험 참가자들은 2주 동안 다양한 감정 조절 전략을 어느 정도 시행했는지 표시해달라는 요청을 받았다. 감정 조절 전략에는 힘든 상황에서 희망을 찾기 위해 상황을 재구성하는 것, 불쾌한 상황에서 물러나 기분을 전환하는 것, 즐거운 활동에 적극적으로 참여하는 것 등이 있었다. 그리고 사람들은 날마다 가장 강렬한 감정 경험을 평가해 기록할 수 있도록 14일 동안 쓸 일기장을 받았다. 그들이 일기에 쓸 긍정적 감정의 예시로는 기쁨·행복·열정·즐거움 등이 있었고, 부정적 감정의 예시로는 불안감·분노·슬픔·수치심 등이 있었다.

이 연구는 자신의 부정적 감정을 구분해 설명하는 데 어려움을 겪는 사람은 자신의 감정을 조절할 효과적인 전략을 잘 사용하지 못하는 경향이 있다는 사실을 보여주었다. 자신의 부정적 감정을 세분해서 규정할 수 있는 사람은 부정적인 사건에 대처하기 위해 더 많은 전략을 사용했다. 긍정적 감정을 세분해서 규정할 수 있는 사람도 더 많은 이점을 누렸으며 회복력 또한 더 높았다.[21]

좋은 소식은 감정 입자도는 학습할 수 있다는 것이다. 그러니 다음에 다시 긍정적이든 부정적이든 강렬한 감정을 느끼면 그 감정을 표현할 다양한 말을 찾아보라. 심지어 여러 언어로 표현해도 괜찮다. 당신의 감정을 규정하는 다양한 단어를 배우는 것은 감정을 조절하고 정신 건강을 증진할 수 있는 놀랍고도 간단한 방법 중 하나다.

11장 요약

- 감정 조절은 전환 기술에서 중요한 부분이다. 감정을 조절할 수 있으면 한 걸음 물러서서 주어진 상황을 명확히 판단하고, 유리한 위치에서 가장 적절한 접근법을 생각해낼 수 있기 때문이다. 강렬한 감정은 충동적 행동을 유발한다. 그런 충동적 행동은 옳은 해결책이 아닐 수도 있다. 그러므로 감정 조절 방법을 배우는 것은 전환 기술에 필수적인 도구다.

- 감정을 관리할 때 기민성과 진실성을 모두 추구해야 한다. 상황을 긍정적으로 재구성하는 것은 좋지만 거짓으로 긍정적인 체하는 것은 오히려 해로울 수 있다.

- 감정을 조절하는 데는 여러 가지 방법이 있다. 중요한 것은 상황의 변화에 따라 방법을 선택하는 유연성이다. 만능 해결책은 없다.

- 하지만 한 가지 예외가 있다면 좋은 것이든 나쁜 것이든 당신의 감정을 세세하게 구분해 규정하는 법을 배우는 것이다. 그것을 통해 얻을 수 있는 높은 '감정 입자도'는 우리가 감정을 조절하고 행복감과 회복력을 높이는 데 도움을 주는 좋은 방법이다.

Situational
awareness

네 번째 핵심 요소:
상황 인식

12
직감은 과학이다

내가 학생이었던 1984년으로 가보자. 당시 미국에서 지내던 나는 식당 아르바이트도 하고 친구들과 신나게 놀기도 하면서 행복한 여름을 보내고 있었다. 그해 여름은 길고 매우 더웠다. 내 친구 마리아와 나는 운 좋게도 뉴욕 롱아일랜드 끝자락에 있는 몬타우크 호텔에서 객실 청소 일을 하게 되었다. 급여가 많지는 않았지만 해변 끝에 있는 숙소도 제공받았다. 호텔 일은 이른 아침, 약 6시쯤 시작해서 점심시간 바로 전에 끝났다. 그러면 우리는 저녁에 고급 해산물 식당에서 두 번째 일을 시작할 때까지 해변에서 오후 시간을 보내곤 했다.

팁도 많이 받고 집세도 안 들고 자유 시간도 충분해서 우리는 즐겁게 지낼 수 있었다. 몬타우크는 뉴욕의 바닷가 휴양지라 맨해튼이나 그보다 더 먼 곳에서 휴가를 보내러 오는 사람들로 북적였다. 우리는 리조트 주변에 있는 무수히 많은 바와 레스토랑에서 일하는 세계 각지의 학생들과 만날 수 있었다.

우리는 미국 학생인 제니와 매우 친해졌다. 제니는 혼자 여행 중이었는데, 우리와 같은 호텔에서 일했다. 쾌활하고 재미있는 성격의 제니는 우리에게 자기가 아는 친구를 많이 소개해 주었다. 그러던 어느 날, 제니가 잘생긴 남자 친구를 데리고 왔다. 예상치 못한 일은 아니었다. 그때 우리가 제니를 얼마나 부러워했는지 생생히 기억한다. 제니가 남자 친구와 많은 시간을 보낼수록 우리가 제니와 보내는 시간은 점점 줄어들었다.

어느 날 오후, 혼자 해변에 나갔다가 제니와 마주쳤다. 제니는 남자 친구와 함께 있었다. 나는 그의 잘생긴 외모에 다시 한 번 놀랐다. 하지만 나를 놀라게 한 것이 또 있었다. 아주 미묘하지만 뭔지 모를 불편하고 불안한 기분이 들었다. 뭐라고 콕 집어 말할 수는 없었지만 내가 그에게 말할 때 그의 시선이 나에게 조금 오래 머무는 듯했다. 그저 잘 보이려고 그렇게 하는 느낌이 아니라 약간 적대적이고 불안정한 시선이었다.

그 후로 몇 주간 그를 마주칠 때마다 같은 느낌을 받았고 점점 그가 불편해졌다. 그가 실제로 나를 위협하는 말이나 행동을 전혀 한 적이 없다는 사실 때문에 그런 상황이 의아했지만 계속 불안감이 들었고 정말로 그를 경계하게 되었다. 어느 날 저녁, 나는 마리아에게 이런 이야기를 털어놓았다. 그리고 마리아도 나처럼 불편한 기분을 느낀다는 사실을 알았다.

몇 주 뒤, 마리아와 나는 한밤중에 쾅쾅거리는 큰 소리에 잠에서 깼다. 제니의 남자 친구가 허술한 우리 방문을 발로 차고 두드리는 소리였다. 제니가 어디 있는지 말하라고 했다. 극도로 분노한 그는 제니가 우리 방에 숨어 있을 거라고 확신하고 있었다. 마리아와 나는 안전문을 잠근 상태로 문을 열어 방 안에 제니가 없다는 걸 확인시켜주었다. 하지만 그의 분노는 사그라지지 않았다. 무서웠다. 그는 주먹으로 안전문을 치며 우리가 분명 제니의 행방을 알고 있을 거라며 고함을 지르다가 돌연 자리를 떠났다.

제니는 다행히 무사했다. 하지만 잔뜩 겁을 먹고 있었다. 제니는 지난 몇 주 동안 남자 친구가 점점 두려워졌다고 했다. 그로부터 며칠 후 우리는 모두 경찰 조사를 받았다. 경찰은 우리가 그에 대해 무엇을 알고 있는지, 그리고 그가 갈 만한 곳을 아는지 물었다. 우리는 그가 그해 여름 초반에 캘리포니아에서 일어난 여러 건의 강간 사건 용의자로 지명수배 중이라는 사실을 알고 충격을 받았다.

정말 무서운 일이었다. 그리고 지금까지도 나는 그가 매력 있고 좋은 사람이라는 모든 '외적' 증거에도 불구하고 그의 존재에서 위험과 불안감을 느낀 이유를 설명할 수가 없다. 하지만 나는 내 뇌가 보낸 경고 신호를 분명히 포착했다. 대부분의 '직감'은 주변 환경과 정황에 대한 깊은 이해에 기초한다. 그리고 **직감력**은 우리가 발달시키고 연마해야 할 중요한 기술이다. 직감은 주변 환경을 이해해 미세한 정보를 제공함으로써 우리가 제때 적절한 결정을 내릴 수 있게 도와주므로 전환 기술에 꼭 필요하다.

직감의 본질

여러 심리학 연구에 따르면 직감은 뇌가 과거의 경험, 신체 내부 신호, 환경이 제공하는 단서를 활용해 의사 결정을 돕는 매우 실제적인 과정이다.[1] 이런 결정 과정은 매우 빠르게 이루어지기 때문에 우리 의식에 흔적을 남기지 않는다. 지금은 고전이 된 한 연구[2]를 보면 이 사실을 더 잘 알 수 있다. 이 연구에서 실험 참가자들은 미리 조작해놓은 2벌의 카드 중에서 하나씩을 뽑아야 했다. 한쪽은 크게 따거나 크게 잃을 수 있는 카드들이 있는 반면, 다른 쪽은 적게 딸 수 있거나 거의 손해를 보지 않게 해줄 카드들이 있었다. 평균적으로 80번 정도 순서가 돌아가면 참가자들은 이 비밀을 알아차렸다.

그런데 재미있는 현상이 발견되었다. 겨우 10장의 카드를 뽑은 뒤부터 참가자들은 어느 쪽이 '위험성 높은' 카드 세트인지 감을 잡기 시작했다. 그리고 추가 조사에서 연구자들은 실험 참가자들이 고위험/고이득 카드를 골랐을 때 피부 전도 반응galvanic skin response을 경험한다는 걸 발견했다(땀 분비가 증가했다). 연구자들은 의식이 상황을 인식하기 전에 이 신체 신호가 의사 결정에 사용하는 직감적 편견을 만들어내는 것이라고 결론지었다. 필요한 모든 사실 정보를 얻지 못한 채 결정을 내려야 하는 수많은 상황에서 이런 직감을 이용하면 분명 유익할 것이다.

직감은 어떤 상황의 **핵심**을 알려주는 마음의 한 부분이다.[3] 이런 직감적 힌트는 감지할 수 없을 만큼 미세하고 매우 빠르게 발생해 우리가 의도치 않게 세상의 정보를 습득하게끔 해준다. 직감은 비논리적 지식이다. 가르치고 배우는 게 아니라 흡수해 습득하는 것이다. 직감은 매일의 복잡한 상황과 문제를 이해하는 데 필요한 토대를 제공한다. 하지만 놓치기도 쉬운 것이 직감이다.[4]

왜 그런지 정확히 설명할 수 없어도 뭔가가 잘못된 것 같다는 직감을 느껴본 적이 있을 것이다. 내가 제니의 남자 친구를 보고 불안한 감정을 느꼈을 때 경험한 게 바로 그것이다. 이런 직감은 새로운 상황에서 문화 규범을 익히는 데 큰 도움을 준다. 의식이 새로운 정보를 익히기 전에 뇌가 상황의 패턴과 일어날 법한 일을 분석하기 때문에 직감이 주는 단서는 새롭고 낯선 상황에 적응하는 데 매우 유용하다.

스물다섯이라는 어린 나이에 박사 학위를 취득하고 뉴질랜드(더블린에서 100만 마일은 떨어져 있는 곳처럼 느껴졌다)에서 생애 첫 교수직을 얻었을 때, 나는 몹시 들떴다. 아일랜드와 뉴질랜드는 대체로 유사한 문화와 언어를 가졌음에도 이주는 문화적 충격을 동반했다. 그곳에 간 후 몇 개월 동안 나는 엄청난 속도로 학습했다. 금세 럭비에 관해서는 경솔한 농담을 하지 말아야 한다는 걸 배웠다. 아일랜드에서는 그저 인기 있는 스포츠였던 것이 뉴질랜드에서는 국가 종교처럼 심각하게 여겨졌다.

직접적으로 이런 이야기를 해준 사람은 없었지만 나는 빠르게 습득했다. 사람들의 반응을 관찰하고 럭비에 관해 이야기하는 걸 잘 들어보면 그 안에 내가 알아야 할 모든 게 들어 있었다. 이런 종류의 직감적 지식은 설명하기가 어렵다. 우리는 어떤 것이 옳고 어떤 것이 그른지 **그저 알 뿐**이다. 직감은 의식적 자각을 이용하지 않고도 우리의 행동을 옳은 길로 이끄는 지식이다. 굉장히 직감적인 사람은 우주의 기운, 영적 능력, 혹은 뇌 속 어딘가에서 나오는 신비한 힘이 있는 듯싶다. 그런 사람은 본질적으로 우리와는 다른 것 같다.

직감은 마법이 아니다

하지만 사실 직감은 마법이 아니다. 직감은 기억 체계와 인지 체계가 일반적인 범주를 넘어 작동하는 것으로, 인생 경험이 좌우하는 정신적 기술이다. 이때 뇌는 가능한 한 많은 정보를 모으고, 이전 경험들로 구축된 '빅데이터'를 가지고 이 정보를 확인한 다음, 예측한다. 조명이 어두운 가게로 들어가는 친한 친구의 모습은 차를 타고 지나가면서 흘긋 보기만 해도 즉시 알아볼 수 있다. 당신의 뇌는 분별력을 가지고 자세하게 친구를 확인할 만큼 충분한 정보를 얻지는 못했지만 친구의 얼굴형, 걸음걸이, 머리를 쓸어 넘기는 모습 속에는 당신이 빠른 결정을 내릴 수 있는 충분한 단서가 담겨 있다.

아주 작은 정보 조각들을 토대로 중요한 정보를 추론하는 능력을 **단편 판단**thin slicing(**얇게 조각내기**)이라고 부른다.[5] 지금까지 단편 판단에 관한 집중 연구는 보통 첫인상이 얼마나 깊은 영향을 미치는지 살펴보는 방식으로 이루어졌다. 그중 잘 알려진 연구[6]에서는 갓 입학한 학생들에게 학기 초에 실제로 모든 수업이 시작되기 전 10초짜리 영상을 보고 그들을 가르칠 교수들을 평가해달라고 요청했다. 그리고 2년 동안 수업을 비롯한 다양한 상호작용을 거친 후 다시 교수 평가를 요청했다. 그 결과 두 차례의 평가 결과는 거의 동일했다. 이로써 최초의 본능적 인상이 계속 유지되었고, 오랜 시간이 지난 후에도 바뀌지 않았다는 것을 알 수 있다. 첫인상이 항상 맞는 것은 아니지만 매우 중요한 건 사실이다.

직감은 경험에서 온다

우선 직감은 의도적 학습이 아닌 개인의 경험을 통해 습득하는 사고력이어서 그 형태를 정확히 규정하기 어렵다는 점을 알아야 한다. 컴퓨터 앞에 앉아 키보드를 보지 말고 '잭은 집에서 멀리 떨어져 있다'라는 문장을 타이핑해보자. 아마 매우 쉽게 해낼 것이다. 하지만 내가 당신에게 키보드를 보지 말고 가운뎃줄에 있는 10개의 문자를 불러보라고 하면 아마 당황할 것이다. 키보드 문자의 위치를 아는 것은 의도적으로 습득하는

명시적 기억explicit memory에 의존하는 반면, 타이핑은 무의식중에 습득하는 **직감적 기억**intuitive memory에 의존하기 때문이다.

우리의 일상 기능 중 많은 부분이 이처럼 지금껏 습득한 기술과 정보를 토대로 명시적 지시 없이 작동한다. 우리가 암묵적으로 이해하는 수많은 사회적 관습을 생각해보라. 어릴 때 언어를 습득하는 방식도 마찬가지다. 공식 교육을 거의 받지 않고도 직감으로 모국어 문법을 습득한다. 하지만 그 문법 규칙을 자세히 설명하지는 못한다. 그것은 이른바 암묵 지식(매듭 묶기, 자전거 타기, 공 잡기같이 우리가 그걸 보유하고 있다는 걸 알지만 쉽게 말로 설명할 수 없는 지식)[7]을 토대로 하기 때문이다.

암묵 지식은 일반적으로 책이나 수업보다는 행동이나 일상 경험을 통해 습득한다. 복잡한 춤이든, 운전 중 도로에 개가 뛰어들 때 빠르게 반응하는 것이든 우리는 그런 행동을 할 때에야 비로소 그 지식을 보유하고 있음을 안다. 전 미국 국방부 장관 도널드 럼즈펠드Donald Rumsfeld는 **알려진 무지**known unknowns, 즉 우리가 그것에 대해 모른다는 사실만 알고 있는 정보들에 대해 언급한 것으로 유명하다.[8] 그런데 우리가 알고 있지만 어떻게 알게 되었는지는 모르는 것들도 있다.

직감은 우리에게 무엇이 중요한지 알려준다

다른 말로 하면 직감은 어떤 것이 중요한지, 그리고 어떤 정보는 무시해도 괜찮은지에 대한 본능적 해석을 제공한다. 자전거 배울 때를 기억해보자. 복잡한 일련의 동작이 자동적으로 이루어질 때까지 당신이 해야 하는 하나하나의 동작에 얼마나 집중했는가? 하지만 하나의 기술을 완전히 습득하면 우리는 점점 세세한 부분에 주의를 덜 기울이게 된다. 사실 전문지식은 바로 이런 과정을 거쳐 개발된다. 가장 중요한 것에 전념하면서 뇌가 나머지를 무의식적으로 처리하게 하는 법을 배우는 것이다.

직감은 우리의 인식을 인도한다

무엇보다도 직감적 능력은 우리의 생존을 돕는다. 우리도 모르는 사이에 직감은 주어진 상황에 가장 적절한 방향으로 우리를 이끈다. 위험 신호가 우리의 주의력에 미치는 어마어마한 영향에 관해 내가 수행했던 연구(아마도 수년 전 몬타우크에서 제니의 남자 친구와 관련한 경험에서 영감을 받은 듯하다)를 보면 어떻게 우리가 빠르게 위험 신호, 이를테면 중립적 표정을 띤 수많은 얼굴 가운데 한 명의 화난 얼굴로 주의를 돌리는지에 관한 예를 살펴볼 수 있다.[9] 사실 특별히 놀라운 것은 없다. 그 연구에서 나는 참가자들에게 여러 개의 이미지가 여기저기에서 나타나는 컴퓨터 화면을 보여주었다. 이미지 중에는 화나거나 두려워하는 얼굴도 있었고 기분 좋은, 행복한 미소를 띤 얼굴도 있었다.

나는 참가자들의 시선과 주의가 어디로 집중되는 경향이

있는지 측정해보았다. 그 결과 다른 것보다 화난 얼굴의 이미지로 훨씬 더 많은 시선과 주의가 쏠렸다. 놀라운 것은 0.017초 후 다른 이미지를 제시함으로써 얼굴 이미지를 의식적으로 인식하는 걸 방해했음에도, 즉[10] 눈으로 위험 신호를 확인할 수 없음에도 화난 얼굴이 더 강하게 주의를 끌었다는 점이다. 무슨 이미지를 제시했는지 인식하지 못할 때조차도 행복한 얼굴보다 화난 얼굴이 참가자들의 주의를 훨씬 더 많이 끈 것이다. 추가 연구에서는, 앞서 얘기한 두 벌의 카드를 가지고 했던 연구에서처럼 피부 전도 반응이 참가자들에게 위험 신호를 알려주고 있음이 드러났다.

이것은 직감(혹은 **내장 감각**gut feeling이라고도 부르는 것)의 작용을 보여주는 한 가지 예다. 미세한 육체적 신호가 참가자들을 화난 얼굴 이미지에 더 주의를 집중하게끔 했다. 우리의 직감은 중요하다. 우리가 놓인 환경에서 가장 중요한 방향으로 주의를 기울이게 하기 때문이다. 하지만 직감이 항상 맞는 건 아니라는 점을 기억해야 한다. 맞고 틀리고는 직감에서 중요한 부분이 아니다. 직감은 이성적으로 평가할 수 있도록 명확하게 옳거나 틀린 답을 주지 않는다. 그건 직감이 하는 일이 아니다. 그리고 직감은 흑백논리를 따르지 않으므로 당신이 모든 직감을 잘 이해할 수는 없을 것이다. 그렇지만 직감이 당신의 판단을 인도하는 추가 증거를 주는 것은 사실이다.

알베르트 아인슈타인의 말 중에 널리 인용되는 것이 있다. "직감적 마음은 성스러운 선물이다. 그리고 이성적 마음은 충직한 하인이다. 우리는 하인들에게 공을 돌리는 사회를 만들어 왔을 뿐 선물에 대해서는 망각했다."[11] 감, 혹은 직감은 당신이 더 이성적인 분석을 할 수 있도록 **안내하기 위해** 존재한다. 아울러 역동적이고 급변하는 환경에 적응하도록 돕는다. 최선의 결정을 하려면 우리에게 2가지, 즉 직감적 인식 **그리고** 이성적 분석이 모두 필요하다는 데는 의심의 여지가 없다.

다음 장에서는 직감을 이해하는 데 도움을 주는 팁과 연습 방법을 살펴볼 것이다. 당신의 마음속에서, 그리고 주변에서 들려오는 목소리를 잠재우는 법, 당신의 신체 신호에 더 주의를 기울이는 법을 배우는 것도 포함된다. 우선 이런 훈련이 왜 필요한지 자세히 살펴보자.

직감은 실제로 내장의 감각을 토대로 한다

직감에 대해 더 깊이 알기 위해 과학자들은 실제 내장이 어떻게 작동하는지 관심을 갖기 시작했다. 그 결과 '내장 감각'이라는 말은 놀라울 정도로 정확한 표현임이 드러났다. 실제로 이런 직감적 신호는 흔히 '제2의 뇌'라고 부르는 위와 위장계 내에 분포한 신경세포층에서 온다. 내장에 분포한 신경세포를 장 신경계라고 부르는데, 이것들은 뇌와 밀접하게 연관되어 있어 위험 신호 같은 주변의 신호를 위험을 암시하는 모호한 느낌으로 바꿔주며 우리는 그 신호에 근거해 행동한다.[12] 내장과 뇌의 상호작용에 관해서는 아직 밝혀지지 않은 게 많지만 뇌와 내장 사이의 연합 사고가 빠르게 돌아가는 세상에서 우리가 방향을 찾을 수 있게 돕는다는 데는 의심의 여지가 없다.

정황의 중요성

무엇보다 직감으로 느껴지는 정보는 그 자체로 독립적인 정보가 아니라는 사실을 기억해야 한다. 우리의 직감은 **알려줄 뿐** 지시하지 않는다. 과학 분야에서든 사업 분야에서든 당신이 최첨단을 걷고 있다면 안내서 같은 것은 존재하지 않을 것이다. 그러므로 당신은 용감하게 미지의 세계로 걸어 들어가야 한다. 그리고 바로 그 순간에 직감이 진가를 발휘한다. 직감과 정황의 관계는 서프보드하고 파도의 관계와 같다고 볼 수 있다.

한발 물러나서 보면 상황이 어떻게 돌아가는지 알아챌 수 있다. 아무리 미묘한 차이일지라도 본능적으로 무엇이 중요한지, 그리고 우리가 무엇을 해야 하는지 알 수 있다. 라틴어 'contextere'에서 유래한 **정황**context이라는 단어는 본래 텍스트 안에 포함된 의미들을 '엮어 만들다' '얽는다'라는 뜻이다. 요즘은 이 단어를 더 넓은 의미로 사용해 당신이 다양한 상황에서 느끼고 행동하는 방식에 영향을 주는 환경 요건을 통틀어 가리킨다. 정황은 문화일 수도 있고 잠깐 스쳐가는 유사한 과거 기억일 수도 있다. 혹은 그 상황에 포함된 특정 인물일 수도 있다. 우리 주변 환경은 우리의 역할을 결정하는 데 크게 영향을 미친다. 또 우리가 느끼는 감정에도 영향을 미친다. 이것은 **실행 정황**performance context이라고 알려져 있다. 예를 들어, 당신은 같은 물건에 대해서도 직장에 있느냐 집에 있느냐에 따라 다르게 생각하고 느낄지 모른다.

나는 실행 정황을 시험해볼 기회가 있었다. 내가 가르치는 학생 중 한 명이 어느 회사에서 직원들의 경험을 조사하는 프로젝트를 수행하면서 간단한 인터뷰를 하고 싶어 했다. 그 결과 우리는 직장에서 길고 바쁜 하루를 마치고 퇴근하는 사람들과 인터뷰할 때는 사무실에서 모닝커피를 마시며 인터뷰할 때와 완전히 다른 대답이 나온다는 사실을 알게 되었다. 그런데 문득 궁금해졌다. 만약 직장이 아니라 집에서 인터뷰해도 같은 대답이 나올까? 예상대로 정황이 바뀌자 대답의 질도 달라졌다.

또한 정황은 성취도와 성공을 결정하는 중요한 요소다. 당연한 얘기지만 넓은 의미에서 봤을 때 정황이 곧 문화가 된다. 사람들은 내가 처음 뉴질랜드로 갔을 때 그랬던 것처럼 모든 상황에 자기의 문화, 전통, 경제적 현실을 접목한다. 그리고 그 모든 것이 우리의 상황 대응 방식에 크게 영향을 미친다.[13] 케냐의 한 지역에서 수행한 일련의 연구[14]에서 연구자들은 '지능'이 세계의 보편적 개념인지 알아보고자 했다. 연구자들은 그 마을의 성인들에게 마을 아이들의 지능을 평가해달라고 요청했다. 성인들이 가장 높은 점수를 준 쪽은 다양한 약초 사용법을 배운 아이들이었다. 일리 있는 말이다. 이 마을에서는 기

생충 감염이 흔하고 수백 종의 약초 중 단 몇 가지만이 감염에 따른 복통을 완화하는 효과가 있다. 따라서 가장 잘 맞는 약초를 찾아 스스로 치료하는 법을 배운 아이들은 적응에 더 유리하다.

흥미로운 점은 이렇게 적응력 높은 아이들이 전형적인 서양 학교 시험에서는 **대체로 낮은** 점수를 받는다는 것이다. 연구자들은 대부분의 아이가 고등학교를 마치지 않는 이 마을에서는 학교 성적의 가치가 낮게 평가받는다고 결론지었다. 오히려 학교를 꾸준히 다니며 좋은 성적을 내는 아이들은 대개 시간을 낭비하는 거라고 여겼다. 학교에서 배우는 것은 일자리를 얻고 경제력을 확보하는 데 도움이 되지 않기 때문이다. '학업 성취도'는 문화적 정황을 바탕으로 할 때만 이해할 수 있는 부분이다. 학교 공부를 못 하는 케냐 아이가 약초에 대해 잘 모르는 미국이나 유럽 아이들보다 똑똑하지 않다고 말할 수는 없는 것이다.

주어진 상황에서 가장 가치 있는 일을 잘 해낼 수 있는지 여부를 살펴보면 우리가 얼마만큼 적응하고 번영할 수 있는지 잘 예측할 수 있다. 서양에서는 성공과 관련한 개념을 높게 평가하지만 아프리카나 아시아의 여러 나라에서는 타인에 대한 존경과 보살핌, 부지런함, 배려, 협동심 같은 사회적 자질을 훨씬 더 높게 평가한다. 서아프리카 바울레Baoulé족의 경우, 연장자를 존경하고 공동체를 위해 봉사하는 것을 지성의 주춧돌로 삼는다. 요컨대 수많은 서양 국가에서 중요시하는 문제 해결 능력보다 집단 관계를 안정적이고 화목하게 만드는 능력이 훨씬 더 중요하다고 생각한다.

문제 해결이 중요하지 않다는 게 아니다. 영국 TV 프로그램 〈수습생The Apprentice〉의 진행자 앨런 슈거Alan Sugar는 책이 아니라 경험으로 배운 지식을 가진 "어마어마하게 기민한" 수습생을 찾고 있다고 말한 적이 있다. 책으로 배운 지식과 경험으로 배운 지식이 반드시 맞물리는 건 아니다. '학문적' 문제가 일상에서 우리가 직면하는 형태의 문제를 반영하지 못하는 일은 무척 흔하기 때문이다. 우리에게 더 중요한 건 일상의 문제다. 일상의 문제에는 사용 가능한 수많은 해결책이 존재하며, 그 해결책마다 다양한 장단점이 존재한다.

직감의 기반은 풍부한 경험이다

직감은 우리가 직면한 여러 정황의 다양성에 따라 미세하게 조정된다. 따라서 하나의 전문 분야에서 매우 직감적인 사람이 반드시 다른 영역에서도 그 능력을 제대로 발휘하는 것은 아니다. 이것은 우리가 열심히 노력하면 직관력을 키울 수 있다는 의미이기도 하다.

간호 업무든, 컴퓨터 프로그래밍이든, 리더십이든 특정 분야의 전문가들은 그 특정 분야에서 겪은 다년간의 경험을 통해 높은 수준의 직감력을 키운다. 중요한 것은 이런 경험의 다양성이다. 간호 업무를 예로 들어보자. 간호사는 한 가지 업무를 반복하는 사람이 아니다. 숙련된 간호사는 수많은 정황 속에서 일해봤을 것이다. 사람들이 죽거나 살아나는 모습을 목격하고, 좋은 소식 혹은 나쁜 소식을 접한 사람들의 반응도 보았을 것이며, 다양한 진료 종목을 경험했을 것이다. 그러다 보면 '생각의 틀을 벗어나야' 하는 일도 많았을 테고 위급 상황이라 어쩔 수 없이 당장 가능한 예외적 방법을 찾아 조치해야 할 일도 있었을 것이다. 그들은 간호 업무 분야 내에 존재하는 이런 다양성 덕분에 하나의 전문 영역에서 발생하는 상황 대부분을 직감적으로 정확히 이해할 수 있다.

우리는 경마에서 각 경주마에게 실을 중량을 결정하는 사람들의 업무에서도 이런 현상을 볼 수 있다.[15] '핸디캐핑handicapping'이라고 부르는 이 업무는 말마다 각기 다른 중량을 부여해 각각의 말이 우승할 확률을 공평하게 만드는 일이다. 가장 빠르게 달릴 것 같은 말은 가장 무거운 중량을 져야 하고 그보다 잘 달리지 못할 것 같은 말은 더 가벼운 중량을 진다.

경주마마다 최적의 핸디캡을 산출하는 것은 수학적으로 복잡한 과정이다. 특정한 날, 특정 말이 얼마나 잘 달릴지를 결정하는 무수히 많은 변수를 고려해야 하기 때문이다. 차이를 일으킬 수 있는 요소는 정말 많다. 이전 경기의 결과, 날씨의 영향, 다른 말들을 잘 추월하는지, 과거에 추월 시도가 있었는지 등이다. 이 일을 하는 전문 핸디캐퍼들은 복잡한 알고리즘을 사용해서 각각의 말에 대해 그날의 예상 속도를 산출하고 이길 확률을 계산한다.

당신은 이런 복잡한 알고리즘을 사용하는 지적 능력이 다른 기술 영역에도 적용될 것이라고 생각할지도 모른다. 하지만 한 연구[16]에서 그것이 IQ와는 관련이 없다는 사실이 밝혀졌다. 실제로 가장 성공한 핸디캐퍼는 IQ 85의 건설 노동자 출신이었다. 연구자들은 숙련된 핸디캐퍼들에게 매우 비슷한 알고리즘을 사용하는 주식시장 예측을 요청했다. 필요한 계산법이 매우 비슷했음에도 불구하고 핸디캐퍼에게 익숙하지 않은 다양한 정황 탓에 그들은 그저 운에 맡기는 것이나 다름없는 결과를 얻었다. 그냥 짐작으로 맞혀보는 편이 나을 정도였다.

정황은 특정 방식으로 행동하라는 신호일 수 있다. 즉, 정황에서 벗어나면 적합한 행동도 바뀐다. 직감은 우리가 압박감 속에서 빠르게 결정해야 할 때 꼭 필요한 지식이 축적된 결과물이다. 물론 그런 지식은 겉으로 드러나지 않는다. 필요한 모든 정보를 수집하기에는 시간이 충분하지 않을 때 직감적 지능이 대신해서 정보의 공백을 채우고 우리를 구해준다.

물론 직감이 항상 옳은 것은 아니다. 앞서 언급했듯이 옳은 답을 찾는 것은 직감이 하는 일이 아니다. 하지만 직감은 과거의 경험에서 얻은 증거를 이용해 우리를 안내한다. 경험이 다양할수록 우리의 직감은 더욱 유용하고 생산적이다. 직감력이 있다는 건 경험에서 배우는 실용적 능력을 발달시켰다는 뜻이다. 직감력이 있는 사람은 아주 작은 신호도 알아차릴 수 있고, 이렇게 알아차린 것을 자신에게 이롭게 활용할 수 있다.

경영대학원 교육과정에서는 대개 직감의 가치를 경시하지

만, 기업의 최고 중역들도 중요한 결정을 내리고 상업적 성공을 이루기 위해 비판적 분석 못지않게 직감에 의존하는 경우가 많다고 알려졌다.[17] 재계의 분위기는 복잡하고 예상하기 어렵기 때문에 논리에 기반한 전통적인 의사 결정 방식은 효과적이지 못하다. 이럴 때 직감과 본능 쪽으로 방향을 돌리는 사업가는 우리의 이성적 마음이 발견하지 못한 중요한 정보를 얻을 수 있고, 그 결과 경쟁 우위를 점할 수 있다. 특히 불확실한 시기에 사업을 운영할 때는 더욱 그렇다.

예를 들어, 화장품 회사를 설립한 사업가이자 경영자 에스티 로더Estée Lauder는 어느 향수가 잘 팔릴지 예측하는 능력이 세부적 시장조사 결과를 '능가하는' 것으로 유명하다. 그녀 회사에서는 이것이 어떤 초자연적 감각 때문이라고 추측하는 직원도 있다. 하지만 그것은 사람을 이해하고 그들의 깊은 욕구를 파악하는 직감력 덕분일 가능성이 크다.

다양한 지적 능력이 그렇듯 직감도 고정불변한 것이 아니라 경험을 통해 발달시킬 수 있다. 동료들의 말에 따르면, 에스티 로더는 평소에 몇 시간이고 고객과 대화를 나누면서 그들이 무엇을 좋아하는지 알아본다고 한다. 그녀가 직감적으로 사람들의 마음을 끄는 스타일과 분위기를 알아내는 것은 이런 깊은 지식 덕분일 것이다. 마찬가지로 의사들은 경험을 통해 환자와 몇 분만 이야기를 나누어도 금세 복잡한 진단을 내릴 수 있는 감각을 발달시킨다. 또 수년간 전장에서 경험을 쌓은 군인들은 그 이유를 정확히 설명할 수는 없어도 직감적으로 위험을 감지할 수 있다. 일상에서도 마찬가지다. 오랜 경험 덕분에 우리는 통화를 시작한 지 몇 초 만에 배우자가 화가 나 있음을 알 수 있고, 자녀가 잘못을 숨기려 할 때도 금세 눈치챌 수 있다.

인지과학자 허버트 사이먼Herbert Simon은 이것을 설명하며 이렇게 말했다. "상황이 신호를 줍니다. 이 신호를 받은 전문가는 기억 저장소에 있는 정보에 접근하죠. 그리고 그 정보에서 답을 얻습니다. 결국 직감은 인식 작용과 전혀 다르지 않습니다."[18] 직감은 새로운 상황에서 익숙한 것을 인지하고 그것을 토대로 행동하면서 발달한다. 그러므로 직감은 오직 경험을 통해서만 얻을 수 있다. 통찰력도 같은 방식으로 작동한다. 최소한의 정보만으로 익숙한 요소를 인지하고 예측하는 것이다. 심지어 예측 불가능해 보이는 상황에서도 말이다.

전환 기술에도 최대한 정확한 상황 판단이 필요하다는 점을 고려하면 직감의 능력이 중요하다는 사실을 인정해야 한다. 우리의 '내장 감각'이 말해주는 것을 무시하면 우리는 삶의 여러 방면에서 더 좋지 않은 결정을 내릴 수도 있다.

12장 요약

- 직감은 우리에게 상황의 핵심을 제공해 의사 결정을 돕는다.
- 직감이 '내장 감각'을 일으키기 위해 사용하는 데이터는 대부분 일의 정황이 제공하는 것이다.
- 직감은 가르치거나 배울 수 없다. 대신 많은 경험을 통해 강화할 수 있다.
- 직감이 항상 맞는 것은 아니다. 하지만 우리가 더 합리적인 의사 결정을 할 수 있도록 안내하는 추가 정보 역할을 한다.
- 의식적 마음이 이용할 수 없는 세상의 지식에 접근하게끔 해주는 것이 바로 직감이다. 따라서 직감은 전환 기술과도 관련이 깊다. 이런 종류의 지식은 복잡하고 빠르게 바뀌는 상황, 즉 전환 기술이 매우 필요한 상황에서 가장 중요한 요소다.

13
정황이 직감을 자극한다

빠른 속도로 진행되는 포뮬러 원Formula One 자동차 경주에서 40세의 아르헨티나 선수 후안 마누엘 판지오Juan Manuel Fangio는 최고의 스타 중 한 명이었다. 1950년 모나코 그랑프리에서 두 번째 랩을 주행 중이던 판지오는 급커브로 악명 높은 터널에 진입할 때 선두권을 달리고 있었다. 판지오는 터널을 빠져나올 때면 속도를 유지하기 위해 보통 가속 페달을 밟는다. 하지만 이번에는 웬일인지 터널을 빠져나오며 가속 페달에서 발을 떼고 갑자기 속도를 줄였다.

속도를 줄인 건 정말 다행이었다. 코너 부근에서 연쇄 추돌 사고가 일어나 9대의 차량이 경주로 위에 널브러져 있었던 것이다. 만약 판지오가 속도를 줄이지 않았다면 사고가 난 차량들을 향해 돌진할 뻔했다. 다행히 판지오는 부서진 자동차들 사이로 지나가 우승을 향해 달릴 수 있었다.

경주가 끝난 직후만 해도 판지오는 갑자기 직감적으로 속도를 줄이게 된 이유를 설명할 수 없었다. 하지만 마침내 판지오의 팀에서는 그가 알아챈 신호가 무엇이었는지 밝혀냈다. 선두권을 유지하며 터널을 빠져나올 때 판지오의 눈에는 보통 관중석에서 그를 기다리는 수많은 사람들의 핑크빛 얼굴이 보였다. 하지만 그날은 관중석이 흐릿하고 어둡게 보였다. 관중이 모두 고개를 돌려 사고 현장을 바라보고 있었기 때문이다. 이런 미묘한 명암 차이가 판지오의 뇌에 신호를 보내 문제가 있음을 알려주었고, 그는 속도를 줄였다.

판지오는 풍부한 경주 경험을 토대로 주변 환경에서 나타나는 평소와 다른 신호 패턴(평소와 다른 관중들의 머리 방향)을 인식했고, 그 결과 직감적으로 찰나의 순간에 반응할 수 있었다.[1]

직감에서 중요한 요소는 시선을 **밖으로** 돌려 우리 주변에서 일어나는 일을 잘 이해하는 능력이다. 앞 장에서 살펴본 대로, 환경이 주는 신호는 현재에 필요한 정보를 제공하는 과거의 지식을 불러온다. 그 결과 우리는 의식적으로 뭔가가 잘못되었다는 포괄적인 감각을 느낀다. 속도를 늦춰야 한다는 모호한 기분은 판지오의 뇌가 관중들이 반대쪽을 보고 있다는 이례적 신호를 알아챔으로써 유발된 것이다. 이런 미묘한 기분은 우리에게 뇌 안의 거대한 과거 기억 저장소에서 나온 내부 정보를 제공한다. 그 정보가 항상 옳은 것은 아니지만 합리적 분석만으로는 대처할 수 없는 위기의 순간에 우리의 안내자 역할을 한다.

앞 장에서 살펴봤듯 이것이 바로 직감, 즉 정황에 대한 극도의 민감성이 만들어낸 직감이다. 심리학에서는 이를 **정황 민감도**라고 부르는데, 지금껏 의아할 정도로 무시해왔던 연구 분야다.[2] 정황 민감도는 특정 정황 안에서 필요한 것을 알아내는 능력을 가리킨다. 판지오의 예에서 봤듯이 전문가라면 누구나 그들이 처한 정황에 대해 경계를 늦추지 않을 것이다. 하지만 전환 기술을 위해서는 가능한 한 넓은 범위의 정황, 특히 사회적 정황에 대한 민감도를 높여야 도움이 된다. 그래야 전환 기술을 기르는 데 필요한 요소를 얻을 수 있기 때문이다. 이번 장에서 우리는 주변 상황에 대한 민감도를 높여서 직관력을 키우는 방법을 살펴볼 것이다.

미세한 신호를 포착하는 힘

나는 최근에 작동 중인 정황 민감도를 경험할 기회를 얻었다. 심령술사 안나를 방문했을 때였다. 물론 과학적 관심에 기인한 방문이었다.[3] 심령술사 사무실로 향하는 길고 긴 계단을 올라가는 동안 약간 긴장감을 느꼈다. 북런던에 있는 곳이었는데, 의외로 밝고 통풍이 잘됐다.

나는 안나와 창문 옆에 있는 작고 윤이 나는 책상을 마주보고 앉았다. 수정 구슬 같은 것은 보이지 않았다. "어떻게 도와드릴까요?" 안나가 물었다. 하지만 내가 미처 대답하기도 전에 눈을 가늘게 뜨고 나를 응시하더니 이렇게 말했다. "중요한 결정을 앞두고 고민 중이군요." 안나는 내가 곧 옳은 결정을 내릴 것이며 앞으로 흥미진진한 길을 찾게 될 것이라고 했다. 물론 이것은 다소 모호한 예측이었다. 하지만 당시 나는 학계 밖에서 흥미로운 기회를 제안받았고, 내 진로에 생길 급격한 변화를 진지하게 고민 중이었으므로 안나의 말은 **사실이었다.**

안나의 말이 인상적이어서 나는 그녀와 함께 있는 것이 편해지기 시작했다. 안나가 건넨 내 타로 카드도 안나의 처음 예측을 다시 확인해주었다. 안나가 맨 먼저 뒤집은 것은 죽음 카드였다. 나는 그 카드를 보고 놀랐다. 하지만 안나는 그것이 삶의 주요 단계 하나가 끝나고 새로운 국면이 시작된다는 뜻이라며 나를 안심시켰다. 언제가 될지 확실히 말할 수는 없지만 너무 먼 얘기는 아닐 거라고 했다. 내가 그 변화에 스트레스를 받고 있겠지만, 카드의 예언대로 지금 변화를 단행하는 게 좋겠다고 말했다. 안나는 다른 카드 몇 장을 더 뒤집었지만 별말 없이 넘어가다가 마지막으로 운명의 수레바퀴 카드를 뒤집었다. "아!" 안나가 말했다. "이거 정말 흥미롭네요." 그러곤 내년에 큰 변화가 일어날 테니 미리 준비하라고 말했다.

상담을 마치고 나서는데, 이상하게 마음이 놓였다. 안나가 내 삶에서 무슨 일이 일어날 가능성을 '보았고' 나에게 일이 다 잘될 거라는 긍정적인 전망을 남겨주었다는 기분이 들었다. 심령 연구에 대해 내가 어떤 선입견을 가졌든 안나는 내가 고민

하던 정신적 불안을 정확히 알아차렸다. 안나는 내 반응에서 나오는 미세한 신호를 포착하는 데 매우 능숙한 사람이었다. 업계에서 흔히 말하는 이른바 훌륭한 **콜드 리더**cold-reader였다. 어떤 말이 누군가에게 중요한 의미를 가질 때 나타나는 미묘한 신호를 알아챈다는 뜻이다. 심지어 상대가 그 사실을 숨기려고 할 때도 말이다.

그녀는 매우 '정황 민감도가 높은' 사람이었다. "중요한 결정을 앞두고 고민 중이군요" 같은 말은 꽤 효과적이다. 아주 개인적인 내용처럼 느껴지지만 실제로 누구에게나 관련될 수 있는 매우 포괄적인 내용이기 때문이다. 당신과 관련 있는 얘기를 들었을 때 반응하지 않기는 어렵다. 훌륭한 콜드 리더라면 이런 반응을 알아챌 테고, 그 주제를 발전시킬 것이다. 최선을 다해 포커페이스를 유지하려는 심리학 교수인 나도 안나의 포괄적 언급에서 내 개인적 연관성을 감추는 데 실패했다. 나는 분명 안나가 제대로 짚었다는 신호를 '흘린' 것이다.

정황 민감도를 어떻게 높일 수 있을까?

그럼 어떻게 하면 정황 민감도를 키울 수 있을까? 그리고 어떻게 하면 이 정황 민감도를 자연스럽게 직감력으로까지 키울 수 있을까? 그보다 더 중요한 문제는, 왜 그렇게 해야 할까? 이 질문들에 대한 답은 분명하다. '어떻게'라는 질문에 대한 대답은 (심리학적 측면에서) **더 많이 경험하는 것**이다. 그러면 '왜'에 대한 답은? 정황 민감도가 우리의 전환 기술을 강화하고 더 현명한 결정을 내리게 해주며 회복력과 전반적인 행복감을 증진하기 때문이다. 그러니 좋은 이유는 차고 넘친다. 우리가 주변 환경에 주의를 기울이길 요구하는 전환 기술에서 정황 민감도는 결정적인 부분이다.

경험이 전부다

안나는 심령술사 일을 한 지 30년도 넘었다고 했다. 10대 때는 항구도시 블랙풀Blackpool에서 영매靈媒로 활동했다. 그 후 제례를 주관하는 일을 하다가 런던으로 왔다. 안나가 얼마나 콜드 리딩에 능한지를 감안할 때 내게는 이런 경력이 전혀 놀랍지 않았다. 우리는 지능적 분석이 아니라 **행위**를 통해 직관적 지식을 얻는다. 라디오 작동법을 적은 설명서를 읽으면 많은 것을 알 수 있다. 하지만 내부 메커니즘을 완전히 이해하려면 라디오를 낱낱이 분해했다가 다시 조립해보는 것보다 좋은 방법은 없다. 이렇게 직접 해본 경험에는 변화를 일으키는 힘이 있다.

머리로 생각하기보다는 몸으로 행하는 것이 뇌가 직감적 지식의 저장고를 늘리게 만드는 방법이다.[4] 자신을 다양한 경험 그리고 그런 경험에 뒤따르는 생각과 기분에 노출시키면 직감력의 발판을 이루는 정황 민감도를 높일 수 있다. 경험은 되돌리기 쉽지 않다. 일단 보고 나면 안 본 상태로 돌아가기 어렵다. 일단 이해하면 이해하지 못한 상태로 돌아가기 어렵다.

'더 많이 경험하는 것'의 중요성은 흔히 C. S. 루이스C. S. Lewis가 말한 것으로 알려진 한 인용문에 정확히 표현되어 있다.

"경험: 가장 냉혹한 스승. 하지만 우리는 배운다. 정말로 배운다."

우리는 모두 모아두었다가 필요할 때 꺼내 쓸 수 있는 유용한 경험 은행을 개발해야 한다. 그러려면 일상에 깊숙이 빠져들어 좋은 점, 나쁜 점을 모두 경험해야 한다. 묵상하러 갈 수도 있고, 도서관에서 공부할 수도 있고, 친구들과 끝없는 토론을 벌일 수도 있지만 진정으로 배우기를 원한다면 진짜 새롭고 다양한 경험에 뛰어들고, 당신과 생각이 다른 사람들과 직접 마주하고, 안락한 영역 밖으로 당신 자신을 밀어내야 한다. 루이스도 우리에게 이렇게 상기시킨다.

"지루한 말만 늘어놓는 사람을 만나는 것보다 그를 위해 기도하는 편이 훨씬 더 쉽다."[5]

다양한 경험은 우리 뇌 안에 있는 내부적 학습 알고리즘을 바꾸어 주어진 정황에 관한 더 정확한 해석을 제공하기 때문에 우리의 전환 기술에 유용하다. 좋은 동화책처럼 인생에는 다양한 의미가 가미된다. 그리고 경험의 폭이 넓을수록 당신은 온갖 경이로운 일과 인간의 복잡성, 그리고 그런 인간들이 연루된 복잡한 상황을 더 잘 이해할 수 있다. 폭넓은 인생 경험에는 사실상 당신이 직면할 수 있는 모든 시나리오에 적응하는 데 필요한 인지 과정, 정서 과정, 행동 과정이 담겨 있다. 그러므로 폭넓은 경험은 전환 기술에 중대한 구성 요소임이 분명하다.

생물의 다양성이 생태계의 회복력과 관련이 있는 것처럼 정신적 다양성은 당신의 신체적·정신적 행복과 관련이 있다. 정신적 다양성은 풍부한 직감 저장고(전환 기술의 핵심 요소)에 접근하게 해줄 뿐만 아니라 상황에 대처할 수 있는 다양한 전략과 선택지를 제공한다.

상황 인식 능력 키우기

전환 기술을 발달시키고 실제로 우리 경험을 활용하려면 포괄적인 **상황 인식 능력**을 키워야 한다. 이것은 정황 민감도를 높이는 초석이 된다. 예를 들어, 이라크전에서 작전을 펼쳤던 군인들은 '평범한' 상태가 어떤 것인지 잘 인식하고 그것과 다른 이상한 점을 알아채는 능력이 생존 기술의 많은 부분을 차지한다고 말한다. 분위기에서 느껴지는 고조된 긴장감, 하루의 특정 시간에 특이하리만치 텅 빈 거리 같은 것들이다.

2004년 도너번 캠벨Donovan Campbell 대위는 이라크 도시 라마디Ramadi에서 미 해병대 소대원들을 지휘하고 있었다. 폭발물을 찾아 제거하기 위한 정기적인 정찰 임무를 수행 중이었다. 길 한가운데에서 사제 폭탄을 하나 발견한 소대원들은 그것이 시선을 끌기 위한 유인용 물체라는 걸 알아차렸다. 계속 이동하려는데, 그중 한 대원이 100미터 떨어진 지점에서 콘크리트 블록을 발견했다. 뭔가 마음에 걸렸다. 그 블록이 "너무 대칭적이고 너무 완벽해" 보였기 때문이다. 결국 그 블록 안에는 엄청난 폭탄이 들어 있음이 밝혀졌다. "그 지역에 있는 돌덩이들이 어떻게 생겼는지 잘 몰랐다면 그것을 알아보지 못했을 겁니다." 도너번은 이렇게 말했다. 이상한 점을 발견할 수 있게 해준 건 **평범한** 거리 모습에 대해 해병대가 가지고 있는 지식이었다.[6] 비슷한 방식으로 2013년 보스턴 마라톤 대회에서 경찰은 CCTV 화면을 보고 금세 폭파범을 찾아낼 수 있었다. 공포에 휩싸인 사람들 틈에서 범인들만 평온하게 걸어가고 있었기 때문이다. 그들의 이상한 행동은 눈에 띄었다.

어떤 상황에서든 '정상'인 것을 잘 알고 있으면 당신은 빠르게 이상한 점을 찾아낼 수 있다. 당신의 뇌는 이상한 점을 발견하는 능력이 뛰어나다. 그래서 반反직감적으로 변화(혹은 위험)보다는 일관성을 찾아보는 편이 낫다. 그런 다음 당신의 뇌가 나머지 일을 하도록 놔두면 된다. 어떤 상황에서든 무엇이 정상인지 자신에게 물어보자. 예를 들어, 카페에서 당신이 예상하는 모습은 사람들이 긴장을 풀고 편안하게 친구들과 이야기를 나누거나 커피를 마시는 것이다. 불안한 모습으로 주위를 둘러보거나 서로 아무 말도 하지 않는 사람들은 뭔가 잘못됐다는 표시일 수 있다.

당신이 여러 상황, 특히 익숙한 상황에 있을 때마다 약간의 시간을 들여 평범한 행동이 무엇인지 적어 보자. 그런 다음 그 평범한 행동에 대한 당신의 기억을 시험해보자.

앞서 살펴봤듯 한발 물러나 상황을 관망하는 것이 중요하긴 해도 때로는 당신의 주의 집중 범위를 의도적으로 좁히는 것도 유용하다. 몇 년 전, 남편과 나는 아스널 축구 클럽과 함께 일하면서 선수들의 인지 기술을 강화하고 실력을 키우는 방법을 찾도록 도왔다. 우리는 선수 및 코칭스태프와 이야기를 나눈 뒤 선수들이 뛰는 모습을 관찰했다. 축구는 경기 내내 많은 변수가 작용하는 빠르고 유동적인 스포츠다.

강도 높은 훈련이 진행되는 동안 감독을 힘들게 하는 문제는 수많은 상황이 발생하는 가운데 어떻게 경기의 모든 측면을 머릿속에 담아둘 수 있는가 하는 점이었다. 물론 대답은 그럴 수 없다는 것이었다. 모든 것을 관리하려는 마음은 누구나 빠지기 쉬운 함정이다. 하지만 오히려 당신의 집중 범위를 경기의 한 측면, 이를테면 특정 선수 2명이 수행한 한 번의 공격으로 좁혀 패스한 선수가 판단을 잘했는지, 그리고 그 패스를 받은 선수가 그 의도를 얼마나 잘 예측했는지 관찰하는 것이 비법이다.

핵심은 어떤 상황에서 너무 많은 측면을 추적하지 않는 것이다. 너무 많은 것을 보려는 태도는 미세한 부분을 알아채는 능력을 훼손하고, 그 결과 당신의 전환 기술을 약화하기 때문이다. 내가 수행했던 한 연구[7] 결과를 예로 들면, 우리는 언제든 최대 4가지 사항만 동시에 머릿속에 담아둘 수 있다. 즉, 모든 것을 신경 쓰려 하면 당신의 뇌는 금세 과부하가 걸린다는 뜻이다. 새로운 상황에서는 특히 더 그렇다. 물론 이것은 단순한 대상물을 이용한 실험 연구에서 밝혀진 결과지만, 그럼에도 해야 할 일 목록에 적힌 항목의 개수가 4가지를 넘지 말아야 하며, 그 이상은 우리의 정신적 역량을 초과한다고 보는 것이 타당하다.

눈을 주의 깊게 살펴보라

안나와의 만남이 보여주듯이 때때로 직감은 우리도 모르게 작동하며, 다른 사람과 있을 때 우리 뇌가 무의식적으로 받아들이는 미묘한 몸짓언어에서 시작된다. 그러니 심령술사가 될 필요는 없다! 왜 그런지 정확히 꼬집어 말할 수는 없지만 어떤 사람이 당신에게 거짓말을 한다는 느낌을 받은 적이 있는가? 동공 확장에 반응하는 당신의 정황 민감성 안에 그 답이 있을 수 있다.

눈이 실제로 영혼의 창까지는 아닐지 몰라도 대단히 많은 정보를 드러내는 건 사실이다. 동공의 크기가 사람의 기분을 드러내는 중요한 지표라는 증거는 점점 더 많아지고 있다. 근본적인 이유는 동공이 정신적 노력을 보여주는 신뢰할 만한 표지이기 때문이다. 정말로 집중해서 뭔가를 생각할 때 동공이 확장된다. 시험해볼 수도 있다. 거울 앞에 서서 어려운 곱셈(이를테면 63 곱하기 14 같은 것)을 계산하면서 당신의 동공을 주의 깊게 살펴보라.

거짓말을 숨기는 데에도 정신적 노력이 든다. 그래서 동공이 진실 폭로자가 되는 것이다. 한 연구[8]에서 몇 명의 실험 참가자에게 비서가 방을 나가면 그 비서의 지갑에서 20달러를 훔치라고 요청했다. 그리고 또 몇 명의 참가자에게는 아무것도 훔치지 말라고 했다. 그런 다음 모든 참가자에게 아무것도 훔치지 않았다고 주장하게 한 결과, 연구자들은 동공 확장 정도를 분석해 돈을 훔친 사람을 훨씬 더 잘 찾아낼 수 있었다. 돈을 훔친 것에 대해 거짓말을 해야 하는 참가자들의 동공은 진실만을 얘기한 참가자들보다 약 1밀리미터 정도 커졌다.

쉬운 일은 아니지만 안나 같은 콜드 리더는 동공 변화를 관찰하는 데 매우 능숙할 것이다. 사람들의 눈에 주의를 기울여라. 그 사람이 놀랍거나 흥미로운 일에 관해 듣고 있을 때 특히 더 잘 살펴보자. 그리고 눈에서 변화를 알아챌 수 있는지 확인해보자. 이런 방법은 다른 사람의 진짜 기분을 직감적으로 알아채는 좋은 지표가 될 수 있다.[9]

익숙한 영역 밖으로 나가라

말처럼 쉬울까? 절대 그렇지 않다. 우리는 대부분 마음이 잘 맞는 사람끼리 모인 자기 영역 안에 존재한다. 소셜 미디어에서만 그런 것이 아니다. 당신이 늘 교류하는 사람들을 살펴보라. 당신과 함께 일하는 사람들인가? 주로 가족인가? 배경이나 소득 수준이 당신과 비슷한 사람들인가? 당신과 의견이 비슷한가? 잘 생각해보고 다양한 분야의 다양한 사람과 만나 진심으로 그들의 이야기를 들어볼 방법을 찾아라. 소셜 미디어에서 다양한 토론에 참여해보는 것도 하나의 방법이다.

당신과 전혀 다른 정치적 관점, 혹은 관심사를 가진 사람들이 어떤 견해를 가졌는지 알아보라. 다른 신문을 읽거나, 다른 TV 채널을 보거나, 다른 공동체에 속한 시설에서 자원봉사를 하거나, 평소에 가지 않던 행사에 참석해보라. 익숙하지 않은 문화나 사람들을 접하는 것이라면 무엇이든 당신이 마음을 열고 전환 기술을 강화하는 데 도움을 줄 것이다.

나도 2018년 미국을 여행하면서 이런 시도를 해봤다. 나는 도널드 트럼프가 공개적으로 여러 차례 인종차별적 언급을 했음에도 왜 많은 미국인이 그를 지지하는지 이해하기 어려웠다. 내가 아는 한 이것은 미국과도, 미국인과도 맞지 않는 반응이었다.

나는 일부러 트럼프의 견해를 지지하는 보수적 채널들을 찾아 듣기 시작했다. 놀랍게도 다양한 언론 매체에서 같은 뉴스를 전달하고 있었다. 그러다가 특정 아나운서의 멘트에 점차 흥미가 생겨 그 방송을 자주 보았다. 그는 백인우월주의를 명백히 옹호하며 이민자들을 폄하하는 말을 자주 했는데, 나는 그걸 듣고 충격을 받곤 했다. 하지만 일단 나와 너무 다른 의견을 접한 충격을 극복하고 진심으로 귀를 기울여보려고 노력했다. 그리고 그 진행자가 초대 손님들과의 인터뷰에서 때때로 합리적인 주장도 한다는 것을 알았다. 심지어 그의 이야기 중 몇몇 의견에 대해서는 나도 동의했다.

나는 자기들이 사는 곳, 특히 이미 고용 불안과 빈곤 문제가 심각한 지역으로 들어오는 이민자에 대해 많은 사람이 느끼는 두려움을 이해할 수 있었다. 영국의 브렉시트 논쟁에서도 비슷한 의견이 대두되었다. 이런 문제에 대한 나의 본질적인 신념과는 분명 다르지만, 그들의 견해에도 진정성이 있고 깊은 우려가 반영되어 있음을 알 수 있었다. 이런 짧은 훈련만으로도 당신은 다양한 관점에 대해 개방적인 태도를 갖출 수 있으며, 당신의 뇌가 하는 예측도 이전보다 덜 편향될 수 있다.

적절한 정황에 적절한 접근법 사용하기

정황 민감도를 높이는 것이 중요한 이유는 정황 민감도가 상황에 적절한 전략을 선택할 수 있게 해주기 때문이다. 우리는 이미 감정을 관리하는 다양한 전략 중에서 선택이 얼마나 중요한지 잘 알고 있다. 4장에서 살펴본 회복력도 다양한 대응 방법 사이에서 선택의 유연성이 필수다. 그리고 우리를 둘러싼 세상을 분석하는 데 도움을 주는 심리적 과정을 사용할 때도 같은 유연성이 요구된다.

멀리서 위협적인 것을 발견했다면, 즉 멀리서 포식자를 발견했다면 당신이 해야 할 적절한 행동은 경계 태세를 유지하며 그 포식자의 행동에서 눈을 떼지 않는 것이다. 하지만 포식자가 가까이 있을 때도 똑같이 행동한다면 그 끝은 불행할 수 있다. 이것 역시 모든 생각과 느낌은 정황에 맞을 때에만 유용하다는 것을 보여주는 하나의 예다. 지금까지 여러 차례 강조했듯이 모든 상황에서 통하는 만능 해결책은 없다.

정황에 맞게 반응하는 것은 생존을 위해서 중요할 뿐만 아니라 정신 건강을 유지하는 데도 중요하다. 성공하는 사람들에게는 상황에 적절한 접근법을 선택하는 성향이 있다. 예를 들어, 정신적으로 건강한 아이들은 위협적인 상황에서는 예상대로 강한 공포 반응을 보이지만, 정도가 낮은 위협 상황에서는 (역시 예상대로) 공포 반응을 보이지 않는다는 연구 결과가 있다.[10] 다시 말해서 정신적으로 건강한 아이들의 공포 반응은 상황에 맞게 일어난다. 이와 대조적으로 정도가 낮은 위협 상황에서도 강한 공포 반응을 보이는 아이들, 말하자면 정황 민감도가 낮은 아이들은 훗날 불안 증세나 다른 정신 문제를 일으키는 경향이 훨씬 더 심했다.

심각한 우울증을 겪는 성인들에게서도 유사하게 부적절한 반응이 나타난다.[11] 우울감을 겪지 않는 사람들은 보통 행복한 영화를 보면 강한 감정 반응을 드러내지만 슬픈 영화를 보면 다소 가라앉은 반응을 드러낼 뿐이다. 다시 말하면 그들은 즐거운 장면에서는 정말로 힘을 얻지만 슬픈 장면을 보았다고 해서 과도하게 우울해하지는 않는다. 반면, 우울감을 겪는 사람들은 두 종류의 영화 모두에 대해 차분한 반응을 보였다. 요컨대 슬픈 장면을 보고 너무 우울해하지 않았지만 즐거운 장면을 보고도 기분이 많이 좋아지지는 않았다. 이런 증거를 토대로 정황 민감도 부족이 우울감을 겪는 데 큰 역할을 한다고 추정할 수 있다.[12] 우울감을 느끼는 사람들에게는 일종의 **방어적 이탈**이 무의식적 전략이 되어버린 셈이다. 그 전략이 전혀 도움을 주지 않는 상황에서도 말이다.

경험이 정황 민감도를 높이는 이유

풍부한 경험은 뇌의 작동 방식에 직접적으로 영향을 미친다. 당신의 뇌는 본질적으로 빅데이터를 연료로 움직이는 예측 기계라는 점을 기억하자. 그리고 그 데이터가 어디에서 오는지 잠시 생각해보자. 데이터는 당신이 태어나는 순간부터 죽을 때까지 당신에게 쏟아지는 모든 시각 정보, 청각 정보, 경험으로부터 온다. 뇌가 당신에게 벌어지는 일들을 해석하고 거기에 반응하는 방식에 막대한 영향을 미치는 것이 바로 당신의 문화적·개인적 경험이라는 뜻이다.

여러 국가가 코로나19 팬데믹 기간에 엄중한 제재를 가한 결과 사람들의 경험 수준은 어쩔 수 없이 평소보다 훨씬 제한적이고 편협해졌다. 제재가 완화되자 많은 사람이 사회적 상황을 힘겨워하는 이유도 여기에 있다. 그리고 단언할 수는 없지만 많은 사람이 길어진 사회적 고립 이후에 브레인 포그brain fog

를 경험하는 것도 제한적인 경험 탓이라고 볼 수 있다.

경험을 제한하면 편견에도 취약해진다. 이런 예는 생후 3개월 된 아기들에게서도 찾아볼 수 있다. 생후 3개월 정도의 아기는 짧은 인생에서 가장 많이 본 인종, 즉 특정 피부색의 얼굴에 강한 선호도를 보인다. 한 흥미로운 연구[13]에서 심리학자들은 이스라엘과 에티오피아에 사는 생후 3개월 된 아기들을 세 그룹으로 나누어 모집했다. 그리고 아기들에게 여러 쌍의 아프리카인(에티오피아인) 얼굴과 백인 얼굴을 나란히 보여주었다. 그런 다음 아기들이 어느 얼굴을 더 많이 보는지 주의 깊게 모니터했다. 이것은 심리학 분야에서 검증된 실험 방법으로, 만약 계속해서 한쪽 범주의 얼굴을 더 많이 바라본다면 아기가 그것을 선호한다고 추정할 수 있다. 결과를 보면, 에티오피아 아기들은 에티오피아인 얼굴을, 백인 아기들은 백인 얼굴을 더 오래 봤다. 익숙한 얼굴에 더 관심을 보인 것이다.

더 흥미로운 점은 이스라엘로 새로 이주한 사람들이 우선 머무르는 수용 센터absorption centre에서 지내는 흑인 에티오피아 아기들은 자기와 같은 인종에 대한 선호도를 보이지 않았다는 것이다. 대신 백인과 흑인 얼굴을 바라보는 시간이 각각 동일했다. 연구자들은 이 아기들이 자주 보는 얼굴의 다양성 때문에 이런 결과가 나왔다고 확신했다.

자기 민족의 얼굴에 더 주의를 기울이는 경향은 인생 초기 그런 얼굴에 노출된 정도와 직접적인 관련이 있다는 사실을 보여주는 연구는 매우 많다. 여성 보호자가 양육한 아기는 여성의 얼굴에 대한 선호도를 보이는 반면, 남성 보호자가 양육한 아기는 남성의 얼굴을 더 오래 바라본다. 한 흥미로운 연구[14]에 따르면 민족성을 토대로 한 선호도는 태어난 후 며칠간은 나타나지 않으나 생후 3개월 이내에 익히게 된다고 한다. 3개월 된 백인 아기들은 자기 인종의 얼굴에 더 높은 선호도를 보였지만 생후 며칠이 지난 아기들에게 같은 실험을 하자 어떤 선호도 표출하지 않았다. 태어난 지 며칠 안 된 아기들은 모든 인종의 얼굴에 같은 관심을 보였다.

경험은 뇌에 빅데이터를 제공한다

우리의 누적된 지식은 내부 데이터베이스를 구축한다. 그리고 그 결과 강한 선호가 생긴다. 즉, 우리는 가장 익숙한 것을 지향한다. 이 과정의 이면에서는 노출 정도가 다른 그룹의 사람들에 대한 거부감이나 낮은 선호도가 생긴다. 내집단과 외집단에 대한 편견은 가장 근본적인 편견 중 하나다. 우리 뇌에 존재하는 이런 편견은 생물학적으로 타고나는 낯선 사람에 대한 두려움이 아니라 학습, 그리고 노출 정도에 근거한다.

이른바 **범주화 본능**[15]에 따라 우리는 사람들을 '우리' 그리고 '그들'로 무리 짓지 않고는 못 배긴다. 이와 같은 '우리-그들' 구분은 인종적 특징을 토대로 하는 경우가 많지만 국적, 지연, 응원하는 스포츠팀, 심지어 가족 구성원을 토대로 하는 경우도 흔하다. '우리' 대 '그들'로 범주화하는 이런 불가항력적 본능은 다른 집단에 대한 매우 다양한 수준의 암묵 지식을 발달시킨다. 사회심리학 저널에는 우리가 '외집단'에서 온 사람보다 우리 자신이 속한 집단의 사람을 훨씬 더 깊이 이해한다는 사실을 보여주는 증거가 쏟아져 나오고 있다.[16] 이와 같은 **외집단 동질성**은 우리가 다른 집단 사람들을 실제로 그들이 유사한 것보다 훨씬 더 서로 유사하다고 여기는 반면, 내집단 사람들에 대해서는 개인적 특성에 더 훨씬 더 주의를 기울인다는 뜻이다. 즉, 우리가 다른 집단의 사람을 이해하려면 훨씬 더 큰 노력이 필요하다.

인생의 다양한 부분에서 경계를 유지하는 것은 중요하지만, 사회적 경계에 존재하는 분명한 역설이 하나 있다. 사람들 사이의 경계를 허무는 것이 사회와 우리 개인적 삶의 질을 높일 수 있지만, 또 한편으로는 우리의 삶과 경험에 포함된 다양한 측면 사이에서 경계를 명확히 유지하는 것이 우리의 정신적 다양성을 증진하는 데 중요하다는 것이다. 경계가 명확해야 다양한 활동을 경험할 수 있기 때문이다. 알다시피 다양한 방식으로 생각하고 행동하는 것은 전환 기술의 필수 요소이며, 우리가 더 기민해지는 방법이다. 만약 우리 삶의 여러 요소 사이에 중복과 유사성이 많이 존재한다면 우리는 정신적 경직성의 유혹에 빠질 것이다.

사람이 인생에서 맡은 개별적인 역할의 수가 많을수록 더 번영하고 우울감에 빠지지 않는다는 사실을 보여주는 일련의 연구 결과[17]를 통해서도 이것을 확인할 수 있다. 특히 중요한 것은 역할들 사이의 명확한 경계다. 결혼한 의사이자 엄마인 한 여성의 예를 들어보자. 그녀는 3가지 주된 인생 역할을 맡고 있다. 의사, 배우자, 부모다. 아마 그녀는 각각의 역할을 수행하는 다양한 기술과 전략을 보유해 필요할 때 이용할 수 있을 것이다. 그리고 한 가지 역할만 수행하는 사람과 비교하면, 이런 다양성 덕분에 문제 상황에 대처하는 능력이 향상되었을 것이다. 하지만 그녀의 남편도 의사이고 같은 병원에서 일한다고 가정해보자. 그러면 그녀가 수행하는 두 역할의 연관성이 높아지면서 차별성은 약해진다.

그녀의 뇌 안에서는 하나의 역할에서 생기는 편향과 우발적 상황이 다른 역할을 방해하지 않는다. 사소한 예를 하나 들어보자. 그녀와 남편은 조용히 사색하며 휴식 시간을 보내야 한다고 생각하는 반면, 직장 동료는 수다를 떨거나 음악 듣는 것을 좋아한다. 부부는 집에서는 언제나 조용히 휴식하는 시간을 가질 테고, 직장에서는 다른 휴식 방법에 노출될 것이다. 하지만 부부가 직장에서 함께 일하면 두 사람은 말 많은 동료를 피해 둘이 함께 조용한 휴식 시간을 보낼 것이다. 휴식 시간이라는 측면에서 집과 직장을 구분하는 것은 직장과 집에서 각각 다른 사람과 휴식 시간을 보낸다는 뜻도 된다. 이런 사소한 에피소드는 시간이 흐르면서 마음속에 데이터베이스를 구축한다. 몇 주, 몇 달이 지나면서 데이터는 계속 추가된다.

우리는 사실상 언제나 같은 방식으로 생각하고 행동하도록 뇌를 훈련한다. 그러면 습관이 점점 더 깊이 몸에 밴다. 계속 주변을 경계하게 만드는 이런 습관을 무너뜨리려면 다른 방식의 활동을 해야 한다. 그러면 궁극적으로 우리로 하여금 주변 상황을 제대로 보지 못하게 만드는 편견이 자라는 것을 막을 수 있다.

우리의 역할들 사이에서 경계를 유지하는 것이 스트레스에 대항하는 보호 장치 역할을 한다는 사실을 보여주는 추가 연구가 이어졌다. 경계가 유지되면 한 영역의 문제가 또 다른 영역으로 스며들기 쉽지 않기 때문이다. 앞서 예로 든 그 의사가 아침에 남편과 말다툼을 했다면, 이 일은 남편과 다른 직장에서 일하는 경우보다 그녀의 직장 생활에 훨씬 더 큰 영향을 미칠 것이다. 더 많은 역할과 경험을 보유할수록 좋다. 만약 그녀가 매주 지역 극단에서 활동하는 유능한 아마추어 배우이고 주말에 스포츠 팀에서도 활약한다면 정신적 다양성이 한층 풍성해질 테고 남편과 했던 말다툼의 영향력은 약해질 것이다.

이 원칙은 4장에서 언급했던 회복력에 대한 의견에도 크게 영향을 미친다. 그때 살펴봤듯이 내 연구에서 자기 행복 수준이 높다고 말한 10대 아이들은 주의력, 기억, 그리고 모호성에 대한 해석과 관련한 편향이 상대적으로 서로 분리되어 있었다. 10대 청소년들이 가진 편향 중 부정적인 것이 많다고 하더라도 편향 간에 밀접한 연계가 이루어지지 않도록 하는 게 중요하다. 그래야 하나의 부정적 편향이 또 다른 부정적 편향을 작동시키지 않기 때문이다.

부정적 편향들 사이의 상호 연계가 상대적으로 약할 때 우리의 직감 지능이 풍성해지고 덜 편향되며, 결과적으로 사고 과정의 기민성을 크게 높이는 토대가 된다는 것을 기억해야 한다. 그러므로 나는 당신이 다양하고 상대적으로 서로 구분된 역할과 활동을 수행해야 인지 편향 사이의 **연계를 막고** 더 나아가 직감력과 전환 기술을 향상시키는 데 도움이 되리라고 생각한다.

어떻게 직감력을 키울 수 있을까?

직감은 전환 기술의 중요한 요소다. 자신에게 주의를 기울이게 해줄 (그리하여 또 다른 전환 기술의 핵심 요소인 자기 인식을 도울) 뿐만 아니라 우리가 주변 상황의 세부적인 부분까지 알아차릴 수 있게 해주기 때문이다. 이번 장에서 살펴봤듯 정황 민감도를 높이는 방법은 많다. 다음은 상황 인식을 더 잘하기 위한 2단계 과정이다. 복잡한 사업을 경영하는 상황이라고 생각해보자.

- 우선, 정신적으로 한발 물러서서(이 책의 앞부분에서 분산이라고 설명했던 것) 큰 그림을 보며 '인상주의적' 토대를 세운다.
- 그런 다음, 당신을 둘러싼 환경에서 어떤 측면에 집중할 것인지 결정하고, 다른 대상으로 초점을 옮기기 전까지

그 측면에서 굉장히 상세한 부분까지 집중한다.

오스트리아의 폴리매스polymath(다양한 분야에 뛰어난 능력을 갖춘 사람) 루돌프 슈타이너Rudolf Steiner는 우리가 주변을 잘 인식하도록 돕는 간단한 연습 방법을 제안했다. 동전 하나를 당신의 책상 왼쪽 귀퉁이 한 곳에 올려놓는다. 그런 다음 아침마다 책상의 다른 귀퉁이 중 한 군데로 옮긴다. 단순해 보이지만 이 훈련은 점차 가까운 주변 환경에 대한 우리 인식을 높여준다.

일단 당신이 주변에서 무슨 일이 일어나는지, 그리고 무엇이 중요한지에 관해 전체적으로 감을 잡으면 이제 더 넓은 정황에 대해 생각해보고, 그중 당신과 가장 관련 깊은 측면에 집중할 수 있다. 이 2단계 과정이 기민성을 강화하는 토대를 마련해준다.

예를 들어, 직장을 옮겼다면 당신은 직원들이 상사에게 어떻게 반응하는지에 집중하는 것부터 시작해볼 수 있다. 상사에게 경외심을 갖고 있는가? 상사의 결정에 도전하는가? 시키는 일은 하지만 상사가 없을 때 동료끼리 불평을 털어놓는가? 이 모든 것이 새 직장의 문화에서 중요하고 미묘한 측면을 통찰할 수 있게 해줄 것이다. 그런 다음, 한동안은 다른 것에 초점을 맞춰라. 사람들이 어떻게 상호작용을 하는지 살펴보는 것도 한 가지 방법이다. 한 사람씩 좀 더 깊은 대화를 나누면서 업무 외의 관심사는 무엇인지, 사람들이 일반적으로 좋아하는 것은 무엇인지 알아보아도 좋다. 점차 당신은 더 잘 집중하는 법을 배우고, 하나의 측면에서 다른 측면으로 효과적으로 전환하는 법도 배울 것이다. 그리고 뇌에 과부하가 걸리는 일 없이 당신의 일터와 새로운 동료들을 전반적으로 깊이 이해할 수 있을 것이다.

직감력을 키우는 4가지 방법

직감은 가르칠 수 있는 게 아니라는 점을 기억해야 한다. 직감은 다양한 상황에 대한 우리의 경험이 많아짐에 따라 자연스럽게 나타나는 것이다. 우리 모두에게는 직감이 존재한다. 앞 장에서 살펴봤듯이 직감은 정상적인 뇌 작용의 일부이기 때문이다. 직감은 우리의 경험이 담긴 데이터베이스에 접근해 과거의 경험과 환경이 보내는 신호, 그리고 신체 신호를 결합한 뒤 우리가 가장 적절한 방식으로 생각하고 느끼고 행동하도록 안내한다.

직감이 전환 기술에 그토록 중요한 핵심 요소인 이유도 바로 이것이다. 이처럼 미묘한 단서로 우리를 이끄는 직감은 결과적으로 큰 차이를 일으킬 수 있다. 직감은 가르치고 배울 수 있는 게 아니지만 우리의 직감을 이해하는 데 도움을 주는 방법이 있다.

- **마음을 진정시키고, 듣는다:** 우리는 소음에 둘러싸여 있다. 계속해서 들리는 알람이나 경보 소리일 수도 있고,

끊임없이 머릿속을 맴도는 시끄러운 생각일 수도 있다. 이런 소음 때문에 우리 내면의 직감의 목소리를 듣지 못하는 경우가 있다. 당신이 귀를 기울이지 않으면 직감은 메시지를 전달할 수 없다. 그러므로 혼자 있는 시간을 마련해야 한다.

몸을 쉬게 하고 마음을 진정시킬 시간을 가지면 자신의 직감을 잘 인식할 기회가 생긴다. 바쁜 현대사회에서 하기 어려운 일이라는 건 안다. 하지만 일주일에 단 몇 번, 한 시간씩이라도 휴식을 취하거나 밖으로 나가 자연을 접하면서 당신 몸의 소리를 들을 방법을 찾아야 한다. 긴 산책, 요가, 명상 등도 좋은 방법이다.

- **나쁜 기분을 떨쳐낸다:** 부정적 감정이 드는 데는 이유가 있다. 부정적 감정은 발생하는 문제를 경계하고 생각을 편협하게 만든다. 그 결과 우리는 삶에서 어려움을 초래하는 것들에만 초점을 맞춘다. 하지만 이런 행동은 우리의 직감에 반하는 것이다. 직감은 모든 것을 귀담아듣는 개방적인 마음 상태를 요구한다. 그래서 부정적 감정을 누그러뜨리고, 적어도 가끔은 직감의 소리에 귀를 기울이는 법을 배워야 한다. 실제로 몇몇 연구 결과[18]에 따르면 사람들은 기분이 나쁜 상태보다 좋은 상태에서 직감적 판단을 훨씬 더 잘 내린다고 한다. 당신의 긍정성을 높이고 직감의 소리를 잘 듣기 위해 10장에서 소개한 팁을 활용해보자.

- **몸을 돌본다:** 이 책을 통해 우리는 전환 기술의 중심이 우리 몸이라는 사실을 알았다. 뇌는 우리 신체를 위해 작동하므로 우리 신체 내부의 신호가 매우 중요하며, 그 신호에 주의를 기울여야 한다는 사실도 알게 되었다. 만약 몸이 제대로 기능하지 못하면 우리 몸은 기본적인 신체 기능에 과도하게 초점을 맞추기 때문에 주변 환경의 미묘한 측면을 기민하게 살필 수 없을 것이다. 그러므로 영양분을 잘 섭취하고, 잠을 충분히 자고, 잘 먹고, 규칙적으로 운동해야 한다. 이 모든 활동은 당신의 직감이 제 역할을 하는 것을 포함해 여러 가지 면에서 중요하다.

- **실행 기능을 줄인다:** 이는 조금 의외의 조언일 것이다. 7장에서 살펴봤듯이 우리의 실행 기능은 기민성을 강화하는 데 중요하기 때문이다. 우리가 상황을 분석하고 이성적인 결정을 할 때 정신적 자원, 즉 억제 조절 기능, 작업 기억 기능, 인지 유연성은 최고의 상태여야 한다. 이것은 분명 맞는 말이지만 이런 과정이 실제로 우리의 직감을 방해할 수 있다는 것 역시 사실이다. 이상하게 들릴 수 있지만 논리적으로 타당한 이야기다.

  우리가 피곤하면 우리의 실행 기능은 평소처럼 잘 작동하지 않는다. 그래서 집중력이 떨어지고 하나의 상황에 포함된 다양한 측면 간의 관련성을 잘 기억하지 못한다. 하지만 이런 상태야말로 직감이 진가를 발휘할 순간이다. 피곤하고 집중력이 떨어지면 우리는 더욱 새로운 생각에 마음을 열고 여러 가지 일 사이에서 창의적인 연관성을 끌어낼 수 있다.[19] 그러므로 우리가 피곤함을 느끼는 실행 기능의 비수기에, 아이러니하게도 우리의 직감은 그 목소리를 전달할 더 많은 기회를 얻는다.

13장 요약

- 정황 민감도와 상황 인식은 삶의 특정 영역 안에서 많은 경험을 쌓으며 축적한 지식에서 비롯된다. 경험은 직감을 촉진하는 데 꼭 필요하며, 전환 기술에도 당연히 필요하다.

- 경험의 다양성을 키우면 정황 민감도가 훨씬 더 높아지며 인지 편향이 줄어든다. 그러면 우리는 주변 환경을 더 잘 인식하고 가장 적절한 결정을 할 수 있다. 정황 민감도를 그 구성 요소 중 하나로 포함하는 '직감'이 전환 기술에서 그토록 중요한 핵심 요소인 것도 바로 이런 이유에서다.

- 우리는 모두 직감적이다. 그저 직감의 소리를 더 주의 깊게 듣는 법을 배우기만 하면 된다.

- 직감은 경험에서 온다. 그렇기에 가르칠 수 없지만, 내면에서 나오는 직감의 소리를 잘 듣기 위해 할 수 있는 일은 있다. 혼자 있는 시간을 마련하는 것처럼 주로 우리 주변은 물론, 우리 머릿속에서 떠드는 소리를 잠재우는 것과 관련 있는 일이다.

스위치크래프트하라

봄마다 남편 케빈은 웨일스 국경 근처에 있는 헤리퍼드셔 외곽 시골 지역에서 열리는 크로스컨트리 경기에 출전했다. 무척이나 힘들다는 사실, 그리고 비교적 가까운 곳에 주둔하는 공군특수부대Special Air Service, SAS 부대원이 몇 명 참가한다는 사실만 빼면 특별한 것 없는 경기였다. 경기가 끝나면 출전 선수들과 친구, 가족들이 술집에 모여 술을 마시며 뒤풀이 바비큐 파티를 했다. 그리고 분위기가 무르익으면 몇몇 지역 밴드가 음악을 연주했다.

몇 년 전, 내가 이 책을 막 쓰기 시작했을 때 나는 그 동네 술집 정원에 앉아 케빈이 샤워장(실제로는 얼음장처럼 차가운 물줄기를 뿜는, 들판에 있는 호스)에서 모습을 드러내길 기다리고 있었다. 아름답고 화창한 날이었다. 모두에게 사과주가 아낌없이 제공되었다. 내 옆에는 공군특수부대원 한 명이 앉아 있었다. 그는 케빈보다 먼저 용감하게 물줄기를 뚫고 나왔다(다시 말해, 그가 케빈보다 빨랐다). 전에 서로 소개했기에 나는 그의 직업을 알고 있었지만 그에게는 내가 하는 일이 익숙하지 않았다. 내가 이 책에 관해 이야기하자 그는 고개를 끄덕였다.

나는 골프에 비유해서 설명했다. 때로는 멀리 공을 보내 페어웨이에 안착시키기 위해 드라이버가 필요하고, 때로는 벙커에 빠진 공을 꺼내기 위해 샌드웨지가 필요하다. 그린 위에서는 퍼터가 필요하다. 하지만 언제 그것들을 사용해야 할지 모른다면 클럽을 가지고 있어도 아무 소용이 없다. 모든 클럽을 가지고 있지만 적절한 샷을 위해 어떤 것을 선택해야 할지 모르는 골프 선수는 가방 안에 단 하나의 골프 클럽만 들어 있는 선수만도 못하다.

"마치 특수부대 생활을 요약해놓은 것 같군요." 그가 말했다. "연대 안에는 비상한 재주를 가진 대원들이 많이 있어요. 아마 세상 어디에서도 그런 재주를 가진 사람은 보기 힘들 겁니다…. 감옥만 빼고요! 저기 있는 사람 좀 보세요." 그러곤 몸집이 거대한 적갈색 머리의 남자를 가리켰다. 음식 가판대 옆에 서 있는 그 남자의 몸은 문신으로 덮여 있었다. "저 사람은 마음만 먹으면 모든 차 문을 따고 들어갈 수 있어요. 저쪽에 있는 남자 보이죠?" 나는 작지만 강단 있어 보이는 흑인 남자에게 시선을 옮겼다. 수염을 길렀고 머리는 짧았다. "저 사람은 마음만 먹으면 어떤 문서든, 어떤 서명이든 위조할 수 있어요. 우리는 마치 같은 가방에 들어 있는 골프 클럽처럼 연대 안에서 함께 복무하고 있습니다."

전환 기술이라는 개념은 그에게 굉장히 익숙했다. 그가 이해하고 있는 전환 기술은 이렇다. 첫째, 다양한 기술을 가져야 한다. 둘째, 그런 기술을 적용할 수 있어야 한다. 그리고 가장 중요한 셋째는 어떤 상황에서 어떤 기술이 필요한지 아는 통찰력을 갖춰야 한다는 것이다. 그런 통찰력은 경험을 통해서만 익힐 수 있다.

투지와 기민성

나는 엘리트 선수들과 일한 적이 있다. 이들 중 몇몇은 올림픽 메달 기대주인 중거리 육상 선수들이었고, 지금까지의 내 직업 경력에서 매우 특별한 경험으로 꼽힌다. 나는 이 일을 케빈과 함께했다. 케빈이 맡은 일은 선수들이 압박감 속에서도 정신적 수행 능력을 최대로 키우도록 돕는 것이었다. 케빈이 선수들과 트랙에 나가 있을 때면 나는 훈련 코치인 댄과 함께 이야기를 나누었다. 내 체력을 올리는 데 필요한 팁을 얻고 싶었다. 댄은 이렇게 말했다. "체력을 높이는 데 중요한 열쇠는 끈기 있게 계속하는 거예요. 그래야 힘과 지구력을 키울 수 있거든요." 그리고 이렇게 덧붙였다. "하지만 유연성을 키우는 것도 중요해요. 이 부분을 간과하는 사람이 많아요."

나는 케빈과 내가 선수들을 위해 준비한 정신 훈련에 대해 생각하면서 우리도 정확히 같은 원칙을 따르고 있다는 걸 깨달았다. 정신 훈련에서도 투지 부분이 중요한 건 말할 것도 없다. 당신이 엘리트 선수든, 운동이라곤 전혀 안 하다가 8주 뒤에 5킬로미터 달리는 것을 목표로 하는 초짜든 냉철한 끈기가 매우 많이 필요하다. 춥고 비가 내리는 밤에, 혹은 아침에 눈뜨자마자 계획한 운동을 하기 위해 집을 나서려면 정말 큰 노력이 필요하다. 끈기는 목표를 성취하는 데 필수적이다. 과학 기사부터 베스트셀러 잡지에 이르기까지 투지에 대한 수많은 글이 존재한다는 건 놀라운 일이 아니다.[1] 끈기의 중요성에 대해서는 의심할 여지가 없다.

반면 기민함의 중요성은 간과하는 일이 많다. 어쩌면 기민성이 더 중요할 수도 있다. 예를 들어, 만약 어떤 선수가 가벼운 부상을 입었다면 신속하게 훈련 방법을 변경해 부상이 악화하지 않도록 하는 것이 중요하다. 이를테면 트랙을 달리는 것보다 연습용 자전거 위에서 몇 가지 운동을 하는 편이 좋을 것이다. 만약 평소의 일정을 고집한다면 심각한 부상으로 이어져 몇 주, 심지어 몇 개월 동안 운동을 전혀 할 수 없게 될 위험을 무릅써야 할 것이다.

조금만 생각해보면 유연성을 배제한 투지만으로는 어떤 것도 성취할 수 없음이 명백해진다. 그저 아무것도 개의치 않고 밀어붙일 뿐, 실수를 통해 학습할 수도 없고 피드백을 토대로 발전할 수도 없기 때문이다. 반면 투지 없이 유연성만 있으면 보통 뭔가를 시작하고 새로운 아이디어와 새로운 사고방식을 끌어내는 데 엄청난 에너지를 사용한다. 하지만 이런 사람은 계획을 끝까지 고수하는 일이 드물어서 수많은 다양한 것을 시작한 것에 대해 빠르게 명성을 얻지만 그중 어떤 것도 끝까지 견뎌낼 만큼 집중하지 못한다는 것이 문제다. 사고 과정이 너무 유연한 나머지 모든 것에 주의를 빼앗기는 사람도 있다.

투지와 기민성 사이의 완벽한 균형을 찾는 것이 성공의 비결이다. 그리고 전환 기술은 우리가 이 균형을 찾도록 돕는다. 그러려면 전환 기술에서 대단히 중요한 4가지 핵심 요소를 갖추기 위한 노력이 반드시 필요하다.

- **기민한** 태도를 유지하고 시대의 변화에 적응하라.
- **자기 인식** 능력을 키워라.
- **감정 인식** 능력과 감정 조절 능력을 강화하기 위해 노력하라.
- **직감**의 소리를 듣는 법을 익혀라. 직감은 복잡한 삶 속에서 당신을 안내하고 당신의 주변 상황을 더 잘 인식하게 해준다.

기민성은 전환 기술에서 주된 핵심 요소다. 하지만 나머지 3가지 핵심 요소, 즉 자기 인식, 감정 인식, 직감이 기민성을 더욱 강화한다. 4가지 핵심 요소가 합쳐져 당신이 어떤 어려움도, 심지어 인생에서 가장 힘겨운 순간도 헤쳐나갈 수 있게 해준다. 인생의 성공은 상황의 특성에 맞춰 정신적 강인함과 정신적 기민성의 적절한 균형을 찾는 것에 달려 있다고 볼 수 있다. 지속할 것인지 전환할 것인지에 관한 결정은 매우 중요하다. 그리고 당신이 정보에 근거한 결정을 내리도록 돕고 틀린 결정보다는 옳은 결정을 더 많이 내릴 수 있게 해주는 것이 바로 전환 기술이다.

전환 기술은 지속적이고 평생 함께하는 과정이다. 어떤 분야의 전문가라면 누구나 배우기를 멈추지 말라고 조언할 것이다. 인생이라고 다를 게 뭐가 있겠는가? 어떤 인생 문제에도 만능 해결책은 없다. 당신이 시도하고 시험해본 전략 중 많은 게 나중에 효과를 발휘할 것이다. 하지만 완전히 새로운 것에 직면할 때도 있다. 그러면 당신은 '순간적으로 판단해' 대응할 혁신적인 방법을 개발해야 할 것이다. 코로나19 팬데믹 기간에 우리가 한 경험은 우리에게 극적으로 이것을 가르쳐주었다. 전환 기술의 본질은 적절한 순간에 적절한 전략을 선택하는 능력을 키우는 것이다. 필요한 샷에 맞는 적절한 골프 클럽을 고르는 것처럼 말이다. 그리고 이것은 보통 2단계의 과정을 거친다.

- 지속할 것인지 전환해 다른 것을 시도할 것인지 결정하기
- 전환한다면 직면한 문제에 대한 적절한 해결책 선택하기

언제 고수하고 언제 전환할 것인가?

어떤 상황에서든 우리가 선택하는 접근법은 보통 그 상황의 **불확실성 정도**에 좌우된다. 상황의 확실성이 높고 일이 잘 진행되고 있다면 우리가 하던 대로 지속하는 게 최상의 선택일 것이

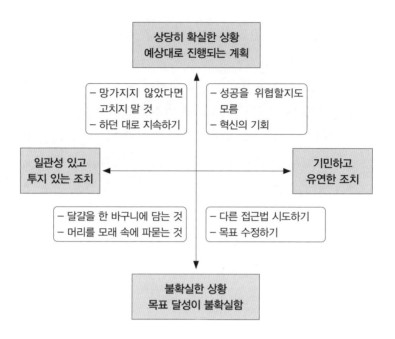

다. 망가지지도 않은 것을 고칠 필요가 뭐 있겠는가? 하지만 상황이 불확실해지면 우리는 변화에 대해 개방적인 태도를 갖추고 기민하게 접근법을 선택해야 한다.

전환 기술은 모두 그 상황의 특성에 맞춰 당신의 접근법을 선택하는 것과 관련이 있다. 물론 그렇게 하려면 당신은 필요한 만큼의 투지 혹은 유연성을 갖추어야 한다. 그리고 나와 이야기를 나누던 공군특수부대원이 일깨워주었듯이 그만큼의 투지와 유연성을 갖추려면 다양한 시나리오에 대응하기 위해 활용할 폭넓은 인생 경험이 필요하다.

당신의 인생 경험은 폭넓은 정신적 다양성을 선사한다. 다양한 상황에 대한 노출과 실제 경험이 너무나 귀중하다는 것은 엄연한 사실이다. 경험을 대신할 수 있는 건 없다. 그리고 이런 정신적 다양성은 불안정한 상황에서 사용할 수 있는 폭넓은 선택지를 제공한다.

우리는 이 책에서 전환 기술의 4가지 핵심 요소를 하나씩 자세히 살펴보았다. 그리고 당신은 여러 가지 어려운 상황을 마주할 때마다 이 요소를 활용할 수 있다. 나는 당신이 복잡하고 끊임없이 변화하는 세상을 잘 헤쳐나갈 수 있도록 가능한 한 많은 팁과 제안을 담으려고 노력했다. 훈련 방법 중 몇 가지를 골라 시도해보라. 그리고 도움이 되었다면 일기에 그 내용을 기록해놓고 연습하고, 연습하고, 또 연습하라. 최고의 운동선수처럼 기술을 연습하고 '현장' 경험을 쌓는 것이 전문성을 키우고 성공 가능성을 최대화하는 가장 효과적인 방법이다.

살면서 따라야 할 전환 기술의 원칙

1. **마음을 열고 호기심을 가져라**: 개방적이고 호기심 가득한 마음으로 세상에 다가서라. 뭔가를 하는 데 한 가지 방법만 존재한다고 생각하는 경직된 마음 설정에 갇히지 않도록 주의하라.
2. **불확실성을 편안하게 받아들여라**: 확실한 건 모든 것은 변한다는 사실뿐임을 받아들여라. 불확실한 상황을 피하

려고만 하고 변하지 않으려 한다면 점차 경직된 사고방식, 감정, 행동에 빠지게 된다. 당신만 그런 건 아니다. 자기만의 방식에 갇혀버린 사람이 많다. 인생이 안정적이고 확실하다면 상관없겠지만 현실에서 그런 상황이 지속될 가능성은 거의 없으며, 상황이 불안정해졌을 때 경직된 접근법을 적용한다면 금세 뒤처질 수밖에 없다.

3. **생활 방식에서 기민성을 키워라:** 이것은 전환 기술의 첫 번째 핵심 요소이자 가장 중요한 요소다. 기민성의 ABCD(변화하는 요구에 적응하기, 바람과 목표 사이의 균형 유지하기, 자신의 관점을 바꾸거나 그 관점에 도전하기, 마지막으로 정신적 역량 키우기)를 기억하고 있으면 기민해지는 데 도움이 된다. 그러면 경영자 코칭을 하는 내 친구의 말대로 "매 순간 기민하게 움직일" 수 있을 것이다.

4. **자기 인식 능력을 키워라:** 이것은 전환 기술의 두 번째 핵심 요소로서 당신의 핵심 가치관을 잘 이해하고 당신의 역량을 솔직하게 인정하는 것이다. 당신의 행동이 진정한 자기와 일치하는지 되돌아보고 평가해보라. 당신의 정체성과 당신 삶의 방식이 서로 부합하도록 하는 것이 번영의 비결 중 하나다.

5. **당신의 감정적 삶을 인정하고 받아들여라:** 세 번째 핵심 요소, 즉 당신의 감정을 이해하고 받아들이는 것 역시 기민성을 강화한다. 기분 좋게 느껴지지 않는 감정도 있지만, 감정은 당신에게 세상에 대한 중요한 정보를 제공하

고 당신의 상태가 어떤지 알려준다. 감정이 과도하게 강렬해질 때 그것을 조절하는 법을 익히고, 감정이 알려주는 정보를 잘 이해하는 법을 익혀라. 한 번 더 강조하지만 비결은 유연성이라는 점을 꼭 기억하라. 다양한 환경에 따라 당신의 감정을 조절하는 방식도 바뀌어야 한다.

6. **직감력을 키워라:** 당신의 신체 내부에서 나오는, 때로는 미세한 신호를 이해하는 법을 배우는 것 외에 바깥으로 시선을 돌려 주변 환경에 대한 '상황 인식' 능력을 키우는 것도 중요하다. 전환 기술의 네 번째 핵심 요소인 상황 인식은 당신이 더 나은 정보에 입각한 결정을 내리고 기민성도 강화할 수 있게 해준다.

7. **분산하는 법을 배워라:** 우리에게는 한발 물러서서 큰 그림을 볼 수 있는 고유의 능력이 있다. 일단 시야가 넓어지면 우리 생각이 반드시 진실인 건 아니라는 사실을 깨달을 수 있다. 생각은 역을 통과하는 기차와 같다. 생각은 우리 머릿속을 통과해 지나가는 것이며, 우리가 반드시 그 생각대로 하거나 그것을 믿어야 하는 건 아니다. 주어진 상황에서 한발 물러나 큰 그림을 보는 능력은 엄청나게 유용하다. 특히 위기 상황에서는 더욱 그렇다.

8. **호흡 연습법, 그리고 마음을 진정시키는 기술을 익혀라:** 몸의 긴장을 풀 수 있는 간단하지만 효과적인 방법 몇 가지를 배워라. 자기 몸에 대해 안전하다는 인식을 기본적으로 갖추면 마음을 진정시키는 데 정말로 도움이 된다.

수많은 연구 결과에 따르면, 우리 뇌가 받는 신체 신호는 지속적으로 해석 및 분석되기 때문에 만약 당신의 몸이 긴장해 괴롭다는 신호를 보낸다면 당신의 정신은 지속적인 경계 태세를 유지할 것이다. 간단한 호흡 연습만으로도 굉장히 큰 도움을 받을 것이다. 위기가 닥칠 때까지 기다리지 말고, 호흡법을 날마다 연습해보라.

9. **행복한 기억을 담은 앨범을 만들어라:** 가장 행복했던 순간 중 몇 가지를 적어보라. 이 방법은 곤경에 빠지거나 스트레스를 받을 때 활용할 행복한 기억을 제공하는 데 매우 효과적이다. 우리는 여러 연구를 통해 우울해하는 사람이 더 긍정적인 쪽으로 생각을 전환하는 걸 매우 어려워한다는 사실을 알고 있다. 부정적인 생각에서 벗어나 더 긍정적인 생각으로 전환하는 쉬운 방법을 확보하는 것은 매우 훌륭한 정신 건강 전략이다.

10. **스트레스에 적응하라:** 이 책을 통해 우리는 경험이 핵심 비결이라는 걸 알았다. 가능한 한 다양하고 많은 경험에 노출되면 자연스럽게 전환 기술을 습득할 수 있다. 연구 결과를 통해 알 수 있듯이 역경에 노출되면 스트레스에 대응할 정신적·사회적 기술이 발달한다. 그러므로 모든 역경과 불확실한 상황을 피하려 하지 말고 지금 바로 뛰어들어라. 그것이 다가올 난관을 헤치고 나아가는 데 필요한 기술을 배우는 유일한 방법이다.

11. **현명한 마음을 키워라:** 11장에서 살펴본, 변증법적 행

동 치료에서 말하는 3가지 마음 상태 혹은 존재 방식이 있다. 상황을 정서적이고 직감적으로 평가하는 감정적 마음, 객관적 사실을 분석해서 상황을 이해하는 이성적 마음, 그리고 감정적 마음과 이성적 마음을 결합한 현명한 마음이다. 다음의 질문을 연습해보자.

"현명한 마음이라면 어떻게 할까?"

이 질문은 평온할 때 해보면 특히 유용하다. 그러면 위기가 왔을 때 실행하기가 더 쉬워지기 때문이다.

12. **여정을 즐겨라:** 삶은 즐거울 수 있다는 것을 기억하라. 물론 우리는 모두 슬픔, 상실감, 실망감에 대처해야 하며 이것들 모두 정상적인 삶의 일부다. 하지만 세상에는 우리가 누릴 놀라운 일도 많다. 이 사실을 받아들여라. 잠시 멈추고 현재에 집중하라. 당신의 인생에 약간의 경외심과 활기를 첨가하라.[2] 놀랄 만한 일을 찾아보라. 훌륭한 미술 작품이나 음악을 감상하는 것, 자연의 아름다움을 발견하는 것, 밤하늘의 광대함을 관찰하는 것 모두 장기적 안목을 가질 수 있는 좋은 방법이다.

전환 기술은 우리가 불확실한 세상에 잘 대처하도록 돕는다

전환 기술은 더 효과적인 기민성이다. 예상치 못한 곳에서 복잡한 문제가 쏟아지는 불안정한 세상에서 잘 살아갈 수 있게 해주기 때문이다. 확고하게 투지에만 집중하는 것은 우리가 삶이 본래 가지고 있는 풍부함, 독창성, 자유분방함을 놓칠 위험을 무릅쓴다는 뜻이다. 팔방미인의 특징을 가진 사람, 즉 직업이든 취미든 반드시 한 가지만을 고집하지 않는 사람이 더 성공적이고 행복한 인생을 사는 모습을 보여주는 예는 많다.[3] 잘 맞는 것을 찾아야 한다. 단지 그만두거나 전환하는 행위 자체가 목적이 되어서는 안 된다. 반드시 당신의 재능과 관심에 가장 잘 맞는 방법을 찾아야 한다.

내 친구 조너선은 어렵게 이 사실을 깨달았다. 그는 학교에서 과학에 열정을 보였고, 대학에 가서 화학을 공부하고 싶었다. 하지만 그의 집은 대대로 법률가 집안이었기에 그는 법학을 공부하라는 엄청난 압력을 받았다. 조너선은 마지못해 가족의 주장을 받아들였고 힘겹게 법학 학위를 받았다. 하지만 법학 공부를 하는 동안 모든 순간이 괴로웠다. 그는 학위를 받은 뒤 한 사무 변호사 사무실에서 몇 년간 일하며 법정 변호사가 되기 위한 연수도 받았다. 언변이 뛰어나지 못한 그는 동료들이 탁월한 서사 기법으로 배심원들의 마음을 능숙하게 조종하는 것을 볼 때마다 그저 놀라울 뿐이었다.

아이러니하게도 특허권을 주장하는 한 화학자를 변호하기 위해 피고 측 변호인단의 일원으로 법정에 참석했을 때 조너선의 삶은 바뀌었다. 그 화학자가 일하는 대학에서는 특허권이 합법적으로 그 대학의 소유라고 주장했다. 의뢰인과 함께 몇 시간에 걸쳐 발명의 세부 항목에 대해 질문하고 논의하다 보니 화학에 대한 조녀선의 열정에 다시 불이 붙었다. 그 사건 이후 몇 개월이 지나서 그는 놀랄 만한 결정을 내렸다. 법률가를 그만두고 화학 공부를 다시 시작하기로 한 것이다. 조녀선은 한 번도 뒤돌아보지 않았다. 어서 빨리 도약할 수 있기만을 바랄 뿐이었다. "내가 용감하게 그만둬서 다행이야." 조녀선은 나에게 이렇게 말했다. "그때 그만두지 않았더라면 불행이라는 종착역으로 느릿느릿 가고 있었을 거야."

일을 그만둔 것은 조녀선에게 옳은 결정이었다. 그리고 그만두는 것이 옳은 결정으로 판명되는 경우는 많다. 패디 룬드에게는 치과 사업 규모를 줄이는 것이 최선의 해결책이었다. 몇십 년 전 내가 회계 업무를 그만둔 것도 나에게 옳은 결정이었음이 거의 확실하다. 17세 때 침대에 누워 흐느끼면서 내 미래는 희망이 없다고 생각했다. 하지만 여정은 이제 시작이었다!

우리 중 누구도 우리가 옳은 길을 택했는지, 옳은 결정을 했는지 모를 것이다. 당연하다. 일상의 문제에는 명확한 정답이 없기 때문이다. 우리가 아는 것은 인생 고유의 불확실성이 계속해서 전환 기술을 요구한다는 것이다.

나는 이 책이 더 회복력 있는 길로 당신을 안내하는 데 도움이 되기를 바란다. 자신을 더 잘 이해하고 받아들이는 법을 배워서 당신의 주변 상황을 제대로 인식하고 기민성과 개방적 태도가 가진 힘을 인정하라. 나의 바람은 당신이 남은 인생을 힘겨운 과업이 아닌 모험으로 받아들일 준비를 하는 것이다.

9개의 점 연결하기 해답

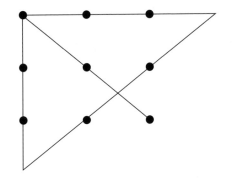

개인적 서사의 구성 요소 평가

이 평가 방법은 케이트 C. 맥린Kate C. McLean의 연구팀이 쓴 과학 논문 〈서사 정체성의 실증적 구조: 3대 기본 구조The empirical structure of narrative identity: The initial Big Three〉(*Journal of Personality and Social Psychology*, 2020, vol. 119, 920-944)에 실린 내용을 다시 정리한 것이다. 조너선 애들러Jonathan Adler의 연구팀이 쓴 연구 지침서 (*Social Psychological and Personality Science*, 2017, vol. 8, pp. 519-527)를 참고하면 더 많은 배경 정보를 얻을 수 있다.

감정적 특징

A. 작인 Agency: 이것은 서사에서 당신이 보여주는 주체성의 정도와 관련이 있다. 당신은 주어진 상황에 통제력을 가지고 있었는가? 0, 1, 2, 3, 4점 중에서 점수를 매긴다. 그저 상황이 흘러가는 대로 따를 뿐 아무런 조치를 취하지 못했다면 0점, 상황을 완전히 통제하면서 변화를 일으켜 자기 삶에 영향력을 미쳤다면 4점이다.

C, **교감**Communion: 당신이 다른 사람들로부터 완전히 단절, 고립, 거부되었다면 1점, 다른 사람들과 깊이 관련을 맺었고 이런 관련성을 다양한 방식으로 설명할 수 있다면 4점이다. 1~4점까지 점수를 매긴다.

E, **감정적 어조**Emotional tone: 이는 전체 서사에서 드러나는 감정적 느낌에 관한 것이다. 1~5점까지 점수를 매기되 매우 비관적이거나 부정적이라면 1점, 매우 낙관적이거나 긍정적이라면 5점, 감정적으로 중립 상태라면 3점을 준다.

R과 Ct, **구원**Redemption과 **오염**Contamination: 구원은 부정적인 어조로 시작해서(예를 들어, 누군가의 죽음 혹은 질병) 긍정적인 어조로 끝나는 서사를 말한다. 반면 오염은 긍정적 혹은 중립적 어조로 시작하지만 부정적 어조로 끝난다. 처음부터 끝까지 어조의 변화가 없다면 0점이다. 부정적 어조에서 긍정적 어조로 조금 바뀌었다면 1점, 크게 긍정적으로 바뀌었다면 2점을 매긴다. 오염(중립적 혹은 긍정적 어조에서 부정적 어조로 바뀌는 것)이 발견된다면 -1점이다.

감정적 특징 점수 계산법은 (A+C+E+R) - Ct다.

점수(0~15점) = _____

의미 부여

EP, 탐구 과정 Exploratory Processing: 당신의 스토리가 과거 사건의 의미에 대한 분석 및 탐구 여지를 제공해 그 사건의 영향력 및 사건 이후의 자기감 변화를 발견할 수 있게 해주는가? 탐구 과정은 당신이 그 사건을 겪는 동안 어떤 감정을 느꼈는지, 그 사건의 본질적인 부분에 대해 다른 사람과 논의해본 적은 있는지, 그 사건을 통해 겪은 당신의 변화를 명쾌하게 요약할 수 있는지를 반영하는 것이다.

탐구 과정은 0~4점까지 5단계로 평가할 수 있다. 서사 속 사건을 통해 탐구할 수 있는 것이 전혀 없다면 0점, 극히 적으면 1점, 탐구할 내용이 매우 많아서 서사의 주된 주제가 자기 탐구와 관련 있다면 4점을 매긴다.

MM, 의미 부여 Meaning-Making: 과거의 경험에 대해 숙고함으로써 당신이 자기 인식을 높이고 자신에 대한 통찰력을 얻을 수 있는 정도를 말한다. 사건의 의미에 대해 어떤 설명도 할 수 없다면 0점, 하나의 교훈을 얻었다면 1점, 막연한 의미가 담겨 있다면(예를 들어, 자기 안에서 일어난 성장 혹은 변화가 다소 보이긴 하지만 특정할 수 없는 경우) 2점, 당신 삶의 여러 영역에 적용할 수 있는 특정한 통찰력을 여러 개 얻은 것으로 보인다면 3점을 매긴다.

CC, 관련성 변경 Change Connections: 이 요소는 서사 속 사건 혹은 상황이 자기 이해 측면에서 변화를 이끌어낸 정도다. 그 경험을 통해 자기 이해 측면에서 얻은 변화가 전혀 없다면 0점, 자기에 대한 이해에 변화가 생겼다면 1점, 그리고 자기에 대해 전에는 몰랐던 새로운 측면을 알아냈다면 추가로 1점을 더 준다(총 2점).

G, 성장 Growth: 이것은 서사 속 사건의 결과라고 말할 수 있는 개인의 긍정적 성장 정도를 가리킨다. 개인적 성장이 전혀 없다고 판단된다면 0점, 극히 적지만 설명할 수 있는 성장이 발견된다면 1점, 긍정적 성장이 명백히 드러나고 그것이 중요하거나 변화를 일으킬 수 있는 성질이 있다면 2점, 그 서사에서 성장이라는 주제가 매우 상세하게 드러나고 그 성장 내용이 변화를 일으킬 힘을 가진 게 분명하다면 3점을 매긴다.

의미 부여 점수 계산법은 (EP+MM+CC+G)다. 즉, 4가지 요소의 점수를 모두 더하기만 하면 된다.

점수(0~12점) = _____

복잡성의 핵심 요소는 사실 정보와 스토리의 논리성이다.

F, 사실 Fact: 이것은 상황의 사실적 정보들이다. 언제 어디서 발생했는지, 누가 무엇을 했는지 같은 것으로, 사실 정보가 전혀 없다면 0점이다. 그리고 스토리를 읽는 사람을 그 사건 현장으로 끌어들일 수 있는 사실 정보가 어느 정도 포함되어 있는지에 따라 1~3점을 매긴다. 당신이 그때 어떤 감정을 느끼고 무슨 생각을 했는지 보여주는 동기, 의도, 심리 상태에 관한 사실 정보를 충분히 담고 있다면 3점을 부여한다.

Co, 논리성 Coherence: 논리성은 서사가 시기 및 정황과 관련해 이치에 맞는 정도를 말한다. 명확한 상황(정황) 정보가 있는가? 발생한 사건의 소요 시간을 분명히 알 수 있는가? 이치에 전혀 맞지 않으면 0점, 사건이 벌어진 시간과 장소(정황)에 대한 명확한 세부 정보가 있다면 1점, 그리고 그 사건의 시간 구성을 분명히 그려낼 수 있다면 추가로 1점을 더 준다(총 2점).

복잡성의 계산 방법은 F+Co다. 즉, 두 요소를 더하기만 하면 된다.

점수(0~5점) = ＿＿＿＿＿＿＿＿

서론: 적응하는 사람이 살아남는다

1. 나이가 들수록 정신적 기민성을 유지하는 능력이 행복에 영향을 미친다는 사실이 입증되었다. Julie Blaskewicz Boron and colleagues, 'Longitudinal change in cognitive flexibility: Impact of age, hypertension, and APOE4', *Innovation in Aging*, 2018, vol. 2, p. 249 참조.

2. 20세기에 신경과학자들은 뇌가 외부 세계에서 들어오는 감각 신호로부터 정보를 추출해 학습한다고 생각했다. 이 생각은 21세기에 신경과학계에서 뇌를 '외부 세계'에서 일어나는 일에 대해 적극적으로 설명하고 예측하는 '추론 장치'로 보기 시작하면서 완전히 바뀌었다. 신경과학자이자 심리학자인 리사 펠드먼 배럿은 자신의 책《이토록 뜻밖의 뇌과학: 뇌가 당신에 관해 말할 수 있는 7과 1/2가지 진실》4강에서 이와 관련한 내용을 매우 흥미롭고 이해하기 쉽게 설명했다. 좀 더 학문적인 자료를 원한다면 Karl Friston, 'Does predictive coding have a future?' *Nature Neuroscience*, 2018, vol. 21, pp. 1019–1021에서 이 새로운 관점에 대한 훌륭한 과학적 개요를 살펴볼 수 있다.

3. 불교의 관점에서 바라본 '베다나'에 대한 개요를 알고 싶다면 Martin Batchelor, 'Mindfulness theory: feeling tones(vedanās) as a useful framework for research', *Current Opinion in Psychology*, 2019, vol. 28, pp. 20–22 참조. 최근의 감성과학 분야 연구에 관해서는 리사 펠드먼 배럿의 책《감정은 어떻게 만들어지는가?》에 잘 설명되어 있다.

4. 토드 카시단과 조너선 로텐버그는 정신 과정의 경직성이 다양한 심리적 문제의 원인이라는 많은 증거를 축적했다. 2010년의 논문에서 제시한 그들의 이론은 이 분야의 연구를 촉진하는 데 큰 역할을 했다. Todd Kashdan and Jonathan Rottenberg, 'Psychological flexibility as a fundamental aspect of health,' *Clinical Psychology Review*, 2010, vol. 30, pp. 865 – 878 참조.

5. 이에 관한 연구는 몇몇 과학 논문에 실려 있다. Elaine Fox, 'Attentional bias in anxiety: Selective or not?' Behaviour *Research and Therapy*, 1993, vol. 31, pp. 487 – 493; Elaine Fox, 'Allocation of visual attention and anxiety', Cognition and Emotion, 1993, vol. 7, pp. 207 – 215 참조.

6. 이와 관련한 연구 내용을 몇 가지 소개한 과학 논문이 있다. Elaine Fox, Riccardo Russo, Robert Bowles and Kevin Dutton: 'Do threatening stimuli draw or hold visual attention in subclinical anxiety?' *Journal of Experimental Psychology*, 2001, vol. 130, pp. 681 – 700 참조.

7. 선도적 전문가들이 흥미로운 책들을 통해 마음챙김(마크 윌리엄스와 대니 펜맨의《8주, 나를 비우는 시간》, 루비 왁스의《너덜너덜 기진맥진 지친 당신을 위한 마음챙김 안내서》, 투지(앤절라 더크워스의《그릿GRIT》), 성장 마인드셋(캐롤 드웩의《마인드셋》), 긍정성(바버라 프레드릭슨의《긍정의 발견》)에 대해 광범위한 근거를 설명한다.

8. 미국 기자 데이비드 엡스타인은 복잡한 세상에서 당신의 기회를 극대화하려면 폭넓은 경험이 중요하다는 사실을 보여주는 흥미로운 책《늦깎이 천재들의 비밀: 전문화된 세상에서 늦깎이 제너럴리스트가 성공하는 이유》를 써서 인기를 끌었다.

1장: 변화하는 세상에서 살아남는 방법

1. 나는 마호니 대령이 집회에서 회복력에 관해 연설하는 것을 몇 차례 들었다. 전선에서 놀라운 회복력을 발휘한 그의 이야기는 언제나 청중을 사로잡았다.

2. 나는 수년간 임원 코칭을 하는 글로벌 회사 마인드짐MindGym의 연구위원으로 활동했다. 기업 임원들에게 조언할 때 우리의 모토는 바로 '변화는 그

저 일상'이라는 것이었다. 마인드짐의 접근법에 대해 더 자세히 알고 싶다면 공동 창업자 세바스티안 베일리Sebastian Bailey와 옥타비우스 블랙Octavius Black이 쓴 *MindGym: Achieve More by Thinking Differently*, Harper One, 2016을 참조하라.

3. 변화에 잘 대처하는 방법에 관한 책은 많다. 그중 내가 특히 유용하다고 생각하는 2권의 책이 있다. 윌리엄 브리지스가 쓴 *Transitions: Making Sense of Life's Changes*, Da Capo Lifelong Books, 2020(up-dated edition)과 줄리아 새뮤얼Julia Samuel이 쓴 *This Too Shall Pass*, Penguin Life, 2020이다.

4. 《펄스의 게슈탈트 심리 치료》 참조.

5. James Prochaska and Carlo DiClemente, 'Stages and processes of self-change of smoking: towards an integrated model of change', *Journal of Consulting and Clinical Psychology*, 1983, vol. 51, pp. 390–395.

6. 제임스 클리어의 유명한 책 《아주 작은 습관의 힘: 최고의 변화는 어떻게 만들어지는가》와 그의 웹사이트(www.jamesclear.com)에는 단계적으로 좋은 습관을 들이고 유지하는 방법에 관한 훌륭한 팁과 제안이 가득 담겨 있다.

7. 유튜브에서 이소룡의 인터뷰를 찾아볼 수 있다. 마리아 포포바는 사람들에게 용기를 주기 위한 그녀의 웹사이트(www.brainpickings.org)에 쓴 "Bruce Lee's never before seen writings on Willpower, Emotion, Reason, Memory, Imagination, and Confidence"라는 글에서 잘 알려지지 않은 이소룡의 견해에 관해 자세한 설명을 제공한다.

2장: 불확실성과 걱정에 대처하기

1. 마틴 랭Martin Lang은 'The evolutionary paths to collective rituals: An interdisciplinary perspective on the origins and functions of the basic social act', *Archive for the Psychology of Religion*, 2019, vol. 41, pp. 224–252에서 과학적·종교적 관점으로 본 리추얼의 기능을 잘 설명했다. 사샤 세이건도 마음이 따뜻해지는 저서 《우리, 이토록 작은 존재들을 위하여》에서, 덧없는 우리 삶에서 의미를 찾으려면 리추얼이 꼭 필요하다고 말한다.

2. 여기서 제시한 질문들은 R. 니컬러스 칼턴과 그의 동료들이 개발한 표준적

인 '불확실성 과민증' 질문지를 수정한 것이다. R. Nicholas Carleton, Peter J. Norton and Gordon J.G. Asmundson, 'Fearing the unknown: A short version of the Intolerance of Uncertainty Scale', *Journal of Anxiety Disorders*, 2007, vol. 21, pp. 105 – 117.

3. R. Nicholas Carleton and colleagues, 'Increasing intolerance of uncertainty over time: the potential influence of increasing connectivity', *Cognitive Behaviour Therapy*, 2019, vol. 48, pp. 121 – 136.

4. 미셸 뒤가와 그의 동료들은 불확실성 과민증이 만성적 걱정과 불안감으로 이어진다는 사실을 보여주는 방대한 연구 결과를 내놓았다. 그 이론의 초기 형태가 궁금하다면 Michel Dugas, Mark Freeston and Robert Ladouceur, 'Intolerance of uncertainty and problem orientation in worry', *Cognitive Therapy and Research*, 1997, vol. 21, pp. 593 – 606을 참조하라.

5. 심리학자 로버트 L. 리히가 쓴《당신의 고민을 산뜻하게 정리하는 걱정 활용법》에서 생산적 걱정과 비생산적 걱정의 차이에 대해 매우 흥미로운 설명을 볼 수 있다.

6. 지금은 미국에서 활동하고 있는 폴란드 심리학자 아리에 크루글란스키는 불확실하다는 느낌이 그가 말하는 강력한 '종료 욕구need for closure'를 초래한다는 사실을 보여주었다. 종료 욕구는 빠른 결정을 내리고, 낯선 것보다는 익숙한 것을 선택하고, 외집단보다는 내집단을 선호하고, 대안이 될 만한 선택지에 대해 마음을 닫는 등의 행동을 유발한다. 이 개념에 대한 초기 학문적 개요는 Arie Kruglanski and Donna Webster, 'Motivated closing of the mind: seizing and freezing', *Psychological Review*, 1996, vol. 103, pp. 263 – 283에서 찾아볼 수 있다.

7. Edward Orehek and colleagues, 'Need for closure and the social response to terrorism', *Basic and Applied Social Psychology*, 2010, vol. 32, pp. 279 – 290.

8. Michel Dugas and Robert Ladouceur, 'Treatment of Generalized Anxiety Disorder: Targeting Intolerance of Uncertainty in Two Types of Worry', *Behavior Modification*, 2000, vol. 24, pp. 635 – 657.

9. 만약 당신이 불확실성에 대해 매우 불안해한다면 숙련된 치료사와 함께 추가적 행동 실험도 고려해볼 수 있다. 일반적인 치료 과정은 14~16회 정

도로 진행한다.

10. 일기장이나 휴대전화에 당신의 걱정거리를 기록할 수 있다. 쉽고 편한 무료 앱 'Worry Tree'를 사용해도 좋다. 이 앱은 당신의 걱정을 기록하고, 관리하고, 해결할 수 있도록 도와준다: https://www.worry-tree.com/worrytree-mobile-app.

11. 분산은 객관적인 제삼자의 관점에서 일상 속 스트레스 상황을 알아차리는 능력이다. 이 단순한 기술이 불안감과 우울감을 줄이는 데 매우 효과적인 방법이라는 사실이 드러나고 있다. 이에 관해 잘 설명한 학문적 개관을 살펴보려면, Marc Bennett and colleagues, 'Decentering as a core component in the psychological treatment and prevention of youth anxiety and depression: A narrative review and insight report', *Translational Psychiatry*, 2021, vol. 11, article 288을 참조하라.

3장: 유연한 생물이 살아남는다

1. 예쁜꼬마선충은 약 1밀리미터 길이의 투명한 선충(선형동물)이다. 시드니 브레너는 동료 존 설스턴John Sulston, 로버트 호비츠Robert Horvitz와 함께 예쁜 꼬마선충에 관한 연구로 2002년 노벨 생리의학상을 받았다.

2. 사실 신경계는 2가지 형태의 세포를 포함한다. 정보를 처리하는 신경세포, 그리고 신경세포를 위해 대사와 역학 작용을 지원하는 교질세포다. 내가 언급한 '뇌세포'는 신경세포를 가리킨다.

3. Yuan Wang and colleagues, 'Flexible motor sequence generation during stereotyped escape responses', *eLife*, 2020, article number 56942.

4. BBC 자연 다큐멘터리 〈블루 플래닛 II〉 첫 회에서 성별을 바꾸는 어류의 놀라운 능력을 생생히 볼 수 있으며, 그와 관련한 흥미로운 생물학적 설명도 들을 수 있다: https://ourblueplanet.bbcearth.com/blog/?article=incredible-sex-changing-fish-from-blue-planet.

5. 미치 레슬리Mitch Leslie는 소논문 'Stealing genes to survive', *Science*, 2018, vol. 359, p. 979에서 적응 전략의 하나로서 유전자를 훔치는 것에 대해 중점적으로 이야기한다.

6. 면역 체계는 놀라울 정도로 적응력이 강하고 유연하다. 생물학자 제럴드 에덜먼은 동료 로드니 포터Rodney Porter와 함께 세포가 분열할 때마다 작은 에러가 발생하고, 그 결과 조금씩 다른 단백질이 다수 생성되며 면역 체계는 바로 이런 다양성을 이용해 침입자와 싸운다는 사실을 발견해 1972년 노벨상을 받았다. 최근에 오스트레일리아 연구팀은 항체의 목표물인 항원이 경직적이지 않고 유연할 경우, 면역 체계가 특정 면역 세포(B 세포)를 변형시켜 침입자에 맞춰 변형되는 항체를 생성한다는 사실을 발견했다: Deborah L. Burnett and colleagues, 'Conformational diversity facilitates antibody mutation trajectories and discrimination between foreign and self-antigens', *Proceedings of the National Academy of Science*, 2020, , vol. 117, pp. 22341-22350.

7. Gerald Edelman and Joseph Gally, 'Degeneracy and complexity in biological systems', *Proceedings of the National Academy of Sciences*, 2001, vol. 98 (24), pp. 13763 - 13768.

8. 우리가 인간의 뇌세포(신경세포와 교질세포) 수를 아는 건 브라질 신경과학자 수자나 에르쿨라누-오제우Suzana Herculano-Houzel의 놀라운 연구 결과 덕분이다. 과학자로서 수자나가 직접 쓴 책 *The Human Advantage: A New Understanding of How Our Brains Became Remarkable*, MIT Press, 2016을 읽어보면 그녀의 놀라운 연구에 대해 매우 쉽게 이해할 수 있다.

9. 도널드 올딩 헤브는 1949년 영향력 있는 책 *The Organization of Behavior*를 썼다. 이 책은 뇌의 작용을 이해하는 유용한 틀을 제공하며, 심리학과 신경과학 분야에서 지금껏 가장 영향력 있는 저서 중 하나로 꼽힌다.

10. 보스턴에서 활동하는 심리학자이자 신경과학자 리사 펠드먼 배럿은 우리 뇌의 작동 방식과, 자신의 책《이토록 뜻밖의 뇌과학》에서 그녀가 '신체 예산'이라고 부르는 것의 중요성에 대해 흥미롭게 설명한다.

11. 기자 올리버 피컵Oliver Pickup은 〈텔레그래프〉에서 최고 남자 테니스 선수들의 리시브 기술에 대해 잘 설명했다. https://www.telegraph.co.uk/tennis/wimbledon-reaction/how-toreturn-a-serve/.

1. 2017년 한 전문 연구가 그룹이 회복력 연구를 발전시킬 중요한 안내서를 출판했다. 그들은 장기적 연구를 통해 스트레스에 적응할 때 나타나는 역동성을 포착하는 것이 중요하다고 강조했다. Raffael Kalisch and colleagues, 'The resilience framework as a strategy to combat stress-related disorders', *Nature Human Behaviour*, 2017, vol. 1, pp. 784–790.

2. 뉴욕에서 활동하는 심리학자 조지 보낸노는 큰 충격을 경험한 사람들은 수년간 다양한 과정을 거치지만 그로 인해 얻는 가장 보편적인 결과물은 회복력이라는 사실을 보여주었다. George Bonanno, 'Loss, Trauma, and Human Resilience: Have We Underestimated the Human Capacity to Thrive After Extremely Aversive Events?' *American Psychologist*, 2004, vol. 59, pp. 20–28.

3. 코로나19 팬데믹은 정신 건강 측면에서 많은 사람이 예상하는 부정적 효과를 유발하지 않았다. 오히려 전 세계 사람들은 매우 회복력 있게 변화에 잘 적응했다. 심리학자들이 이 연구에 대해 쓴 글을 읽고 싶다면 Lara Aknin, Jamil Zaki and Elizabeth Dunn, *The Atlantic*, July 4, 2021 참조.

4. Jessica Fritz and colleagues, 'A systematic review of amenable resilience factors that moderate and/or mediate the relationship between childhood adversity and mental health in young people', *Frontiers in Psychiatry*, 2018, vol. 8, article 230.

5. 나는 2019년 2월 런던에서 열린 MQ정신건강과학학회가 끝난 뒤 캐나다 출신 회복 연구가 마이클 엉거와 이야기를 나누었다. 엉거는 우리가 회복하고 긍정적으로 역경에 적응하는 다양한 방식을 자신의 책 *Change Your World: The Science of Resilience and the True Path to Success*, Sutherland House, 2019에서 훌륭하게 정리해놓았다.

6. Emrah Cinkara, 'The role of L+ Turkish and English learning in resilience: A case of Syrian students at Gaziantep University', *Journal of Language and Linguistic Studies*, 2017, vol. 13, pp. 190–203. 망명자들이 회복력을 강화하는 데 언어가 중요하다는 것은 영국문화원British Council 자료 '*Language for*

Resilience': www.britishcouncil.org/language-for-resilience에 잘 설명되어 있다.

7. 약 500명의 10대 청소년을 대상으로 수행한 연구에서, 우리는 청소년에게 영향을 주는 다양한 보호 요인을 발견했다. 남성이라는 사실, 부유한 성장 배경, 특정 형태의 사고방식, 자존감 수준 등이 그것이다. 우리의 연구 결과에 대해 더 알고 싶다면 Charlotte Booth, Annabel Songco, Sam Parsons and Elaine Fox, 'Cognitive mechanisms predicting resilient functioning in adolescence: Evidence from the CogBIAS longitudinal study', *Development and Psychopathology*, 2020, pp. 1–9를 참조하라.

8. 몇몇 연구에서는 여전히 존재하는 남녀의 임금 격차가 여성이 더 높은 임금을 요구하는 상황에 대한 반발심 탓일 수도 있다고 주장한다. 여성의 그런 행동을 부적절하다고 여기는 경우가 많기 때문이다. Jennifer Dannals, Julian Zlatev, Nir Halevy and Margaret Neale, 'The dynamics of gender and alternatives in negotiation', *Journal of Applied Psychology*, 2021, https://doi.org/10.1037/apl0000867.

9. 문제 중심적 대처 방식과 정서 중심적 대처 방식의 비용과 편익을 알아내려는 연구는 많다. 그중 이 문제의 복잡성을 보여주는 흥미로운 연구가 있다. John Baker and Howard Berenbaum, 'Emotional approach and problem-focused coping: A comparison of potentially adaptive strategies', *Cognition and Emotion*, 2007, vol. 21, pp. 95–118 참조.

10. 홍콩 심리학자 세실리아 쳉은 행복과 회복력을 얻는 데 대처의 **유연성**이 얼마나 중요한지 처음으로 보여주었다. Cecilia Cheng and Chor-Iam Chau, 'When to approach and when to avoid? Functional flexibility is the key', *Psychological Inquiry*, 2019, vol. 30, pp. 125–129; Cecilia Cheng, Hi-Po Bobo Lau and Man-Pui Sally Chan, 'Coping flexibility and psychological adjustment to stressful life changes: A meta-analytic review', *Psychological Bulletin*, 2014, vol. 140, pp. 1582–1607.

11. Charlotte Booth, Annabel Songco, Sam Parsons and Elaine Fox, 'Cognitive mechanisms predicting resilient functioning in adolescence: Evidence from the CogBIAS longitudinal study', *Development and Psychopathology*, 2020,

pp. 1–9; Sam Parsons, Anne-Wil Kruijt and Elaine Fox, 'A cognitive model of psychological resilience', *Journal of Experimental Psychopathology*, 2016, vol. 7, pp. 296–310.

12. 심리학자이자 인류학자 브루스 엘리스와 유타대학교 연구팀은 어린이들의 장점을 연구하는 것이 그들의 불리한 처지를 연구하는 것보다 더 많은 정보를 준다고 말한다. Bruce Ellis and colleagues, 'Beyond risk and protective factors: An adaptation-based approach to resilience', *Perspectives on Psychological Science*, 2017, vol. 12, pp. 561–587.

13. Clay Tarver, 'The Rock 'n' Roll Casualty Who Became a War Hero', *New York Times*, 2 July 2013.

5장: 기민한 사고방식의 이점

1. 나는 몇 년 전 패디가 비즈니스 콘퍼런스에서 자신의 근본적인 개혁에 대해 이야기하는 것을 들었다. 패디의 전자책 *Building the Happiness-Centered Business*에서 그가 어떻게 행복 중심 치과를 만들 수 있었는지 알 수 있다. 책은 https://www.paddilund.com에서 다운로드할 수 있다.

2. Abraham Maslow, *The Psychology of Science*, Harper and Row, 1966.

3. 심리학자 토드 카시단과 조너선 로텐버그는 정신적으로 유연해질 수 있는 능력이 건강 및 행복으로 이어진다고 주장했다. Todd Kashdan and Jonathan Rottenberg, 'Psychological flexibility as a fundamental aspect of health', *Clinical Psychology Review*, 2010, vol. 30, pp. 865–878에서 그들의 심리학 연구에 대한 광범위한 리뷰를 읽어볼 수 있다. 최근에는 위기 시에 유연성이 정신 건강을 증진시키는 데 중요하다는 사실을 보여주는 연구 결과도 나왔다. David Dawson and Nima Golijani-Moghaddam, 'COVID-19: Psychological flexibility, coping, mental health, and wellbeing in the UK during the pandemic', *Journal of Contextual Behavioral Science*, 2020, vol. 17, pp. 126–134가 그 좋은 예다.

4. Sam Parsons, Annabel Songco, Charlotte Booth and Elaine Fox, 'Emotional information-processing correlates of positive mental health in adolescence:A

network analysis', *Cognition and Emotion*, 2021, vol. 35, pp. 956-969.

5. *Clinical Handbook of Fear and Anxiety: Maintenance Processes and Treatment Mechanisms*, edited by Jonathan Abramowitz and Shannon Blakey, American Psychological Association, 2020에서 코트니 비어드Courtney Beard 와 앤드루 페컴Andrew Peckham이 쓴 제20장 '해석 편향 수정Interpretation bias modification'을 보면 어떻게 해석 편향이 행복에 영향을 주는지, 그리고 그런 편향이 어떻게 변형되는지 잘 알 수 있다.

6. 레고가 어떻게 개혁하고 혁신의 법칙을 뒤집을 수 있었는지 알고 싶다면, 와튼 스쿨에서 혁신을 주제로 강의하는 데이비드 로버트슨 교수가 쓴 《레고 어떻게 무너진 블록을 다시 쌓았나》를 참조하라.

7. Trina Kershaw and Stellan Ohlsson, 'Multiple causes of difficulty in insight. The case of the nine-dot problem', *Journal of Experimental Psychology: Learning, Memory & Cognition*, 2004, vol. 30, pp. 3-13.

8. Marianna Karamanou, George Panayiotakopoulos, Gregory Tsoucalas, Antonis Kousoulis, and George Androutsos, 'From miasmas to germs: A historical approach to theories of infectious disease transmission', *Le Infezioni in Medicina*, 2012, vol. 1, pp. 52-56.

9. Albert Hastorf and Hadley Cantril, 'They saw a game: A case study', *Journal of Abnormal and Social Psychology*, 1954, vol. 49, pp. 129-134.

10. Ursula Hess, Michel Cossette and Shlomo Hareli, 'I and my friends are good people: The perception of incivility by self, friends and strangers', *European Journal of Psychology*, 2016, vol. 12, pp. 99-114.

6장: 인지 유연성 키우기

1. 내 연구에서는 불안감을 느끼는 사람이 위협에서 벗어날 때 보이는 지연 현상을 일종의 짧은 뇌 정지 상태라고 설명하면서 이 점을 지적했다. Elaine Fox and colleagues, 'Do threatening stimuli draw or hold visual attention in subclinical anxiety?' *Journal of Experimental Psychology*, 2001, vol. 130, pp. 681-700 참조.

2. Diana Armbruster and colleagues, 'Prefrontal cortical mechanisms underlying individual differences in cognitive flexibility and stability', *Journal of Cognitive Neuroscience*, 2012, vol. 24, pp. 2385 – 2399.

3. Urs Braun and colleagues, 'Dynamic reconfiguration of frontal brain networks during executive cognition in humans', *Proceedings of the National Academy of Sciences*, 2015, vol. 112, pp. 11678 – 11683.

4. 심리학에서는 '작업 전환'이라고 알려진 실험 체계로 인지 유연성을 측정한다. 영국 심리학자 스티븐 몬셀Stephen Monsell은 논문 'Task switching', *Trends in Cognitive Sciences*, 2003, vol 7, pp. 134 – 140에서 인지 유연성의 본질에 관해 명확하게 설명했다.

5. 인지 유연성에 대한 정의와 특성은 심리학 연구마다 다양하다. 나는 이 책에서 보다 일반적인 접근법을 택해 통합했다. 인지 유연성의 본질을 학문적으로 잘 설명한 논문은 루마니아 심리학자 테아 이오네스쿠Thea Ionescu가 쓴 'Exploring the nature of cognitive flexibility', *New Ideas in Psychology*, 2012, vol. 30, pp. 190 – 200이다.

6. 인지 유연성과 다른 실행 기능이 유년기에 어떻게 발달하는지에 관한 설명은 일리노이주립대학교 연구팀의 연구에서 찾을 수 있다. Alison Bock, Kristin Gallaway and Alycia Hund, 'Specifying links between executive functioning and theory of mind during middle childhood: Cognitive flexibility predicts social understanding', *Journal of Cognition and Development*, 2015, vol. 16, pp. 509 – 521 참조.

7. 이것은 '다중 범주 분류 과제'의 한 가지 사례다: B. Inhelder and Jean Piaget, *The Early Growth of Logic in the Child*, New York: Norton Books, 1964. 이 과제는 여러 연구에서 다양하게 변형해 어린이들의 인지 유연성 측정에 사용되었다.

8. 이런 형태의 '작업 전환' 게임을 잘하는 아이들은 경직된 고정관념도 적었다: Rebecca Bigler and Lynn Liben, 'Cognitive mechanisms in children's gender stereotyping: Theoretical and educational implications of a cognitive-based intervention', *Child Development*, 1992, vol. 63, pp. 1351 – 1363. 이런 과제를 잘 수행하면 아이들은 독서를 비롯한 다른 기

본적 인지 기술도 능숙하게 수행하는 경향이 있다. 자세한 내용을 보려면 Kelly Cartwright, 'Cognitive development and reading: The relation of readingspecific multiple classification skill to reading comprehension in elementary school children', *Journal of Educational Psychology*, vol. 94, pp. 56 – 63; Pascale Cole, Lynne Duncan and Agnes Blaye, 'Cognitive flexibility predicts early reading skills', *Frontiers in Psychology*, 2014, vol. 5, p. 565를 참조하라.

9. 다양한 활동 사이에서 빠른 전환을 요구하는 비디오 액션 게임이 인지 유연성을 크게 향상시킬 수 있다는 것이 입증되었다: Kerwin Olfers and Guido Band, 'Game-based training of flexibility and attention improves task-switch performance: Near and far transfer of cognitive training in an EEG study', *Psychological Research*, 2018, vol. 82, pp. 186 – 202; Brian Glass, W. Todd Maddox and Bradley Love, 'Real-time strategy game training: emergence of a cognitive flexibility trait', *PlosONE*, 7 August 2013, 8 (8):e70350 참조.

10. 몇몇 심리학 연구는 여행이 실제로 마음을 넓혀주고, 좀 더 구체적으로 말하면, 우리의 인지 유연성을 향상시킨다는 개념을 뒷받침한다. 이 내용은 미국 심리학자 토드 카시단이 〈하버드 비즈니스 리뷰〉에 게재한 논문에서 매우 이해하기 쉽게 설명했다: 'Mental benefits of vacationing somewhere new', https://hbr.org/2018/01/the-mentalbenefits-of-vacationing-somewhere-new.

11. Frederic Godart, William Maddux, Andrew Shipilov and Adam Galinsky, 'Fashion with a foreign flair: Professional experiences abroad facilitate the creative innovations of organizations', *Academy of Management Journal*, 2015, vol. 58, pp. 195 – 220.

12. Robert Wilson, J.P. Guilford, Paul Christensen and Donald Lewis, 'A factor-analytic study of creative thinking abilities', *Psychometrika*, 1954, vol. 19, pp. 297 – 311.

13. 불안감이 높으면 관심을 사로잡는 일로부터 다른 일로 주의를 돌리기가 훨씬 어렵다는 사실을 보여주는 연구 결과가 있다: Daniel Gustavson, Lee

Altamirano, Daniel Johnson, Mark Whisman and Akira Miyake, 'Is set-shifting really impaired in trait anxiety? Only when switching away from an effortfully established task set', *Emotion*, 2017, vol. 17, pp. 88‒101.

14. 이 내용은 런던대학교 버벡 칼리지Birkbeck College의 심리학자 타헤레흐 안사리Tahereh Ansari와 나지닌 데라크샨Nazinin Derakshan의 영향력 있는 연구에서 찾아볼 수 있다: 'The neural correlates of cognitive effort in anxiety: Effects on processing efficiency', *Biological Psychology*, 2011, vol. 86, pp. 337‒348.

15. 마이애미대학교에서 연구하는 심리학자 제시카 제넷과 마티아스 지머가 정서적 측면을 반영한 작업 전환 테스트를 개발했다. 이 테스트는 비감정적 측면이 아닌, 단어 혹은 그림이 가진 감정적 측면 사이에서 전환하는 능력을 측정한다: Jessica Genet and Matthias Siemer, 'Flexible control in processing affective and non-affective material predicts individual differences in trait resilience', *Cognition and Emotion*, 2011, vol. 25, pp. 380‒388. 나는 이 연구를 내 학생 이브 트위비Eve Twivy와 함께 계획했다. 이브 트위비는 박사 과정을 마친 뒤 나의 실험 그룹에서 연구원으로 일하던 네덜란드 심리학자 마우트 흐롤Maud Grol과 함께 이학 석사 연구를 수행 중이었다.

16. Elaine Fox, Riccardo Russo, Robert Bowles and Kevin Dutton, 'Do threatening stimuli draw or hold visual attention in subclinical anxiety?' *Journal of Experimental Psychology*, 2001, vol. 130, pp. 681‒700.

17. Jessica Genet, Ashley Malooly and Matthias Siemer: 'Flexibility is not always adaptive: affective flexibility and inflexibility predict rumination use in everyday life', *Cognition and Emotion*, 2013, vol. 27, pp. 685‒695.

18. '골칫거리와 행복' 질문지는 한 사람이 일주일 동안 일상에서 행복한 일(친구와 통화하기, 외식하기, 과제 완료 등)과 짜증스러운 일(시곗줄이 끊어짐, 버스를 놓침 등)을 평균적으로 몇 차례나 경험하는지 측정한다. 이 질문지는 아니타 드롱이스Anita DeLongis와 그의 동료들이 개발했다. 'Relationships of daily hassles, uplifts and major life events to health status', *Health Psychology*, 1982, vol. 1, pp. 119‒136 참조.

19. Eve Twivy, Maud Grol and Elaine Fox, 'Individual differences in affective

flexibility predict future anxiety and worry', *Cognition and Emotion*, 2021, vol. 35, pp. 425 – 434에서 우리의 연구 결과를 볼 수 있다.

20. 심리학자 토드 카시단과 조너선 로텐버그는 건강과 행복에서 정신적 유연성의 이점을 보여주는 문헌에 대해 영향력 있는 리뷰 논문을 썼다: 'Psychological flexibility as a fundamental aspect of health', *Clinical Psychology Review*, 2010, vol. 30, pp. 865 – 878.

7장: 기민성의 4가지 요소

1. 이 4가지 요소는 토드 카시단과 조너선 로텐버그의 광범위한 심리학 리뷰 논문에서 밝혀졌다: 'Psychological flexibility as a fundamental aspect of health', *Clinical Psychology Review*, 2010, vol. 30, pp. 865 – 878.

2. https://www.virgin.com/branson-family/richard-branson-blog/my-top-10-quotes-on-change 참조.

3. 캐나다계 미국 심리학자 앨버트 밴듀라는 평생에 걸쳐 '자기효능감self-efficacy' 이론을 발전시켰다. 그리고 사람은 다른 이들이 지속적으로 성공을 위해 노력하는 모습을 보면서 성공하는 법을 배운다는 사실도 발견했다. 그는 이것을 가리켜 '사회적 모델링social modelling'이라고 칭했다. 즉, 우리는 사회적 모델링을 통해 주변 사람들의 습관을 배운다: Albert Bandura, *Social Learning Theory*, Prentice Hall, 1977.

4. Ana Isabel Sanz-Vergel, Alfredo Rodriguez-Munoz and Karina Nielson, 'The thin line between work and home: The spillover and crossover of daily conflicts', *Journal of Occupational and Organizational Psychology*, 2014, vol. 88, pp. 1 – 18.

5. 자원봉사가 정신 건강에 미치는 유익한 영향을 보여주는 연구가 여럿 있다. 746명의 스위스 노동자를 대상으로 수행한 다음의 연구도 한 가지 예다. Romualdo Ramos, Rebeccca Brauchli, Georg Bauer, Theo Wehner, and Oliver Hammig, 'Busy yet socially engaged: volunteering, work-life balance, and health in the working population', *Journal of Occupational and Environmental Medicine*, 2015, vol. 57, pp. 164-172.

6.   Eva J. Mojza, Sabine Sonnentag, and Cladius Bornemann, 'Volunteer work as a valuable leisure-time activity: A day-level study on volunteer work, non-work experiences, and well-being at work', *Journal of Occupational and Organizational Psychology*, 2011, vol. 84, pp. 123 - 152.

7.   헝가리계 미국 심리학자 미하이 칙센트미하이는 몰입이라는 개념을 규정하고 이러한 심리적 상태가 번영, 생산성, 행복의 중심이라는 사실을 보여주기 위해 많은 연구를 수행했다. 그의 책《몰입flow: 미치도록 행복한 나를 만난다》에서 그의 중요한 연구에 대해 살펴볼 수 있다.

8.   Kennon Sheldon, Robert Cummins and Shanmukh Kamble, 'Life balance and well-being: A novel conceptual and measurement approach', *Journal of Personality*, 2010, vol. 78, pp. 1093 - 1133.

9.   이 표는 Kennon Sheldon, Robert Cummins and Shanmukh Kamble, 'Life balance and well-being: A novel conceptual and measurement approach.' *Journal of Personality*, 2010, vol. 78, pp. 1093-1133의 Study 1에서 사용한 '균형 평가지Balance Assessment Sheet'를 변형한 것이다.

10.   이 조사 보고서는 정신건강재단 웹사이트(https://www.mentalhealth.org.uk/a-to-z/w/work-life-balance)에서 다운로드할 수 있다.

11.   이를 비롯한 여러 사건이 두 딸이 쓴 톰슨의 전기에 실려 있다. Jenny Thompson and Sherry Thompson, *The Kremlinologist: Llewellyn E Thompson. America's Man in Cold War Moscow*, John Hopkins University Press, 2018 참조.

12.   Adam Galinsky and colleagues, 'Why it pays to get inside the head of your opponent: The differential effects of perspective taking and empathy in negotiation', *Psychological Science*, 2008, vol. 19, pp. 378 - 384.

13.   이 질문지는 M.H. Davis, 'A multidimensional approach to individual differences in empathy', *JSAS Catalog of Selected Documents in Psychology*, 1980, vol. 10, no. 85의 '대인관계 반응 색인Interpersonal Reactivity Index'에서 가져와 변형한 것이다.

14.   런던대학교의 신경과학자이자 심리학자 탈리 샤롯은 '낙관적 편향' 뒤에 숨겨진 과학에 대해 흡인력 있게 설명하는 책을 썼다:《설계된 망각: 살기

위해, 뇌는 낙관주의를 선택한다》.

15. Laura Globig, Bastien Blain and Tali Sharot, 'When private optimism meets public despair: Dissociable effects on behavior and well-being'. 이 논문은 아직 검토 중이지만 https://psyarxiv.com/gbdn8/에서 미리 확인할 수 있다.

16. 나는 나의 책《즐거운 뇌 우울한 뇌: 최신 심리학이 밝혀낸 낙관과 비관의 비밀》에서 인생의 역경을 잘 헤쳐나가는 데 중요한 역할을 하는 낙관주의와 비관주의 사이의 균형에 관해 썼다.

17. 마크 윌리엄스와 대니 펜맨은《8주, 나를 비우는 시간》에서 유용한 마음챙김 훈련 방법을 소개했다.

18. Raymond Mar and colleagues, 'Bookworms versus nerds: Exposure to fiction versus non-fiction, divergent associations with social ability, and the simulation of fictional social worlds', *Journal of Research in Personality*, 2006, vol. 40, pp. 694–712; Matthijs Bal and Martijn Veltkamp, 'How does fiction reading influence empathy? An experimental investigation on the role of emotional transportation', *PLosONE*, 2013, vol. 8, article e55341 참조.

19. Keith Oatley, 'Fiction: Simulation of social worlds', *Trends in Cognitive Sciences*, 2016, vol. 20, pp. 618–628.

20. 발달심리학자 아델 다이아몬드Adele Diamond는 'Executive functions', *Annual Review of Psychology*, 2013, vol. 64, pp. 135–168에서 실행 기능, 그리고 실행 기능의 발달 방식에 대해 잘 설명했다.

21. Terrie Moffitt and colleagues, 'A gradient of childhood self-control predicts health, wealth, and public safety', *Proceedings of the National Academy of Sciences,* 2011, vol. 108, pp. 2693–2698.

22. 우리 연구는 내 동료이자 친구 나지닌 데라크샨과 합동으로 수행했다. 나지닌 데라크샨은 버벅 칼리지를 중심으로 활동하는 인지심리학자로서 걱정 많은 사람들이 부정적 생각을 더 잘 통제할 수 있도록 돕기 위해 '엔백 태스크n-back task'라는 것을 활용했다. 우리의 연구 결과는 2개의 과학 논문으로 출판되었다: Matthew Hotton, Nazinin Derakshan, and Elaine Fox, 'A randomised controlled trial investigating the benefits of adaptive working memory training for working memory capacity and attentional control in

high worriers', *Behaviour Research and Therapy*, 2018, vol. 100, pp. 67–77; Maud Grol and colleagues, 'The worrying mind in control: An investigation of adaptive working memory training and cognitive bias modification in worry-prone individuals', *Behaviour Research and Therapy*, 2018, vol. 103, pp. 1–11.

23. Danna Oomen, Maud Grol, Desiree Spronk, Charlotte Booth and Elaine Fox, 'Beating uncontrolled eating: Training inhibitory control to reduce food intake and food cue sensitivity', *Appetite*, 2018, vol. 131, pp. 73–83.

24. Artur Jaschke, Henkjan Honing, and Erik Scherder, 'Longitudinal analysis of music education on executive functions in primary school children', *Frontiers in Neuroscience*, 2018, vol. 12, article 103.

8장: 몸과 마음 파악하기

1. 심리학자이자 작가인 크리스천 재럿이 쓴 《최고 버전의 나를 찾아라》에서 성격과학에 관한 자세한 설명을 볼 수 있다.

2. 미국 심리학자 댄 매캐덤스는 성격 특성 측면에서 타인 혹은 자신을 이해하는 것을 가리켜 '낯선 사람의 심리학'이란 용어를 만들었다: Dan McAdams, 'Personality, modernity, and the storied self: A contemporary framework for studying persons', *Psychological Inquiry*, 1996, vol. 7, pp. 295–321.

3. 마이어스-브리그스 테스트는 스위스 정신분석가 카를 융Carl Jung의 개념에서 영감을 얻은 것이다. 융은 우리가 4가지 원형을 가지고 태어난다고 믿었다. 4가지 원형이란 우리가 세상을 향해 드러내는 우리 자신의 모습인 페르소나Persona, 기본적 성적 욕구를 비롯한 생명 본능인 그림자Shadow, '진정한 자기'의 남성 혹은 여성 형태인 아니마Anima 또는 아니무스Animus, 그리고 한 사람의 의식·무의식 측면을 모두 가리키는 '자기Self'다. 카를 융의 삶과 생각에 대해 더 알고 싶다면 디어드리 베어가 쓴 종합적인 전기 《융: 1875~1961 분석심리학의 창시자》를 참조하라.

4. 옥스퍼드대학교의 영어학 교수 메르베 엠레는 마이어스-브리그스 테스트

의 이상한 역사에 대한 훌륭한 책을 썼다:《성격을 팝니다: MBTI의 탄생과 이상한 역사》.

5. 메르베 엠레는 자신의 책《성격을 팝니다》에서 이 테스트가 "당신이 누구인지에 관해 이야기하고 생각하는 정교한 훈련으로 통하는 문"이며 우리는 모두 그 테스트를 사랑한다고 설명한다.

6. 영국 뉴캐슬대학교의 인류학 교수 대니얼 네틀은 자신의 책에서 성격의 빅 파이브에 대해 종합적이면서도 알기 쉽게 설명했다:《성격의 탄생: 뇌과학, 진화심리학이 들려주는 성격의 모든 것》참조. 크리스천 재럿이 쓴《최고 버전의 나를 찾아라》를 참조해도 좋다.

7. 심리학자 앤절라 더크워스의 인기 도서《그릿GRIT》에서 성실성의 과학에 대해 더 많은 정보를 얻을 수 있다.

8. 내향성-외향성 스펙트럼에서의 위치가 당신의 인생에 미치는 영향에 대해 훌륭하게 설명한 책이 있다:《콰이어트: 시끄러운 세상에서 조용히 세상을 움직이는 힘》.

9. 이와 관련해 더 많은 추가 증거를 확인하고 싶다면 크리스천 재럿이 쓴《최고 버전의 나를 찾아라》를 참조하라.

10. Elizabeth Krumrei-Mancuso and colleagues, 'Links between intellectual humility and acquiring knowledge', *Journal of Positive Psychology*, 2020, vol. 15, pp. 155 – 170.

11. 기자 셰인 스노가 수행한 이 조사는 Shane Snow, *Dream Teams: Working Together Without Falling Apart*, Portfolio, 2018에 소개되어 있다.

12. 미국 심리학자 제니퍼 콜 라이트Jennifer Cole Wright는 여러 저자의 설명을 한 권으로 편집한 *Humility*, Oxford University Press, 2019에서 겸손이 만족감과 행복에 미치는 영향을 자세히 설명했다.

13. Michael Ashton and colleagues, 'A six-factor structure of personality-descriptive adjectives: solutions from psycholexical studies in seven languages', *Journal of Personality and Social Psychology*, 2004, vol. 86, pp. 356 – 366. 이기범과 마이클 애쉬튼이 쓴《H 팩터의 심리학: 정직함의 힘》에서 정직-겸손이라는 성격 특성과 그것의 중요성에 대한 설명을 찾아볼 수 있다.

14. John Bargh, Mark Chen and Lara Burrows, 'Automaticity of social behavior: Direct effects of trait construct and stereotype activation on action', *Journal of Personality and Social Psychology*, 1996, vol. 71, pp. 230 – 244. 존 바그는 수년간 사회적으로 영향력 있는 연구를 많이 수행해 여러 베스트셀러 도서에 흥미로운 자료를 제공했다. 말콤 글래드웰의 《블링크: 운명을 가르는 첫 2초의 비밀》과 대니얼 카너먼의 《생각에 관한 생각: 우리의 행동을 지배하는 생각의 반란》 참조. 존 바그는 그의 책 《우리가 모르는 사이에: 인생을 다시 설계하는 무의식의 힘》에서 이 연구를 설명했다.

15. Stephane Doyen, Olivier Klein, Cora-Lise Pichon and Axel Cleermans, 'Behavioral priming: It's all in the mind, but whose mind?' *PlosONE*, 18 January 2021, article no. 0029081.

16. 과학 기자 에드 용Ed Yong은 자신의 연구를 재현하는 데 실패한 것에 대해 존 바그가 보인 유별난 반응에 관해 썼다: 'A failed replication draws a scathing personal attack from a psychology professor', *National Geographic*, March 2012.

17. Leor Zmigrod and colleagues, 'The psychological roots of intellectual humility: The role of intelligence and cognitive flexibility', *Personality and Individual Differences*, 2019, vol. 141, pp. 200 – 208.

18. 이 평가 방법은 심리학자 테넬 포터Tenelle Porter와 카리나 슈만Karina Schumann이 개발했다: 'Intellectual Humility and openness to the opposing view', *Self and Identity*, 2018, vol. 17, pp. 139 – 162 참조.

19. 이 내용은 Porter and Schumann, 'Intellectual Humility and openness to the opposing view', *Self and Identity*, 2018, vol. 17, pp. 139 – 162의 study 4에 실렸다. 심리학자 캐럴 드웩은 《마인드셋》에서 '고정' 마인드셋과 '성장' 마인드셋이 개인의 인생에 미치는 놀라운 영향력을 자세히 설명했다.

20. 내부 감각(우리의 신체적 느낌과 감각을 설명하는 능력)은 이제 심리학 분야에서 자기 인식을 하는 데 매우 중요한 부분으로 여겨진다. 이러한 내용은 A.D. (Bud) Craig, *How Do You Feel? An Interoceptive Moment with Your Neurobiological Self*, Princeton University Press, 2014; Guy Claxton, *Intelligence in the Flesh: Why Your Mind Needs Your Body Much More Than It*

Thinks, Yale University Press, 2015에 잘 설명되어 있다.

21. 윌리엄 제임스는 이 이론을 1884년에 쓴 논문 'What Is an Emotion?'에 서 자세히 설명했다. 이 논문은 *Heart of William James*, edited by Robert Richardson, Harvard University Press, 2012에 재수록되었다.

22. 이 과제 방법이 여전히 널리 사용되고 우리의 내부 신호를 받아들 이는 데 도움을 줄 수 있지만 문제점도 있다: Georgia Zamariola and colleagues, 'Interoceptive accuracy scores from the heartbeat counting task are problematic: Evidence from simple bivariate correlations', *Biological Psychology*, 2018, vol. 137, pp. 12 – 17.

23. 세라 가핀켈Sarah Garfinkel과 휴고 크리츨리Hugo Critchley가 서식스대학교University of Sussex에서 연구한 내용에 따르면, 자신의 내부 신호를 얼마나 잘 이해하 는지에 대한 사람들의 인식은 실제로 정확하지 않았다. 이 연구에 대해서 는 〈와이어드〉에 실린 주앙 메데이로스Joao Medeiros의 논문 'Listening to your heart might be the key to conquering anxiety', https://www.wired.co.uk/ article/sarah-garfinkel-interoception, 20 October 2020에서 확인할 수 있다.

24. 이 질문들은 연구에 널리 쓰이는 다양한 질문지를 이용해 다시 만든 것 이다. 여기엔 스티븐 포지스Stephen Porges가 개발한 '신체 자각 질문표Body Perception Questionnaire': https://www.stephenporges.com/body-scales와 '인 식 정도에 대한 다차원 평가Multidimensional Assessment of Awareness Scale': Wolf Mehlings and colleagues, 'The multidimensional assessment of interoceptive awareness', *PlosONE*, 2012, vol. 7, article no. e48230도 포함된다.

25. 안토니오 다마지오Antonio Damasio는 자기 인식을 형성하는 데 있어 내부 감 각의 역할에 대해 흥미로운 주장을 했다. *Self Comes to Mind: Constructing the Conscious Brain*, Vintage, 2012 참조.

26. Mariana Babo-Rebelo, Craig Richter and Catherine Tallon-Baudry, 'Neural responses to heartbeats in the default network encode the self in spontaneous thoughts', *Journal of Neuroscience*, 2016, vol. 36, pp. 7829 – 7840.

27. 위에서 언급한 Mariana Babo-Rebelo, Craig Richter and Catherine Tallon-Baudry의 자료를 참조하라. Damiano Azzalini, Ignacio Rebollo and Catherine Tallon-Baudry, 'Visceral signals shape brain dynamics and cognition', *Trends in Cognitive Sciences*, 2019, vol. 23, pp. 488 – 509; A.D. (Bud) Craig, 'How do you feel – now?' *Nature Reviews Neuroscience*, 2009, vol. 10, pp. 59 – 70에서도 흥미로운 견해를 접할 수 있다.

28. 이 연구는 보스턴에서 활동하는 심리학자이자 신경과학자 리사 펠드먼 배럿이 쓴《이토록 뜻밖의 뇌과학》에 잘 설명되어 있다.

29. Ruben Azevedo, Sarah Garfinkel, Hugo Critchley and Manos Tsakiris, 'Cardiac afferent activity modulates the expression of racial stereotypes', *Nature Communications*, 2017, article number 13854.

30. 이것은 미국의 데이터를 자세히 분석해 얻은 충격적인 통계다: Cody Ross, 'A multi-level Bayesian analysis of racial bias in police shootings at the county-level in the United States', *PlosONE*, vol. 10, e0141854.

31. Joshua Correll, Bernadette Park and Charles Judd, 'The police officer's dilemma: Using ethnicity to disambiguate potentially threatening individuals', *Journal of Personality and Social Psychology*, 2002, vol. 83, pp. 1314 – 1329 참조.

32. Ruben Azevedo, Sarah Garfinkel, Hugo Critchley and Manos Tsakiris, 'Cardiac afferent activity modulates the expression of racial stereotypes', *Nature Communications*, 2017, article number 13854 참조.

33. John Paul Wilson, Kurt Hugenberg and Nicholas O. Rule, 'Racial bias in judgments of physical size and formidability: From size to threat', *Journal of Personality and Social Psychology*, 2017, vol. 113, pp. 59 – 80 참조.

34. Robert Schwitzgebel, 'The performance of Dutch and Zulu adults on selected perceptual tasks', The Journal of Social Psychology, 1962, vol. 57, pp. 73 – 7, 및 Darhl Pedersen and John Wheeler, 'The Muller-Lyer illusion among Navajos', *The Journal of Social Psychology*, 1982, vol. 121, pp. 3 – 6 참조.

35. Narayanan Kandasamy and colleagues, 'Interoceptive ability predicts survival on a London trading floor', *Scientific Reports*, 2016, vol. 6, article no. 32986 참조.

36. Laura Mirams, Ellen Poliakoff, Richard Brown and Donna Lloyd, 'Brief body-scan meditation practice improves somatosensory perceptual decision making', *Consciousness and Cognition*, 2013, vol. 22, pp. 348 – 359 참조.

9장: 나의 신념과 가치관은 무엇인가?

1. 다코 칸카라스Darko Kankaras가 한 블로그에 클리프 영의 이야기를 잘 소개한 글이 '모니터 더 비트Monitor the Beat'에 실렸다: https://monitorthebeat.com/ blogs/news/cliffyoung-the-legend-of-ultramarathon.

2. 웹 플랫폼 PositivePsychology.com에서는 유용한 정보와 함께 현직 의 사들이 의학적 근거를 바탕으로 팁을 제공한다. 웹사이트 https:// positivepsychology.com/core-beliefs-worksheets/에서는 자신의 핵심 신념 을 알아내고 거기에 도전하는 데 도움을 주는 평가지를 제공한다.

3. 오스트레일리아 치료사이자 인생 상담 코치 루스 해리스는 《행복의 함정》 에서 자신이 가진 가장 핵심적인 가치관을 알아내는 방법에 대해 이해하 기 쉽게 설명했다.

4. 뇌 영상 연구 결과, 우리의 강력한 신념이 도전받으면 우리 뇌에서 자 기 정체성 및 강렬한 감정과 관련한 부분이 활성화하는 것으로 나타났 다: Jonas Kaplan, Sarah Gimbel and Sam Harris, 'Neural correlates of maintaining one's political beliefs in the face of counterevidence', *Scientific Reports*, 2016, vol. 6, article no. 39589.

5. Raymond Nickerson, 'Confirmation bias: A ubiquitous phenomenon in many guises', *Review of General Psychology*, 1998, vol. 2, pp. 175 – 220.

6. 우리가 중요하게 생각하는 신념이 도전받았을 때 그것을 바꾸기보다 고 수하려는 경향과 관련해 고전이 된 사례가 있다. 바로 1954년 일리노이주 에서 한 무리의 사람들이 모여 자신들을 거대한 홍수로부터 구해줄 '가디 언Guardians'이라는 외계인을 밤새 기다렸던 일이다. 홍수도 일어나지 않고 외계인의 우주선도 나타나지 않았지만 그들은 자기들의 신념을 바꾸기는 커녕 날짜를 잘못 알았다고 생각해 오히려 외계인 구출설에 대한 믿음에 더욱 몰두했다. 이 극적인 인지 부조화의 사례를 조사한 3명의 연구자들이 쓴 책이 있다: 레온 페스팅거, 헨리 W. 리켄, 스탠리 샥터, 《예언이 끝났을

때: 세상의 멸망을 예언했던 현대의 어느 집단에 대한 사회심리학적 연구》.

7. 하워드와 섀런 콜린스의 이야기는 당시 발행된 몇몇 아일랜드 신문에 실렸다. 에머 코널리Emer Connolly가 쓴 기사 'He was still in love with her, and desperately wanted to believe her', *Irish Independent*, 13 July 2008도 그중 하나다.

8. 이 용어는 스코틀랜드 심리학자 콜린 맥레이Colin Macrae가 만들었다. 콜린 맥레이는 고정관념을 비롯한 신념이 정신적 자원을 자유롭게 해줄 수 있다는 사실을 보여주는 몇몇 연구를 수행했다: Colin Macrae, Alan Milne and Galen Bodenhausen, 'Stereotypes as energy-saving devices: A peek inside the cognitive toolbox', *Journal of Personality and Social Psychology*, 1994, vol. 66, pp. 37–47.

9. 프랑스 철학자 장 폴 사르트르는 그가 '자기기만bad faith'이라고 부르는 관점에서 이것을 설명했다. Jean Paul Sartre, *Essays in Existentialism*, Citadel Press, 1993, pp. 167–169 참조.

10. 미국 노스웨스턴대학교의 댄 매캐덤스는 그의 직업 경력 대부분을 사람들이 인생 스토리를 이용해 진정한 자기를 이해하는 방식을 연구하며 보냈다. 그의 책 *The Art and Science of Personality Development*에 댄 매캐덤스와 다른 학자들의 연구가 잘 소개되어 있다. 저널리스트 줄리 벡Julie Beck도 2015년 〈애틀랜틱 매거진The Atlantic magazine〉에 실린 논문 'Story of My Life: How Narrative Creates Personality'에서 이와 관련한 내용을 매우 이해하기 쉽게 설명했다.

11. Kate McLean, Monisha Pasupathi and Jennifer Pals, 'Selves creating stories creating selves: A process model of self-development', *Personality and Social Psychology Review*, 2007, vol. 11, pp. 262–278.

12. 한 심리학자 팀은 사람들이 자신에 대해 말하는 스토리의 전형적 구조를 찾아내기 위해 대량 분석mega-analysis을 수행했다: Kate McLean and colleagues, 'The empirical structure of narrative identity: The initial Big Three', *Journal of Personality and Social Psychology*, 2020, vol. 119, pp. 920–944.

13. Dan McAdams, *The Redemptive Self: Stories Americans Live By*, Oxford University Press, 2006에 이런 연구에 대한 설명이 잘 되어 있다.

1. 케빈 더튼의《극한의 협상, 찰나의 설득: 순식간에 상대를 제압하는 초설득의 심리학》. 설득의 전개 원칙에 대해 더 알고 싶다면 로버트 치알디니의《설득의 심리학》참조.

2. 암스테르담대학교의 헤르번 판클레이프Gerben Van Kleef 교수는 분노가 협상에서 얼마나 효과적인지를 말해준다: Gerben Van Kleef and Stephane Cote, 'Expressing anger in conflict: When it helps and when it hurts', *Journal of Applied Psychology*, 2007, vol. 92, pp. 1557 – 1569.

3. Gerben Van Kleef, Carsten De Dreu and Antony Manstead, 'The interpersonal effects of anger and happiness in negotiations', *Journal of Personality and Social Psychology*, 2004, vol. 86, pp. 57 – 76.

4. Gerben van Kleef, Carsten De Dreu, Davide Pietroni and Antony Manstead, 'Power and emotion in negotiation: Power moderates the interpersonal effects of anger and happiness on concession making', *European Journal of Social Psychology*, 2006, vol. 36, pp. 557 – 581.

5. 1987년 심리학자 키스 오틀리Keith Oatley와 필립 존슨 레어드Philip Johnson-Laird 는 목표를 전환하는 데 도움을 주는 감정 지렛대 개념을 도입해 감정 인지 이론을 발전시켰다. 'Towards a cognitive theory of emotions', *Cognition and Emotion*, 1987, vol. 1, pp. 29 – 50.

6. 나는 감정이 어떻게 만들어지는지에 관한 두 학설, 즉 고전적 관점과 감정 구성 이론을 정리하고 가능한 절충안을 제시하는 논문을 썼다: Elaine Fox, 'Perspectives from affective science on understanding the nature of emotion', *Brain and Neuroscience Advances*, 2018, vol. 2, pp. 1 – 8.

7. 이 견해에 관한 예는 많이 있다. 신경과학자 야크 팡크세프Jaak Panksepp는 자신이 쓴 학술서에서 이 견해에 대해 종합적으로 설명했다. 이 책은 동물 연구에 중점을 두었다: *Affective Neuroscience*, Oxford University Press, 1998 참조. Paul Ekman and Daniel Cordaro, 'What is Meant by Calling Emotions Basic?' *Emotion Review*, 2011, vol. 3, pp. 364 – 370; Caroll Izard, 'Basic emotions, natural kinds, emotion schemas, a new paradigm',

Perspectives on Psychological Science, 2007, vol. 2, pp. 270 – 280에서는 사람들이 참여한 연구 결과를 살펴볼 수 있다. 철학자들이 '자연종natural kinds'이라고 부르는 것의 사례이기도 한 기본 감정 이론에 대해서는 Lisa Feldman Barrett, 'Are emotions natural kinds?' *Perspectives on Psychological Science*, 2006, vol. 1, pp. 28 – 58 참조.

8. 뇌가 한 겹 한 겹 진화했다고 보는 삼위일체 뇌 이론은 미국의 선구적 신경과학자 폴 맥린Paul MacLean이 처음 발전시켰다. 맥린의 이론은 그가 1990년에 쓴 *The Triune Brain in Evolution: Role in Paleocerebral Functions*, Plenum Press에 잘 설명되어 있다.

9. 신경과학계에서는 삼위일체 뇌 이론을 더 이상 진지하게 받아들이지 않는다. 가장 큰 이유는 뇌 시스템이 이 이론에서 가정하는 것처럼 진화 과정에 '추가되지' 않는다는 사실이 알려졌기 때문이다. 하지만 여전히 매우 인기 있는 뇌의 진화론적 견해에서 폴 맥린의 업적이 중요한 선구적 역할을 했다는 점을 잊어서는 안 된다.

10. 이 비유는 심리학자이자 신경과학자인 리사 펠드먼 배럿이 읽기 쉽게 쓴 책《감정은 어떻게 만들어지는가?》에서 사용한 것이다. 이 책은 감정의 고전적 관점에 대해 매우 다양한 견해를 제시한다. 특히 감정은 뇌에 선천적으로 내재된 감정 회로에서 오는 것이 아니라 대부분 우리가 살아가면서 구성되는 것이라고 주장한다. 이러한 견해는 우리가 어떻게 심리적 자극을 해석하는지, 그리고 사회적 환경이 궁극적으로 우리가 느끼는 바를 어떤 식으로 좌우하는지 보여주는 오래된 연구를 활용한다. 이런 중대한 연구는 심리학자 스탠리 샥터Stanley Schachter와 제롬 싱어Jerome Singer가 수행했다: 'Cognitive, social, and physiological determinants of emotional state', *Psychological Review*, 1962, vol. 69, pp. 379 – 399.

11. 감정 차원 모형은 과학적 심리학의 창시자 빌헬름 분트Wilhelm Wundt가 1897년 출판한 그의 책 *Outlines of Psychology*에서 처음 제시했다. 이런 견해 중 미국 심리학자 제임스 러셀이 발전시킨 '원형 모형circumplex model'은 매우 영향력이 큰 모형이다. James Russell, 'A circumplex model of affect', *Journal of Personality and Social Psychology*, 1980, vol. 39, pp. 1161 – 1178; Jonathan Posner, James Russell and Bradley Peterson, 'The circumplex

model of affect: An integrative approach to affective neuroscience, cognitive development, and psychopathology', *Developmental Psychopathology*, 2005, vol. 17, pp. 715 – 734에서 자세한 학문적 설명을 찾아볼 수 있다.

12. 뇌의 작동 방식과 관련해 매우 쉽게 설명한 책이 있다. 보스턴에서 활동하는 심리학자이자 신경과학자 리사 펠드먼 배럿이 쓴 《이토록 뜻밖의 뇌과학》이다.

13. 이 이론적 관점은 리사 펠드먼 배럿이 흥미로운 책 《감정은 어떻게 만들어지는가?》에서 제시했다.

14. 이러한 감정 구성 관점에 관해 더 자세한 정보를 얻고 싶다면 리사 펠드먼 배럿의 책 《감정은 어떻게 만들어지는가?》 참조.

15. George Miller, 'The magical number seven, plus or minus two: Some limits on our capacity for processing information', *Psychological Review*, 1956, vol. 63, pp. 81 – 97.

16. 이 견해는 리사 펠드먼 배럿의 흥미로운 책 《감정은 어떻게 만들어지는가?》에 잘 설명되어 있다.

17. Barbara Fredrickson and Christine Branigan, 'Positive emotions broaden the scope of attention and thought-action repertoires', *Cognition and Emotion*, 2005, vol. 19, pp. 313 – 332. 바버라 프레드릭슨 연구팀의 연구는 바버라 프레드릭슨의 '확장과 수립' 이론을 통해 긍정적 감정이 건강과 행복, 그리고 회복력 확립에 어떤 역할을 하는지 이해할 수 있는 청사진을 제공한다. 그녀의 연구에 대해서는 영감을 주는 책 《긍정의 발견》에 잘 설명되어 있다.

18. Kent Berridge and Terry Robinon, 'Parsing reward', *Trends in Neuroscience*, 2003, vol. 26, pp. 507 – 513.

19. 우리가 내부의 보상 시스템에 관해 알고 있는 지식은 대부분 미시간대학교의 신경과학자이자 심리학자 켄트 베리지의 자세한 연구를 통해 얻은 것이다. 도파민에 대해 켄트 베리지가 발견한 내용은 Kent Berridge, 'Affective valence in the brain: Modules or modes?' *Nature Reviews Neuroscience*, 2019, vol. 20, pp. 225 – 234에 잘 설명되어 있다.

20. 미국 심리학자 앨리스 아이센의 연구는 단순한 긍정적 사건이 얼마나 효과적으로 우리의 창조성을 키우고 회복력을 강화하고 의사 결정 능력

을 향상시키는지 보여주는 초석을 제공했다. 아이센이 쓴 주요 논문은 다음과 같다: Alice Isen and colleagues, 'The influence of positive affect on clinical problem solving', *Medical Decision Making*, 1991, vol. 11, pp. 221–227; Alice Isen and colleagues, 'Positive affect facilitates creative problem solving', *Journal of Personality and Social Psychology*, 1987, vol. 51, pp. 1122–1131; Gregory Ashby, Alice Isen and And Turken, 'A neuropsychological theory of positive affect and its influence on cognition', *Psychological Review*, 1999, vol. 106, pp. 529–550 참조.

21. Carlos Estrada and colleagues, 'Positive affect improves creative problem solving and influences reported source of practice satisfaction in physicians', *Motivation and Emotion*, 1994, vol. 18, pp. 285–299.

22. 감정과 의사 결정 이면에 숨은 과학에 관한 종합적인 설명은 다음의 이론적 리뷰에서 찾아볼 수 있다: Jennifer Lerner and colleagues, 'Emotion and decision making', *Annual Review of Psychology*, 2015, vol. 66, pp. 799–823.

23. Barbara Fredrickson and colleagues, 'What good are positive emotions in crisis? A prospective study of resilience and emotions following the terrorist attacks on the United States on September 11th, 2001', *Journal of Personality and Social Psychology*, 2003, vol. 84, pp. 365–376.

24. Barbara Fredrickson and Robert Levenson, 'Positive emotions speed recovery from the cardiovascular sequelae of negative emotions', *Cognition and Emotion*, 1998, vol. 12, pp. 191–220.

25. 노스캐롤라이나대학교의 심리학자 바버라 프레드릭슨은 번영하기 위해서는 부정적 사건 하나당 최소 3개의 긍정적 사건을 경험해야 한다는 사실을 발견했다. 그녀의 책《긍정의 발견》에서 이 연구 내용과 긍정성 비율을 높이는 방법을 찾아볼 수 있다. 그녀의 웹사이트 http://www.positivityratio. com/index.php에서 당신의 긍정성 비율을 확인해볼 수도 있다.

11장: 요동치는 감정을 조절하는 방법

1. Linda Dimeff and Marsha Linehan, 'Dialectical Behavior Therapy in a Nutshell', *The California Psychologist*, 2001, vol. 34, pp. 10–13에 변증법적

행동 치료(DBT)와 그 기원에 관한 간단한 설명이 실려 있다.

2. 다음의 기술 매뉴얼에서는 당신의 감정을 조절할 수 있게 돕는 다양한 연습 방법을 제공한다: 매슈 맥케이Matthew McKay, 제프리 C. 우드Jeffrey C. Wood, 제프리 브랜틀리Jeffrey Brantley,《변증법적 행동 치료 기술 워크북》(2판).

3. 스탠퍼드대학교의 심리학자 제임스 그로스는 감정 조절 연구의 선구자로서 감정 조절 '절차' 이론을 발전시켰다. 이 체계는 학계에 큰 영향을 미쳤으며, 감정 조절에 관한 수많은 연구에 영감을 주었다. 감정을 상황에 따라 조절할 수 있다는 개념에 관한 연구는 James Gross, 'Antecedent- and response-focused emotion regulation: Divergent consequences for experience, expression, and physiology', *Journal of Personality and Social Psychology*, 1998, vol. 74, pp. 224–237 참조. *The Handbook of Emotion Regulation* (2nd edition), edited by James Gross, Guilford Press, 2015에서는 각 장章마다 다양한 전문가들이 감정 조절 연구와 이론에 대해 자세히 설명한다.

4. Meghann Matthews, Thomas L. Webb, Roni Shafir, Miranda Snow and Gal Sheppes, 'Identifying the determinants of emotion regulation: a systematic review with metaanalysis', *Cognition and Emotion*, published online 24 June 2021.

5. 이 그림은 제임스 그로스와 그의 동료들이 정리한 감정 조절 절차 모형을 변형한 것이다. 원본은 Kateri McRae and James Gross, 'Introduction to a special issue on "Fundamental Questions in Emotion Regulation"', *Emotion*, 2020, vol. 20, pp. 1–9의 그림 1에서 확인할 수 있다.

6. 나는 이 연구, 그리고 이 연구가 의미하는 바에 관해 광범위하게 서술하는 책을 썼다:《즐거운 뇌, 우울한 뇌: 최신 심리학이 밝혀낸 낙관과 비관의 비밀》.

7. 심리학에서 '자동으로 떠오르는 부정적 생각'이라는 말은 에런 벡Aaron Beck이 규정했다. 인지 행동 치료의 아버지로 여겨지는 에런 벡은 대화 치료로 더 잘 알려져 있다. 웹사이트 https://beckinstitute.org/resources-forprofessionals/multimedia-resources/에서 많은 유용한 자료를 볼 수 있다. '자동으로 떠오르는 부정적 생각'은 간단하게 ANT라고 줄여서 쓰는

경우가 많다.

8. 미시간대학교의 심리학자이자 감성과학자 이선 크로스는 '내면의 소리'의 본질, 그리고 어떻게 하면 당신의 머릿속을 맴도는 이런 부정적인 생각에 다시 초점을 맞추고 그것을 새롭게 규정해 더 행복하게 살 수 있을지에 관한 훌륭한 책을 썼다: 《채터, 당신 안의 훼방꾼: 꼬리에 꼬리를 무는 생각과 거리 두는 기술》.

9. 나의 옥스퍼드대학교 동료인 임상심리학자 제니퍼 와일드Jennifer Wild는 충격적인 경험을 한 사람들이 다시 일상으로 돌아갈 수 있도록 돕기 위해 이런 기술을 광범위하게 사용한다. 그녀는 이런 기술을 당신 삶에서 활용하는 법에 관해 흥미롭고 유용한 책을 썼다: *Be Extraordinary: Seven Key Skills to Transform Your Life from Ordinary to Extraordinary*, Robinson, 2020.

10. 컬럼비아대학교의 심리학자 조지 보낸노가 수행한 감정 조절 유연성에 관한 중요한 연구가 George Bonanno and Charles Burton, 'Regulatory flexibility: An individual differences perspective on coping and emotion regulation', *Perspectives on Psychological Science*, 2013, vol. 8, pp. 591–612에 요약되어 있다. 다양한 조절 전략을 선택해야 하는 순간에 관한 흥미로운 설명과 견해를 알고 싶다면 James Gross, 'Emotion regulation: Current status and future prospects', *Psychological Inquiry*, 2015, vol. 26, pp. 1–26; Ethan Kross, 'Emotion regulation growth points: Three more to consider', *Psychological Inquiry*, 2015, vol. 26, pp. 69–71 참조.

11. George Bonanno and colleagues, 'The importance of being flexible: The ability to both enhance and suppress emotional expression predicts long-term adjustment', *Psychological Science*, 2004, vol. 15, pp. 482–487.

12. 수용 전념 치료에 관해 잘 설명한 책 중 내가 특히 유용하다고 생각하는 것이 두 권 있다. 수용 전념 치료의 창시자 스티븐 헤이즈가 쓴 《자유로운 마음: 삶의 가치를 향해 피벗하는 길》과 매우 이해하기 쉬운 루스 해리스의 《행복의 함정》이다.

13. Stephanie Spera, Eric Buhrfeind and James Pennebaker, 'Expressive writing and coping with job loss', *Academy of Management Journal*, vol. 37, pp. 722–733.

14. 이 분야의 선도적 심리학자 제임스 페니베이커가 수행한 이 연구에 대한 설명을 읽고 싶다면 그가 쓴 흥미로운 책《단어의 사생활: 우리는 모두, 단어 속에 자신의 흔적을 남긴다》를 참조하라.

15. 토론토대학교, 버클리대학교, 캘리포니아대학교의 심리학자 팀은 부정적 감정을 받아들이면 정신 건강 측면에서 다양한 이점을 얻을 수 있다는 사실을 발견했다: Brett Ford, Phoebe Lam, Oliver John and Iris Mauss, 'The psychological health benefits of accepting negative emotions and thoughts: Laboratory, diary, and longitudinal evidence', *Journal of Personality and Social Psychology*, 2018, vol. 115, pp. 1075 – 1092.

16. 당신의 감정을 가라앉히는 데 도움을 주는 기술 중에는 마음챙김 훈련에서 온 것이 많다. 마음챙김에 관한 자료는 매우 많아서 다양한 앱과 도서를 이용할 수 있다. 나의 옥스퍼드대학교 동료인 심리학자 마크 윌리엄스가 저널리스트 대니 펜맨과 함께 쓴《8주, 나를 비우는 시간》이 특히 유용하다. 또 코미디언 루비 왁스가 쓴《너덜너덜 기진맥진 지친 당신을 위한 마음챙김 안내서》도 매우 훌륭한 책이다.

17. 이것은 '행동 변화 계단 모형Behaviour Change Stairway Model'이라고 부르며 전前 FBI 인질협상반장이었던 게리 노에스너Gary Noesner가 개발했다. 게리 노에스너의 삶과 업적에 대해 더 알고 싶다면 그의 책 *Stalling for Time: My Life as an FBI Hostage Negotiator*, Fodor Travel Publications, 2010을 참조하라.

18. Kirsten Johnson, Jeff Thomson, Judith Hall and Cord Meyer, 'Crisis (hostage) negotiators weigh in: The skills, behaviors, and qualities that characterize an expert crisis negotiator', *Police Practice and Research*, 2018, vol. 19, pp. 472 – 489.

19. Todd Kashdan, Lisa Feldman Barrett and Patrick McKnight, 'Unpacking emotion differentiation: Transforming unpleasant experience by perceiving distinctions in negativity', *Current Directions in Psychological Science*, 2015, vol. 24, pp. 10 – 16과 리사 펠드먼 배럿이 쓴《감정은 어떻게 만들어지는가?》에 잘 설명되어 있다.

20. Lisa Feldman Barrett and colleagues, 'Knowing what you're feeling and knowing what to do about it: Mapping the relation between emotion differentiation and emotion regulation', *Cognition and Emotion*, 2001, vol. 15, pp. 713-724.

21. Michelle Tugade, Barbara Fredrickson and Lisa Feldman Barrett, 'Psychological resilience and positive emotional granularity: Examining the benefits of positive emotions on coping and health', *Journal of Personality*, 2004, vol. 72, pp. 1161-1190.

12장: 직감은 과학이다

1. 우리의 일상에서 직감과 무의식이 가진 힘에 관해 매우 쉽게 설명한 책이 몇 권 있다. 그중 호기심을 일깨우는 흥미로운 책으로서 과학 작가 말콤 글래드웰이 쓴《블링크》가 있다. 저널리스트 샹커 베단텀이 쓴《히든 브레인: 우리의 행동을 지배하는 놀라운 무의식의 세계》도 좋은 책이다.

2. Antoine Bechara, Hanna Damasio, Daniel Tranel and Antonio Damasio, 'Deciding advantageously before knowing the advantageous strategy', *Science*, 1997, vol. 275 (5304), pp. 1293-1295.

3. 뉴욕시립대학교의 심리학자 아서 레버는 우리가 복잡한 환경에 대해 직감적 지식을 발달시키는 방식과 관련해 기초적인 연구를 수행하고 그 방식을 '암묵적 학습implicit learning'이라고 불렀다: Arthur Reber, 'Implicit learning and tacit knowledge', *Journal of Experimental Psychology: General*, 1989, vol. 118, pp. 219-235. 이 분야의 연구에 관한 학문적 설명을 원한다면 악셀 클레레망Axel Cleeremans, 빅토르 알라흐베르도프Viktor Allakhverdov, 마리아 쿠발디나Maria Kuvaldina가 편집한 *Implicit Learning: 50 Years On*, Routledge, 2019를 참조하라.

4. 독일 심리학자 게르트 기거렌처가 쓴《생각이 직관에 묻다: 논리의 허를 찌르는 직관의 심리학》에는 직감에 관한 설명이 매우 잘되어 있다.

5. 스탠퍼드대학교의 사회심리학자 날리니 암바디Nalini Ambady가 만든 단편 판단(얇게 조각내기)이라는 용어는 과학 작가 말콤 글래드웰의 책《블링크》로 유명해졌다.

6. Nalini Ambady and Robert Rosenthal, 'Half a minute: Predicting teacher evaluations from thin slices of nonverbal behavior and physical attractiveness', *Journal of Personality and Social Psychology*, 1993, vol. 64, pp. 431 – 441.

7. 암묵 지식은 화학자에서 과학철학자로 전향한 마이클 폴라니Michael Polanyi 가 그의 책 *Personal Knowledge*, Routledge, 1998 (초판 1958)에서 사용한 개념이다. 그는 전통, 암시적 가치, 계승된 관행에서 오는 이런 암묵 지식을 과소평가하는 경우가 많지만 사실상 과학 실습에 있어 중요한 부분이라고 주장했다.

8. 도널드 럼즈펠드는 2002년 2월 12일, 백악관 브리핑에서 정보 보고서의 한계를 설명하며 이렇게 말했다. "알려진 지식들이 있습니다. 우리가 알고 있다는 사실을 알고 있는 것들이지요. 하지만 우리는 알려진 무지도 있다는 걸 알고 있습니다. 즉, 우리가 모르는 것이 있다는 사실을 알고 있는 것이지요. 하지만 알려지지 않은 무지도 있습니다. 우리가 모른다는 사실도 모르는 것들이지요."

9. Elaine Fox, 'Processing emotional facial expressions: The role of anxiety and awareness', *Cognitive, Affective, & Behavioral Neuroscience*, 2002, vol. 2, pp. 52 – 63.

10. 얼굴 인식을 막기 위해 '백워드 마스킹backward masking' 기법을 사용했다. 이는 이미지를 보여주자마자(단 0.017초 후에) 임의의 중립적 얼굴 이미지로 본래 이미지를 가려져 볼 수 없게 하는 방식이다.

11. 알베르트 아인슈타인이 이런 말을 하지 않은 건 거의 확실한 것으로 밝혀졌다. 하지만 아인슈타인은 직감적 마음의 힘을 굳게 믿었다. 이 인용구에 대한 역사는 https://quoteinvestigator.com/2013/09/18/intuitive-mind/에서 찾아볼 수 있다.

12. 독일의 과학 작가 기울리아 엔더스가 쓴 흥미로운 책《매력적인 장腸 여행: 제2의 뇌, 장에 관한 놀라운 지식 프로젝트》를 보면 당신이 내장에 대해 궁금해하는 모든 것을 알 수 있다. 더 학문적인 설명을 원한다면 Meenakshi Rao and Michael Gershon, 'The bowel and beyond: The enteric nervous system in neurological disorders', *Nature Reviews Gastroenterology and Hepatology*, 2016, vol. 13, pp. 517 – 528을 읽어보라.

13. 심리학자 로버트 스턴버그와 그의 동료들이 편집한《실용 지능: 이론 지식과 실전 지식의 차이 해부》에서, 문화와 정황이 실제 의사 결정과 문제 해결에 미치는 영향에 관한 종합적인 설명을 읽을 수 있다.

14. Robert Sternberg and colleagues, 'The relationship between academic and practical intelligence: A case study in Kenya', *Intelligence*, 2001, vol. 29, pp. 401-418.

15. Stephen Ceci and Jeffrey Liker, 'A day at the races: A study of IQ, expertise, and cognitive complexity', *Journal of Experimental Psychology: General*, 1986, vol. 115, pp. 255-266.

16. Stephen Ceci and Ana Ruiz, 'The role of general ability in cognitive complexity: A case study of expertise', in Robert Hoffman (ed.) *The Psychology of Expertise*, Springer, 1992.

17. 경영분석가 더글러스 딘Douglas Dean과 존 미할라스키John Mihalasky는 그들의 책 *The ESP Executive*, Prentice Hall, 1974에서 수천 명의 경영자가 사업적 결정을 내릴 때 직감을 자주 활용한다는 사실을 인정한 연구들을 소개했다. 두 사람은 직감을 초감각적 지각extra-sensory perception, ESP이라고 칭했다. Eugene SadlerSmith and Erella Shefy, 'The intuitive executive: Understanding and applying 'gut feel' in decision-making', *Academy of Management Executive*, 2004, vol. 18, pp. 76-91은 사업에서 전통적인 합리적 분석과 더불어 직감 활용이 얼마나 중요한지를 잘 설명한다.

18. Herbert Simon, 'What is an explanation of behavior?' *Psychological Science*, 1992, vol. 3, pp. 150-161.

13장: 정황이 직감을 자극한다

1. 나는 크리스 홀먼Chris Holman의 웹사이트 'Client Wise'의 한 블로그에서 후안 마누엘 판지오에 관한 이야기를 알게 되었다: 'Trusting Your Gut', 22 April 2010 참조.

2. 컬럼비아대학교의 심리학자 조지 보낸노와 그의 연구팀은 정황 민감도의 개인차를 측정할 수 있는 척도를 개발했다: George Bonanno, Fiona

Maccallum, Matteo Malgaroli and Wai Kai Hou, 'The Context Sensitivity Index(CSI): Measuring the ability to identify the presence and absence of stressor context cues', *Assessment*, 2020, vol. 27, pp. 261‒273.

3. 심령술에 대한 사람들의 관심은 언제나 높다. 영국의 인터넷 기반 시장조사 및 데이터 분석 기업 유고브YouGov의 보고에 따르면 영국 인구의 3분의 1에 해당하는 사람이, 특히 개인적 혹은 정치적으로 불안한 시기에 심령술사에게 도움을 구한 적이 있다고 했다. 심령술사를 방문하는 사람들의 수는 보스턴 마라톤 폭탄 테러나 코로나19 팬데믹 같은 큰 사건 이후에 급격히 증가하는 경향이 있다.

4. 우리는 평생 주변 환경에서 미묘한 단서를 얻어 패턴을 발견하도록 돕는 방대한 데이터 뱅크를 축적한다: Peter Frensch and Dennis Runger, 'Implicit learning', *Current Directions in Psychological Science*, 2003, vol. 12, pp. 13‒18.

5. C. S. 루이스, 《개인 기도》.

6. Donovan Campbell, *Joker One: A Marine Platoon's Story of Courage, Leadership, and Brotherhood*, Presidio Press, 2010.

7. 이것은 런던대학교에서 일하는 동료 인지심리학자 닐리 라비와 협력해 수행한 연구였다. 우리는 몇 가지 실험을 통해 4가지 이상의 일을 신경 써야 할 때는 외부 자극에 거의 주의를 돌리지 못한다는 사실을 발견했다: Nilli Lavie and Elaine Fox, 'The role of perceptual load in negative priming', *Journal of Experimental Psychology: Human Perception and Performance*, 2000, vol. 26, pp. 1038‒1052.

8. Andrea Webb and colleagues, 'Effectiveness of pupil diameter in a probable-lie comparison question test for deception', *Legal and Criminological Psychology*, 2009, vol. 14, pp. 279‒292.

9. 동공 확장이 유용한 근본적인 이유는 동공 확장을 통해 미세하게나마 그 사람이 얼마나 많이 노력하고 있는지 알 수 있기 때문이다: Pauline van der Wel and Henk van Steenbergen, 'Pupil dilation as an index of effort in cognitive control tasks: A review', *Psychonomic Bulletin and Review*, 2018, vol. 25, pp. 2005‒2015 참조.

10. Kristin Buss, Richard Davidson, Ned Kalin and Hill Goldsmith, 'Context-specific freezing and associated physiological reactivity as a dysregulated fear response', *Developmental Psychology*, 2004, vol. 40, pp. 583–594.

11. Jonathan Rottenberg and colleagues, 'Sadness and amusement reactivity differentially predict concurrent and prospective functioning in major depression disorder', *Emotion*, 2002, vol. 2, pp. 135–146.

12. Jonathan Rottenberg and Alexandra Hindash, 'Emerging evidence for emotion context insensitivity in depression', *Current Opinion in Psychology*, 2015, vol. 4, pp. 1–5. 조너선 로텐버그는 그의 책에서 우울증에 대한 이런 흥미로운 관점을 설득력 있고 쉽게 설명했다: *The Depths: The Evolutionary Origins of the Depression Epidemic*, Basic Books, 2014.

13. Yair Bar-Haim, Talee Ziv, Dominique Lamy and Richard Hodes, 'Nature and nurture in own-race face processing', *Psychological Science*, 2006, vol. 17, pp. 159–163.

14. David Kelly and colleagues, 'Three-month-olds, but not newborns, prefer own-race faces', *Developmental Science*, 2005, vol. 8, pp. 1–8.

15. 내 남편인 사회심리학자 케빈 더튼이 *Black and White Thinking: The Burden of a Binary Brain in a Complex World*, Transworld Publishers, 2020에서 '범주화 본능'이라는 말을 처음 사용했다.

16. '외집단 동질성 효과'에 관한 초기 연구는 Edward Jones, George Wood and George Quattrone, 'Perceived variability of personal characteristics in in-groups and out-groups. The role of knowledge and evaluation', *Personality and Social Psychology Bulletin*, 1981, vol. 7, pp. 523–528에서 보고되었다.

17. Patricia Linville, 'Self-complexity as a cognitive buffer against stress-related illness and depression', *Journal of Personality and Social Psychology*, 1987, vol. 52, pp. 663–676.

18. 한 독일 심리학자 팀은 긍정적 기분 상태가 직감적 판단력을 향상시킨다는 사실을 보여주었다: Annette Bolte, Thomas Goschke and Julius Kuhl, 'Emotion and intuition: Effects of positive and negative mood on implicit judgments of semantic coherence', *Psychological Science*, 2003, vol. 14, pp.

416 – 421.

19. 우리가 피곤할 때 가장 창조적이고 직감적이 된다는 사실을 보여주는 연구들이 있다. 미국 심리학자 신디 메이Cindy May의 논문에 이 연구에 대한 자세한 설명이 실려 있다: 'The inspiration paradox: Your best creative time is not when you think', *Scientific American*, 6 March 2012.

결론: 스위치크래프트하라

1. 심리학자 앤절라 더크워스는 그녀의 훌륭한 책《그릿GRIT》에서 투지가 어린이와 성인들에게 이로운 점을 밝히는 광범위한 연구를 소개했다.

2. 경외심을 경험하면 우리의 건강과 행복에 긍정적 영향을 미친다는 증거는 점점 많이 나오고 있다. Summer Allen, 'Eight reasons why awe makes your life better', *Greater Good*, September 26, 2018 참조.

3. 베스트셀러《늦깎이 천재들의 비밀》에서 여러 가지 흥미로운 사례를 볼 수 있다.

이 책의 핵심 내용은 이미 수년 전에 만들어졌지만 이렇게 한 권의 책이 되기까지 길고 험난한 과정을 거쳤다. 내 바람대로 사람들에게 흥미롭고 유용한 책을 쓰기 위해서는 실제로 전환 기술과 무한한 기민성이 필요했다. 이 여정에서 나에게 도움을 주었던 많은 사람에게 감사한다.

무엇보다도, 훌륭한 출판 대리인이자 친구인 패트릭 월시에게 감사한다. 패트릭은 언제나 이 프로젝트를 신뢰했으며 방대하고 복잡한 아이디어들과 씨름한 끝에 결국 이해하기 쉽게 풀어내곤 했다. 수년간 변함없이 나를 지지하고 친구가 되어준 패트릭에게 고마운 마음을 전한다. 하더Hodder 출판사의 편집자 커티 토피왈라에게도 많은 도움을 받았다. 이 책에 대한 커티의 열정 덕분에 확신을 가지고 원고를 쓸 수 있었다. 커티는 처음부터 이 책을 위해 적극적으로 일했다. 커티가 책의 내용에서 간소화해야 할 부분과 확장시켜야 할 부분에 대해 친절하게 조언을 해주어 더 나은 원고를 쓸 수 있었다. 함께 일할 수 있어서 기뻤고 언젠가 또 함께 일할 수 있기를 바란다.

이 원고가 거의 끝나갈 무렵 커티는 인구 증가에 기여하기 위해 맡은 업무를 중단해야 했다. 업무를 이어받은 안나 바티는 원고를 세심하게 읽고 예리한 편집 의견을 제시해 이 책을 끝까지 잘 마칠 수 있게 도와주었다. 이 책에 대한 열정으로 내가 이른 아침의 수많은 작업 시간을 이어갈 수 있게 해준 하더의 모든 팀원에게 고마움을 전하고 싶다. 미국 하퍼원Harper One의 기디언 웨일에게도 정말 감사한다. 기디언의 초기 조언과 전환 기술에 대한 신념은 이 책의 뼈대를 완성하는 데 큰 도움을 주었다.

전에, 그리고 지금 함께 일하는 수많은 공동 연구자들에게도 언제나 감사한다. 그들의 아이디어 및 우리가 함께 했던 논의는 내 이론을 형성하고 감정, 기분, 그리고 그것들이 우리의 생각에 미치는 영향에 대한 사고력을 넓히는 데 도움을 주었다. 보스턴에서 활동하는 리사 펠드먼 배럿과 그녀의 동료들, 런던의 나지닌 데라크샨과 그의 팀원들, 그리고 '인지와 감정cognition and emotion' 커뮤니티의 많은 분에게 감사한다: 야이르 바-하임, 에니 베커, 사이먼 블랙웰, 앤디 콜더, 패트릭 클라크, 팀 달레시, 루디 데라트, 크리스 에클스턴, 벤 그래프턴, 제임스 그로스, 콜레트 허시, 에밀리 홈스, 제니퍼 허드슨, 에른스트 코스터, 제니퍼 라우, 앤드루 매슈스, 콜린 매클라우드, 리에스 노트바에르트, 해더스 오콘-싱어, 마이크 린크, 엘스케 샐러밍크, 루이즈 샤프, 레이나우트 위어스, 마크 윌리엄스, 마르셀라 우드, 제니 이엔드.

옥스퍼드 OCEAN 연구실의 내 핵심 팀원들에게도 감사의 마음을 전한다: 샬롯 부스, 에밀리아 보엠, 루이스 카시더스 알카이드, 레이철 크로스, 키스 디어, 해나 드종, 알레시오 고글리오, 마우트 흐롤, 샘 홀맥매스터, 로렌 히스코트, 매슈 호튼, 로브 키어스, 앤-윌 크루이트, 미셸 림, 다나 우멘, 샘 파슨스, 앤 슈벤츠페이어, 애너벨 송코, 올리비아 스피글러, 데지레 스프론크, 로라 스틴베르겐, 요하네스 스트리커, 에다 티푸라, 애나 토도로비크, 존 빈센, 재나 브리센. 그리고 내가 이 책을 거의 마쳤을 때쯤 애석하게도 26세의 젊은 나이로 세상을 떠난 알렉스 템플-매큔에 대해서 특별히 언급하고 싶다. 알렉스가 자신의 병, 그리고 계속되는 곤경에 대처하는 태도는 진정으로 우리 모두를 고무시켰다.

지난 수년간 나의 다양한 연구에 참여한 수백 명의 참가자가 없었다면 이 책은 존재하지 못했을 것이다. 미약한 사례금에도 연구에 기여해준 모든 분에게 감사하다는 인사를 전하고 싶다. 이 책에는 내가 오랫동안 함께 일했던 여러 운동선수, 사업가, 군인의 경험담과 이야기가 많이 등장한다. 솔직하고 개방적인 태도로 우리가 실력을 향상시킬 방법을 찾을 수 있게 도와준 그들에게 감사한다. 전 세계 스포츠 분야에서 활동하는 친구들이 예리하게 문제를 제기하고 기민성의 중요성을 보여주는 경험담을 들려준 덕분에 내 이론이 더 명확해질 수 있었다. 조이 바턴, 존 콜린스, 숀 다이치, 에디 제닝스, 로니 오설리번, 이완 토머스, 하비 소니크로프트와 그의 '브릴리언트 마인

즈Brilliant Minds' 팀, 그리고 존 비그와 그의 팀에서 활동하는 찰리 그리스, 엘리엇 자일스, 카일 랭포드를 포함한 서식스 남부의 멋진 선수들에게 감사한다.

마지막으로 내가 세상에서 가장 사랑하는 사람, 내 남편 케빈에게 깊은 감사의 마음을 전한다. 지난 몇 년간 수많은 난관을 헤쳐나가는 그의 능력은 늘 놀라웠다. 내가 무슨 일을 하든 케빈은 언제나 안내자이자 동료였으며 그 자체로 격려가 되는 사람이었다. 케빈은 원고를 읽고 많은 충고와 함께 여러 장의 제목을 제안해주었다. 예리하게 편집도 하고 이야기나 일화를 제안하기도 했을 뿐만 아니라 내가 마실 차도 끓이면서 언제나 정신적 버팀목이 되어주었다.

9개의 점 연결하기 127, 402

ABC-PLEASE 기술 304
C. S. 루이스 366, 441
NOSE 기술 76
P. J. 하워드 252-253, 430

ㄱ
《가난한 리처드의 연감》 205
각성 286
감정 억제 301, 318
감정 인식 14, 20, 23, 269, 272,
　274, 278, 392 ☞ '감정 조절' 참조
감정 입자도 334-335, 337
감정 조절 20, 300, 303, 306-307,
　310, 312-313, 319-320, 335,
　337, 392, 435-436
감정 톤 13-14, 284, 290-291, 299
감정가 284-286
감정을 표현하는 글쓰기 324-325

개인적 서사 238, 258-259, 266, 403
걱정 의자 328, 330
결핍 모형 101
경직성 103, 122, 137, 153-156,
　195, 215, 255, 313, 315, 378, 409
경험에 대한 개방성 209, 211-214
　☞ '지적 겸손' 참조
골칫거리와 행복 질문지 154, 420
관점 수용 184, 186-187, 191
관점을 바꾸거나 관점에 도전하기 20,
　165, 201, 396
구성된 감정 이론 288
군인 아내 모임 166
균형 유지하기 20, 165, 170, 201,
　396
긍정적 감정 293-299, 335, 433
기민성 12-13, 15, 18-20, 23, 81-
　82, 84-86, 91-92, 97, 103, 106,
　107, 109-116, 118, 120, 122-
　124, 126, 132-134, 137-139,
　141-142, 145-146, 150-151,

153, 156-160, 162, 164-165,
183, 190, 195-196, 200-201,
205, 214, 217, 266, 276, 285,
287-288, 295, 301, 305, 315,
320, 337, 381, 382, 385, 390-
392, 396-397, 399, 401, 408,
421, 444, 446 ☞ '정신적 기민성'
참조

도너번 캠벨 367
도널드 럼즈펠드 347, 439
도널드 올딩 헤브 86, 413
도널드 트럼프 334, 372
도미 82
독기 이론 128
동공 확장 370-371, 441

ㄴ

나쁜 공기 128-130
낙관성 189-190
낯선 사람의 심리학 207, 241, 424
내부 감각 224-225, 227, 232-235,
237, 426-427
내장 감각 349-350, 358-359 ☞ '직
감' 참조
너바나(밴드) 104-105
높은 경계 태세 이론 16
뇌(예측 장치) 12, 54, 285
뇌 훈련 게임 197
니키타 흐루쇼프 182-184

ㄷ

단기 기억 288-289
단편 판단 346, 438
대뇌피질 279-280, 284
델포이 204

ㄹ

라포르 330-333
루스 해리스 247, 429, 436
레고 124-126, 417
론 그랜트 240
루돌프 슈타이너 382
루이 파스퇴르 128-129
르웰린 '토미' 톰슨 182-184, 422
리사 펠드먼 배럿 88, 408, 413, 428,
432-433, 437
리처드 브랜슨 167
리추얼 34, 53-54, 410

ㅁ

마음챙김 13, 190, 234, 284, 290,
327, 409, 423, 437
마이어스-브리그스 테스트 208,
424-425
마이클 엉거 95, 414
마이클 펠프스 77-78

마인드짐 409-410

마크 트웨인 150

멀티태스킹 147, 179 ☞ '작업 전환'
참조

모리스 메를로퐁티 228

몰입 173, 422

문제 중심적 대응 99-100, 415

뮐러-라이어 착시 230-231

미식축구 130

ㅂ

바울레족 353

바이러스 84, 91

박테리아 83-84, 91, 128-129

밥 보먼 77-78

번영 척도 31

벌레 프로젝트 81

벤저민 프랭클린 205

변연계 279

변증법적 행동 치료(DBT) 302-304,
398-399, 434-435

변화의 5단계 42, 51

보디 스캔 234-235, 237

보호 인자 94, 96

부정적 감정 155, 291-293, 298-
299, 309, 312, 325, 328-329,
335, 384, 437

부처 48

분산 75-76, 309, 381, 397, 412

불확실성에 대한 저항력 57, 79

브렉시트 29, 373

비상의료대응부대(MERT) 27, 29

비 크누스토르프 125-126

비디오 게임 149, 419

비옥한 공백 36-37, 51, 171, 181,
276

빅 파이브 209-210, 215, 222, 425

ㅅ

사도 바울 49

사운드가든 104-105

사회적 증거의 원칙 274

삼위일체의 뇌 279, 282, 432

상황 분석 41, 43

상황 인식 20, 23, 106, 126, 339,
367, 381, 387, 397

새뮤얼 테일러 콜리지 205

색다른 활용법 테스트 150, 217

생각 일기 243, 245

생물학적 기본 감정 이론 288

새런 콜린스 252-253, 430

서사 258-262, 264-267, 400, 403-
407 ☞ '개인적 서사' 참조

성격 특성 209, 212-214, 220-221,
236-238, 241, 246-247, 266-
267, 424-425

성실성 209, 211-212, 425

성장 마인드셋 17, 220, 409, 426

세균설 128-130

소크라테스 204, 221

《손자병법》 205

수용 전념 치료(ACT) 320-321, 436

수평적 유전자 이동 83

스마트폰 59-60

스테이션 나이트클럽 192-193, 196

시간 관리 147, 173, 180

시드니 브레너 80-81, 412

신경계 80-82, 85-86, 278, 350, 412

신념 파악하기 242

신념과 가치관 207, 238, 241, 246, 250, 266-267

신데렐라 95

신체 신호 222, 226, 228, 231, 234, 237, 266, 285, 320, 343, 350, 383-384, 398

실행 기능 193, 195-197, 199-200, 385-386, 418, 423

실행 정황 352

심령술사 362, 365, 441

심장박동 탐지 과제 225

ㅇ

〈아르장퇴유의 보트 경기〉 181

아리스토텔레스 257

아스널 축구 클럽 369

안전 추구 행동 59, 67

안톤 반 레이우엔훅 129-130

알베르트 아인슈타인 349, 439

암묵 지식 347, 378, 439

앨런 슈거 354

억제 조절 193-195, 197, 201, 385

에스티 로더 357

에이브러햄 매슬로 112

엠페도클레스 221

연합신경세포 82

영국 해병대 77

예쁜꼬마선충 80-82, 85, 412

옥스퍼드 엘리트 퍼포먼스 19

옥스퍼드정서신경과학연구소(OCEAN) 19

외향성 209, 211-212, 221, 425

우리-그들 구분 377

우울한 뇌 293, 423, 435

웹사이트 최적화 도구 273

위협 감지 시스템 15, 61

윌 그린우드 77

윌리엄 브리지스 33, 410

윌리엄 제임스 223, 427

유연성 12, 22-23, 48-49, 80, 82, 85, 91, 100, 103, 107, 113, 115, 118, 121, 133, 134, 137-138, 140-141, 144-147, 150-152, 157-159, 164, 195-196, 201, 217, 257, 285, 288, 299, 318-319, 331-332, 337, 373, 385, 390-391, 394, 397, 415-416, 418-419, 436 ☞ '정신적 기민성'

참조

윤리적 유연성 48

이라크전 367

이소룡 49, 410

이행 33, 35-37, 42-43, 46-47, 49, 51, 140

인지 부조화 251, 253, 429

인지 안정성 138

인지 유연성 23, 134, 137-138, 140-141, 144-147, 150, 152, 157-159, 164, 195-196, 201, 217, 285, 385, 418-419

인지 재구성 316

인지 편향 119, 156, 381, 387

인지적 거리 두기 309

인지적 억제 139

일기(일지) 22, 46, 71-72, 170, 172, 174, 243, 245, 317, 335, 396, 412

ㅈ

자기규정 기억 263

자기 돌봄 249

〈자기 이해〉 205

자기 인식 20, 23, 203, 205, 212, 217, 221, 224, 234-238, 246, 248, 256, 258, 261, 266-267, 381, 392, 396, 405, 426-427

자기 협상 치료법 330

자동성의 횡포 116

자동으로 떠오르는 부정적 생각(ANTs) 312-313, 435

작업 기억 194-198, 201, 385

작업 전환 141-142, 144, 151, 153-154, 156-159, 179, 294, 418, 420

《전염, 전염성 질병과 치료에 관해》 129

전환 기술 11, 18-19, 21-23, 25, 106, 109, 126, 159, 162, 196, 200, 203, 205, 213, 217, 221, 236-237, 248, 256, 266-267, 269, 272-274, 276, 278, 285, 287, 299, 301, 304-305, 307, 312-313, 318, 320, 324, 332-333, 335, 337, 339, 343, 358-359, 362, 365-367, 369, 372, 378, 381, 383-384, 387, 389, 392-401, 444-445 ☞ '감정 인식' '정신적 기민성' '자기 인식' '상황 인식' 참조

전환 비용 37, 144, 155, 157

정서 중심적 대응 99, 415

정신적 관절염 47, 116, 153, 156, 213

정신적 기민성 13, 20, 23, 97, 109-114, 118, 122-123, 126, 132-133, 145, 150, 160, 162, 164, 195-196, 201, 217, 295, 392, 408, 421

정신적 다양성 367-368, 380, 394-395

정신적 역량 20, 165, 192-193, 196,
　200-201, 370, 396
정체성 34-37, 39-40, 42, 47, 223,
　241, 251, 256, 260, 262, 263,
　395, 402, 428
정황 민감도 362, 364-365, 367,
　373-375, 381, 387, 440
제니퍼 기네스 271-272, 274
제럴드 에덜먼 84, 413
제이슨 에버먼 103-106
조지 베스트 122-123
존 F. 케네디 182-183
존 메이너드 케인스 128
존 바그 216-217, 426
중요 사건 243
중첩 84, 87
지롤라모 프라카스토로 129
지속할 것인가 전환할 것인가 116-
　117
지적 겸손 214-215, 217-220, 237,
　267
직감 14, 20, 22-23, 113, 126, 232-
　233, 340, 342-351, 354-362,
　364-365, 367-368, 370-371,
　381, 383-387, 392, 397, 399,
　438-440, 442-443
직장 스위치 171-172
진정한 자기 250, 257-259, 262,
　266-267, 396, 424, 430

ㅊ

체액 221
측좌핵 293

ㅋ

카를 융 424
케냐 352-353
케빈 더튼 19, 430, 441
코로나19 팬데믹 29, 52-54, 118,
　170, 189, 306, 375, 393, 414, 441
쿠바 미사일 위기 182
클로드 모네 181
클리프 영 239-241, 429

ㅌ

테니스 선수 89, 413
투지 17, 117-118, 139, 390-392,
　394, 400, 409, 443

ㅍ

파국화 67-68, 76
《파이드로스》 204
파충류의 뇌 279
패디 룬드 110-113, 401, 416
편도체 279-280, 282
포모(FOMO) 274
프리츠 펄스 37

플라톤 204

피트 마호니 대령 27-28, 409

ㅎ
핵심 신념 238, 241-243, 245, 247,
  253, 256-257, 266, 429

핸디캐핑 355

행동 실험 69, 71, 412

《행복의 함정》 247, 429, 436

허버트 사이먼 358

헤비안 법칙 86

헨리 워즈워스 롱펠로 111

현명한 마음 304, 398-399

호혜의 원칙 274

호흡 연습 397-398

확증 편향 250-251

회복력 9, 11-12, 15, 19, 21, 23,
  84, 92-98, 101-103, 106-107,
  166, 271, 292, 295-296, 299,
  304, 335, 337, 365, 367, 373,
  380, 401, 409, 414-415, 433

후안 마누엘 판지오 360-362, 440

히포크라테스 221-222

SWITCHCRAFT